2013
绿色循环低碳交通运输
发展年度报告

中华人民共和国交通运输部 编

人民交通出版社股份有限公司
China Communications Press Co.,Ltd.

内 容 提 要

本书汇集了交通运输行业绿色循环低碳发展的相关信息，是一本“总结工作、发布信息、推广宣传，交流经验、传播知识”的报告，更是年度交通运输绿色循环低碳发展的检验书，有利于推进交通运输行业绿色循环低碳发展。

本书可供交通运输行业管理部门、交通运输企事业单位相关管理人员及技术人员等参考。

图书在版编目(CIP)数据

2013绿色循环低碳交通运输发展年度报告／中华人民共和国交通运输部编. —北京：人民交通出版社股份有限公司，2014.6

ISBN 978-7-114-11441-0

Ⅰ.①2… Ⅱ.①中… Ⅲ.①交通运输业—绿色经济—研究报告—中国—2013 Ⅳ.①F512.3

中国版本图书馆CIP数据核字(2014)第107356号

2013 Lüse Xunhuan Ditan Jiaotong Yunshu Fazhan Niandu Baogao

书　　名：2013绿色循环低碳交通运输发展年度报告
著 作 者：中华人民共和国交通运输部
责任编辑：韩亚楠　崔　建
出版发行：人民交通出版社股份有限公司
地　　址：(100011)北京市朝阳区安定门外外馆斜街3号
网　　址：http://www.ccpress.com.cn
销售电话：(010)59757973
总 经 销：人民交通出版社股份有限公司发行部
经　　销：各地新华书店
印　　刷：北京市密东印刷有限公司
开　　本：880×1230　1/16
印　　张：17.75
字　　数：416千
版　　次：2014年6月　第1版
印　　次：2014年6月　第1次印刷
书　　号：ISBN 978-7-114-11441-0
定　　价：95.00元
(有印刷、装订质量问题的图书由本公司负责调换)

编写委员会

主　任：王昌顺（交通运输部副部长）

副主任：梁晓安（交通运输部法制司司长）

编写领导小组

组　长：王海峰（交通运输部法制司副司长）

副组长：周晓航（交通运输部科学研究院副院长、交通运输节能减排项目管理中心主任）

成　员：李树栋（交通运输部法制司节能减排处处长）

李忠奎（交通运输部科学研究院副总工）

方　海（交通运输节能减排项目管理中心常务副主任）

编　写　组

组　长：李树栋

副组长：李忠奎　方　海　王先进　高建刚　欧阳斌　王　艳　褚春超

成　员：张迎涛　张婧嫄　李　胤　郭　杰　张　毅　周艾燕　陈建营　刘　芳　李尚伟　程　悦　蔡秀荣　刘宝双　喻　洁　毕清华　王　双　李燕霞　石静远　李　琼　王　力　黄　彬

前言

FORWORDS

2013年，交通运输行业贯彻落实党中央、国务院节能减排工作部署，大力推进交通运输领域生态文明建设，强化理念意识，健全体制机制，深化试点示范，用好激励政策，夯实能力基础，加大宣传交流，节能减排监管能力和服务水平不断提升，绿色循环低碳交通运输体系建设取得明显成效。

据测算，2013年交通运输行业节能613万吨标准煤，减少二氧化碳排放1337万吨。其中，公路运输节能469万吨标准煤，减排1018万吨二氧化碳；水路运输节能134万吨标准煤，减排303万吨二氧化碳；港口节能10万吨标准煤，减排16万吨二氧化碳。与2012年相比，营运车辆单位运输周转量能耗下降2.1%，营运船舶单位运输周转量能耗下降2.3%，港口综合单耗下降2.4%。

《2013绿色循环低碳交通运输发展年度报告》汇集了交通运输行业绿色循环低碳发展的相关信息，是一本“总结工作、发布信息、推广宣传，交流经验、传播知识”的报告，更是年度交通运输绿色循环低碳发展的检验书，有利于推进交通运输行业绿色循环低碳发展。

编　者

2014年5月

目录 CONTENTS

行业部署篇

地方和企业行动篇

专项资金管理篇

附录　政策文件

发展绿色交通　共建美丽中国

——交通运输部部长杨传堂在2013年全国节能宣传周期间发表的署名文章

党的"十八大"强调,着力推进绿色发展、循环发展、低碳发展,努力建设美丽中国,实现中华民族永续发展。交通运输是国民经济和社会发展的大动脉,是国家节能减排和应对气候变化的重点领域之一。加快推进绿色循环低碳交通运输发展,是加快转变发展方式、推进交通运输现代化的一项艰巨而紧迫的战略任务。

近年来,交通运输行业认真贯彻落实党中央、国务院的部署要求,不断强化政策引导,健全法规标准,加快科技创新,推进示范试点,注重宣传推广,初步形成了交通运输领域节能法规标准体系、政策支持体系、技术支撑体系、监督管理体系,节能减排与应对气候变化取得了积极成效,有力推进了资源节约型、环境友好型行业建设。同时,也要清醒地看到,交通运输发展方式总体粗放的局面尚未根本改变,基础设施布局不够合理,运输组织效率不高,土地、岸线、空域等资源利用效率总体偏低等问题还比较突出,推进绿色交通发展仍然任重道远。当前和今后一个时期,要切实将节约能源资源要求贯彻到交通基础设施规划、设计、施工、运营、养护、管理的各方面和全过程,确保到2020年基本建成绿色循环低碳交通运输体系,以绿色发展引领和推动科学发展。

第一,加快转变发展方式,为绿色交通发展奠定重要前提和基础。加快转变发展方式,是交通运输积极应对气候变化,实现绿色发展和可持续发展的重要前提。要处理好加快发展和绿色循环低碳发展的关系,既着眼于化解过去积累的矛盾和问题,又彻底摒弃"先污染、后治理"的发展模式,在坚持资源节约与保护环境的前提下,注重发展速度与质量、效益的有机统一。要按照优化布局结构、要素投入结构的方向和基本要求,更加注重优化交通基础设施结构、运输装备结构、运输组织结构和能源消费结构,更加注重提升行业监管水平,大力推进综合交通运输体系建设,充分挖掘结构性和管理性绿色循环低碳的发展潜力。

第二,加强科技创新,为绿色交通发展提供有力支撑。在利用高新技术降低消耗、提高能源资源利用效率方面,交通运输领域的潜力很大。要加强技术创新体系建设,推进交通运输节能环保先进适用技术与产品的推广应用,加快淘汰高能耗、高排放的老旧交通运输装备,提高新能源和可再生能源比重,为绿色发展和可持续发展提供坚强的科技支撑。要加快推进传统产业技术改造,加快发展现代物流业等新兴产业,推进交通运输信息化和智能化建设,全面提升交通运输产业技术水平和综合竞争力。

第三,加快完善体制机制,为绿色交通发展提供坚实保障。要正确处理绿色循环低碳交通运输发展中政府、企业和社会之间的关系,坚持政府引导与市场机制并举,形成政府主导、企业主体和公众参与的协同推进机制。交通运输行业要围绕"到2020年基本建成绿色循环低碳交通运输体系"的目标,强化目标责任制,实化抓手,建立健全节能减排工作考评考核制度,狠抓落实、一抓到底,切实推进绿色交通发展取得实质进展。要狠抓试点示范和专项行动,组织开展好低碳交通省区、城市试点和低碳港口、低碳公路、低碳航道等主题性试点,深入推进"车、船、路、港"千家企业低碳交通运输、重点用能企业绿色循环低碳交通运输等专项行动,积极打造一批绿色交通示范工程,推动全行业加快绿色交通发展步伐。

第四,加大教育宣传力度,为绿色交通发展营造良好氛围。加快推进绿色交通发展是一项系统工程,需要全行业和社会公众的共同参与。要将绿色循环低碳交通运输发展纳入重大主题宣传内容,结合"节能宣传周""低碳日"等活动,开展形式多样的宣传活动,让绿色交通理念走进千家万户。要积极培育绿色循环低碳交通运输文化,不断增强全行业绿色循环低碳发展意识,积极倡导公众采用公共交通、自行车、步行等绿色出行方式,使绿色循环低碳发展成为全行业和社会公众的自觉行动。

加快推进绿色循环低碳交通运输发展,既是一场攻坚战,也是一场持久战,每一位交通人都应勇于置身其中、善打硬仗。紧紧抓住机遇,改革创新,攻坚克难,在经历转型发展、绿色发展的阵痛之后,交通运输必将获得更加广阔的发展空间,必将为建设美丽中国做出新的更大贡献!

深化试点示范　推进节能减排　加快建设绿色循环低碳交通运输体系

——交通运输部副部长何建中在绿色循环低碳交通运输体系建设试点示范推进会上的讲话

2013 年 6 月 18 日

同志们：

这次会议的主要任务是：全面深入贯彻落实党的“十八大”精神，着眼于全面建成小康社会和“五位一体”总体布局的新要求，总结近年来交通运输行业节能减排工作，进一步明确工作思路与目标，部署重点任务，落实指导意见，凝心聚力、攻坚克难、统筹谋划、务实创新，加快推进绿色循环低碳交通运输体系建设，为建设美丽中国和生态文明提供支撑保障。传堂部长原本要亲自出席会议并发表重要讲话，但因今天上午中央召开会议，不能参会。一方面，他向与会代表表示歉意；另一方面，希望大家通过这次会议，落实好部刚刚出台的《加快推进绿色循环低碳交通运输发展指导意见》。同时，会上印发了他题为《发展绿色交通　共建美丽中国》的署名文章，提出了推动交通运输绿色发展的四点要求，希望大家认真学习和贯彻落实。

根据部党组研究的意见，下面我讲三个方面的内容。

一、充分肯定绿色循环低碳交通运输体系建设取得的成效

近年来，按照党中央、国务院的统一部署，交通运输行业深入贯彻落实科学发展观，结合行业实际，以新的《节约能源法》颁布实施为契机，加快转变交通运输发展方式，积极推进现代交通运输业发展，努力建设资源节约型、环境友好型行业，不断提升发展理念，加快推进结构调整，大力推动技术进步，积极探索中国特色的绿色循环低碳交通运输发展道路，在过去的五年中取得了积极成效。主要体现在以下六方面：

（一）加强组织领导，节能减排工作机制逐步完善

部党组高度重视节能减排工作，在 2009 年 12 月，成立了部节能减排工作领导小组和节能减排与应对气候变化工作办公室。深圳、杭州、厦门等 26 个低碳交通试点城市成立了低碳交通运输体系建设工作领导小组；北京、四川、云南、湖南等地还设立了专门的节能减排决策辅助机制和支撑机构，全行业初步形成了节能减排组织保障体系。围绕节能减排工作总目标，部节能减排领导小组多次召开专题会议，落实国务院节能减排工作部署，研究提出交通运输行业任务和目标。审议研究颁布了《交通运输行业节能减排“十二五”规划》，每年度提出节能减排要点和重点工作措施。为落实国务院总体部署，也印发了《关于公路水路交通运输行业落实〈国务院“十二五”节能减排综合性工作方

案》的实施意见》及部内分工方案，使国务院节能减排工作部署在交通运输行业得到认真贯彻落实。

（二）开展试点示范，节能减排工作局面务实推进

一是开展了低碳交通运输体系建设试点城市工作。部分两批确定了26个城市参加试点，按计划推进试点项目实施，并在第一批试点的基础上，组织开展经验总结交流，积累了建设绿色循环低碳交通运输城市的初步经验。

二是开展了绿色低碳交通运输区域性和主题性试点工作。选定重庆、厦门等10个城市作为区域性试点，选定天津港、青岛港等4个港口，广东广中江高速公路、云南麻昭高速公路等7条公路作为主题性试点，逐步形成了一套绿色低碳交通运输区域性和主题性试点管理模式。

三是部先后推出了5批共100个部级节能减排示范项目，并将示范项目逐一进行专家核查和经验介绍，在全行业进行广泛宣传推广。

四是开展了"车、船、路、港"千家企业低碳交通运输专项行动，从2010年5月开始，共有1126家交通运输企业报名参加专项行动。三年来，专项行动在增强企业节能减排意识，提高企业节能减排水平，发挥先进企业示范效应等方面起到了重要作用，企业在节能减排工作中的主体地位得到强化。

五是开展重点企业能耗统计监测试点工作，4个省交通运输主管部门、27家道路运输企业、14家水运企业和42家港口企业开展了交通运输能耗统计监测试点工作，初步建立了部级公路水路交通运输能耗统计监测网络和分析系统，获取了典型公路、水路运输和港口企业能源消耗数据。

六是各地积极探索绿色低碳试点示范新机制，湖北省厅与省发改委共同确定了3家低碳交通运输基地和10家低碳交通运输示范企业；江苏省在部甩挂运输试点基础上，引导无锡、南京、苏州、南通等地的4家物流企业率先组建了甩挂运输实体联盟；山东、广东等省遴选公布了全省交通运输节能减排示范项目。这些试点示范工作的开展，起到了以点带面、"四两拨千斤"的作用，调动了各级交通运输主管部门和企业推动节能减排工作的积极性，发挥了很好的示范引领作用。

（三）突出低碳特征，重点领域工作成效逐步显现

近年来，交通运输行业按照国务院的统一部署，以绿色低碳发展为支撑，认真推进重点领域节能减排工作。

一是严格实行了营运车辆燃料消耗量准入制度。截至2012年底，部累计审查、公布了21批达标车型，发布达标车型2万余个，2011年和2012年全国新进入营运市场的达标车辆分别为252万辆和276万辆，两年来，在部道路运输司的组织和管理下，通过燃料消耗量准入限制，共减少燃油消耗299万吨，减少二氧化碳排放964万吨。

二是严格实施了客运运力调控政策。对于年平均实载率低于70%的县际以上客运班线，一律不新增运力；对一类客运班线、与高速铁路和城际轨道交通平行的客运班线，原则上不审批新增运力；对与现有班线重复里程在70%以上的二类以上客运班线，继续严格控制新增班线和运力，努力做到客运运力的供需平衡。

三是着力推进公路甩挂运输发展。积极协调有关部门建立了甩挂运输试点专项资金，解决了挂车交强险制度障碍，遴选发布了两批共75个甩挂运输推荐车型，确定了两批95个项目纳入国家甩挂运输试点，带动山东、江苏、福建、广东等8个省（区、市）启动了省级甩挂运输试点。截至目前，试

点项目累计完成投资额59亿元，开通覆盖全国和跨区域的试点线路465条，完成货物周转量138.6亿吨公里。相比传统运输模式，甩挂运输单位运输周转量能耗下降了15%～20%，单位运输成本下降了10%～20%，累计为全社会节约燃油16.2万吨，减少二氧化碳排放49.7万吨。

四是推广天然气装备在交通运输领域的应用。组织召开了城际客货运输推广天然气汽车试点工作座谈会，积极推进在江苏、山东、山西、广东等地及相关企业开展天然气汽车应用试点；同时，加快探索LNG作为船舶动力燃料，启动研究项目，并在内河普通货船进行试点运营。

（四）注重创新驱动，低碳发展内生动力不断增强

近年来，依靠制度创新、管理创新、科技创新，交通运输节能减排工作取得了重要突破和进展。

一是在制度创新上，经过几年努力，初步形成了包括法规、规划、标准和规范的多层次制度体系。制订了交通运输行业"十二五"期和中长期的节能减排规划，印发了《交通运输行业应对气候变化行动方案》、《交通运输行业"十二五"控制温室气体排放工作方案》，颁布了《建设低碳交通运输体系指导意见》。前不久，部颁布了《加快推进绿色循环低碳交通运输发展指导意见》。出台了营运车辆燃料消耗量限值及测量方法、码头船舶岸电设施建设技术规范等20项公路水路相关标准和规范，各地交通运输主管部门也根据自身实际制订了相应的中长期规划、"十二五"专项规划和具体实施意见，通过这些法规、规划、标准和规范的制定与实施，对规范开展交通运输节能减排工作起到了重要的指导作用。

二是在管理创新上，建立并完善了交通运输节能减排专项资金激励机制。2011年，联合财政部设立了交通运输节能减排专项资金，通过确定交通运输节能减排优先支持范围和领域，开展专项资金支持项目申请和审核工作。自专项资金设立以来，共对413个项目给予"以奖代补"，补助资金总额接近7.5亿元，所形成的年节能量为15.8万吨标准煤，替代燃料26.2万吨标准油，减少二氧化碳排放69.9万吨，用7.5亿元的专项资金拉动了200亿元的交通运输节能减排投资，同时也加快了交通运输装备制造产业、信息化产业的技术进步，充分发挥了节能减排专项资金对社会经济发展的拉动作用，对交通运输节能减排工作的引导作用。2012年，又进一步研究提出了节能减排专项资金区域性项目和主题性项目管理模式，开展了节能减排项目的第三方审核试点工作，通过创新资金管理模式，逐步实现从支持零散项目向扶持规模化聚集性区域、主题项目转变。今年，区域性与主题性试点、第三方审核试点工作全面铺开，发布了《交通运输节能减排第三方审核机构认定暂行办法》、《交通运输节能减排专项资金支持区域性主题性项目实施细则》、《交通运输节能减排能力建设项目管理办法》等配套文件。配合部节能减排专项资金的设立，江苏、重庆等地方也设立了专项资金，加大了政府财政资金的投入力度。通过节能减排资金和项目管理模式的持续创新，对企业开展节能减排工作产生了很好的引导作用。

三是在科技创新上，开展重大科技项目攻关，加快应用研究和成果的转化。开展了"建设低碳交通运输体系研究"等部重大科研课题，推进"公路甩挂运输关键技术与示范"等部重大科技专项，实施了云南昆龙高速运营节能科技示范工程等节能减排示范工程；开展了"十二五"期第二批全国重点推广公路水路交通运输节能产品（技术）的推选工作，发布了两批共56项重点推广在用车船节能产品（技术）目录，有效提升了交通运输生产效率和服务水平，增强了交通运输节能减排的技术基础

和保障能力。

（五）重视能力建设，节能减排管理水平显著提升

为加强对节能减排工作的基础支撑，近年来，开展了一系列节能减排能力建设项目与试点。

一是开展了“交通运输行业能源消耗与碳排放统计监测体系”“低碳交通运输体系评价指标体系”“交通运输温室气体排放影响、排放峰值与减排目标、路径研究”等三个方面15项交通运输节能减排能力建设项目。

二是开展了交通运输行业能源统计体系建设，目前公路运输、水路运输和港口生产能源统计指标已初步纳入国家统计指标体系中。

三是初步建立了行业节能减排监测考核体系，优化扩充了能耗监测重点企业范围，逐步将36个中心城市的重点公交企业纳入了节能减排监测范围，探索实验了普通营运货车和内河船舶能源利用状况的远程监测，在山东等地开展了节能减排监测考核试点。

四是研究建立了低碳交通运输体系、低碳交通城市、低碳港口建设与运营、低碳航道建设、低碳公路建设等领域的评价体系。

（六）扩大宣传交流，节能减排发展环境逐步改善

组织开展节能减排宣传、交流、教育、培训等活动。多次组织召开了低碳交通运输体系试点经验交流会与工作推进会等专题工作会议，配合中国节能协会举办“中国低碳发展论坛低碳交通分论坛”，举办节能减排培训班，制定汽车驾驶节能操作规范，编写节能驾驶手册，开展节能驾驶竞赛，组织开展年度节能宣传周活动，广泛深入开展宣传教育。各地交通运输管理部门和企业也相应开展了形式多样的节能减排宣传培训、试点示范与实践活动。同时，我们还在多双边领域加大了交通运输节能减排对外宣传力度，积极参与了国际应对气候变化谈判。总之，经过几年努力，全行业节能减排意识明显增强，资源节约、环境友好、绿色低碳的理念不断提升。

回顾五年来的工作，我们在节能减排工作上取得了积极的成效，也积累了宝贵的经验，主要体现在以下四个方面：

一是坚持立足全局。这几年节能减排工作不断深入，力度逐步加大，影响日益扩大，成效日益显现，重要的一条是我们立足国家节能减排和行业发展全局，不断提高认识、凝聚共识，形成了领导高度重视，行业自觉行动，公众积极参与，全社会合力推动的局面。

二是坚持规划引领。科学编制各级交通运输行业节能减排专项规划，切实发挥规划的引导作用，把节能减排的要求落实到全领域、全过程、各层面、各环节。

三是坚持探索创新。通过“干中学”和“学中干”的方法，在不断摸索和前进中总结经验，探索与实际相符的绿色循环低碳交通运输发展思路。同时依靠典型示范引路，以点带面，有力有序推动交通运输行业节能减排工作向纵深发展。

四是坚持合作联动。必须充分发挥各级政府的组织领导和各级交通运输主管部门的综合协调作用，积极争取各有关部门的支持配合，统筹协调并充分用好国际与国内、中央与地方、行业内外的各种资源，建立健全协同合作机制，实现内外协调、上下联动，形成齐抓共管的合力。

同志们，几年来我们能够取得这些成绩和经验，是国家发展改革委、财政部、环保部等有关部门

和社会各界大力支持、具体指导的结果，是各级交通运输主管部门和广大交通运输企事业单位积极进取、辛勤付出的结果，更是各地党委政府高度重视、积极支持的结果。借此机会，我代表部党组向大家表示衷心的感谢！

在看到成绩的同时，我们应该清醒地看到，与党中央、国务院对交通运输行业的要求、与社会各界对我们的期盼相比，我们在工作上还有一定的差距与不足。特别是交通运输领域作为全社会三大重点节能领域之一，我们感到任务十分艰巨，压力比较大。实际工作中也存在以下几个方面的不足：对节能减排工作的认识还不到位，工作进展不太平衡，尤其在务实推动上还存在较大差距；交通运输节能减排目前还离不开资金的引领和投入，从总体上看，资金投入明显不足，特别是地方的配套资金在很多省市区还没有得到完全落实；节能减排基础能力还很薄弱，比如行业节能减排统计监测考核体系还不完善，对全行业节能减排实际量的统计监测还未完全实现全覆盖，考核评价体系还有待完善；管理制度体系仍不健全。对这些问题我们必须高度重视，认真研究，努力解决。

二、准确把握绿色循环低碳交通运输发展的总体要求

传堂部长在署名文章中从四个方面提出了要求，这是我们今后一个时期抓好绿色循环低碳交通运输发展的总体要求。当前我们正处在建设绿色循环低碳交通运输体系的关键时期，全行业要转变理念、统一认识、抓住机遇、精心组织，动员各方面力量，坚决贯彻党的“十八大”精神，全面落实生态文明建设要求，坚持节约资源、保护环境的基本国策，把绿色循环低碳交通发展作为交通运输行业发展的重要战略任务，摆在突出位置，融入交通运输发展的各方面和全过程。

加快推进绿色循环低碳交通运输发展，就是要贯彻落实科学发展观，推进基础设施畅通成网、配套衔接，运输装备先进适用、节能环保，运输组织集约高效、经济便捷，运输服务快捷便民、公平优质。在价值取向上，倡导绿色运输、低碳出行；在指导方针上，坚持节约优先、保护为本；在实现路径上，贯穿建管养运、因地制宜；在推进方式上，强化创新驱动、示范推广；在目标追求上，实现“三低三高”（低消耗、低排放、低污染，高效能、高效率、高效益）、永续发展。

到2020年，全行业绿色循环低碳发展意识明显增强，法规政策标准体系基本完善，能耗监测考核体系基本建成，科技创新驱动能力明显提高，能源资源利用效率明显提高，行业监管能力水平明显提升，基本建成绿色循环低碳交通运输体系。

到2020年，与2005年相比，实现营运车辆单位运输周转量能耗、碳排放量分别下降16%和18%，营运船舶单位运输周转量能耗、碳排放量分别下降20%和22%，城市客运单位客运量能耗、碳排放量分别下降26%和30%。围绕这些目标，当前和今后一个时期，绿色循环低碳交通运输体系建设要努力做到“四个”紧密结合：

一是紧密结合综合运输发展，加快推进绿色循环低碳交通运输体系建设。继续按照综合交通运输体系发展战略规划要求，补齐发展短板，发挥比较优势，实现相互衔接、畅通成网，推进各种运输方式协调发展，凸显整体优势和集约效能。完善公路网络，推进区域交通一体化、城乡交通一体化，提升交通运行效率。加快综合客货运枢纽、物流园区及集疏运配套设施建设，发展更加畅通高效的运输衔接方式，实现客运的“零换乘”和货运的“无缝衔接”。不断提高水路运输的份额，加快发展现代

内河航运，加快形成以高等级航道为主体的干支直达、通江达海、结构合理的内河航道网，充分发挥内河航运的比较优势。建设布局合理、功能完善、专业化和高效率的港口体系，鼓励开展公水联运、铁水联运等工作，加快形成契合节能减排要求的“宜水则水、宜路则路”的运输格局，充分发掘结构性节能减排潜力。

二是紧密结合运输装备结构升级，加快推进绿色循环低碳交通运输体系建设。继续严格实施运输装备、机械设备能源消耗量准入和退出制度，提高用能装备能效和碳排放标准。大力调整优化车船运力结构，加快淘汰高能耗、低效率的老旧车船，积极引导营运车船向大型化、专业化、标准化方向发展。积极推进节能与清洁能源道路客货运车辆、公交车、出租车、城市物流配送车辆、营运船舶的应用，加强加气、充电等配套设施的规划与建设，提高交通运输能源清洁化水平。

三是紧密结合运输组织优化，加快推进绿色循环低碳交通运输体系建设。加快推进传统货运企业向高效现代物流企业转型升级，培育具备供应链统筹能力的物流龙头企业。构建甩挂运输发展长效机制，推进甩挂运输向标准化、规范化发展。加快发展专业化运输和第三方物流，积极引导货物运输向网络化、规模化、集约化和高效化发展。加强城市物流配送体系建设，提高城市物流配送效率。积极推进客运企业之间运输组织平台建设，引导客运企业实施规模化、集约化经营。加强运输线路、班次等资源共享，推进接驳运输、滚动发班等先进客运组织方式。推广联程售票、网络订票、电话预订等方便快捷的售票方式及信息服务，提高客运实载率。

四是紧密结合城市公交优先发展，加快推进绿色循环低碳交通运输体系建设。全面落实《国务院关于城市优先发展公共交通的指导意见》，优先发展城市公共交通与慢行交通。优化城市公共交通线路和站点设置，科学组织调度，逐步提高站点覆盖率、车辆准点率和乘客换乘效率，改善公共交通通达性和便捷性，提升公交服务质量和满意度，增强公交吸引力。优化城市路网功能结构，推进自行车专用道和行人步道网络建设，建立多种交通出行方式相互补充、协调运转的城市客运体系。加大城市交通拥堵治理，提高城市通行效率，降低城市单位人次出行的能耗水平。

三、切实抓好建设绿色循环低碳交通运输体系的重点工作

加快绿色循环低碳交通运输发展既是一项长期的战略任务，又是一项艰巨的紧迫任务。我们要立足全局、着眼长远，统筹兼顾、突出重点，一项一项抓落实，一年一年接着干，使这项工作在巩固中提高，在务实推进中发展，在积累经验和成效的基础上，不断推进绿色循环低碳交通运输体系建设取得新进展。

(一)强化顶层设计

要在《加快推进绿色循环低碳交通运输发展指导意见》框架下，进一步明确推进绿色循环低碳交通运输体系建设的路线图和时间表，聚焦重点，实化抓手，明确抓什么、怎么抓，增强工作的科学性和前瞻性。

一是全面落实《加快推进绿色循环低碳交通运输发展指导意见》。各级交通运输主管部门要结合指导意见对资源节约、环境友好、绿色循环低碳的发展要求，强化交通运输节能减排、环境保护等专项规划与相关政策，采取切实有效措施，将绿色循环低碳交通运输体系建设工作落到实处。各部

门、各单位应根据本指导意见，制订具体实施方案。

二是完善绿色循环低碳交通规划实施体系。组织开展《公路水路交通运输“十二五”节能减排规划》中期评估工作，加强对规划执行情况的督促和检查，切实保证规划目标和主要内容落到实处。强化绿色循环低碳交通规划理论与方法研究，编制发布行业和企业绿色循环低碳发展规划，建立分层级、分类别、分方式的规划体系，建立规划审批与报备制度，建立健全规划定期评估考核和及时制修订机制，为科学编制交通运输节能减排“十三五”以及长期规划奠定基础。

三是健全监督管理体制。建立健全并严格落实节能减排目标责任制，将节能减排日常监管职责与行业运行的其他监管职责相结合。各级交通运输主管部门要依法加强对所辖的重点用能企业的指导、监督和考核。积极引导重点交通运输用能企业制订并实施节能减排规划和计划，建立严格的节能减排管理制度和有效的激励机制，完善节能减排管理组织体系，改进用能管理，通过强化对重点用能企业的节能减排监管，充分发挥重点用能企业节能减排的示范效应，促进交通运输节能减排管理的规范化、常态化。

四是加强绿色循环低碳政策研究储备。加强绿色交通财税等政策研究与储备，研究完善促进绿色循环低碳交通运输发展的财税、金融、土地、贸易、保险、投资、价格、科技创新等激励政策，积极探索差异化的车船使用税、通行费等政策，密切跟踪研究碳税、燃油消费税、资源环境税、能源资源价格改革等对交通运输领域影响及对策。加强交通需求管理政策创新，为深入推进绿色循环低碳交通运输体系建设做好政策储备。

（二）完善工作机制

要进一步形成协同合作工作格局，充分发挥市场机制作用，为推进绿色循环低碳交通运输体系建设提供有力的体制机制保障。

一是加快推进部省合作机制。开展部省共同推进绿色循环低碳交通运输体系建设工作，以省人民政府为责任主体，构建以省交通运输主管部门、城市人民政府、交通运输企事业单位为实施主体，以区域性、主题性试点示范项目为推进手段的合作机制，深化“车、船、路、港”千家企业低碳交通运输专项行动，建立节能减排统计监测、评价考核体系，确立共建目标，落实共建责任，提升共建效应。今天会议开始前，部与江苏省人民政府率先建立了合作机制，签署了《共同推进江苏省绿色循环低碳交通运输发展的框架协议》，下一步，部将分别与其他省市建立共同推进的新机制。部将结合各省实际，细化协议内容，采取一定措施，给予一定政策，加大指导推进的力度。

二是完善政策保障机制。加大行业对节能减排的资金引导力度，进一步创新交通运输节能减排专项资金管理制度，提高节能减排专项资金使用效益。各级交通运输主管部门要会同财政部门积极争取设立相应专项经费，加大财政支持力度并给予相关税收优惠政策，鼓励交通运输企业增加投入，逐步形成以国家和地方政府资金为引导、企业资金为主体的良性投入机制。研究探索节能减排投资担保机制，拓宽交通运输节能减排融资渠道，充分利用金融机构信贷资金以及社会资金，扩大利用外资渠道，积极争取国外无偿援助和优惠贷款。

三是充分利用市场机制。积极推广用能装备和系统的合同能源管理，开展第三方能源审计工作，加强培养节能环保第三方服务机构，加快培育节能环保技术服务市场。鼓励交通运输企业参与自愿减排，研究建立营运车船能效及碳排放认证制度，以租赁代购的方式推进电池动力的交通运输装备。引导交通运输企业参与国内碳排放交易，抓紧研究应对国际碳排放交易的对策，加快研究交通基础设施生态建设的碳汇能力和潜力，探索将其纳入碳排放交易的方法和模式。

四是健全宣传交流机制。全行业要继续深入开展形式多样的节能减排宣传、培训、交流与实践活动，认真组织“节能宣传周”“全国低碳日”等活动，周期性开展绿色循环低碳交通运输体系建设经验交流活动，不断增强全行业和社会公众的节能减排意识，培育绿色交通运输文化。继续积极参与《联合国气候变化框架公约》和国际海事组织框架下的谈判，主动开展交通运输绿色低碳外交工作，提高国际话语权和影响力。

（三）深化试点示范

绿色循环低碳交通运输体系建设还是一个新生事物，还需要继续深化试点示范。要进一步完善试点示范的主题和推进方法，不断探索绿色循环低碳交通运输体系建设的新途径。

一是深入开展绿色循环低碳试点工作。继续组织做好两批26个城市低碳交通运输体系建设试点中期评估、监督指导、总结验收等工作。组织开展绿色循环低碳交通省区、城市区域性试点，以及绿色循环低碳港口、绿色循环低碳公路、绿色循环低碳航道等主题性试点，扩大试点范围。配合财政部做好财政政策综合性示范、国家发展改革委两批低碳省区低碳城市试点、住建部绿色低碳示范小城镇以及科技部“十城千辆”“十城万盏”示范活动等，主动加强政策衔接与配套。

二是着力打造绿色循环低碳示范工程。组织打造国家和省级绿色循环低碳公路、绿色循环低碳枢纽、绿色循环低碳客运站、绿色循环低碳货运站、绿色循环低碳港口、绿色循环低碳航道等一批绿色循环低碳交通示范工程。实施绿色循环低碳交通示范区域“十百千工程”，打造10个绿色循环低碳交通示范省区、100个绿色循环低碳交通示范城市、1000个绿色循环低碳交通示范项目。

三是加快推广示范成果和先进经验。加快推广部节能减排示范项目的先进经验与成果，并择机组织启动新一轮示范项目的推选工作，放大示范带动效应。总结各地方交通运输主管部门、各企业试点示范工作的优秀成果与经验，编制指导手册和推广文件，组织交流活动，进行广泛推广。

（四）深化千企行动

结合国家发展改革委万家企业节能低碳行动，进一步组织落实《深入开展“车、船、路、港”千家企业低碳交通运输专项行动实施方案》。

一是企业要制订完善行动方案，引导企业编制节能低碳规划，建立健全企业能源审计等能源管理制度，确定考核目标、制订年度计划，建立健全专项行动参与企业节能减排目标责任制。

二是主管部门要结合落实交通运输行业重点企业能耗监测报表制度，加强对参与企业的能耗统计监测工作，实现重点耗能设备的在线监测，组织开展参与企业能耗信息报送工作。

三是组织开展对参与企业节能减排工作的动态管理、目标考核和经验交流，建立监督与考核方案，开展阶段性考核，定期对专项行动中的先进经验进行总结提炼，开展经验交流。

四是开展甩挂运输示范工程。组织开展渤海湾、长江沿线等重点区域的滚装甩挂运输、公铁联运甩挂运输、跨区域网络化甩挂运输、甩挂运输联盟等示范工程，集约整合资源，扩大甩挂运输效果。积极协调有关部门，深入开展双挂汽车列车的应用技术研究。健全试点项目运行、信息报送和动态监管制度。鼓励发展挂车租赁,制订挂车互换的有关制度和规范,推进甩挂运输持续健康发展。

(五)实施科技专项行动

科技创新是加快绿色循环低碳交通运输体系建设的重要支撑。要集中优势资源,组织实施科技专项行动攻关,着力突破制约交通运输绿色循环低碳发展的技术瓶颈,加快节能减排与应对气候变化先进适用技术和产品的推广应用,进一步提升科技创新对交通运输绿色循环低碳发展的驱动力和支撑力。

一是制订并实施交通运输绿色循环低碳科技专项行动工作方案。进一步加强基础性、战略性、前瞻性绿色循环低碳重大科研课题的组织实施,积极开展节能减排与应对气候变化重大战略与政策研究、能耗统计监测考核体系研究。组织开展交通运输节能减排与低碳交通实验室、技术研发中心、技术服务中心等技术创新和服务体系建设,进一步提升行业节能减排科技发展水平和保障能力。

二是加大交通运输绿色循环低碳科技研发与推广。及时制订并发布交通运输绿色循环低碳技术、产品的推广目录。建立交通运输行业能效与低碳标识、节能低碳产品认证制度。积极探索资源回收和废弃物综合利用的有效途径。继续推进以天然气等清洁能源为燃料的运输装备和机械设备的应用,积极推广应用绿色维修设备及工艺。大力推进港口RTG“油改电”工作,积极推广靠港船舶使用岸电,引导轻型、高效、电能驱动和变频控制的港口装卸设备发展。探索风能、太阳能等在运输船舶中的应用,充分利用港口地区风能、太阳能、水能、地热能、海洋能等可再生能源丰富的优势,提高可再生能源使用比例。

三是加快智能交通与信息化建设。积极推进跨省市高速公路联网不停车收费系统、车辆超载不停车预检系统,加快推进综合交通公共信息服务平台建设,建立各种运输方式之间的信息采集、交换和共享机制。积极推进客货运输票务、单证等的联程联网系统建设,推进条码、射频、全球定位系统、行包和邮件自动分拣系统等先进技术的研发及应用。开展交通出行信息服务系统建设工程,完善省域公路交通出行信息服务系统,在地市级以上城市加快建设覆盖城乡的公众出行信息服务系统。开展港口多式联运信息服务系统建设,实现港口水水、公水、水铁等联运信息服务。加快建设城市公共交通智能化管理平台,开展城市公交与轨道交通智能调度与管理、出租车智能信息系统、动态停车诱导等智能化系统的示范建设与推广应用,整合建设出租汽车电召服务和监控指挥中心。

(六)强化能力建设

能力建设是绿色循环低碳交通运输体系建设的基础保障。要进一步健全完善法律法规和技术标准体系,夯实人才建设这个基础工程,不断增强加快绿色循环低碳交通运输发展后劲。

一是健全绿色循环低碳交通运输法规制度体系。积极研究制定《交通运输节约能源条例》等法规,建立健全相关配套规章。重点加紧完善营运车船燃料消耗、碳排放和主要污染物排放的市场准入和退出、重点企业节能减排监管制度。

二是完善绿色循环低碳交通运输标准规范体系。研究制定营运船舶、港口装卸机械、交通施工机械等燃料消耗、碳排放和主要污染物排放分级限值与准入标准,完善交通基础设施建设和养护的节能设计、绿色施工等技术规范。健全交通运输固定资产投资项目节能评估与审查制度,完善节能评估导则和审查指南,将节能要求作为项目立项、初步设计、施工及验收中的刚性指标。

三是完善交通运输能耗统计监测考核体系。继续完善交通运输能耗统计监测报表制度，巩固并适度增加统计样本和扩大监测范围，不断提高监测数据质量。继续组织做好港口、远洋船舶、营运客车等能源利用状况监测工作。研究制订并严格落实绿色交通运输发展考核评价办法，完善交通运输节能减排考核体系方案，研究制订低碳交通城市、低碳港口、低碳公路等三类试点的评价考核指标体系和评价考核方案，组织开展评价考核工作。

四是加强人才队伍建设。实施绿色循环低碳交通科普行动计划与从业人员素质提升工程，开展形式多样、内容丰富的专项培训、技术和经验交流，将绿色循环低碳交通知识纳入职业教育和培训体系，全面提高从业人员的绿色循环低碳素质、管理能力、业务水平和操作技能。

同志们，加快推进绿色循环低碳交通运输发展责任重大，使命光荣，任务艰巨。全行业必须树立危机意识、紧迫意识、责任意识，深入贯彻党的“十八大”精神，抓住机遇，开拓创新，大力推进绿色循环低碳交通运输体系建设，为发展现代交通运输业、建设美丽中国做出新的更大的贡献！

打造绿色低碳交通　促进生态文明建设

——全国政协委员、交通运输部副部长高宏峰访谈实录

“按照党的‘十八大’精神和国务院的要求，交通运输行业正在加大力度推进绿色低碳交通运输体系建设。”3 月 8 日，全国政协委员、交通运输部副部长高宏峰接受本报记者采访时表示，作为国民经济基础性、先导性、服务性行业，作为全社会三大节能减排重点领域之一，交通运输行业有责任、有义务、有决心、有信心为生态文明建设作出更大贡献。

高宏峰介绍，近年来，交通运输行业节能减排工作扎实推进，法律法规制度体系逐步建立；交通运输绿色低碳发展规划不断完善；两批共 26 个城市绿色低碳交通运输体系建设试点工作积累了宝贵经验；“车、船、路、港”千家企业低碳交通运输专项行动充分调动了企业作为节能减排工作主体的积极性和创造性。交通运输部还累计公布了 5 批共 100 个交通运输行业节能减排示范项目，公布了 5 批全国重点推广公路水路交通运输节能产品和技术，严格实行了营运车辆燃料消耗量准入制度和客运运力调控政策等。

高宏峰特别提到，从 2011 年开始，财政部与交通运输部共同设立了交通运输节能减排专项资金，不断加大对交通运输节能减排的支持力度。“两年来我们对 402 个节能减排项目予以‘以奖代补’，取得了很好的效果，”高宏峰说，“我们还启动了绿色低碳交通城市和绿色低碳港口试点。”

“绿色低碳交通运输体系建设已经取得明显成效，但距离建设美丽家园的愿景还有巨大差距，整体工作还需要大力向前推进，很多环节还需要不断完善。”高宏峰认为，交通运输行业要认真贯彻落实党中央、国务院的战略部署，将生态文明建设融入交通运输发展的各方面和全过程，以节约资源、提高能效、控制排放和保护环境为主要目标，积极谋划，攻坚克难，推进交通运输绿色发展、循环发展、低碳发展。

一是要加快完善绿色低碳交通运输法规标准，建立健全绿色低碳交通运输统计监测考核体系，将绿色低碳交通运输切实纳入行业发展整体规划，而且规划要有刚性，还要注重运用市场机制推进绿色低碳交通发展。

二是要推进综合交通运输体系建设，加快优化交通运输网络结构，提高客运货运组织化、规范化程度，加快推进公交优先战略，引导公众绿色低碳出行。

三是要大力加强绿色低碳交通基础设施建设。推进能源、土地、交通通道和岸线资源的节约，加强交通基础设施建设生态环境保护。加快推广大容量高效率运输装备和节能与清洁能源装备，加强环境友好型装备建设。

四是要以科技创新和信息化建设推进绿色低碳交通运输发展。加强绿色低碳交通运输技术研发和推广，加快推进交通运输信息化和智能化建设。

在绿色循环低碳交通运输体系建设试点示范推进会上的总结讲话

交通运输部总工程师　徐　光

2013 年 6 月 18 日

同志们：

本次“绿色循环低碳交通运输体系建设试点示范推进会”已经圆满完成各项主要议程。会上，建中副部长作了关于“深化试点示范推进节能减排加快建设绿色循环低碳交通运输体系”的主题报告，表彰了一批交通运输行业节能减排先进集体和先进个人，完成了形式多样、内容丰富的图片展览、项目体验和经验交流，按照会议安排，明天上午还将邀请各位代表进行实地参观考察。总的来看，这次会议主题鲜明、内容丰富、安排紧凑、气氛热烈，在大家的共同努力下取得了圆满成功。下面，我对会议作个简要总结，并就贯彻落实会议精神提两点意见。

一、大会的收获与体会

这次会议取得了丰硕的成果，概括来讲主要体现在以下三个方面：

第一，提高了认识。会议突出强调了加快推进绿色循环低碳交通运输发展的重大意义，并阐释了其深刻内涵。加快推进绿色循环低碳交通运输发展不仅是加快转变交通运输发展方式、实现交通运输业转型升级、建设现代综合交通运输体系的重要途径，而且对于全面建成小康社会、建设美丽中国、促进生态文明也具有深远影响。加快推进绿色循环低碳交通运输发展的内涵，核心就是要倡导绿色运输、低碳出行的价值取向，坚持节约优先、保护为本的指导方针，遵循贯穿建管养运、因地制宜的实现路径，注重强化创新驱动、示范推广的推进方式，紧紧围绕实现“三低三高”、永续发展的目标追求，实现基础设施畅通成网、配套衔接，运输装备先进适用、节能环保，运输组织集约高效、经济便捷，运输服务快捷便民、公平优质。通过这次推进会，有利于全行业提升理念、凝聚共识，切实增强责任感和使命感。

第二，明确了任务。建中副部长在会议讲话中对 2020 年绿色循环低碳交通运输体系建设的总体要求、重点工作进行全面部署，为行业发展指明了方向、明确了重点、部署了任务。前不久，部里也正式印发了《加快推进绿色循环低碳交通运输发展指导意见》，明确提出了要到 2020 年基本建成绿色循环低碳交通运输体系，系统地提出了未来发展的指导思想、基本原则、目标指标以及主要任务等。这两份重要文件作为密切联系、互为支撑的有机整体，一方面描绘了绿色循环低碳交通运输体系的美好愿景，另一方面是对全行业的总动员、总部署，充分体现了部关于全面贯彻落实“十八大”精神的最新工作成果和要求，是关于 2020 年之前绿色循环低碳交通运输体系建设的顶层设计，是未来指导行业节能减排工作深入开展的纲领性文件。接下来的七年间，我们要切实做好“四个紧密结合”，将加快推进绿色循环低碳交通运输发展与综合运输发展、运输装备升级、运输组织优化、城市公交优先战略紧密结合，着力抓好强化顶层设计、完善工作机制、深化试点示范、深化千企行动、实施科技专项行动、强化能力建设等六大战略任务的落实。

第三，增强了信心。建中副部长在讲话中充分肯定了五年来全行业绿色循环低碳交通运输体系建设取得的积极成效，系统总结了过去的成功经验，让我们对绿色循环低碳交通运输发展的现实基础的客观全面地认识；同时还全面分析了未来发展面临的新形势、新要求，描绘了2020年绿色循环低碳交通运输发展的美好愿景，为行业指明了方向、明确了目标，为我们未来抢抓绿色机遇、积极应对挑战鼓舞了士气、坚定了信念。会议期间各单位精心准备了形式多样、内容丰富的图片展览、经验交流，作为行业典型示范的缩影，给人以直观深刻的感受，为我们提供了成功的鲜活案例，对行业具有很强的借鉴意义和指导作用，有利于进一步创新思维、启迪思路，更有针对性、创造性地去开展各项工作。建中副部长讲话中还对深化试点示范与专项行动、探索部省协同机制、健全法规标准体系、完善配套政策措施等方面进行了进一步明确部署，这都为到2020年加快建成绿色循环低碳交通运输体系提升了手段、注入了动力、增强了信心，未来大有可为，也必将大有作为。

二、准确把握和深入贯彻会议精神

加快建设绿色循环低碳交通运输体系是国家重大战略，任务艰巨，使命光荣。全行业要以自觉学习领会、深刻理解把握和深入贯彻落实本次会议精神为契机和载体，重点抓好以下方面工作。

第一，要认真学习宣贯，营造良好氛围。本次推进会结束之后，建中副部长重要讲话等会议材料将印发全行业。各地区、各部门、各单位要高度重视，不仅要将本次会议精神尽快传达到系统内每个单位、每一位职工，要组织各种形式的学习宣贯、培训交流会，动员广大干部职工自觉学习领会、深刻理解把握好有关会议精神，将全行业的认知与行动统一到本次会议精神上来，统一到部的总体工作部署上来，这是下一步加快推进绿色循环低碳交通运输体系建设工作的重要前提。同时，各级交通运输专管部门还要及时向各级人民政府进行专题汇报，向发展改革、财政、环保、科技等相关部门进行信息通报，积极争取支持、形成合力，加大对社会公众的宣传引导，提供公众的认知水平和参与程度，为加快推进绿色循环低碳交通运输发展营造良好的氛围。

第二，要紧密结合实际，加强统筹安排。建设绿色循环低碳交通运输体系是一项复杂的系统工程，既要立足当前，又应着眼长远。建中副部长重要讲话和《加快绿色循环低碳交通运输发展指导意见》等是指导中长期绿色循环低碳交通运输体系建设的战略性文件，而部每年制定印发的年度行业节能减排工作要点则是对行业近期重点工作的具体安排。因此，各地区、各部门、各单位要按照本次会议的总体部署，紧密结合各自实际情况，因地制宜、区别对待，统筹考虑东中西部的区域差异性，区分不同运输方式、不同领域，研究制定加快交通运输绿色循环低碳发展的总体规划、路线图和时间表，做好顶层设计；同时又要加强务实推进，全面实施交通运输节能减排“十百千”工程，深化试点示范，推进“两个”专项行动，着力加强结构、技术、管理三大领域节能，用好专项激励政策，巩固基础能力建设，加大宣传推广交流，努力确保完成2013年度重点工作计划，为实现《公路水路交通运输节能减排“十二五”规划》目标奠定基础。

第三，要强化任务分解，实现重点突破。各地区、各部门、各单位要迅速行动起来，切实抓好会议确定的各项目标指标、六大重点任务的分解落实工作，进一步做好细化实化，抓紧制定详细的工作计划和具体实施方案，确保各项工作都有人管、有人抓。由各部门、各单位主要领导负总责，一级抓一级，责任到位，并建立严格的问责制，强化评价考核，加大检查督促力度。在实际工作中，要注重点面结合、上下联动、内外协调，在全面部署推进的同时，力争在部省协同共建机制，绿色低碳试点城市、试点港口、试点公路，示范项目，千企与科技专项行动、统计监测考核基础能力建设等方面实现重点突破。

同志们，通过本次推进会，2020 年绿色循环低碳交通运输发展目标任务已经明确，让我们以求真务实、开拓创新的作风，扎实推进各项工作落实，把绿色循环低碳发展战略切实转化为具体行动，为建设生态文明和美丽中国做出新的更大贡献。

谢谢大家。

紧扣重点环节　实化政策抓手　以“绿色交通”引领交通运输现代化发展

——交通运输部政策法规司司长梁晓安在2014年度交通运输节能减排专项资金申请工作布置会上的讲话

2013年12月30日

同志们：

今天，结合专项资金申请工作布置会，我就交通运输节能减排工作下一步如何贯彻落实党的“十八届”三中全会、中央经济工作会议、中央城镇化工作会议和刚刚结束的交通运输工作会议精神，如何贯彻落实部发布的《加快推进绿色循环低碳交通运输发展指导意见》和6月份无锡会议要求，确保实现“到2020年基本建成绿色循环低碳交通运输体系”发展目标，谈几点意见。

一、近几年交通运输节能减排工作的基本情况

近年来，在财政部的大力支持下，在部党组的正确领导下，交通运输主管部门和企事业单位的共同努力下，节能减排工作从“宣传发动”到“务实推动”，不断完善顶层设计，逐步深化试点示范和优化激励机制，着力提升监管能力，扎扎实实开展工作，取得了显著的成效。下面我从以下四个方面进行概括：

一是强化组织领导和行业指导。部党组高度重视节能减排工作，2011年召开了低碳交通运输体系建设城市试点推进会，2013年召开了试点示范推进会，部领导出席会议并对节能减排工作进行动员和部署。政策法规司也多次组织召开城市试点、专项资金申请、推广应用天然气车船等工作座谈会，落实部党组关于节能减排工作的具体要求。同时，发布了《公路水路交通运输节能减排“十二五”规划》、《建设低碳交通运输体系指导意见》和《加快推进绿色循环低碳交通运输发展指导意见》，这些文件已经成为指导行业节能减排工作的纲领性文件。

二是深化体系建设和试点示范。交通运输节能减排工作起步比较早，2009年国务院提出控制温室气体排放行动目标之后，2010年我们就组织了低碳交通运输发展重大课题研究，2011年初就发布了指导意见并启动了10个城市试点。同时不断深化试点工作，2012年将试点城市的数量扩大到26个，2013年又提出加快推进绿色循环低碳交通运输发展，进一步丰富了试点的内涵，充分发挥了节能、环保、资源循环利用及应对气候变化等工作的协同效应。交通运输部还与江苏省人民政府签署了《共同推进江苏省绿色循环低碳交通运输发展的框架协议》，由市级试点扩大到省级试点。此外，行业节能减排示范项目的评选、节能产品（技术）目录的发布、“车、船、路、港”千企行动、绿色循环低碳港口和公路试点、天然气车辆应用试点等活动，为交通运输节能减排工作注入新的活力，发挥

了积极有效的引领作用。特别是今年无锡会议提出要打造绿色循环低碳交通运输“十百千”示范工程,包括10个示范省、100个示范市和1000个示范项目,为我们下一步继续深化试点示范明确了目标要求。营运车辆燃料消耗限值管理、甩挂运输试点、推广高速公路ETC、港口机械“油改电”、靠港船舶使用岸电、公共物流信息平台和公众出行信息服务系统建设等多项工作的全面推进,形成了合力,扩大了交通运输节能减排的覆盖面和引导示范作用。

三是优化专项资金和激励机制。在财政部和部财务司的大力支持下,建立了交通运输节能减排专项资金,政策法规司十分重视提高专项资金使用效益和发挥好专项资金激励作用,重点做了几项工作:第一,探索优化专项资金支持领域,遴选了节能减排效果显著的项目予以重点支持;第二,探索优化专项资金支持方式,从单一的一般项目逐步发展到区域性、主题性、能力建设项目等多种方式;第三,建立健全第三方审核机制,公布了机构,开展了第三方审核试点;第四,完善相关管理制度,发布了关于区域性主题性项目、能力建设项目和第三方审核机构的配套管理办法;第五,尝试开展了专项资金绩效评价。总之,在财政部、部财务司的指导下,我们不断调整优化专项资金支持的重点和方式,充分发挥专项资金对节能减排工作的引导作用。

四是提升监管能力和服务水平。交通运输节能减排的监管和服务,从无到有,正在不断完善和提升。在统计监测方面,组织开展了普通货车和内河船舶能源利用状况在线监测的试点,扩充优化了行业能耗监测重点企业;在考核评价方面,开展了节能减排考核研究和试点,提出了关于绿色循环低碳交通运输的评价指标体系,明天专家们要讲的区域性主题性项目的考核指标就是从这些评价指标体系演化过来的。此外,交通节能减排服务能力和水平也进一步提高,交通节能网成为服务窗口,节能减排项目管理中心成为服务平台,节能减排专家队伍成为服务的支撑力量。

回顾这几年的工作,我们也清楚地认识到自身存在不足:一是节能减排制度体系不健全,主要表现为制度缺位,标准不硬,约束力不强;二是市场机制的作用尚未充分发挥,推进节能减排工作的手段略显单一;三是专项资金支持项目的集中度不高,主攻方向还不清晰;四是统计监测基础薄弱,能耗和排放的家底摸得不是很清。下一步,我们要着力推进解决这些问题。

二、交通运输节能减排工作面临的新形势

党的“十八大”之后,特别是党的十八届三中全会做出全面深化改革部署,经济社会进入新的发展时期。在刚刚结束的全国交通运输工作会议提出当前和今后一个时期要全面深化改革,集中力量推进综合交通、智慧交通、绿色交通、平安交通的发展,“四个交通”对交通运输节能减排提出了更高更全面的新要求,我们要把节能减排作为实现交通运输科学发展的重要组成部分,落实好、安排好、推动好。

一是依靠制度建设推进节能减排。党的“十八大”提出,要“大力推进生态文明建设”。三中全会要求“加快生态文明制度建设”。10天前,国家发展改革委在昆明召开的低碳省区和低碳城市试点交流会上提出:在控制温室气体排放方面,应建立一套行之有效的制度体系,包括碳排放总量控制制度、碳排放许可制度、碳排放权交易制度、政府层面的碳排放考核制度、企业层面的碳排放核算报告制度、项目层面的碳排放评价制度和产品层面的碳排放认证制度。这些政策和研究对交通运输节

能减排工作具有很好的启发和借鉴意义。目前,我们只是制定了营运车辆燃料消耗量限值管理制度和交通运输能耗统计监测报表制度。营运船舶的燃料消耗量限值和二氧化碳排放量限值目前还只是推荐性标准。因此,与三中全会提出的"加快生态文明制度建设"的新的更高要求相比,我们行业的节能减排制度体系建设还需进一步完善。

二是利用市场机制推进节能减排。三中全会提出"使市场在资源配置中起决定性作用和更好发挥政府作用"。能源是一种资源,环境容量也是一种资源。环境对人类活动所排放的污染物及温室气体有一个最大容量限制,超过了这个限制,就会破坏生态平衡。为此,国家在"十二五"期间下达了严格的主要污染物排放总量控制指标,在个别地区试点实施了能源消费总量控制,在目前开展的碳排放权交易试点中,实际上就隐含着碳排放总量控制这个前提。下一步,很有可能实施煤炭消费总量控制和二氧化碳排放总量控制,节能量、排污权和碳排放权都可进入市场进行交易,这就要求我们抓住机遇,深入研究市场机制对交通运输节能减排工作的影响,提早做出响应,做好政策和技术储备。

三是围绕城镇化不断丰富节能减排内涵。三中全会提出"推进以人为核心的城镇化",中央城镇化工作会议进一步提出"要坚持生态文明,着力推进绿色发展、循环发展、低碳发展,尽可能减少对自然的干扰和损害,节约集约利用土地、水、能源等资源。"可以看出,中央提出的城镇化不是简单地追求城镇化率水平,而是更加注重提高城镇化发展质量。交通运输作为经济发展的基础性、先导性产业和重要的服务性行业,它的发展质量影响着城镇化的发展质量。因此,走中国特色新型城镇化道路,必然要求交通运输加快实现绿色发展、循环发展、低碳发展,切实提高能源利用效率,降低二氧化碳排放强度,减少主要污染物排放,改善城镇环境质量,真正实现中央城镇化工作会议提出的"让城市融入大自然,让居民望得见山、看得见水、记得住乡愁"。

四是围绕"四个交通"创新节能减排方式。杨传堂部长在27号交通运输工作会上指出,"综合交通是核心,智慧交通是关键,绿色交通是引领,平安交通是基础,'四个交通'相互关联,相辅相成,共同构成了推进交通运输现代化发展的有机体系。"绿色交通是引领,这是对节能减排工作的新定位和新要求,这个提法是科学的。我们注重深化改革、务实创新,以强烈的责任感和使命感,不断开发和引进节能减排新产品、新技术、新工艺,把节能减排根植于交通运输的规划、建设、运营、养护等各个环节,更加注重交通基础设施结构、运输装备结构、运输组织结构的节能减排,在低消耗、低排放、低污染、高效能、高效率、高效益为主要特征的绿色交通体系中,发挥节能减排不可替代的重要作用。

三、2014年交通运输节能减排重点工作

要按照交通运输工作会提出的"全面深化改革,集中力量加快推进综合交通、智慧交通、绿色交通、平安交通的发展"的总体要求,积极谋划,勇于创新,突出重点,抓出实效,进一步加快推进绿色循环低碳交通运输体系建设。重点是抓好以下五项工作:

(一)加快推进交通运输节能减排制度体系建设

落实三中全会"加快生态文明制度建设""更好发挥政府作用"的要求,提升行业节能减排监

管能力，实现节能减排工作由“宣传发动”“务实推动”向“制度约束”转变，近期要加快推进交通运输节能减排制度体系建设。要根据国务院节能减排与应对气候变化工作的总体部署，结合行业实际和“四个交通”发展目标，认真研究分析当前及今后一段时期交通运输节能减排工作的制度需求，形成制度体系框架，这个框架尽可能全面、系统、可行、管用，切实发挥制度在交通运输节能减排工作中的引导和保障作用。交通运输节能减排工作涉及面广，影响大，必须做好制度安排的研究和设计工作。比如说，公路用能产品设施、港口作业机械、交通建设的施工装备等的能效管理，从行业节能减排监管的角度，应该建立什么样的管理制度，需要什么样的能效标准，如何与现有的管理制度相衔接，如何对企业层面、项目层面、装备层面、行为层面实施节能减排监管，这些都需要加快研究制定。我们的能力建设项目要对这些方面予以支持，研究成果要形成有针对性的政策和技术储备。

（二）继续优化交通运输节能减排专项资金支持重点和支持方式

三年来，交通运输节能减排专项资金以“以奖代补”的形式支持了731个一般项目、21个区域性主题性项目和29个能力建设项目，获得了良好的节能减排效益，在绿色循环低碳交通运输建设中发挥了不可替代的促进作用。在财政部、部财务司的支持下，专项资金规模从每年2.5亿元增长到每年7.5亿元，但与交通运输节能减排实际需求相比，存在巨大缺口。因此，如何发挥好专项资金四两拨千斤的杠杆作用，调动行业内外上下的积极性，推动交通运输节能减排工作深入高效开展，必须对专项资金支持的重点进行聚焦，必须要对专项资金支持的方式进行改革。这既是财政部的工作建议和要求，也是我们和部财务司达成的共识，今天借这次布置会的机会就优化专项资金的支持重点和支持方式和大家做些交流：

一是要进一步提高专项资金使用的集中度。2014年专项资金的使用，相比以前是进行了集中，取消了一般项目，对区域性主题性项目的数量也进行了限制。我认为，今后还有进一步集中的空间。主要是因为专项资金规模有限，目前的专项资金与一条公路的建设资金相比，与一个港口的节能减排投入资金相比，都只占很小的一个比例，更何况我们要支持那么多的公路、港口，还要支持市域、甚至省域范围内的节能减排项目。支持的项目多了，每个项目获得的支持力度就小了，产生的成效就打了折扣。所以，下一步我们还要继续提高专项资金使用的集中度，目的就是要让专项资金切实支持一些地区、一些领域在节能减排工作上有一个提升，上一个台阶。

二是要逐步确立目标导向。以前，“以奖代补”是大家做了基础和前期工作，我们来核定节能减排量，按照标准给予奖励。今后，我们要逐步强化目标导向，项目申请方先说出来发展目标，我们再来决定是不是给予支持。所以，2014年的专项资金申请，就多了一个考核指标。申请区域性主题性的项目，首先要大家按照考核指标的内容，提出接下来的几年里，通过自己的努力和专项资金的支持，能够达到一个什么样的发展水平。我们会先拨付首批资金，项目清算时，要看是不是达到考核指标。目前，这种目标导向还在试点过程中，还有不完善的地方，今后还要对考核指标进行调整，但大方向就是这样了，归根结底就是要让专项资金对一个地区、一个领域的节能减排工作水平和能力的提升产生明显效果。

三是要引入竞争机制。2013年我们对能力建设项目采取了竞争性谈判。2014年，区域性主题性项目的立项要采取竞争择优，通过引入竞争机制，“多中选好，好中选优”。而且，指南中提出的支持1个省级区域性项目、7个市级区域性项目、5个公路主题性项目和4个港口主题性项目，这是项目数量的上限，这并不意味着一定要这么多项目，如果符合要求的项目没有这多，我们就少搞几个。所以，请大家要特别重视项目实施方案的编制，要体现工作的思路、目标、任务和保障措施，争取获得专项资金的支持。

（三）进一步实化抓手，切实推进行业节能减排工作

这几年行业推进节能减排工作，有几个重要抓手，对于提升节能减排理念、推广节能减排技术、宣传节能减排成效发挥了重要作用，产生了很好的效果。下一步，要继续认真研究，实化抓手，将行业节能减排工作推上一个新的高度。

一是低碳交通运输体系建设城市试点。按照计划，第一批10个城市试点现在已经进入总结评估阶段，第二批16个城市试点在2014年年底也要进行总结评估。因此，第一批试点城市要着手开始准备总结评估材料，所在省厅要做好把关，部会组织做好全面总结评估。在此基础上，继续推进第二批城市试点，试点单位要认真落实实施方案内容，所在省厅要加强对试点工作的指导和监督，借鉴学习第一批试点的经验，结合本地实际不断创新，确保试点工作取得预期成效。

二是绿色循环低碳交通运输“十百千”示范工程。2013年无锡会议提出要打造10个示范省、100个示范市和1000个示范项目，我们要认真安排，确保落实。对于示范项目的评选，我们已经积累了经验，2013年又发了《关于开展交通运输行业绿色循环低碳示范项目评选活动的通知》，对1000个示范项目的评选做出了布置。新一轮示范项目的评选，要在以往工作的基础上进行深化，不要简单停留在产品、技术、技能的推广上，要深入分析这些绿色循环低碳产品、技术、技能在应用过程中存在的问题，挖掘各地、各单位克服这些问题的好做法、好经验，提炼出来予以示范。对于示范省和示范市，我们会和大家一道共同研究，尽快提出一个推进方案来。我们也希望财政部能对我们的示范工程给予指导，共同推进这项工作。

三是“车、船、路、港”千家企业低碳交通运输专项行动。千企行动已成为行业推进绿色交通发展的一张名片，必须要不断总结经验，持续深入推进。2013年我们对深化千企行动做了一些工作，调整优化了参与企业，提出了参与企业能源消耗和碳排放控制考核评分标准，进一步强化了信息报送。下一步，要研究落实千企行动的工作目标、行动机制、重点内容、奖惩措施和考核验收，要逐步建立千企行动的长效机制，搭好这个平台，促进行业重点用能企业节能减排工作。

四是交通运输节能减排科技专项行动。这个专项行动是行业节能减排“十二五”规划确定的两个专项行动之一。目前，我们正在研究制定科技专项行动的工作方案，在这个过程中还会征求大家的意见，请大家就如何促进交通运输节能减排科技研发、成果转化、推广应用、人才培养、科研基础能力建设等方面多提建议。

（四）进一步夯实交通运输节能减排工作基础

交通运输节能减排工作的基础相对来讲还是比较薄弱，在很大程度上制约了工作的推进，影响了工作的效果。我们已经在提升行业节能减排监管能力方面开展了一些工作，在财政部、部财务司的支持下，组织开展了两批能力建设项目的研究，部分研究成果已经得到实际应用，取得了较好的效

果。下一步，要继续在以下四个方面着力推进，进一步夯实节能减排工作基础：

一是统计监测。对交通运输能源消耗和二氧化碳排放量心中无数是基础薄弱的一个突出表现。目前交通运输节能减排统计监测还不能完全满足我们工作的需要，制约着规划编制、成效评价、任务考核等工作，亟须予以解决。除了继续与统计部门进行协调外，我们自己也要想办法去解决数据的问题：第一，继续配合国家发展改革委推进重点用能单位能耗在线监测；第二，结合千企行动，进一步扩充优化行业能耗监测重点企业；第三，低碳交通城市试点、区域性主题性项目也要在统计监测方面下工夫，要探索一些可行的方法，总结出来进行推广。

二是规划编制。要继续组织做好行业节能减排"十二五"规划的中期评估，提出"十三五"规划的基本思路，适时启动"十三五"规划的编制。地方各级交通运输主管部门，特别是希望成为绿色循环低碳交通运输发展示范省和示范市的地区，要高度重视节能减排规划的编制与实施，要充分发挥规划对交通运输节能减排工作的引领作用。在这里需要强调的是，对于希望申报专项资金区域性项目的地区，有没有交通运输节能减排专项规划已经成为一个硬条件，大家要引起重视。

三是市场机制。我们对依靠市场机制推进交通运输节能减排的经验还不充分，还需要大家一起来共同研究和实践。第一，在市场准入方面，要继续严格实行营运车辆燃料消耗量限值标准，推进营运船舶燃料消耗量和二氧化碳排放量限值管理，加快研究其他交通用能产品、设备能效和碳排放管理制度及配套标准，促进交通运输装备朝着高能效、低排放、清洁化的方向进行结构优化。第二，在市场交易方面，要认真学习研究碳排放权交易以及可能会实施的节能量交易，分析市场交易对行业发展和节能减排工作的影响，提出对交通运输企业参与碳排放权交易的指导性意见，开展交通运输企业参与节能量交易的储备性政策研究，尽快开展市场交易相关技术和标准研究。第三，在市场退出方面，也要有所作为。此外，还要关注税收（如碳税）、融资（如合同能源管理、清洁发展机制）等市场化手段，加强研究，提出我们行业的应对措施或推进方案。

四是能力建设项目。专项资金将继续支持能力建设项目，从行业急需、面向应用、兼顾政策和技术储备几个方面统筹安排项目立项，切实推进行业节能减排监管能力的提升。下一步，将主要针对以下8个方面的能力建设开展研究工作：第一，法规规划标准对交通运输节能减排的支撑能力；第二，交通运输节能减排统计监测考核评价能力；第三，对节能减排第三方机构的管理与服务能力；第四，交通运输节能减排产品技术推广应用能力；第五，应用市场机制推进交通运输节能减排的能力；第六，应对国际航运温室气体减排谈判的能力；第七，交通运输应对气候变化的适应能力；第八，交通运输节能减排储备性政策和技术的研究能力。

（五）继续做好交通运输节能减排宣传培训交流

宣传培训交流的目的是为了提升行业绿色循环低碳发展理念，推广先进适用节能减排产品和技术，交流经验，营造氛围，为节能减排工作提供良好的发展环境。要继续组织做好全国节能宣传周、全国低碳日等宣传活动，策划富有地方和行业特色的主题宣传活动，动员全行业和全社会参与到绿色循环低碳交通运输体系建设中来。要多举办主题鲜明、内容丰富、形式灵活的培训活动，要将培训作为提升绿色循环低碳发展理念和能力的重要工作抓紧抓好，有序推进。要鼓励开展节能减排管理和技术交流,搭建交流平台,促进跨地区、跨行业以及中外交流,相互学习,相互借鉴,交换观点,争取支持,共同推进交通运输节能减排。

同志们！交通运输节能减排工作取得了一些成绩,也面临着不少困难和更大更多的机遇。我们要在部党组的领导下,在财政部支持和指导下,积极谋划,勇于创新,突出重点,攻坚克难,为实现“四个交通”努力工作。

谢谢大家!

行业部署篇

一、加强组织领导，强化顶层设计

（一）组织召开重要会议研究部署行业节能减排工作

2013 年 6 月 18 日至 19 日，交通运输部在江苏省无锡市召开绿色循环低碳交通运输体系建设试点示范推进会。会议提出，加快推进绿色循环低碳交通运输发展，就是要贯彻落实科学发展观，推进基础设施畅通成网、配套衔接，运输装备先进适用、节能环保，运输组织集约高效、经济便捷，运输服务快捷便民、公平优质，实现“三低三高”（低消耗、低排放、低污染，高效能、高效率、高效益）、永续发展。交通运输部副部长何建中出席会议并讲话。江苏省副省长史和平致辞。会议由交通运输部总工徐光主持。江苏省交通运输厅，南昌市、杭州市交通运输局，连云港港口集团公司，中国交通建设集团，贵阳市公共交通公司，云南公路开发投资有限责任公司领导及相关负责人作了经验交流。会议表彰了全国交通运输行业节能减排先进集体和先进个人，并为绿色循环低碳交通运输体系建设区域性主题性试点单位授牌。何建中指出，近年来，交通运输行业坚持立足全局、坚持规划引领、坚持探索创新、坚持合作联动，在节能减排工作上取得了积极的成效，也积累了宝贵的经验。但是，与党中央、国务院的要求和社会各界的期待相比，交通运输节能减排工作仍有很大的差距与不足。何建中强调，当前和今后一个时期是建设绿色循环低碳交通运输体系的关键时期，全国交通运输系统要坚决贯彻落实党的十八大关于生态文明建设的要求，坚持节约资源、保护环境的基本国策，把绿色循环低碳交通运输发展作为重要战略任务，摆在更加突出的位置，融入交通运输发展的各方面和全过程。何建中要求，各级交通运输部门要紧密结合综合运输发展，紧密结合运输装备结构升级，紧密结合运输组织优化，紧密结合城市公交优先发展，加快推进绿色循环低碳交通运输体系建设。当前要重点做好六个方面工作：一是强化顶层设计。全面落实《加快推进绿色循环低碳交通运输发展指导意见》，完善绿色循环低碳交通规划实施体系，健全监督管理体制，加强绿色循环低碳政策研究储备。二是完善工作机制。加快推进部省合作机制，完善资金保障机制，充分利用市场机制，健全宣传交流机制。三是深化试点示范。深入开展绿色循环低碳试点工作，着力打造绿色循环低碳示范工程，加强推广示范成果和先进经验。四是深化“车、船、路、港”千家企业低碳交通运输专项行动。企业要制订完善行动方案，主管部门加强统计监测、动态监管。深入开展甩挂运输示范工程。五是实施科技专项行动。制订并实施交通运输绿色循环低碳科技专项行动工作方案，加大交通运输绿色循环低碳科技研发与推广力度，加快智能交通与信息化建设。六是强化能力建设。健全绿色循环低碳交通运输法规制度体系，完善绿色循环低碳交通运输标准规范体系，完善交通运输能耗统计监测考核体系，加强人才队伍建设。

（二）印发《2012 年交通运输行业节能减排工作总结和 2013 年工作要点》

2013 年 1 月 18 日，交通运输部印发《关于印发 <2012 年交通运输行业节能减排工作总结和

2013 年工作要点 >》(交政法发〔2013〕37 号)。2012 年,交通运输行业深入贯彻落实科学发展观,全面贯彻落实党中央、国务院节能减排工作战略部署,将交通运输节能减排作为加快推进交通运输现代化、加快转变交通运输发展方式的重要抓手,统筹规划,重点推进,加强领导,明确责任,积极创新,广泛宣传,大力推进低碳交通运输体系建设,持续开展交通运输节能减排试点示范活动,充分发挥各方面、各层次节能减排政策叠加优势,不断提高行业节能减排监管能力和服务水平,交通运输节能减排工作取得了明显成效。2013 年交通运输行业节能减排工作要点包括:①全面贯彻落实党中央、国务院节能减排与应对气候变化工作的部署和要求;②深入推进低碳交通运输体系建设;③不断深化"车、船、路、港"千企专项行动;④组织开展交通运输节能减排科技专项行动;⑤大力推进交通运输结构性节能减排;⑥进一步加强交通运输节能减排能力建设;⑦继续加强交通运输节能减排宣传教育与交流培训;⑧继续做好气候变化谈判和对外交流合作工作;⑨继续做好公共机构节能工作。

(三)印发《加快推进绿色循环低碳交通运输发展指导意见》

2013 年 5 月 22 日,印发了《加快推进绿色循环低碳交通运输发展指导意见》(交政法发〔2013〕323 号),该意见按照建设"五位一体"总体布局的要求,以科学发展观为指导,以节约资源、提高能效、控制排放、保护环境为目标,以加快推进绿色循环低碳交通基础设施建设、节能环保运输装备应用、集约高效运输组织体系建设、科技创新与信息化建设、行业监管能力提升为主要任务,以试点示范和专项行动为主要推进方式,将生态文明建设融入交通运输发展的各方面和全过程,加快建成资源节约型、环境友好型交通运输行业,实现交通运输绿色发展、循环发展、低碳发展。

(四)印发《交通运输节能减排专项资金申请指南(2014 年度)》

2013 年 12 月 26 日,为推进交通运输节能减排工作,做好 2014 年交通运输节能减排专项资金申报及审核工作,交通运输部办公厅与财政部办公厅联合印发了《关于印发交通运输节能减排专项资金申请指南(2014 年度)的通知》(厅政法字〔2013〕330 号)。

二、加强体系建设,突出试点先行

以试点示范为抓手,深入推进绿色循环低碳交通运输体系建设。一是组织召开了绿色循环低碳交通运输体系建设试点示范推进会;二是继续指导 26 个低碳交通运输体系建设试点城市落实试点实施方案;三是继续深化绿色循环低碳交通运输体系研究,初步提出了绿色循环低碳交通运输体系建设评价考核指标。

(一)开展加快推进绿色循环低碳交通运输发展调研

为深入贯彻落实党的"十八大"精神,适应全面建成小康社会的需要,支撑保障美丽中国和生态文明建设,努力建设资源节约型环境友好型交通运输行业,实现交通运输绿色发展、循环发展和低碳发展,部印发了《关于开展加快推进绿色循环低碳交通运输发展调研的通知》(交能办函〔2013〕

1号)，提出了调研需求与详细的调研提纲，组织实施加快推进绿色循环低碳交通运输发展调研。主要采取书面调研和实地调研(召开座谈会、现场查看等)相结合的方式开展本次调研。截至2013年3月底，31个省(市、区)将书面调研材料反馈回部。部政策法规司同期安排了五个调研组赴各省(市)开展实地调研，完成了对河南、山东、重庆、云南、贵州、湖南、湖北、福建、江苏等九省(市)的调研。

2013年3月22日至24日，交通运输部党组成员、政策法规司司长何建中率调研组到江苏省调研绿色低碳交通发展工作。何建中指出，政府、企业、社会三方要发挥各自作用，推进交通运输绿色低碳发展。调研组认真听取了江苏绿色低碳交通运输体系建设情况汇报，现场考察了苏南运河感知航道及无锡水上ETC项目、无锡"绿色汽修"示范项目、无锡中央车站综合枢纽及智能管理系统、苏盟物流甩挂运输试点、无锡交通调度指挥中心出租车智能调度系统等。调研组对江苏绿色低碳交通建设取得的扎实成效给予充分肯定。何建中指出，交通运输转型发展非常重要，基础设施建设、管理方式、交通装备要实现绿色低碳发展，需要政府、企业、社会三方联手推进。政府要做好规划、法规、政策、标准的制定工作，引导、规范绿色低碳交通发展；交通企业要有积极性，牢固树立绿色低碳发展的战略和文化；社会要形成发展低碳交通的共识，倡导绿色低碳出行，引导居民多乘用公共交通车辆。

(二)召开绿色循环低碳交通运输体系建设试点示范推进会

2013年6月18日，交通运输部在无锡市召开绿色循环低碳交通运输体系建设试点示范推进会。会议表彰了全国交通运输行业节能减排先进集体和先进个人，并为绿色循环低碳交通运输体系建设区域性主题性试点单位授牌。江苏省交通运输厅，南昌市、杭州市交通运输局，连云港港口集团公司，中国交通建设集团等单位作了经验交流。会议明确提出要制定实施交通运输绿色循环低碳科技专项行动工作方案，加大交通运输绿色循环低碳科技研发与推广，加快智能交通与信息化建设。同时，此次会议提出了明确的量化指标。即到2020年，与2005年相比，交通运输行业实现营运车辆单位运输周转量能耗、碳排放量分别下降16%和18%，营运船舶单位运输周转量能耗、碳排放量分别下降20%和22%，城市客运单位客运量能耗、碳排放量分别下降26%和30%。

为进一步做好绿色循环低碳交通运输体系建设，何建中强调，当前和今后一个时期是建设绿色循环低碳交通运输体系的关键时期，全国交通运输系统要坚决贯彻落实党的"十八大"关于生态文明建设的要求，坚持节约资源、保护环境的基本国策，把绿色循环低碳交通运输发展作为重要战略任务，摆在更加突出的位置，融入交通运输发展的各方面和全过程。各级交通运输部门要紧密结合综合运输发展，紧密结合运输装备结构升级，紧密结合运输组织优化，紧密结合城市公交优先发展，加快推进绿色循环低碳交通运输体系建设。

(三)召开低碳交通运输体系建设主题性试点工作座谈会

2013年3月5日，交通运输部政策法规司(部节能减排与应对气候变化工作办公室)在北京召开低碳交通运输体系建设主题性试点工作座谈会。交通运输部党组成员、政策法规司司长何建中出席会议并讲话。

会议听取了连云港港主题性试点工作进展情况及工作思路、天津港等主题性试点实施方案的思路及打算、公路院关于低碳公路评价指标体系和水运院关于低碳港口评价指标体系的介绍。与会专家就主题性试点实施方案编制及绿色低碳交通运输体系建设有关问题进行了深入研讨。

交通运输部党组成员、政策法规司司长何建中同志在讲话中充分肯定了各试点实施单位工作成绩，指出试点工作各单位要根据“十八大”要求，着力在“车船路港”和城市领域推进绿色低碳交通运输体系建设，促进交通运输行业的转型升级；进一步完善港口发展理念和规划，在基础设施、生产装备、组织管理体系、管理能力和指标评价考核等方面都要体现绿色低碳的要求，适应不同等级、不同规模，不同区域港口特点；按照绿色低碳的要求抓紧完善低碳公路评价指标体系和低碳公路实施方案；加强对试点工作的指导，加快标准体系推广工作。

来自财政部，交通运输部财务司、公路局、水运局等的专家提出了良好的意见和建议。柯林春副司长在总结讲话中强调了加快推进绿色低碳交通运输体系建设意义重大，并对完善和应用低碳公路评价考核指标体系和低碳港口评价指标体系提出了要求。

此次工作座谈会是完善主题性试点实施方案编制思路，推进主题性试点工作的重要会议，对推进绿色低碳交通运输体系建设工作将起到重要的推动作用。

（四）绿色循环低碳交通运输体系建设区域性主题性试点调研

为了解21个绿色循环低碳交通运输体系建设区域性主题性试点工作进展情况，协助试点单位完善试点实施方案，结合党的群众路线教育实践活动“办实事、解难题、强服务”的有关要求，交通运输节能减排项目管理中心于2013年7月至10月组织开展了绿色循环低碳交通运输体系建设区域性主题性试点调研工作。

此次调研采取书面调研、现场了解项目、召开座谈会、书面反馈意见等方式。调研组在前期审查实施方案的基础上，来到项目所在单位实地了解项目整体进展情况及实施过程中存在的主要问题。通过召开座谈会与项目具体实施单位进一步沟通，深入了解试点及重点支撑项目进展情况，研究解决实施方案中体系不健全、目标设定不符合考核要求、项目重复建设等问题。同时，调研组还交流讨论了《绿色循环低碳城市（港口、公路）考核指标体系（初稿）》，为后续完善区域性主题性工作管理模式积累了经验。

（五）印发《绿色循环低碳交通运输省份、城市、公路、港口考核评价指标体系（试行）》

2013年12月19日，为贯彻落实党的十八届三中全会关于加快生态文明制度建设的要求，深入推进交通运输绿色发展、循环发展、低碳发展，实现到2020年基本建成绿色循环低碳交通运输体系的发展目标，经部批准，根据《交通运输部关于印发＜加快推进绿色循环低碳交通运输发展指导意见＞的通知》（交政法发〔2013〕323号），交通运输节能减排项目管理中心印发了《绿色循环低碳交通运输省份、城市、公路、港口考核评价指标体系（试行）》（交节中心发〔2013〕28号）。

三、创新管理模式，强化导向作用

2013年，组织开展了专项资金支持项目申请与审核，对375个一般性项目、19个区域性主题性项目和20个能力建设项目给予"以奖代补"。

(一)扩大绿色循环低碳交通运输体系区域性和主题性项目试点范围

2013年,启动实施了10个"绿色循环低碳交通城市"区域性项目、4个"绿色循环低碳港口"主题性项目和7个"绿色循环低碳公路"主题性项目。根据《交通运输节能减排专项资金管理暂行办法》(财建〔2011〕374号)和《交通运输节能减排专项资金申请指南(2013年度)》(厅政法字〔2012〕245号),经过严密的申报和审核程序,部确定对北京市、深圳市、厦门市、保定市、贵阳市、无锡市、武汉市、重庆市、杭州市绿色低碳交通运输体系区域性项目和广东广中江高速公路、云南麻昭高速公路、河南三淅高速公路、河北京港澳高速(京石段)公路、河北京港澳高速(石安段)公路、江苏宁宣高速公路、成渝高速公路绿色低碳公路主题性项目以及天津港、青岛港、蛇口集装箱码头有限公司绿色低碳交通运输体系主题性项目予以支持。

(二)与江苏省人民政府签署《共同推进江苏绿色循环低碳交通运输发展框架协议》

2013年6月18日,交通运输部副部长何建中和江苏省副省长史和平在无锡分别代表交通运输部、江苏省人民政府签署了《共同推进江苏省绿色循环低碳交通运输发展框架协议》(简称《框架协议》),提出2020年率先全面建成绿色循环低碳交通运输示范省份。

《框架协议》提出,到2020年,江苏交通运输行业率先建成绿色循环低碳交通基础设施网络,率先应用节能环保交通运输装备,率先建成集约高效交通运输组织体系,率先建成绿色循环低碳交通运输技术创新与服务体系,率先夯实绿色循环低碳交通运输管理能力基础,率先建成一批国家级绿色循环低碳交通运输示范城市、公交优先示范城市、示范港口、示范公路、示范航道、示范企业,全面建成绿色循环低碳交通运输示范省份。

具体指标包括:与2010年相比,营运车辆单位运输周转量能耗和二氧化碳排放分别下降16%和18%,营运船舶单位运输周转量能耗和二氧化碳排放分别下降20%和22%,港口生产单位吞吐量综合能耗和二氧化碳排放分别下降10%和12%,城市客运单位客运量能耗和二氧化碳排放分别下降26%和30%。公路路面旧料循环利用率100%。港口粉尘综合防治率70%,高速公路服务区污水处理达标率100%。城市公共交通分担率26%,城市公共汽车、出租车中清洁燃料车辆比例分别达到35%和65%。集装箱码头轮胎式集装箱门式起重机(RTG)"油改电"和电动起重机(ERTG)实现100%,高速公路电子不停车收费(ETC)平均覆盖率100%,干线公路电子不停车收费(ETC)平均覆盖率50%。干线航道船舶快速过闸系统(水上ETC)平均覆盖率100%。为实现这一目标,交通运输部将加强统筹协调,完善相关政策,积极支持江苏省加快绿色循环低碳交通运输发展。

据了解,江苏省将建立健全推进绿色循环低碳交通运输示范省份建设的组织领导体系,完善多部门推进工作协调机制,组织制订《江苏省加快推进绿色循环低碳交通运输发展规划(2013—2020年)》和《江苏省绿色循环低碳交通运输发展区域性试点实施方案(2013—2017年)》。

(三)扩大第三方机构审核范围

2013年,扩大了第三方机构审核范围,选定以下领域开展第三方机构审核:(1)天然气车辆在道路运输中的应用;(2)集装箱码头 RTG"油改电"技术应用;(3)营运船舶和施工船舶节能改造技术应用。经第三方审核的项目数量占到支持项目的51%。此外,还在区域性主题性项目中首次引入并全部实施了第三方机构审核。

(四)举办交通运输节能减排第三方审核机构工作培训班

为总结交流2013年第三方审核机构工作情况,做好2014年交通运输节能减排专项资金申请项目第三方审核准备,受部政法司委托,交通运输节能减排项目管理中心于2014年1月15~17日在北京举办了交通运输节能减排第三方审核机构工作培训班。部政法司节能减排处李树栋处长主持开班式,部政策法规司王海峰副司长出席会议并讲话,交通运输部科学研究院副院长、节能减排项目管理中心主任周晓航等领导同志出席会议。23家交通运输节能减排第三方审核机构的审核员参加了培训。

四、深化专项行动,建立长效机制

2010年5月14日,"车、船、路、港"千家企业低碳交通运输专项行动在湖北武汉启动。两年来,"车、船、路、港"千家企业低碳交通运输专项行动在增强企业节能减排意识,提高企业节能减排水平,发挥先进企业在行业节能减排工作中的示范效应等方面,发挥了重要作用,企业在节能减排工作中的主体地位得到强化,专项行动取得阶段性成效。2013年,专项行动得到继续深化,2013年9月4日印发了《关于深入推进"车、船、路、港"千家企业低碳交通运输专项行动的通知》,重新确认了参与企业,健全了能耗和碳排放报告制度,提出了参与企业考核指标体系,初步构建了千企行动长效机制。

(一)在营运车辆方面

继续推广天然气汽车,部政策法规司召开试点工作推进会,2013年8月21日,交通运输部节能减排与应对气候变化工作办公室印发了《关于进一步深化道路运输推广天然气汽车试点工作的意见》。开展了天然气替代燃料量评价方法研究、新能源汽车和清洁燃料汽车使用及维护研究。探索绿色轮胎在道路运输中的应用。

(二)在营运船舶方面

2013年11月,交通运输部印发了《关于推进水运行业应用液化天然气的指导意见》,在水运行业推广应用LNG,以推动水运业节能减排、转型升级和优化用能结构。同时,《意见》提出了推进水运业LNG应用的两个阶段性目标。并制订了《船舶能效管理认证规范》、《天然气燃料动力船舶法定检验暂行规定》和《天然气燃料动力船舶规范》,修订了《绿色船舶规范》。

(三)在公路方面

交通运输部公路局推进了《公路工程节能规范》的编制,组织编制了《公路电子收费联网运营与服务规范》,继续推进ETC联网工程。推进《公路水泥混凝土路面再生利用技术规范》的编制,启动了《公路沥青路面再生技术规范》的修订。

(四)在港口方面

部海事局组织制定了《船舶液化天然气加注码头设计规范》、《码头船舶岸电设施建设技术规范》等标准规范。继续推广靠港船舶使用岸电技术、带式输送机节能控制技术、散货码头工艺系统优化和筒仓粉尘防治技术。

五、示范工程引领,强化科技支撑

通过示范活动,鼓励技术创新和应用,推动交通运输节能减排。部政策法规司组织开展了交通运输行业绿色循环低碳示范项目评选。部科技司深入推进重大科技专项,推动"黄金水道通过能力提升技术""公路甩挂运输关键技术与示范""基于物联网的城市智能交通关键技术研究与应用"等多个重大专项研究。组织实施了资源节约型和环境友好型科技示范工程、安全绿色科技示范工程、节能科技示范工程、资源节约循环利用科技示范等工程。组织完成了2013年交通运输建设科技成果推广目录评审发布,编制了2013年度《交通运输行业节能减排技术、工艺和产品推荐目录》。

(一)开展交通运输行业绿色循环低碳示范项目评选

2013年8月1日,为进一步推动交通运输行业节能减排工作,贯彻落实部《加快推进绿色循环低碳交通运输发展指导意见》(交政法发〔2013〕323号),切实抓好建设绿色循环低碳交通运输体系的重点工作,着力打造绿色示范工程,交通运输部发布了《关于开展交通运输行业绿色循环低碳示范项目评选活动的通知》(厅政法字〔2013〕209号),决定"十二五"后期及"十三五"期在交通运输行业持续开展绿色循环低碳示范项目评选活动。

(二)"黄金水道通过能力提升技术"专项研究

配合长江航务管理局等部门,继续推进"黄金水道通过能力提升技术"专项研究及其子项目研究,推进专项研究稳步进行。

(三)开展公路甩挂运输关键技术与示范

继续推进开展公路甩挂运输关键技术与示范,推动我国甩挂运输的快速发展,显著提高我国道路货物运输效率、质量与安全水平以及货物运输组织化管理水平,大大加快现代交通运输业的发展步伐。

(四)基于物联网的城市智能交通关键技术研究与应用

2013年9月25日、26日,在部科技司的领导下,西部项目管理中心在广州组织开展了部重大科技专项"基于物联网的城市智能交通关键技术研究与应用"(含14个子项目)的中期检查。为做好本次中期检查工作,中心在总结以往经验的基础上,积极优化、改进和创新,确保检查工作做实做细。此次中期检查,不仅起到了督促重大科技专项项目进度、梳理阶段性成果的作用,也有利于各单位进一步统一思想、提高认识,强化"城市智能交通物联网立足广州指导全国"的指导思想,明确了下一阶段的工作重点,确保重大科技专项达到预期目标。

(五)组织实施科技项目示范工程

组织实施了资源节约型和环境友好型科技示范工程、安全绿色科技示范工程、节能科技示范工程、资源节约循环利用科技示范等工程。

(六)组织完成2013年交通运输建设科技成果推广目录评审

组织完成了2013年交通运输建设科技成果推广目录评审发布,编制了2013年度《交通运输行业节能减排技术、工艺和产品推荐目录》。

(七)启动首个季冻区绿色循环低碳科技示范工程

2013年8月13日,交通运输部正式启动实施"长白山区鹤大高速公路资源节约循环利用科技示范工程"(简称鹤大高速科技示范工程)。这是我国公路交通建设领域首次在季冻地区开展的科技示范项目,是交通运输部《加快推进绿色循环低碳交通运输发展指导意见》(简称《意见》)印发后首个以资源节约循环利用为主题的科技示范工程,对占国土面积53.5%的季冻地区具有重要的典型示范意义,标志着我国季冻地区公路交通建设科技创新工作迈出了关键一步。

六、推动结构调整,把握关键环节

(一)道路方面

部道路运输司继续严格执行营运车辆燃料消耗量准入制度;组织开展了道路运输车辆轮胎合理使用技术和政策研究;继续严格执行对客车实载率低于70%的线路不投放新运力的政策,定期监测全国100个主要城市重点客运站运力投入和出站上座率情况;继续推进公路甩挂运输,完成了首批试点项目的总结推广,启动了第三批甩挂运输试点。

根据《道路运输车辆燃料消耗量检测和监督管理办法》(交通运输部令2009年第11号)有关规定,截至2013年年底,交通运输部累计发布了26批达标车型,2013年内共发布5批达标车型,其中客车有1721种,货车及牵引车有11232种。

2013年1月16日,为推进公路甩挂运输发展,提升道路货物运输效率,促进道路运输行业节能减排,根据《甩挂运输试点工作实施方案》(交运发〔2010〕562号)以及《货运汽车及汽车列车推荐车型工作规则》(交公路发〔2005〕170号)的有关要求,发布了第2批公路甩挂运输推荐车型。

2013 年 6 月 7 日，为进一步规范国家公路甩挂运输试点项目验收与专项资金申请工作，确保试点工作顺利推进并取得实效，部制定了《国家公路甩挂运输试点项目验收与专项资金申请工作指南》。

2013 年 7 月 24 日，交通运输部公布了《交通运输部办公厅财政部办公厅关于确定公路甩挂运输第三批试点项目的通知》，通知规定了公路甩挂运输第三批试点起止时间为 2013 年 7 月至 2015 年 7 月，各试点项目承担单位要按照审定的《企业甩挂运输试点项目实施方案》要求，加强货源组织，优化网络布局，创新运营模式，加大试点投入，确保项目顺利推进，在试点期内，尽快完成试点项目各项建设内容，确保取得良好的经济和社会效益。

（二）水运方面

部水运局继续推进内河船型标准化，引导内河船舶运力结构合理调整，同时继续推进了天然气动力船舶试点工作。

2013 年 8 月 11 日，为加强全国内河船型标准化工作，加快水运结构调整，促进沿江沿河经济社会科学发展，交通运输部、财政部和黑龙江省、上海市、江苏省、浙江省、安徽省、福建省、江西省、山东省、河南省、湖北省、湖南省、广东省、广西壮族自治区、重庆市、四川省、贵州省、云南省、陕西省人民政府联合制定并公布《"十二五"期推进全国内河船型标准化工作实施方案》，明确了"十二五"期推进全国内河船型标准化工作的指导思想、工作目标、实施方案、经济鼓励政策和保障措施，自 2013 年 10 月 1 日起施行。

为满足国内液化天然气（LNG）船舶运输需求，保障运输安全，优化运输结构，促进有序发展，依据《国内水路运输管理条例》等有关规定，2013 年 10 月 10 日，交通运输部发布了《交通运输部关于国内液化天然气船舶运输市场准入政策的公告》，鼓励国内液化天然气船舶进入运输市场。

（三）城市客运方面

部道路运输司开展了公交都市建设示范工程，支持清洁能源公交车应用；在全国 36 个中心城市组织开展公交出行宣传周活动，推广绿色出行理念；继续推进出租汽车行业服务管理信息化建设，推动"电召"模式发展。

为深入贯彻落实《国务院关于城市优先发展公共交通的指导意见》（国发〔2012〕64 号，以下简称《指导意见》），进一步推进城市公共交通优先发展，充分发挥公共交通对改善城市交通状况、促进经济社会协调和可持续发展的作用，2013 年 6 月，交通运输部印发了《交通运输部关于贯彻落实 < 国务院关于城市优先发展公共交通的指导意见 > 的实施意见》，提出了下一步推进公共交通优先发展的总体要求、主要任务和保障措施。

2013 年 7 月 15 日，印发了《交通运输部关于推进公交都市创建工作有关事项通知》。具体包括支持创建城市加快建设城市综合客运枢纽、支持创建城市加快建设城市智能公交系统、支持创建城市加快建设城市快速公交运行监测系统、支持创建城市推广应用清洁能源公交车辆。

2013 年 7 月 23 日，为指导公交都市创建工作，明确各创建城市考核目标，科学评价公交都市创建成效，交通运输部印发了《公交都市考核评价指标体系》。指标体系共有30个指标，其中20个考核指标、10个参考指标，各创建城市可结合自身公共交通发展特点提出不超过3个特色指标，经部同意后，一并纳入创建城市的考核评价指标体系。

2013年9月13日，交通运输部在西安召开公交都市创建工作座谈会，交流创建工作先进经验，分析创建过程中面临的困难和问题，研究部署下一步重点工作。交通运输部党组成员、副部长冯正霖在讲话中强调，各地交通运输主管部门要坚持科学合理的公交都市创建目标，解决制约城市公交发展的关键问题，加强公交都市创建组织实施和考核评价工作，认真组织开展“公交出行宣传周”活动，切实推动公交都市创建各项工作任务落实。

为贯彻落实《国务院关于城市优先发展公共交通的指导意见》（国发〔2012〕64号）关于“大力加强公共交通和绿色出行的宣传和引导”的要求，营造“低碳交通、绿色出行”的城市公共交通文化，部决定每年9月16日~22日组织开展“公交出行宣传周”活动。开展“公交出行宣传周”活动是贯彻落实《指导意见》精神，推动城市公共交通优先发展战略实施的重要举措，对于进一步提高全社会对优先发展城市公共交通的认识，激发广大城市公共交通企业干部职工的积极性和创造性，提高服务水平，提升行业形象，创建文明、和谐的交通出行环境具有重要意义。

2013年11月8日，印发了《交通运输部关于公布公交都市建设示范工程第二批创建城市的通知》（交运发〔2013〕652号），确定天津、保定、呼和浩特、沈阳、长春、上海、苏州、杭州、宁波、合肥、福州、南昌、青岛、新乡、株洲、广州、柳州、海口、贵阳、兰州、西宁、银川共22个城市为公交都市建设示范工程第二批创建城市，并要求完善创建实施方案、加大创建工作力度、加强对创建工作的动态监督。

2013年2月21日，印发了《交通运输部关于规范发展出租汽车电召服务的通知》（交运发〔2013〕144号），明确了发展出租汽车电召服务的重要性，要求各地出台规范电召服务发展的政策措施，创造出租汽车电召服务发展条件。

七、加强政策研究，夯实能力基础

部道路运输司发布了《道路运输行业节能评价方法》等4项道路运输行业节能标准。组织开展了《营运货车燃料消耗量限值及测量方法》和《营运客车燃料消耗量限值及测量方法》国家标准的前期研究。部水运局开展了《港口及基本建设（技术改造）工程项目设计能源综合单耗评价》和《带式输送机运输节能操作规程》行业标准的前期研究。部政法规司研究提出了交通运输节能减排监管能力建设的重点方向和主要内容。组织开展了交通运输企业参与碳排放权交易的政策研究。继续推进营运货车和内河船舶能耗在线监测研究。

八、应对气候变化，加强国际合作

配合中国气象局、国家发展改革委完成了政府间气候变化专门委员会第五次气候变化有关评估报告政府评审工作。部国际合作司5次组团参加联合国气候变化框架公约和国际海事组织框架下谈判,组织开展了国际海运温室气体减排和具体议题谈判对案专题研究并提交多份政策和技术提案。参加了2013年APEC交通能源工作组亚太低排放发展论坛。

(一)参加联合国气候变化框架公约和国际海事组织框架下谈判

派员参加联合国气候变化框架公约和国际海事组织框架下谈判,积极参与联合国气候变化框架公约和国际海事组织框架下的谈判,维护国家整体利益和行业发展利益。

(二)组织开展国际海运温室气体减排和具体议题谈判对案专题研究

积极组织开展了国际海运温室气体减排和具体议题谈判对案专题研究,并提交多份政策和技术提案。

(三)参加2013年APEC交通能源工作组亚太低排放发展论坛

派员参加了2013年APEC交通能源工作组亚太低排放发展论坛,积极参与亚太地区低碳发展事务,促进亚太地区交通运输低碳发展国际交流与合作。

(四)中美交通论坛第6次会议在美国召开

这次会议的主题为"推进绿色交通技术,共享可持续发展未来"。中美交通论坛成立于2008年,是中美战略与经济对话框架下的一个重要合作机制,也是目前中美交通运输领域重要的对话与合作平台。

九、加强宣传交流,传播绿色理念

与国家发展改革委等部门联合组织开展了2013年全国节能宣传周和全国低碳日活动。地方各级交通运输主管部门也围绕宣传主题,组织开展了具有行业特点和地域特色的宣传活动,取得了良好效果。组织开展了"绿色低碳交通伴我行"主题宣传活动。组织了绿色循环低碳交通运输体系建设试点示范成果展。编制了《绿色低碳生活从我做起》宣传册。出版了《2012年中国交通运输节能减排与低碳发展年度报告》。

(一)组织开展2013年全国节能宣传周和全国低碳日活动

2013年是实现"十二五"规划目标任务承前启后的关键一年。为深入学习贯彻落实党的十八大精神,充分调动各方力量积极参与生态文明建设,宣传节能低碳,在全社会树立和普及生态文明理念,努力建设美丽中国,为实现中国梦贡献力量。国务院决定,自今年起设立"全国低碳日"2013年6月15日~21日为全国节能宣传周,6月17日为全国低碳日。

2013年4月27日,国家发展改革委、交通运输部等14个部委联合发出了《关于2013年全国节能宣传周和全国低碳日活动安排的通知》(发改环资〔2013〕827号),2013年全国节能宣传周和全国低碳日活动的主题是“践行节能低碳，建设美丽家园”。《通知》明确了交通运输部门的宣传重点，强调要开展“绿色低碳交通伴我行”主题宣传活动，大力宣传绿色低碳交通运输体系建设成效，积极推广宣传节能驾驶操作经验和车船路港节能减排产品技术，倡导公众绿色出行。全国节能宣传周和首个全国低碳日期间，各级交通运输主管部门大力宣传绿色循环低碳交通运输体系建设成效，倡导公众绿色出行。广大交通运输企事业单位因地制宜、积极行动，推广宣传节能驾驶操作经验和“车、船、路、港”节能减排产品技术。

（二）举办“交通运输节能减排大课堂”

2013年6月20日，全国节能宣传周期间，交通运输部政策法规司与直属机关党委联合举办了“交通运输节能减排大课堂”。国家应对气候变化战略研究和国际合作中心副主任徐华清应邀作主题为“低碳发展与生态文明”的讲座。部机关及在京直属单位200多位干部职工到场“听课”。徐华清从全球视角解释了气候变化的相关科学问题与生态文明的理念，阐述了关于推动交通运输绿色循环低碳发展的思考；建议通过顶层设计和试点示范探索低碳交通城市发展模式，建立基础统计体系，加强制度设计，做好交通运输碳排放的相关能源统计。

（三）交通运输部与北京市联合开展节能主题宣传

2013年6月21日，由交通运输部、北京市政府共同主办，北京市交通委员会承办的“绿色交通伴我行”主题宣传活动在北京园博园举行。交通运输部副部长何建中、北京市副市长张工等出席活动。

本次“绿色交通伴我行”主题宣传活动是全国节能宣传周(6月15日～21日)“践行节能低碳，建设美丽家园”主题宣传活动的重要组成部分。活动旨在倡导公众从现在做起、从我做起，选择公共交通系统、自行车和步行等绿色出行方式，为资源节约型、环境友好型社会建设作出贡献。

何建中表示，全国节能宣传周期间，交通运输行业积极响应国务院号召，组织开展了以推进绿色循环低碳交通运输发展为主题的系列宣传活动。近期，交通运输部还发布了《加快推进绿色循环低碳交通运输发展指导意见》，提出推动以公共交通为导向的城市发展模式，加快公共交通基础设施建设，增强绿色出行吸引力。希望作为交通参与者的广大市民与交通运输部门携起手来，以实际行动践行节能低碳，建设美丽家园。

此次主题宣传活动还包括志愿者骑行倡导、低碳公交卡认购等活动。据了解，北京市作为交通运输部确定的公交都市建设示范工程创建城市和低碳交通运输体系建设试点城市，在公共交通发展、交通节能减排等方面起到了很好的示范作用。目前，北京市地铁线路达到17条450多公里，公交专用道达到350多公里，投放公共租赁自行车两万多辆，公共交通出行比例达到44%。

（四）青年干部调研连云港港低碳之道

2013年6月23日，由交通运输部直属机关团委组织的“根在基层·中国梦”连云港港口节能减排综合试点项目调研启动会在部水运科学研究院召开。“根在基层·中国梦”活动是中央国家机关团工委在2013年4月启动的青年干部调研实践活动。70多个中央部门和30多家央企的青年干部将在110个调研点开展实践调研。

部直属机关党委副书记、纪委书记柯林春作动员讲话。2013年,部直属机关团委将组织数个“根在基层·中国梦”调研团深入基层,连云港港口节能减排综合试点项目调研团是第一个出发的调研团。调研团由交通运输部、环境保护部、国家质检总局、国家信访局、国家自然科学基金委员会等单位的14名青年组成,计划用时一周,采取实地调研、访问基层普通劳动者、与一线员工同工同勤、开展“梦想对话”等形式,全面了解全国首个低碳港口建设试点港——连云港港绿色循环低碳发展的思路和成效。

十、做好机关节能,发挥表率作用

积极做好公共机构节能工作,部机关服务中心印发了《交通运输部机关节能工作实施方案》《关于进一步做好节电工作的通知》等文件。截至2013年底,部机关用水量减少1068吨,同比下降4.5%;用电量在扣除因用电设备增加及办公楼施工改造导致的新增用电量后,同比下降4.6%;用油量减少2369.83升,同比下降8.42%,完成了国管局下达的各项节能指标。

地方和企业行动篇

一、江苏省交通运输厅

争创绿色低碳交通运输示范省份
扎实推进江苏交通运输现代化建设

（江苏省交通运输厅）

江苏省地少人多、资源环境承载力弱，必须走资源节约、环境友好型发展之路。近期，习近平总书记对江苏省工作提出了三个方面的重大任务，即深化产业结构调整、积极稳妥推进城镇化和扎实推进生态文明建设，全省上下正在认真贯彻落实总书记最新要求，加快推进转型发展。交通运输是基础性、先导性产业，也是能耗与排放大户，加快构建绿色低碳交通运输体系具有重大的现实与长远意义。

近年来，我们在交通运输部和省委、省政府的正确领导下，积极推动交通运输转型发展，扎实推进行业节能减排，积极探索绿色低碳交通运输体系建设。一是加强组织领导。省、市交通运输部门均成立了节能减排工作领导小组，构建了上下联动的工作机制。2012 年专题召开全省交通运输行业节能减排大会，全面启动四大低碳示范工程建设。二是开展规划研究。围绕部、省相关规划，编制了《江苏省公路水路交通节能规划》《江苏省公路水路交通运输节能减排“十二五”规划纲要》等，进一步理清了工作思路，明确了目标任务和保障措施。三是强化技术创新。加强公共技术服务平台建设，专门设立了省交通节能减排工程技术研究中心。全方位开展绿色低碳技术研究，依托区域性、主题性项目试点，强化地区和行业领域内的节能减排技术创新。四是注重示范引领。组织 49 家交通企业参加部“车、船、路、港”千家交通企业低碳专项行动以及全国万家企业节能减排行动；有 13 个项目被部列为示范项目；无锡、淮安两市被部列为低碳交通运输体系建设试点城市。无锡市和连云港港成为部级节能减排专项资金区域性和主题性项目建设单位。五是加大资金投入。我厅设立科技节能减排项目专项资金，2012 年对 51 个项目共资助经费 600 多万元，另有 39 个项目获省工业转型升级和节能减排专项资金支持；2013 年我厅进一步加大资金支持力度，科技节能减排项目专项资金规模将达到 2500 万元。六是启动监测考核。研究制定了全省公路水路交通运输节能减排工作考核办法，逐步建立交通运输能耗调查监测体系，启动了调查监测考核工作。

回顾近年来江苏交通运输领域节能减排、构建绿色低碳体系的工作，我们着重抓了以下四个方面：

（一）着力构建综合交通运输体系

长期以来，江苏公路交通快速发展，但水运、铁路、航空发展相对滞后。2007 年，我省在全国各省区中率先形成公铁水空齐抓共管的大交通管理体制，加快构建综合交通运输体系。一是进一步完善公路网络，提高路网服务水平。高速公路率先联网畅通，长江江苏段主航道上的跨江大桥、隧道达到 11 座，近半数省辖市形成了高速公路外环，无论是过境交通还是市际公路交通出行均有直捷、畅通的线路，车辆耗油、耗时大幅减少。二是把交通建设的重点转移到水运、铁路上来，实现了跨越式发展。五年来，全省新增四级以上干线航道491公里，新建成船闸15座，其中京杭运河苏北段最繁忙航段上的8座船闸全部建成三线船闸；五年来，连云港港、太仓港吞吐量分别增长了1.1倍、3倍，集装箱吞吐量分别增长1.5倍、3倍。全省铁路建设实现了电气化铁路、高速铁路和综合客运枢纽建设三大突破，干线铁路通车里程由2007年底的1616公里增长至2348公里。新建成2座机场，“7+2”民航机场布局规划全面落地，枢纽机场改扩建工程加快推进。三是突出加强客货运综合枢纽和集疏运体系建设，促进各种运输方式有机衔接。按照客运“零换乘”的思路，依托干线铁路客运站建设，建成了京沪高铁南京南站和沪宁城际高铁苏州、无锡、常州、镇江等综合客运枢纽，实现了干线铁路、公路长途客运、城市公交、地铁、出租汽车等多种交通方式的“零换乘”。按照货运“无缝衔接”的思路，积极扶持和加强具有多式联运功能的物流站场建设，同时加快完善港口、机场集疏运体系，为推动运输一体化发展提供了基础设施支撑。五年来，通过积极构建综合交通运输体系，我省各种运输方式自身的通行能力、运行效率都有了大幅提升，更重要的是，对整个运输体系进行了结构调整、系统优化、强化衔接，提高了整体的运输效率，极大地减少不合理运输、无效运输和低效运输，从而在战略发展层面、顶层设计高度推进了绿色低碳交通运输体系建设。

（二）积极探索绿色低碳运输组织方式

在客运方面：一是大力推进客运班线公司化经营。从2003年起就积极推进客运班线公司化改造，省内市际、县际客运班车公司化率由10%提升至2012年的70%，客运实载率大幅提高，仅班次的增加和相对车辆数的减少，这一增一减每年可节油近6万吨。目前，公司化经营改造正由长途客运向城镇客运班线拓展。二是大力发展城市公交，并率先探索推进城乡客运一体化发展。随着城镇化加快推进以及汽车保有量快速增长，大力发展城市公交对于缓解城市交通拥堵、促进节能减排、建立低碳环保的综合交通系统的重要性越发显现。2012年我省城市公交分担率已达到20.1%，全省城市居民每万人拥有公交车辆已达到12.1标台，其中，南京、苏州两市地铁营运总里程达到110公里，无锡地铁1、2号线建设快速推进；常州市公交获得全国唯一的“国际推动公共交通贡献大奖”，常州、盐城、连云港三市开通了BRT（大容量快速公交）。2012年底，全省行政村客运班车通达率已达到98.7%，全省镇村公交开通率达到38%，其中苏锡常地区已率先实现镇村公交全覆盖。在货运方面：一是积极扶持多式联运发展。至少汇集两种以上运输方式，已成为我省交通物流园区发展的主导模式，公铁联运、铁水联运、公水联运、公铁水联运等运输组织方式得到了蓬勃发展。2012年，连云港集装箱铁水联运完成30.3万标箱，居全国首位。二是积极发展甩挂运输。部、省甩挂运输试点企业达20家，总量居全国前列，试点项目投入牵引车1569辆、挂车2378辆。无锡、南京、苏州、南通4家物流企业率先组建甩挂运输实体联盟。据统计，试点项目甩挂运输周转量占企业总周转量的20%以上，通过降低车辆空驶率，货运车辆里程利用率提高到80%以上，单位运输周转量能耗下降近18%。

（三）加快推广绿色低碳运输装备

一是加快推进船型标准化工程。完成京杭运河船型标准化挂桨机船拆改工程，累计拆改水泥船

1479 艘、挂桨机船 22956 艘,占全国的 66%,不仅优化了船舶结构,而且使船闸利用率提高了 55%,据测算,每年因此可节省燃油 1.7 万吨,减少油污排放 300 多吨,噪声污染也大幅下降。目前,长江干线船型标准化工程也已处于收尾阶段,全省已累计完成拆改 1621 艘。新建的京杭运河集装箱营运船舶广泛应用节能技术,科学确定设计航速、吃水深度等技术指标,其单位燃油消耗量降低 1/3 左右。二是建立实施营运车辆燃料消耗量准入制度。全省淘汰了 1700 多辆油耗不合格运输车辆,仅此一项举措就节约燃油 4.3 万吨,减少碳排放 13.9 万吨。同时,督促运输企业制定"黄标车"淘汰计划,及时更新节能环保车型。苏州金龙公司率先研发、苏州汽车客运集团有限公司推广应用的营运车辆 G-BOS 智慧管理系统,进一步完善了对车辆运行、驾驶行为、燃料消耗等的过程监控与评价体系,使该企业在既有较高的节能降耗水平基础上,又实现单车百公里油耗平均降低 3% ~5% 的显著成效,2012 年该公司约 1400 辆车因使用该系统而多节约燃油 51.5 万升、燃气 185 吨。三是推广使用清洁能源车船。全省已有 5000 多辆公交车使用天然气,3.1 万余辆出租车使用双燃料。全省长途客运班车中有 1697 辆为 LNG(液化天然气)车辆,规模货运企业已有 487 辆天然气货车。南通汽运集团公司近 100 辆 LNG 客车,2011 年实现替代柴油 150 万升,减少碳排放近 2000 吨;镇江公交公司和镇江江天集团使用天然气车辆一年节约燃油超过 80 万升;泰兴至南京班车的燃料费用降低了三分之一。完成内河 LNG 混合动力船舶规范和标准制定,LNG 动力船改造加快推进,据测算,一艘内河千吨级船舶改造费用约 20 ~30 万元,航运企业通过 2 ~5 年的燃料费用节约就可收回船舶改装成本,而且噪声污染、烟尘、废油水排放等也将大大降低。

(四)大力推进绿色低碳技术

一是在工程建设和改造中积极探索节约资源、保护生态、美化环境的新技术、新举措。全省所有高速公路、国省干线公路、铁路和航道均达到绿色通道标准,县乡公路绿化率达 85%。宁杭高速江苏段在设计和建设中首次引进"珠链"概念,建成为全国首条"生态、环保、旅游、景观"四位一体的高速公路。宁连高速宁淮段老山隧道建设首创"傍山棚洞结构形式",被誉为环保型建设的典范。沿海高速公路部分路段采用低路堤方案,减少取土坑用地近 1 万亩。正在建设中的临海高等级公路利用海砂吹填土填筑路基,节约耕地 1100 亩。泰州大桥建设率先探索实施绿色营建体系,努力把工程建设对资源占用和环境污染减到最低限度。太仓港三期工程资源节约型集装箱港口建设,被列为交通运输部重点节能减排项目在全国推广。大力推广生态护坡技术,建成京杭运河两淮段、宿迁城区段等一批融自然、人文于一体的生态景观航道。苏虞张公路改造工程中积极探索实践低碳发展理念,按照力争全线消灭红绿灯的设计思路,通过合理设置主线出入口实现主线与辅道之间的沟通,形成一种介于普通干线公路和高速公路之间的公路形式,依据交通量预测,改造后主线交通行车耗油量可降低 5% 左右,日均降低油耗 3 万升。二是在公路养护中大力推广再生利用技术。研究推广沥青温拌、冷热再生及温拌再生等新技术,2012 年全省普通干线公路大中修再生技术应用里程达到 35%(应用里程达到 440 车道公里),使用再生沥青混合料约 31 万吨,沥青路面再生利用率达 25%。试验表明,S122 句容段公路养护大中修工程中推广沥青路面再生新技术之后,每公里减少二氧化碳排放约 2000 吨,节约投资 60 万。三是大力研发港口节能减排新技术。连云港港靠港船舶使用岸电项目，被列为交通运输部重点节能减排项目在全国推广。徐州港在节能减排项目改造中，研发皮带输送机智能控制系统，实现了皮带输送机软启动降耗效果，并研发照明智能节电系统，引入了太阳能热水系统，据测算，该改造项目总投资约295万元，但改造后每年就可节约费用198万元，具有良好的示范推广作用，为国内内河港口低碳发展提供了标准化支撑。四是开展绿色汽修和节能驾驶技术研究推广。我省“绿色汽修”项目已成为全国同行中的一张名片，其中，徐州沪彭集团在汽车维修中，研发了远红外线烤漆技术等近十项新技术、新设备，项目实施后，每年节能减排量可达到300吨标准油，按设备使用寿命为10年来计算，投资回收期不到4年。驾驶节能技术已在全省推广，年均培训学员100多万人。常运集团“乔森节油法”入选第四届江苏省职工“十大先进操作法”，该节油技术在常运集团推广应用后，每年节约燃油费用1000余万元。

（五）全面加强信息化建设

坚持以信息化带动交通运输现代化，全面启动江苏智慧交通“232畅通网”工程建设，通过信息化手段的广泛应用，在提高管理水平、服务效率的同时，大力提升生态效益和经济效益。一是积极开展长三角高速公路不停车收费系统（ETC）联网示范工程建设，在全国首次实现跨省联网不停车收费，江苏已开通的731条ETC车道每年可节约燃油约392万升，减少二氧化碳排放接近1万吨。二是全面推广公路客运联网售票，覆盖了全省所有二级以上客运站及部分三级客运站和乡镇客运站，并开通了网上订票、短信订票、电话订票、流动售票、自助购票等多种便民服务，极大地方便了群众也减少了不必要的交通出行。三是在苏北运河实施船舶过闸“一票通”，过闸时间大大缩短，全程耗时由15～20天缩短至5～7天。目前，内河航道便捷过闸系统（水上ETC）也正在试点运行。四是积极推广出租汽车电召服务模式，全省统一96520为电召号码。苏州在全国首创“电调+泊位+预约”模式，无锡市研发运用出租车计价器、GPS、交通IC卡的“三机合一”系统，实现了对全市4040辆出租汽车的统一管理、统一调度，为引导出租车从“空车巡游”向“定点候客”、乘客从“随机召车”向“定点乘车”模式发展提供了条件，据统计，每成功调度一趟次出租车平均可减少空驶里程约2.7公里。五是全省已有600家驾校完成驾驶培训与考试共享信息系统对接，已有125万人次通过该系统预约考试。此外，铁水联运信息服务网站已投入运行，船联网工程也已取得重要进展，南京交通主枢纽南站综合管理与信息服务系统工程建设等都取得了较好的节能效益和社会效益。

我们虽然取得了一些成绩，但江苏省交通运输体系发展距绿色低碳的发展要求还有很大的差距，推进工作中还有许多不足。党的“十八大”首次把生态文明建设纳入中国特色社会主义事业“五位一体”总布局，加快构建绿色低碳交通运输体系的要求更高、责任更大、考核更严、时间更紧。当前，我们正认真落实2012年11月江苏省政府与交通运输部签署的《共同推进江苏交通运输现代化建设会谈备忘录》精神，着力加强五大体系建设，努力把江苏打造成全国交通运输现代化建设示范省份，而绿色低碳无疑应是交通运输现代化的重要特征。这次会上，交通运输部、财政部将与江苏省政府签署《共同推进江苏省绿色低碳交通运输发展框架协议》，我们将以此为新契机、新动力，进一步加强组织领导和规划研究，充分用好财税、土地、投资等相关激励政策，努力把绿色低碳理念融入交通运输行业发展的各方面和全过程，确保江苏到2020年时创建成为高水平的绿色低碳交通运输示范省份。

二、南昌市交通运输局

发挥重点项目示范引领作用
全面建设低碳交通运输体系
（南昌市交通运输局）

在国家交通运输部和省交通运输厅的正确领导和关心支持下，我市高度重视建设低碳交通运输体系试点工作，引导相关单位谋划、实施试点项目，从基础设施建设、更新运输装备、优化运输结构、完善智能交通等多方面，建设我市低碳交通运输体系。

（一）基本情况

2010 年 8 月，南昌市成为国家首批 8 个低碳试点城市之一。南昌市《低碳城市发展白皮书》指出，南昌要发展低碳交通。此外，将加快地铁建设，发展覆盖城区统一的“免费自行车”服务系统。地铁 1 ~ 5 号线已经规划，地铁 1 号线已经开工建设，免费公共自行车项目已经在红谷滩新区试点，逐步将在全市推行。节能与新能源汽车千辆工程已经于 2010 年启动，在公交车、出租车等领域推广使用。大型汽车充电站和充电桩已经建成。

1. 上级支持，我市成为首个区域性管理试点城市

自开展试点工作以来，交通运输部和江西省交通运输厅对我市给予了大力支持，部多次派出专家来我市进行调研交流，部政策法规司领导更是经常亲临我市检查指导，省厅将我市开展试点工作上升为厅重要工作，厅领导亲自过问，厅节能办全程跟踪支持。针对我市缺乏专业技术机构和人员的情况，部指示下属科研机构为我市编制实施方案，提供技术咨询；省厅也安排科研机构为我市组织实施低碳交通项目提供全方位服务。为进一步取得市政府的重视和市领导的支持，省厅领导经常就试点工作与市政府领导进行沟通协调。在部、省厅等上级部门的关心支持下，南昌市被列为全国首批建设低碳交通运输体系试点城市和首批区域性管理试点唯一城市。

2. 领导重视，市政府成立低碳试点工作机构

南昌市是全国首批低碳试点城市之一，省委、省政府和市委、市政府对我市发展低碳经济，建设宜居城市高度重视，市委、市政府对低碳交通试点工作非常支持。一是成立了由市政府分管副市长任组长、分管副秘书长和交通运输局局长任副组长、市直各相关部门为成员的领导小组，并签署了工作承诺书。市交通运输局成立了以局长为组长，分管领导为副组长，各行业管理单位为成员的工作机构，负责试点工作的组织实施。二是市委、市政府主要领导、分管领导亲自过问和调度低碳试点工作。省委常委、市委书记王文涛和常务副市长张鸿星亲自带队就智能交通项目赴奥地利进行考察并商谈合作事宜。市政府刘家富副市长就试点的重大重点项目经常召开领导小组会和调度会，并亲自到省发改委争取对南昌 CNG 项目的支持。三是龙头岗综合码头、樵舍危货码头、瑶北互通立交和江西长运综合物流园四个低碳项目列入了省市重大重点项目，为项目的顺利推进创造了有利条件。四

是为推动南昌低碳示范城市建设,2012 年 11 月 3 日举办了市委中心组(扩大)低碳经济专题报告会。五是市政府从 2013 年起设立了低碳示范城市建设专项资金。

(二)主要做法

南昌市经济欠发达,交通运输节能减排工作基础比较薄弱。这几年,由于政府的高度重视,这项工作有了一个质的飞跃。交通运输部率先在行业开展低碳试点工作,我市以此为契机,以试点方案为纲领,以试点项目为载体开展工作。在项目实施过程中,坚持发挥重点项目的示范引领作用。目前,天然气加气站、节能汽车、物流园区太阳能发电、汽车智能调度等重点项目已经完成,将带动其他项目向低碳化方向发展,力争全面形成低碳交通运输体系。具体做法是:

1. 坚持汽车能源多样化和清洁化

这两年,我市打破了单一汽车能源格局,在城市公共交通领域,推广使用压缩天然气(CNG),今年建好两座加气站,其中一座已于去年 12 月份开始加气,另一座正待接受安监、消防的验收。目前我市已购置 42 辆双燃料公交车、470 辆双燃料出租汽车;在长途客车中推广使用液化天然气(LNG)。我市是“十城千辆”节能与新能源示范推广城市,这两年共投放 247 辆油电混合公交车、10 辆纯电动公交车,660 辆油电混合出租汽车。

2. 提高交通运输组织水平

南昌市作为中部地区经济欠发达省会城市,长期以来交通基础设施薄弱,场站、码头、物流园区等基础设施匮乏。因此,我市近几年把场站、码头、物流园区建设作为交通基础设施建设的重点。目前,我市正在建设的交通工程主要有南昌综合客运枢纽站、南昌西客运综合枢纽站、龙头岗码头、樵舍码头、白水湖码头、南昌新港物流园区、江西长运综合物流园区、银燕物流基地。正在建设两个综合客运枢纽站融国铁、地铁、公交车、出租汽车、长途客车、旅游车、社会汽车和公共自行车于一体,能够实现城外、城内交通运输的无缝对接和零距离换乘。

公路货运是我市交通运输行业碳排放大户,全市 4.8 万辆营运货车能耗和碳排放均占全市交通运输能耗和碳排放量的七成以上。针对我市长期以来存在的公路货运市场散、小、乱的现状,我市从建设物流园区,推广甩挂运输、厢式货车、罐装货车,发展城市货物配送等方面鼓励和支持货运企业向规模化、专业化方向发展,促使传统的货运业向现代物流业转变。水路货运相对陆路货运节能减排效果明显,随着码头等基础设施建设的完善,我市水路货运的比例将逐年提高,目前煤、油、水泥等大宗商品的运进,钢铁、汽车、砂石的运出大多依靠水运。南昌新港综合物流园区,融水路、公路、铁路和航空货运于一体,建成后将发展海铁联运和江海直达运输等多种形式的联合货运,将大大提高运输的组织化水平。

3. 提高公共交通出行比例

南昌市 2011 年市民出行调查公交出行分担率只有 13.5%,这在全国省会城市中可能是最低的。为提高公交出行分担率,我市一方面举全市之力规划建设五条地铁线,今年 1 号线的 24 个站点已经全面开工建设,2 号线的 21 个站点预计今年 7 月开工建设,以后每年开工建设一条地铁线路,1 号线将在2015年通车运行;另一方面大力提高公交的吸引力,针对南昌公交车慢的特点,我市开通了一纵一横公交专用线,公交专用道网络建设规划已编制完成,首条公交快线(BRT)现已开通,BRT规划正在编制;针对南昌夏天温度高、冬天湿冷的情况,主城区范围内实现了空调车的全覆盖。此外,我市正着手申报交通运输部公交都市建设示范工程创建城市,争取上级政府和主管部门的指导和支持,贯彻落实城市公共交通优先发展的战略,转变城市交通运输发展方式,充分发挥公交的比较优势,更好地实现节能减排的目的。

4.提高非机动车出行比例

南昌市非机动车出行分担率高达36.3%,这与南昌市城市规模不够大、城市人口还没有真正向新城区疏散有很大关系,当然与南昌公共交通发展不够也有很大关系。随着南昌城区框架的不断拉大,小汽车的迅猛发展,公共交通的不断改善,非机动化出行比例必然逐年下降。为保持我市非机动化出行比例高的优势,我市一方面不断完善慢行道建设,尤其是新区开发,必须留足非机动车道和人行道的空间,形成完善的慢行道网络,如红谷滩新区的慢行道网络就比较完善;另一方面积极发展公共自行车,目前我市公共自行车已达到9500辆、100个智能租车服务站点、6万左右持卡人,项目服务覆盖红谷滩新区、高新技术开发区和南昌县城三个区域。下一步将向老城区延伸。另外,我市各开发区正在调整区域规划,拟改变园区只有工业,没有商业区和居民区,造成潮汐式交通的状况,创造条件让区内从业人员能够就近解决住宿问题,只需骑自行车或步行就能到达工作地点。

5.提高交通运输信息化水平

南昌市现有公路客运、公共汽车、出租汽车智能指挥系统;出租汽车电话召车系统已投入使用;船舶免停报港系统正在设计建设。在交通运输综合指挥方面,我市拟建设公众出行信息服务和管理系统,建设营运车船联网联控平台,该项目市政府已批准建设,待配套资金到位后即招投标建设。从去年开始,我市开通了全市统一的出租汽车电话召车业务,成功率近80%,一定程度上减少了出租汽车的空驶率。从去年年底开始,我市试点实行出租汽车合乘,在10辆出租汽车上安装了合乘指示器、多位计价器和录音录像设备,按60%的价格试行合乘。此外,我市还在城市公交行业,推出了掌上公交;在公路客运行业,推行联网订票和网上订票;在货运行业,完善物流信息网。通过信息化的手段,达到节能减排目的。

(三)今后的工作思路

南昌市一直重视交通运输节能减排工作,但受资金、技术等因素制约,工作基础比较薄弱。今后,我市将向兄弟城市学习,进一步增强责任感和使命感,为实现交通运输节能减排目标而不懈努力,为建设资源节约型、环境友好型行业作出新的贡献。一是加快基础设施的建设步伐,进一步提高运输组织化程度。二是争取政策支持,提高天然气和甲醇燃料的使用比例。三是发展绿色维修,积极采用新型、绿色、节能、环保设备,提高绿色汽车维修技术,提高维修效率与质量,减少对环境的污染。四是进一步提高智能化水平。整合系统内现有的信息系统,建设全市统一的管理和服务平台,以信息化手段提高服务水平,提高交通运输组织化程度,促进节能减排。

三、杭州市交通运输局

围绕美丽杭州　突出五位一体
深化绿色低碳交通运输体系建设试点工作
（杭州市交通运输局）

杭州市环境优美、经济活跃、文化繁荣，素有“人间天堂”之美誉，是历史文化名城和国际著名旅游城市，具有山水相依的地理特征。杭州市是4条铁路干线、8条高速公路、2条国道、16条省道的交汇点，全市公路总里程达15747公里，其中高速公路达到549.5公里，一级、二级公路里程达2309.8公里，总面积16596平方公里，常住人口870万人（市区户籍人口440万人）。

杭州市坚持“环境立市”战略，以“美丽杭州”建设为目标，积极开展“低碳城市试点”“节能减排财政政策综合示范城市”“低碳交通运输体系试点城市”“十城千辆汽车节能与新能源汽车示范推广试点城市”“十城万盏半导体照明应用工程试点”等国家级试点工作。

按照交通运输部有关试点工作的要求，杭州积极推进各项工作，“7+1”低碳交通项目按计划实施，28个子项目和21项预期性和约束性指标体系基本完成目标任务。如钱江隧道完成绿色照明4100米、1560套LED；低碳水运“一体化”管理在浙北航道全面运行；客运一体化率达到88.14%；农村客运班线通村率达到99.6%；厢式化、大型化、专业化车辆占营运车辆比重达到26.6%、19.5%、5%；两年全市更新厢式化、大型化、专业化车辆5214辆，老旧车辆淘汰2199辆；高速公路ETC不停车收费提前实现100%覆盖；驾驶培训模拟器教学覆盖率100%；2012年公路碳汇林绿化完成50万平方米。在低碳交通能力建设方面，企业能耗统计系统、手机版公众出行服务系统、出租车移动智能扬招系统、公交及自行车智能调度系统均已完成，交通信息处置中心平台建成，覆盖到交通基层站所的视频会议已投入使用。尤其是“五位一体”绿色公交体系作为杭州市城市特有的项目，已经基本形成，并发挥了积极的作用。

“五位一体”绿色公共交通体系，是指集地铁、公交车、公共自行车、出租车和水上巴士五种公共出行方式相衔接的城市公共交通系统。下面我局重点汇报“五位一体”绿色公交建设的有关情况：

（一）树立公交优先战略，推进“五位一体”建设

1.优先发展公交政策保障有力

近年来，按照交通运输部关于试点工作的部署，杭州市委、市政府深入贯彻落实科学发展观，深入实施“环境立市”战略，全力实施低碳交通运输体系建设工作，在打造“五位一体”绿色公交城市品牌取得了明显成效。

一是完善绿色公交法律体系。完成了《杭州市公共汽车客运管理条例》的新修订工作，条例将公交优先战略法条化，确立了公交运营的公益性质，建立了成本规制和政府补贴制度，并充分保障规划、用地和路权优先。新制定了《杭州市轨道交通运营管理办法》。

二是出台公交优先相关政策。2004 年 7 月，杭州市出台了《关于构建“城市公交优先”体系，解决市民“出行难”问题的实施意见（试行）》（市委办〔2004〕34 号）。2010 年 1 月，《关于深入实施公共交通优先发展战略，打造“品质公交”的实施意见》（市委〔2010〕5 号）提出了，构建“具有杭州特色‘五位一体’大公交体系”的战略目标。同时研究制定了《杭州市公交场站规划》《杭州市快速公交网规划修编》《杭州市公交专用道专项规划》三个公交规划。

2. 积极推进公交都市创建

按照交通运输部关于国家公交都市创建的部署，杭州市全力以赴，积极筹备申请第二批国家公交都市试点城市，市政府专门成立了由分管副市长任组长的创建领导小组。

3. 优先发展公交行动扎实有效

一是公交优先永续发展。坚持在规划、建设、管理，体制、机制、政策，财力、用地、技术等各方面充分体现公共交通的优先地位，促使城市公共交通全面、协调、可持续发展，促使城市土地开发与公共交通协同发展。杭州市明确提出将城市土地出让金的 2.5% 用于“公交优先”，率先在全国提出并实践“地铁 + 物业”开发模式。全市已建成投入使用的出租车服务区有九个，每年对出租车服务区的补贴超过 800 万元。

二是大力发展公交专用道。2006 年 4 月，杭州市公交顺利开通了杭州第一条、国内第二条快速公交线路，并通过进一步完善，相继开通了 BRT5 条专线、12 条支线、9 接驳线，日均客运量达 46 万人次的快速公交客运网络，整个快速公交网络的平均速度比常规线路提高了 8 公里/小时。

（二）坚持公交绿色发展，推进“五位一体”建设

2012 年 11 月，杭州地铁 1 号线顺利开通，杭州市正式进入“五位一体”城市公共交通体系运行阶段。去年，中央电视台来杭拍摄了“五位一体”绿色公共交通体系，作为多哈 2012 年联合国气候变化大会中国政府的宣传片。

1. 公共自行车“品牌”显现

2008 年，杭州市在全国率先推行城市公共自行车，已成为改善城市生态环境的基础和“品牌”。截止 2012 年底，杭州市共投放公共自行车 7.4 万辆，服务网点总量超过 3000 个，主城区日均租用超过 26 万人次，年租用服务量突破 1 亿人次。目前，公共自行车“杭州模式”已成功在东莞、佛山、贵阳、舟山、嘉兴、海宁、桐乡、海盐、丽水、江阴、九江等 20 余个城市推广，仅今年中标的太原公共自行车项目标的额就有 9000 万元。杭州市高度重视标准建设，目前已完成了《城市公共自行车管理服务规范》《城市公共自行车系统工程设计技术规范》两个省级地方标准编制工作，便于公共自行车在全省的深入推广。同时，杭州市公共自行车被英国 BBC 公司评为“全球 8 个提供最棒的公共自行车服务的城市之一”。

2. 水上巴士“特色”明显

杭州市地处江南，是京杭运河、杭甬运河和钱塘江等重要水路运输通道的端点，“江、河、湖、海、溪”五水共导，全市拥有航道 239 条，有近 900 公里市区河道，为杭州市发展水上巴士创造了得天独

厚的自然环境。目前开通8条水上公交线路,水上公交线路总里程约63公里。开通至今共完成公交客运运输量305万余人次。

3. 新能源公交车比重提高

2012年,市区共有公交线路567条,公交营运线路总长9433公里,年客运量13.2亿人次,日均客运量达361万人次。杭州市是全国首批节能与新能源汽车示范推广试点城市,截止2012年底,共有油电混合动力公交1078辆,在市区40余条公交线路上运营,液化天然气(LNG)公交333辆,在10余条公交线路上运营。为改善城市的大气环境质量和市民的低碳环保出行都起到了积极作用,并随着杭州市新能源客车推广应用步伐的不断加大,其绿色环保优势将更为显著。

4. 纯电力出租车初具规模

目前,杭州市区共有出租汽车8973辆,日均承担客运量78.33万人次。2011年,我市新增投放了200辆纯电力出租车,全市已建成62座充换电站,已有11座投入使用。2013年2月起,我市开展CNG双燃料出租车试点工作,更新了258辆CNG双燃料出租车。开通了约车热线、网络约车、QQ约车和短信约车等服务,每天近6000名乘客通过各种约车途径乘到出租车,全市有48家宾馆饭店及大型商住区使用了驻点扬招设备,有4800名乘客注册了手机扬招软件。2013年,我市还将增加300辆纯电力出租车。

5. 地铁运营初见成效

作为贯穿杭城南、北、东城市副中心和主城区的快速交通干线,地铁1号线在一定程度上承担着杭州市骨干线路交通运输的责任。自2012年11月24日开通试运营起,1号线全长54公里,日均客流量达22万人次,为缓解出行“两难”做出不小贡献。据调查,当前主城区早、晚高峰时段,路面交通的平均行车速度较1号线开通之前分别提高了11.7%和2.7%。

(三)突出优化公交组织,推进“五位一体”建设

1. 在思路上体现“五位一体”的理念

市委市政府坚持“公交优先”发展的理念,坚持以轨道交通为骨干,公共汽(电)车为主体,出租汽车、水上巴士(的士)、免费单车(公共自行车)为补充的“五位一体”城市大公共交通营运结构,打造立体化、多层次、便捷换乘的“公交优先”城市。根据交通运输部关于国家“公交都市”示范工程试点城市建设的要求,在运营管理理念上进一步创新,建立服务质量考核机制,深入实施“公交优先”战略。

2. 在规划上体现“五位一体”的要求

近年来,杭州市开展了《长江三角洲地区区域规划》《杭州市域总体规划》、《杭州市城市总体规划(2001—2020)修订》《杭州市城市综合交通规划修编(2007—2020)》和《杭州市城市轨道交通线网规划(修编)》《杭州市公共交通信息化服务体系建设规划》《杭州市公共自行车交通系统完善规划》等规划编制和修订工作,均体现了“公交优先”发展的理念和“五位一体”的要求。根据公共交通运输工具的特点,结合各自侧重的运营模式的不同进行规划,符合交通运输部有关试点工作纳入城市

总体规划的要求。如水上巴士沿线的停靠码头开通相衔接的公交线路和公共自行车站点。在中心城区300～500米的半径范围内实现公共自行车网点基本覆盖，与其他出行方式灵活衔接。为配合杭州地铁1号线开通，公交集团新开通了13条公交线路，调整线路26条，停驶线路2条，新增57处公共自行车服务点，新投放2600辆公共自行车。随着地铁建设的推进，相应的配套运输方式将与时俱进。

3. 在信息资源整合上体现"五位一体"共享

根据市政府关于城市综合交通信息化建设的要求，在前期与市城管委、规划局、交警局等部门对接的基础上，杭州市交通运输局于2013年1月推出公众出行手机应用——"交通·杭州"，整合了"五位一体"绿色公交体系、长途公共交通运输工具（包括班车、列车和航班）及个人自驾等各类出行方式的交通出行信息。同时，全面开展该应用软件的推广，开通同名微博和微信，以拓展服务途径，一季度查询量近100万人次。目前，杭州正在加快杭州市交通信息资源云平台一期工程的建设，整合分散在多个部门的交通信息资源，构建综合交通数据信息枢纽，实现交通信息交换与共享、交通信息分析与挖掘处理、辅助决策支持和综合交通信息服务等功能。另外加快公交车智能调度系统、公共自行车信息系统、出租车GPS信息系统等升级改造。

下一步，杭州市交通运输局将根据这次会议和部领导的讲话精神，学习和借鉴先进城市经验，以区域试点工作为新起点，深化绿色低碳交通运输体系建设，努力取得新的成效。

四、连云港港口集团

绿色低碳港口我先行　推动试点创建攀新高

（连云港港口集团）

自去年6月起，连云港港带着"全国首个低碳试点港"的荣誉与使命，在交通运输部的高度关注和悉心指导下，依托相关方面的支持帮助和业内同行的竞合促动，又好又快地掀起了低碳创建的实践热潮。一年来，得益于低碳创建的有力驱使，引发了发展理念、发展方式、生产经营、能耗结构等方面的重大变革，初步彰显了提质扩产、节能减排、降本增效等工作的综合成效，由此更加坚定了乘势而上、创优争先的信心和决心。惟内外互通有无，方能至无穷之术。现将低碳港口创建做法及体会总结汇报如下，敬请批评指正。

（一）广泛宣传动员，推动低碳理念深入人心

思想决定行动，态度决定高度。自交通运输部创新提出"兴内河、优港口、强海运"的总体思路，全面启动低碳运输、铁水联运、节能减排等示范项目建设，特别是确立连云港港为低碳港口主题性试点以来，为了在观念上、管理上、行动上实现快速对接与融入，一是首抓领导、提高认识、统一思想。通过专项课题研讨、党政联席研究、报请上级指示等举措，认清认同低碳创建的核心——"三低三高"（低能耗、低污染、低排放和高效能、高效率、高效益），并将其视为转型发展的最佳途径，锁定为

当期最高目标。二是自上而下、层层发动、步步为营。通过相继召开创建动员会、工作部署会、项目推进会、总结表彰会等会议，以及利用各种媒介进行广泛宣贯，使广大干群时刻感受到低碳创建的重要性、紧迫性和长期性。三是借助外脑、汇聚智慧、开阔视野。通过邀请政法司、水科院以及相关高校院所专家学者前来宣讲授课，并部分选聘为顾问，在遵循发展规律、响应上级号召、加快转型升级、落实以人为本等各个方面加以强化认知。得益于思想理念的持续提升，低碳创建氛围始终浓厚，活动开展蓬勃兴起。

（二）科学编制方案，指引低碳行动有序铺开

“想”永远比“做”容易，但要做起来，必须有行动纲领、行动策略。对此，紧扣低碳交通运输体系指导意见和实施方案，围绕“三低三高”的目标，突出“共性讲质量、个性求特色”的主旨，并通过向上请求指导、对内征求意见、借外力求突破等方式，一是精选依托项目，确立低碳技术设施、交通运输装备、智能信息系统、清洁能源应用 4 大类，船用岸电、绿色照明、皮带机节能技术、“油改电”、“油改气”、门座起重机变频及能量回馈改造、能源自动化管理系统、铁水联运信息服务平台、港口智能化调度系统、太阳能供热系统、空气源热泵系统等 13 个主要项目，力争至“十二五”末将用能结构调整为电力 50%、燃油 30%、新能源清洁能源 20%。二是设计保障系统，把低碳创建与生产发展、能力建设、企业文化、组织理念、内部管理等方面有机结合起来，在组织宣传、制度标准、项目实施、技术创新、生产组织、港口发展、功能布局、信息化、铁水联运、内河运输 10 个方面提出具体工作要求，形成具有自身特色的低碳建设保障体系。三是建立长效机制，紧随创建进程，持续滚动地建立了 7 个常态化、制度化的工作机制，包括成立两级领导小组及办公室，强化领导作用；建立工作例会制度，具体部署即期工作进程；制订目标管理评价考核办法，纳入绩效考核范畴；制订实施计划，明确投资额、投资主体、实施单位和项目责任人；建立激励机制，对先进单位、集体及个人、示范工程等进行集中表彰奖励；开展创先争优选树品牌活动；定期编制低碳创建简报等。依托可行的实施方案、有力的保障系统和良好的运行机制，确保了低碳创建工作得以扎实推进。

（三）集中精力攻坚，加快低碳项目落地见效

一分决策，九分落实。为加速变现项目效益，形成“涟漪效应”，我集团采取了“全面启动、先易后难、扬长展优”的推进之路，并经一年来的高质量、高强度实施，已累计完成投入超过 3 亿元，4 大类 13 个主要项目不仅全面铺开，而且不少项目已完成或取得了阶段性成果。较为典型的有：一是船用岸电系统。在技术上，交通运输部以此为基础，出台了码头岸电设施建设规范、岸基供电技术条件、岸基供电操作技术规程等行业标准；在产品上，已形成了四个系列，能够满足除液化品之外的码头和船舶使用；在应用上，已有 9 个码头泊位和 10 条船使用或在装配之中；在成效上，以“中韩之星”轮为例，靠港期间耗电费为过去燃油费的七成，无碳排放，相当于减少 2700 辆小车一年 PM2.5 的排放量。尽管产业化进程目前缓慢，但集团仍不改初衷，将加大研发投入，加快厂房建设，甘当中国岸电事业的铺路石，努力与港航一道，应用好这个“利国、利民、利船、利港”多方得利的项目。二是海铁联运业务。连云港港现已形成阿拉山口、霍尔果斯、喀什 3 条过境通道，布设 9 个物流场站，开行 13

列集装箱班列，并初步建成集铁路货运商务平台和公共性多式联运服务平台于一体的多式联运公共信息平台。集装箱铁水联运量、过境量年度规模分别达到30万标箱和10万标箱。三是能耗监管平台。对港口大型用电设备、流动装卸运输机械、内燃机车、港作拖轮实施用能在线统计、监测、考核，节能工作实现了从传统方式转向网络化、数字化、智能化管理。四是“油改气”应用。我集团率先在业内提出“气化港口”要求，一方面与徐工合作研发LNG装载机，现有世界首台大吨位和4台6吨LNG装载机在港内使用；另一方面与新奥燃气合作成立LNG能源公司，建设LNG气站，为“油改气”提供保证。在此基础上，今年将新购50台LNG装卸设备与水平运输车辆。此外，借机实施港容港貌整治出新工程，包括整合生产生活设施，调整货种结构布局，优化货物堆存方式，美化建（构）筑物等，不仅提升了对外形象，也实现了资源集约利用，助推了节能减排工作成效。

（四）乘势拔高要求，力保低碳经济早结硕果

良好的开端是成功的一半，而要达到成功的彼岸，更需持之以恒、再接再厉。为在三至五年时间里建成布局合理、机制先进、集约高效、绿色低碳、科学精细、以人为本、港城和谐的绿色低碳智慧港口，将借助本次会议的强劲东风，持续深入开展“强化理念、顶层规划、管理提升、科技驱动、操作优化、标准落实、能源调整、深化内涵”八个方面的工作，以倒逼态势，努力缩短4大类13个项目年度任务实施进程。在此过程中，突出抓好以下工作：一是推进顶层设计，以“三低三高”为核心内容，规划设计中长期绿色低碳智慧港发展战略和方案，为解决创建过程中遇到的重大战略性问题提供支持，从发展模式上设计绿色低碳港口转型升级之路。二是开辟绿色航线，加大船用岸电技术推广力度，配合推动建设中德世界首条集装箱绿色运输航线和国内首条绿色低碳集装箱航线。三是发展低碳产业，借鉴与徐工、新奥燃气等合作经验，广泛进行绿色低碳项目合作与技术开发，加速崛起船用岸电产业，组建LED灯具合资公司，以及谋划其他运作题材，使之更好地为低碳创建提供服务和保障。四是强化科技支撑，与科研院所和科技型企业合作，建设绿色智能工程技术研究中心，重点进行靠港船舶使用岸电、清洁能源设备研发、港口节能产品开发、物联港等领域相关技术攻关与集成应用。

总之，集团将以本次会议为契机，在交通运输部的坚强领导下，在行家专家的正确指引下，在比学赶超的有力促动下，继续高起点定位、高标准要求、高质量推进、高效率地实施低碳港口建设，当好水运交通“三低三高”的排头兵，为港口行业低碳绿色发展作出应有的努力。

五、中国交通建设集团有限公司

绿色低碳　活力中交
打造具有国际竞争力的清洁发展企业

（中国交通建设集团有限公司）

当前全球气候变化影响日益加剧，各类资源日益枯竭，经济形势复杂多变，发展低碳经济、走可持续发展之路成为全人类的共识和责任。中交集团作为特大型基本建设为主业的中央企业，践行节能低碳，建设美丽家园，我们的社会责任与生俱来，义不容辞。

2010年,中交集团参加并组织52家所属单位参加了交通运输行业"车、船、路、港"千家企业低碳交通运输专项行动,节能减排已成为推动企业精细化发展、可持续发展的内在动力,节能管理提升及节能技术进步提升了企业的市场竞争力,专项行动节能成效显著:2012年中交集团位列世界500强第216位,公司万元营业收入综合能耗(可比价)比2010年下降了34.6%。连续获评国资委经营业绩考核A级企业,承建的苏通长江大桥、上海洋山深水港、京沪高铁,以及正在实施的港珠澳大桥等工程,不仅代表了中国最高水平,也反映了世界最高水平。

2011年中交集团荣获交通运输部专项行动"优秀组织单位"荣誉称号;4个项目先后入选交通运输部节能减排示范项目。

中交集团走出了一条独具中交特色的绿色可持续发展之路,公司节能减排工作的主要做法是:

(一)建立健全三大体系,铸就绿色中交节能减排管理基本架构

集团成立了由总裁任组长的中交集团节能减排工作领导小组,确立了"中交集团统一领导、安监部门统一协调、各单位、各部门各司其职、各负其责、谁主管谁负责、一把手负总责、党组织提供思想组织保证"的节能减排管理体系基本构架。

各单位均按要求成立以总经理为组长的节能减排工作领导小组,建立健全了分级领导体系、分级责任体系和分级监管体系,从领导上、组织上、机构建设及体系建设上为节能减排工作奠定了基础,使节能减排工作实现了全员、全岗位、全过程有人监督,有人落实,有人负责,纵向到底,横向倒边。形成了"目标层层分解、压力层层传递、激励层层链接"的责任体系,形成了领导重视、专业化管理、全员参与节能减排工作的良好氛围。

(二)完善制度建设,健全节能减排绿色机制保障

集团统一部署各单位建立了适应性较强的能源管理体系,从集团到局到公司到项目经理部,分级建立了能源因素台账,相继确立了各管理层面的节能减排监督管理办法、考核办法、检查办法等系列"绿色规章制度",明确了各级岗位的节能减排责任,并将节能减排约束性指标纳入各级企业负责人经营业绩考核体系,制度建设为节能减排工作提供了机制保障。

(三)运用科学管理方法,以工作质量标准确保节能减排工作成效

公司节能减排工作基于企业多年全面质量精细化管理经验,运用先进管理理念,导入工作质量标准管理方法,开展了能源因素辨识,并有效识别优先控制能源因素,找准切入点,采取管理与技术措施,以推进企业全面协调可持续发展为中心,坚持开发和节约并举,节约优先,效率为本的基本原则,以建立健全企业能源管理体系和强化节能减排监测监控为基础,以调整优化产业结构、节约能源材料、实现资源综合利用和淘汰落后生产力为重点,以强化船舶节能减排管理为突破口,以科技创新为依托,以节能减排考核为手段,以节能减排资金投入为保障,以典型引路、示范带动为抓手,按照"PDCA"循环,确立节能减排目标、方针、理念和方法,持续改进节能减排工作,不断提高节能减排管理水平,使公司逐渐走上了绿色发展的健康之路。

（四）建立统计监测体系，保证低碳中交名副其实

集团建立了节能减排数据统计报送制度，各单位均按要求构建了节能减排统计监测系统，完善了能源监测、计量、定额、台账、统计等基础工作，一航局、一公局已初步实现了能耗数据在线申报，集团今年初启动了节能减排网络管理系统的研发工作，致力于进一步提高基层能耗统计数据的准确性，为领导"绿色决策"提供可靠依据。

（五）淘汰落后产能，公司驶入"低碳施工"快车道

在交通运输部示范项目及奖励专项资金的示范引领作用下，公司致力于改变高投入、高消耗、高污染、低产出的粗放型发展方式，坚持淘汰落后产能，大力推动企业向低能耗、高技术水平转型，着力打造高能效的疏浚船队和绿色低碳公路建设，2010 年公司淘汰各类设备 872 台套，淘汰设备总值 10.2 亿元。2011 年公司淘汰各类设备 1013 台套，淘汰设备总值 10.6 亿元，新购仪器设备 1398 台套，资金投入 23.9 亿元。2012 年公司淘汰各类设备 935 台套，淘汰设备总值 8.3 亿元，新购仪器设备 1171 台套，资金投入 33.6 亿元。2010 年淘汰设备节能量 9600 吨标煤，2011 年淘汰设备节能量 10800 吨标煤，2012 年淘汰设备节能量 6640 吨标煤。

（六）节能科技领路，实现"绿色中交"行业领先

2010 年公司投入技改资金 6833 万元，设立 213 项技改项目。2011 年投入技改资金 1.59 亿元，设立 160 项技改项目。2012 年投入技改资金 1.51 亿元，设立 120 项技改项目。公司先后获得 1237 项自主知识产权专利，路面冷再生施工和港口"绿色 RTG"制造节能技术与节能设备等节能效果显著的。

（七）典型示范导航，引导中交"低碳建设"推进方向

公司每年开展中交集团节能减排示范项目评选，2011 年至今先后评选出了两批 41 项节能减排成效显著、具有推广示范意义的项目，累计年节能量达 9.28 万吨标煤。并汇编成册，向公司各单位推广，切实起到典型引路的作用，带动各单位节能减排管理水平的整体提高。

遴选其中优秀项目积极向交通运输部等国家部委推荐，4 个项目获评部第四、第五批节能减排示范项目，9 个项目获得 2012 年度交通运输节能减排第二批专项资金支持，10 个项目获得 2013 年度交通运输节能减排第三批专项资金支持，5 个项目获得 2012 年度财政部节能减排国有资本金支持。

（八）节能重心前移，设计节能功在当代利在千秋

集团认为规划设计是节能减排的源头，高度重视设计节能减排工作，要求各勘察设计企业在设计工作中贯彻节能减排理念，树立全寿命、全过程设计理念，积极推行新技术、新材料、新工艺、新设备等节能减排技术及信息技术，实现资源综合调配、再生资源综合利用，从源头上实现节能减排。

中交公规院开展了《桥梁工程全寿命设计理论与方法研究》，开拓性地将主要关注成桥状态的传统设计拓展到桥梁的整个寿命周期，针对规划、设计、施工、运营、管养、拆除或回收再利用的全过程，面向“功能、成本、人文、环境”等诸多需求开展综合性的桥梁设计。通过设计寿命给定、造型设计、性能设计（包括耐久性设计）、管养设计、生态设计、风险评估和全寿命成本分析等的分析和实施，使桥梁在桥梁施工、运营养护和整体移除阶段做到可检、可修及可更换。并成功在湖北鄂东长江公路大桥、杭州湾跨海大桥、港珠澳大桥主体工程和宁波象山港公路大桥等多座大型桥梁中应用。

2010 年公司设计咨询单位开展节能评估项目 8 个，年节能量 4.2 万吨标煤，2011 年公司设计咨询单位开展节能评估项目 39 个，年节能量 43.58 万吨标煤，2012 年公司设计咨询单位开展节能评估项目 61 个，年节能量 47.9 万吨标煤，节能评估比例逐年呈上升趋势。

（九）全员节能减排文化，创建“绿色发展”氛围

为提高节能减排管理人员素质，从 2008 年开始，中交集团连续五年，相继对节能减排管理人员进行了集中培训。通过培训，提高了员工节能减排意识和业务水平，建立了一支理念清晰、业务过硬的专业人才梯队，实现了从集团到基层的全面覆盖，为做好节能减排工作奠定了基础。

同时，公司每年均按照国家统一部署，开展“节能宣传周活动”。“节能宣传周”活动期间，各级企业传播节能理念，普及节能知识，大力开展合理化建议、节能减排研讨、技术交流、知识竞赛、能源短缺体验等创新活动，调动广大员工参与节能减排的积极性，形成人人关心节能、重视减排、从我做起的良好氛围。

（十）谋求新发展，走中交“绿色发展”之路

我们清醒地认识到，实现绿色发展、安全发展，不仅是企业发展的自身追求，是打造企业核心竞争力的内在要求，更是我们履行好经济责任和社会责任的必然。经济责任与社会责任应相辅相成，相得益彰，是企业实现可持续发展的不竭动力。

中交集团在下一步节能减排工作中，将进一步加强节能减排能力建设，开展《公路建设项目节能技术及评价体系研究》和《中交节能减排标准化工地评价标准》等课题研究，系统研发一批具有前瞻性、实效性和较强推广应用价值的节能成果；建立内部节能减排审计机制，推进所属企业开展节能审计；创新活动形式，开展“绿色基层”创建活动，在保证质量、安全的前提下，通过科学管理和技术进步，最大限度地节约资源与减少对环境破坏和向客户提供绿色节能型产品或服务，实现基层“四节一环保”（节能、节地、节水、节材和环境保护）；推行合同能源管理；加快信息化建设，逐步健全节能减排在线报送、统计、监测系统，实现公司与各单位信息的互通有无和业务的沟通、交流与协同工作，以及动态跟踪管理、数据时时更新，实时分析等。

站在新起点，谋求新发展，实现新跨越。中交集团始终秉承“固基修道，履方致远”的企业宗旨，肩负着建设“美丽中国”的光荣使命，为实现打造“绿色低碳交通运输体系”作出新的更大的贡献！

六、贵阳市公共交通(集团)有限公司

攻坚克难　打造贵阳清洁公交

(贵阳市公共交通(集团)有限公司)

我公司的公交车辆燃料清洁化是贵阳市建设第一批“低碳交通运输试点城市”的重要内容之一,在公交车辆清洁化燃料选择中,我们经过认真分析,反复比较,多次验证,最后选择了当今世界普遍公认的车用清洁燃料液化天然气(LNG)。目前,使用液化天然气大公交车辆2086辆,为大公交车辆总数的92.2%(其余7.8%的大公交车辆和出租车为M100高比例甲醇燃料)。这项工作自2005年初开始,当时主要为解决公司运营成本和污染物排放的问题,刚起步的时期,可谓困难重重,一是没有完整的国家标准,车辆改装难以通过;二是加气站建设不能审批,没有资源保证(因为贵州省没有天然气资源);三是车辆改装后的燃气供应安全存在危机;四是没有成熟的改装技术和改装材料,只有边干边学边总结边改进;五是没有可以借鉴的成功范例,只能自己慢慢摸索;六是没有专业的人才队伍,只能依靠自己培养;七是没有专门的资金。通过我们不懈努力,立足自身实际,借助国内各家的帮助,通过8年多时间的实施,我们的清洁燃料车辆从无到有,同行从反对到认可,相关部门从质疑到支持,使得我们的“油改气”工程逐步走向规模、走向规范,取得了实效。主要是车辆尾气各类污染物排放明显减少。其中一氧化碳减少约80%;碳氢化合物约60%;氮氧化物约40%;非甲烷烃类约25%;颗粒物(PM2.5)约97%;每年减少的污染物排放总量约6500吨,减少二氧化碳排放总量约1.8万吨,替代燃油约3.5万吨。在燃料价格方面,虽然液化天然气价格市场变化较大,特别是冬、夏季,但总体来讲,随着油价的升幅和国家对清洁燃料应用政策的支持,燃气的价格优势还是存在的。随着这一产业的逐步兴起带来的整体市场变化和技术升级带来的制造成本和应用成本的降低,油改气的经济效益还是显著的。就我公司2012年1850辆车运营成本核算显示,年度燃料成本可节约3800万元。贵阳市地处山间盆地,汽车尾气污染物排放后不易扩散,特别是燃用柴油的车辆,其颗粒物(PM2.5)对气候的影响更大。我公司油改气全面实施后,对提高贵阳市城市空气质量发挥了积极作用,取得了明显的效果,得到了社会的广泛认可。

我们的主要做法是:

(一)加强组织领导是推进工作的保障

因为油改气涉及车辆的改装、加气站建设、燃料的运输储存和充装,这些工作的完成都离不开申报和审批,在当时来讲,这是一项全新的工作,对谁来说都需要有一个认识过程,要顺利地完成这么多手续的报批,仅靠企业自身的力量是十分有限的。只有得到政府和各级各部门的认可和重视后,才能保证工作的顺利进行。因此,油改气工作之初,我们通过市发改委立项报市政府,并成立了由分管副市长和各级各部门主要负责人参与的清洁汽车行动计划领导小组,与此同时我公司也成立了以总经理为组长的工作小组。由于市政府的重视,加上公司主要领导的亲自参与,形成了自上而下的组织保证体系,推进工作也就显得比较顺利。

（二）积极宣传是形成合力的重要抓手

由于油改气工作不是一项单一的科研工作，也不仅是车辆的改造技术，还有维护、维修以及使用等。工作涉及全公司范围，所以，需要有共同的认识才能形成合力。为着力推进这项工作，我公司按照工作进程，分阶段组织了由上而下的全员认识宣传培训工作，目的是让全体员工认识油改气工作的必要性。为此，公司结合公交工作特点，对培训工作进行了周密安排，集团公司先组织全司干部分两批集中培训，然后在由这些经过培训的干部抽调其中的一些骨干下到各分公司及基层单位对其他员工培训。宣传和培训的主要内容是为什么要进行油改气？油改气为什么选择液化天然气？油改气的效果有哪些？对驾驶员和修理工的操作培训，还要把改好的样车开到现场。培训工作不仅有我公司在外请的相关专家，还有亲自参与车辆改造工作的工人及工程技术人员。培训总次数达9000多人次。培训实行签到制度，对因事不能参加的，还要进行补课。无故不参加的，除必须补课外，还要给予一定的处罚。由于宣传到位，认识到位，为后来油改气工作过程中各种问题发生后得到员工的理解和支持以及问题的顺利解决打下了基础。

（三）立足实际是推进工作的有效办法

油改气工作，特别是推广使用液化天然气，由于有其特殊性，不仅有着我们未认知的一面，而且是一项系统工程，产生的是一种“木桶效应”，工作中不能产生短板，必须综合考虑，同步实施，才能达到预期效果，减少和避免不必要的损失。为此，我公司在推广使用之前，就综合考虑了贵阳市的地理条件，天然气资源供应情况以及我公司当时车辆的结构、数量及技术状况，不是单纯追求数量的完成，而是较好地坚持了车辆改造数量、加气站建设条件、天然气资源配置状况相结合的“三位一体”油改气工作方案。采取了先确定天然气资源供应保障，再确定加气站可选地址和可建设数量，最后根据加气站建设地址和建设数量确定配备的车辆改装数量。这种做法为我公司在一个没有天然气资源的地区，能够持续地推进车辆油改气工作并得以全面完成，发挥了极大的作用。

（四）引才重智是攻坚克难的强大力量

由于液化天然气与压缩气比较有着行驶里程长，加气时间短、非有效载荷低，低压力储存相对安全等优势。因此成为我公司油改气的首选。但是液化天然气的高投入、易排放、高消耗问题也是不容忽视的问题，这也是其不能得到快速推广的重要原因。为解决这些问题，我们除通过工作中的不断摸索得到一些解决方法（例如车辆充装完成后不立即停驶，车辆改装时尽量缩短汽化器至储气瓶距离，尽量使用同一组分、压力和温度的燃料，尽量做到当日加气车辆加气总量与加气站储罐储量匹配等）外，还通过与国内在液化天然气发展领域比较关注的单位（例如：上海交大，中国航天火箭发射研究院、陕西燃气设计院、广西玉柴、北京天海、金龙客车、郑州宇通、重庆恒通等）针对液化天然气在发动机技术，气瓶防止早期排放，以及安装和安全性应用，维护、维修技术研究方面进行合作。我们采取走出去、请进来的方式，通过与这些单位的交流与合作，对我公司油改气工作的稳步发展起到了至关重要的作用。

（五）安全生产是工作推进的必备条件

液化天然气属于易燃易爆品，安全是其中重中之重的工作，我们的运输、储存、安装和使用以及维护、维修过程中都置于安全管理之下。主要体现在以下几个方面：**一是建立、健全规章制度。**虽然在油改气初期没有完整的各项规章制度，但我公司在坚持原有汽车使用管理规定不变的情况下，结合液化天然气特性，借鉴压缩天然气已有的规范和国外的一些标准，首先制定了液化天然气汽车改装的企业标准（这个标准通过完善已成为贵州省地方标准），还制定了加气站安全管理规定，维护、维修管理规定，驾驶人员操作须知，各种工作岗前培训管理等。要求全公司员工培训率为100%，考试通过率为96%，再次补课后考试合格率为100%。**二是贯彻考核及奖惩机制。**由于大部分规章制度都是出自我公司，因此难免有不适合不健全之处。因此，我公司采取边实施、边总结、边完善、边改进的方法，随着近年来国家或行业标准的陆续发布。我公司着力于制度执行的考核与奖惩，对违反规章制度的人和事，实施限期整改和重处的办法。考核处罚不仅涉及当事人，还有当值领导、直接管理部门和责任领导。**三是保证运行设备的安全。**车辆油改气的技术安全性，除了规定、制度的建立和严格考核外。技术装备的安全性也至关重要。几年来，我公司通过初期油改气工作的不断总结以及液化天然气应用技术在管理、使用和维修、维护过程中对安全性问题的认识并根据贵阳地区山大、坡多、坡陡、路窄、人拥、路堵等情况，为提高应用装备的安全性，提出了比较适合于我公司应用的液化天然气车辆（例如：后置式发动机车辆气瓶顶置安装技术，前置式发动机车辆储气瓶底无封板安装技术等），这些技术的应用，不仅得到了合作厂家的支持与肯定，也为我公司车辆装备的安全性提供了保证。进而确保了应用的安全性。**四是维护、维修的安全性保证。**油改气初期，我公司对液化天然气车辆发动机燃料供应系统的维护、维修主要采用设立专门队伍的方法。随着在用车辆的快速增加，专门队伍已不能满足工作要求。从确保运营需求和综合管理对安全性的考虑，我公司把专门维修队伍方式推广到公司所属每一个维修单位，这不仅解决了车辆维修人员不足的问题，也减少了由于集中修理车辆而产生的空驶里程。

（六）今后工作思路

在目前油改气工作的基础上，我公司决定在试运营的基础上进一步推进“气电混合动力”及适应小区运行的“纯电动”清洁燃料车辆及新能源车辆的应用范围，为城市公交在“十二五”末能耗目标降低5%～8%和碳排放降低6%～10%作出努力。并着力在新的停保场和枢纽站的建设中，大力推广应用节能技术，积极采用太阳能光伏和天然气热、电联产综合利用技术，采用雨水回收循环综合利用技术等。进一步开展与科研单位、国内知名院校和各兄弟单位的交流与合作，共同促进节能减排技术在交通领域的研究、开发、推广应用范围。

七、云南省公路开发投资有限责任公司

依靠科技创新　推进绿色低碳高速公路建设

（云南省公路开发投资有限责任公司）

云南省素有“植物王国”“动物王国”之称，这里风光迤逦、文化多彩，是我国旅游资源的富集地，生态旅游的目的地。同时，云南省又是一个以公路运输为主要方式的高原省份，公路“建管养”对环境的影响始终受到高度关注。针对这一实际，公司成立之初，按照“构建资源节约、环境友好公路交通”的目标要求，紧紧依靠科技创新，积极探索生态、环保、节能、安全的公路建设与养护管理技术，大力推广应用低碳节能新技术、新材料、新工艺、新设备，把生态环境保护与节能减排贯穿到高速公路建设、养护、管理、经营开发的全过程，取得了良好的社会效益和经济效益。

（一）措施保障，是绿色低碳公路科学发展的重要基础

第一是组织保障。公司成立了以主要领导为组长的节能减排工作领导小组，形成了“责任到人、逐级负责、层层落实”，纵横结合的节能减排工作体系。公司与二级单位节能减排责任书签约率达100%，做到了节能减排工作每年有计划、有措施、有考核和有奖惩。在机制上保证了节能减排工作整体推进，保证了节能减排工作责任目标的圆满完成。

第二是平台支撑。云南省政府依托我公司成立了云南省公路节能工程技术研究中心，开展高原山区公路节能工程技术研究开发及推广应用。中心既是云南科技创新载体的重要组成部分，也是公司进一步提升科技创新能力的重要平台。中心将有效集成企业、科研机构、高等院校等各类科技资源，解决云南省公路综合运营节能存在的技术瓶颈，满足公路在“建管养”等方面对节能新技术、新材料、新产品的开发需求，实现先进节能技术的引进、消化、吸收和再创新，推进科技成果的转化和产业化，进而推动云南公路节能技术的发展。

第三是舆论支持。公司坚持开展内容丰富、形式多样的节能减排宣传活动，将公路建设、养护、运营中的“四新”应用、生态保护措施和实际成效等，通过展板、电子屏、宣传手册等形式和途径展现出来，让干部职工和人民群众更全面、直观地了解公路运输方式由传统的运输保障向低碳生态、安全至上、服务为本转变，为公路事业发展营造良好的社会舆论环境。

（二）科技创新，是绿色低碳公路持续发展的力量源泉

1. 坚持关口前移，在设计施工阶段就强调生态环保

云南省地形高差大，地质地貌复杂，高速公路建设施工难度大、成本高，部分地区生态脆弱，环保工作要求高。在项目实施前期，我们遵循**“不破坏就是最大的保护”**理念，坚持最小限度的破坏、最大限度的保护、最强力度的恢复原则，注重生态保护，实施绿色低碳措施，努力使工程建设顺应环境、融入自然。例如，在穿越西双版纳热带雨林的思小高速公路建设中，按照省交通运输厅的“保护自

然、回归自然,融入自然、享受自然”十六字工作方针,指挥部将这一思路转化为“融、弱、细、突”四字工作思路。融,就是将公路融入自然;弱,就是尽量弱化公路的结构形式,淡化人工痕迹,避免工程施工破坏公路沿线的自然美;细,就是做到精细管理,精心施工,注重环保工作细节;突,就是突出景观重点,突出地方和自然特色。

由于严格按照环评要求实施和环保现行,公司近两年通车和在建的大丽、保腾、武昆、丽江机场等12个高速公路项目无一起水保、环保投诉事件。思小高速公路被列为AA级景区高速公路,亚行贷款项目——保龙高速公路也获得了较高评价,该路段潞江坝服务区云南公路馆被授予国家级AA景区。

2. 坚持科技创新,实现养护作业环保低碳

依靠科技创新,公司在高速公路路面养护中,大量应用废旧沥青和水稳混合料,通过水稳基层厂拌冷再生、基层就地冷再生、泡沫沥青和乳化沥青厂拌冷再生、沥青面层厂拌热再生、温拌沥青混凝土等技术,较好地实现了公路养护的“科学发展、绿色养护、路畅人和”目标要求。通过在高速公路养护施工中应用新技术、新工艺,减少开采石料,保护林地、植被,维护自然景观和生态环境。从2010年以来,公司在高速公路养护施工中节约石料开采57万吨、沥青3500多吨,减少约70万吨旧料废弃对环境的污染,节约资金近3000万元。

3. 坚持科研攻关,为低碳公路提供科技支撑

公司高度重视高速公路运营节能技术攻关,并在人财物等方面给予支持和保障。作为主承担单位,公司承担了交通运输部西部课题——“高速公路运营节能技术综合应用研究及示范”。研究成果将形成高速公路运营节能技术综合配置指南,推动行业相关设计、施工标准与规范的修订,促进技术成果在云南乃至全国交通运输行业内的应用及示范。目前,公司在研的相关课题有7项,经过验收或鉴定的课题有8项、申报交通部西部课题2项、省交通运输厅课题15项、省科技厅项目2项,获奖科技成果4项。通过科研攻关,为低碳公路提供了科技支持。

4. 推行评价体系建设,为低碳公路建设夯实基础

结合云南省自然特征、生态环境和公路建设实际,公司编制了云南省地方标准——《绿色公路评价标准》(DB53,国家质量监督局备案)。该标准对绿色公路评价的基本要求、指标体系和评定等内容作出了规定,具有适用性和可操作性。该标准的制定,为实施绿色公路评价提供了技术依据,为公路设计、施工和建设单位提供指导,实现了公路在全生命周期内最大限度地节约资源、减少对环境的影响,使民众出行安全、舒适、快速、便捷,实现公路与自然的和谐。

(三)科技应用,是绿色低碳公路和谐发展的重要手段

1. 在公路隧道中推广应用综合节能技术

公司积极开展公路隧道照明综合节能技术应用,先后实施和完成了大风坝、马道子等20多个高速公路隧道照明节能技术改造,采用节能灯15726盏替代14109盏高压钠灯,装机功率由原来的2720 kW降低到1051kW,节能效果明显;对63座隧道实施了LED主动发光诱导技术改造。共投入

隧道综合节能专项改造资金9000多万元。大保高速公路马道子隧道实施了LED照明技术、有源滤波技术和车辆感应照明控制技术，综合节能效果明显，被列为交通运输行业第五批节能减排示范项目。目前，在建和拟建公路隧道已或将全部推广应用节能照明光源，节能理念已完全融入公路建设管理之中。

2. 推进ETC不停车收费系统改造，提高公众出行服务质量

公司研发了具有自主知识产权的云南省高速公路联网收费软件系统及云南省高速公路联网收费ETC收费系统，推广应用到全省所有运营收费公路。投入6000多万元，开通了上百条ETC车道，积极推动预付储值卡营业网点和充值网点建设，目前，云南省ETC用户已超过10万。使用ETC车道，缓解了收费站拥堵，有利于降低油耗，减轻收费站区环境污染，创造了较好的社会和环境效益。为满足社会公众出行服务需求，公司投入约7000万元建设高速公路服务系统，强化了路网管理、出行服务和应急处置能力，实现了服务优良、道路畅通、运行舒适安全的目标。

3. 推广使用清洁能源，引入太阳能供电系统

公司选择有条件的公路隧道、收费广场、庭院照明及监控系统等引入太阳能供电，很好地避免了非再生能源的消耗，体现了低碳、绿色、可持续发展的理念。

4. 依靠污水处理系统，实现了站、所、服务区内部的中水回用

近两年，公司投入资金1453万元，对所辖公路服务区的28个污水处理及中水回用项目进行了改造。通过污水过滤和循环利用系统，处理后的水作为绿化浇灌用水和景观用水，进行二次回用，减少了污水排放，节约了水资源。

（四）绿色低碳高速公路建设要靠投入更要靠决心来推进

云南省作为西部欠发达省份，经济基础薄弱，并且地处国家高速公路网末端，高速公路建设与养护成本和所获得的经济收益相比严重失衡，近年来公司尽管债务压力及资金筹措难度大，但云南省交通运输厅和公司推进节能减排的工作决心更大，资金再难也要千方百计的保证绿色低碳项目的投入，以对子孙负责任、对蓝天白云负责任、对交通运输转型发展负责任的态度，持之以恒地抓好绿色低碳公路建设，在全省产生了良好的示范效应。作为高速公路的建设者和管理者，我们有责任、有义务为推进绿色低碳交通发展作出新的贡献。

八、广西崇左高速公路运营有限公司

打造南疆国门节能低碳环保第一路

（广西崇左高速公路运营有限公司）

2012年，崇左高速公路运营有限公司认真贯彻落实科学发展观，积极按照自治区交通运输厅、自治区高速公路管理局等关于交通运输节能减排的决策部署，以提高企业经济效益为目标，树立全方位创新理念，大力开展行业节能减排管理和科技创新，节能减排工作取得了长足发展，运营成本不

断降低，经济效益不断提高，为公司持续健康快速发展提供了坚强保证和强劲动力。

我们的主要做法是：

（一）科技创新优效率

崇左运营公司利用先进的信息技术和养护科技，不断改进高速公路的运营、管理和服务方式，有效提升了高速公路通行服务质量和工作效率。

1. 成功试运行收费站入口自动发卡机系统，实现无障碍通行

2012 年，崇左运营公司认真实施南友高速公路全线收费站入口自动发卡机系统工程的安装及调试工作，并于 2013 年 3 月成功试运行该系统。此项工程是广西区内高速公路实现同一路段线路最长的收费站入口自动发卡机系统工程。新投入的自动发卡机结合了自动识别车型、记录车牌信息和发通行卡三大功能，能使车辆通过收费口的时间缩短 3 ~ 5 秒。该自动发卡机同时具有操作简单、易于维护、发卡速度快的特点。系统的使用显著提高了收费站入口车道的通行能力，规范 IC 卡的管理，降低了运营成本，提升了所辖高速公路的服务能力和水平，标志着高速公路收费向智能化、科技化迈进了一大步。

2. 大力开展交通绿化美化活动，建设低碳环保的东盟绿色大通道

崇左运营公司积极贯彻落实自治区高速公路管理局、自治区绿委办关于绿化美化工程的决策部署，以构建“南疆国门第一路”为建设目标，创新工作方式，科学管理，充分利用自治区财政全额资金补助，大力实施了南友高速公路“绿满八桂”绿化美化工程。2012 年度南友高速公路通道绿化工程共完成通道绿化里程 170 公里，完成投资 1275 万元，种植乔灌木共 117475 株，其中乔木 46155 株，灌木 71320 株，将南友高速公路建设成了具有南国边关地带植物特色的南疆国门绿色通道，取得了显著的绿化美化效果及社会效应、生态效益，降低了行车噪声和汽车尾气排放，提高了行车的安全、舒适度。2012 年，崇左运营公司荣获自治区绿化委员会授予的“广西森林通道”荣誉称号，以及自治区高速公路管理局授予的“2012 年度广西高速公路交通绿化美化工作先进单位” 荣誉称号。

3. 实施养护创新项目，有效提高维修养护工程的性价比

崇左运营公司开展了“基于沥青混凝土路面破损修复的路面结构转换技术研究”，通过比拟沥青混凝土桥面的工作机理，将已破损的沥青路面结构转换为较高强度的刚性基层及下面层和柔性路面协同工作的组合结构，有效利用了原路面的材料，进一步提高养护资金的合理使用率，该项技术创新已在南友高速公路龙州联线专项处治工程中全面推广，节约费用超 100 万元。此外，还进行了“桥梁伸缩缝橡胶止水带局部修补工艺优化项目”，节省了整条更换桥梁伸缩缝的费用；开展了“绿化苗木种植保水剂提高成活率”的试验及技术推广，提高了绿化苗木的成活率。

4. 积极开展沥青路面预防性养护工作，节约了养护成本

崇左运营公司从贯彻落实科学发展观、建设节约型行业的高度，大力推行预防性养护，实现全寿命周期公路养护成本的最小化。始终坚持并加强路况检测评定等基础性工作，定期开展路面、桥梁技术状况调查，建立并不断更新、完善路况数据库，及时准确地掌握路面、桥梁的使用状况；积极推广

应用预防性养护的新设备、新技术和新工艺，逐步实现检测自动化、分析数字化、管理信息化、决策科学化，保证预防性养护的时效性。此外，还对路面性能进行动态检测，并详细记录，率先编制了预防性养护技术实施指南、预防性养护技术总结，取得了良好的效果。

5. 积极探索沥青热再生技术，回收和再生废旧沥青料

沥青混合料再生，不但可以节约大量的沥青和砂石材料，减少废料堆弃场地，节约土地资源，同时可以减少沥青废料对废料堆弃场地周边的污染，减少沥青废料排放对环境造成的压力，保护生态环境。崇左运营公司利用路面沉陷处理工程铣刨产生的沥青废料进行热再生试验，并将再生混合料用于修补路面小型坑槽，降低了修补成本。

（二）管理优化降成本

1. 探索实施精简高效的扁平化管理模式，最大限度降低运营管理成本

崇左运营公司是实施广西交通投资集团实施全区高速公路运营规划战略部署后，第一个实行直线管理的运营公司。结合公司管辖里程、车流情况等实际现状，崇左运营公司充分发挥直线管理试验田功能，有效降低了管理成本，提高了运营管理水平和经济效益，为加快建设一流公路运营模式作出了积极贡献。一是优化机构设置。公司——站队二级管理模式，不设分公司，减少管理层级，精减机构，提高管理了效率，降低管理成本。二是优化人员配置。在公司总部设置8个业务部门，并按照扁平化和最优化的原则，采取业务兼容进行管理，如办公室兼管经营部，收费部兼管客服中心，养护部兼管路产部；同时优化人员配备，实行一人多岗，一岗多能，最大限度发挥人员的主观能动性。

2. 大力倡导低碳节能办公，在行政管理、后勤保障等方面深入推进规范化、标准化、精细化管理

(1)加强物品采购管理

在物品采购中，做到合理安排计划采购，采取集中采购、定点采购相结合的方式，严格实行"货比三家"及"多头介入"原则，降低了采购成本。

(2)加强业务接待费用管理

本着节俭原则安排接待，对用餐标准和陪同人员进行限制，接待用餐安排在食堂，同时严格控制接待费用，严禁内部单位之间迎来送往，相互宴请；重新修订了会议制度，减少会议次数，调整会议费用标准，减少不必要的会议开支，严禁利用会议之机发纪念品和土特产。

(3)节约办公用水用电费用

办公室、会议室等场所尽量采用自然光，尽可能少开灯或不开灯，杜绝"长明灯""白昼灯"。合理设置空调温度，夏季空调温度设置不低于26摄氏度；空调开放时，需将办公室门窗关闭。节约用水，加强对用水设备的维护和改造，杜绝"跑冒滴漏"现象，切实做到节约每一滴水；养成良好的节水习惯，坚决杜绝"长流水"。

(4)加强车辆管理，提高机械设备使用效率

在一些车辆及发电机组的保养维修过程中，如更换机油、机油滤芯以及柴油滤芯、水过滤器等简单操作，由公司的设备管理员和驾驶员进行操作，有效节约了车辆维护维修费用。

(三)节能降耗增效益

崇左运营公司努力建设节约型企业,大力开展降本节支工作,认真组织实施了增收节支项目,实现降本增效。

1. 优化设计方案,节约收费站高杆灯维修成本

针对南友高速公路沿线高杆灯的升降钢丝绳已达报废年限,传统维修方案费用较高的实际。崇左运营公司对设计方案进行了优化,将每杆高杆灯维护费从2万元降为0.43万元,大幅节约了维修成本,同时有利于日常维护,提高了日常维护安全系数,取得了良好效果。

2. 大力实施水电改造,减低电能水能消耗

崇左运营公司积极响应节能减排的号召,有计划地进行水电设施改造,在保证充足照明的情况下,先后实施收费站顶棚灯改造、收费站办公楼及宿舍走廊灯改造、服务区公厕照明灯改造等项目,将高耗能灯改造为节能灯,在节能环保的同时,减少管理成本;实施收费站用水改造,节约水电费及维修费。

3. 调整服务区用电性质收费,节约用电费用

积极与崇左市、宁明县当地供电部门协商,按实际划分服务区商业用电和居民用电比例,从而降低支出成本。

节能减排是一项系统工程,同时是一项长期而艰巨的工作任务。在当前及未来一段时间内,崇左运营公司将继续加大节能减排管理和创新工作力度,以新的思想、新的管理、新的举措,深入推进节能减排工作,强力推动企业健康快速可持续发展。

九、济源市交通运输局

依托项目　突出重点
全力推进济源绿色低碳交通运输体系建设

(济源市交通运输局)

2011年6月,济源市交通运输局被省交通运输厅确定为我省第一批低碳交通运输体系建设试点单位;2012年2月,我市被交通运输部确定为全国低碳交通运输体系建设试点城市。在省交通运输厅的指导帮助下,我们按照“依托项目,突出重点”的工作思路,编制了《济源市建设低碳交通运输体系试点实施方案》,规划了4大类12个低碳交通项目。截至目前,已启动建设项目11个,完成投资2.33亿元,预计每年可节约标准煤3.2万吨,节约标准油4.9万吨,实现直接经济效益4.6亿元。具体作法是:

(一)充分发挥政府主导作用,凝聚低碳交通建设合力

我市市委、市政府高度重视低碳交通运输体系建设试点工作,专门成立了低碳试点建设领导小

组，由主管副市长负责低碳交通项目的组织和实施，牵头发改委、公安局、财政局、环保局、规划局等十余个成员单位共同参与建设。市委书记何雄亲自听取汇报，明确指示要研究好、落实好。去年8月份，市长王宇燕又亲自参加了全国低碳交通运输体系建设第二批试点城市实施方案评审会，向专家评审组汇报方案编制情况及内容。在推进过程中，市政府统筹规划，充分发挥政策叠加优势，利用国家为试点城市营造的良好政策环境，将低碳交通运输体系建设试点与国家低碳城市试点、国家智慧城市试点项目融合共建，形成了强大的推动作用。

（二）大力实施低碳工程，积极构建低碳交通体系

1. 大力实施碳汇林建设，打造低碳生态公路网

为了让公路在使用中也能发挥减碳作用，我们将打造绿色生态公路网作为低碳交通体系建设重点之一，大力实施了碳汇林建设，对国省干线公路两侧40～50米、农村公路两侧10～20米、城市环路两侧60～100米范围进行了高标准绿化。在绿化过程中，我们充分尊重自然，围绕“美丽交通”理念，科学设计绿化方案，使林带与公路线形、路域环境和谐统一。去年，我市共栽植碳汇林苗木470万株，绿化公路330余公里。连续7年累计绿化公路2134公里，占全市公路总里程的63%，绿化面积约4000公顷，初步预测每年可吸收二氧化碳64万吨，吸收粉尘12万吨。

2. 加快信息资源整合，发挥智能交通系统整体效能

以“智能信息系统引领低碳交通发展”是我市低碳交通运输体系建设的主要特点之一。2012年，我们坚持“统筹规划、顶层设计、分项实施”的原则，对所有交通运输信息资源进行了整合提升，进一步扩大了信息技术的应用覆盖领域。建成市级道路运输车辆智能监控平台1个和企业监控平台16个，在全市客运车辆、危险品运输车辆上全部安装了监控设备，并在部分重型载货汽车上进行了推广安装，实现了远程监控和调度。完善了黄河小浪底库区监控系统，开展了交通运输综合执法管理信息平台建设。同时，积极促进交通信息系统与全市信息系统融合，借助公安110报警电话、市政府12345便民服务热线，建立了海事应急救助联动体系。

3. 积极推进城乡公交一体化，引导群众低碳出行

2012年，针对我市人口居住分散，私家车拥有比率较高的现状，我们把发展公共交通作为降低碳排放的主要途径之一，实施了城乡公交一体化工程。由市政府投入资金4500余万元，对市区公交车进行了国有化改革，并新投放环保公交车56台，调整了城区公交、城镇公交运营布局，使全市平原区行政村通公交率达到100%，山丘区行政村通公交率达到95%，公交出行分担率由原来的16%增长至36%。同时，积极推广清洁能源使用，由政府补贴全面完成了公交车、出租车油改气工作。

4. 加大节能减排科研力度，促进资源循环节约利用

一是针对我市工业企业多、工业废料多的现状，我们开展了电石渣、钢渣、水泥粉煤灰在道路基层中的应用试验。二是在农村公路安保建设中，因地制宜，就地取材，设置粗糙路面、浅碟形边沟，强制减速；利用废弃的化工塑料桶装土种上花草，作为防撞桶；用柔性钢丝悬挂废旧轮胎代替传统的波形钢护栏，以较少的投入取得了较好的安全效果。三是在国道207改建工程中，探索实施了7项技

术创新，其中，场拌乳化沥青冷再生技术可对原路面碎石进行充分利用，减少沥青使用量；基层冷再生技术可就地连续完成对旧铺层的铣刨、破碎、添加料、拌和、摊铺等工序，既做到了废物利用又节约了资金。去年，我们实施沥青冷再生和基层冷再生实验路段25公里，有效减少建筑垃圾3.8万立方米，节约资金600余万元。四是在省道、市域主干道等新建改建路段中逐步普及风电互补、太阳能照明技术。

（三）持续推进低碳交通建设，争当试点城市排头兵

在今后的工作中，我们将进一步解放思想，强化措施，深化试点工作主题和特色，引导企业发挥主体作用，加强低碳项目建设和探索，争取摸索出好的经验和作法，为中小城市低碳交通建设提供借鉴。一是继续推进碳汇林建设，力争2014年底全市宜林路段全部绿化到位。二是进一步优化交通运输组织，继续推进城乡公交一体化工程，完善市镇村三级客运网络，并建立公共自行车租赁系统，使公交车、出租车、自行车三种方式相互补充，为群众提供更多的低碳出行选择。三是实施水陆联运低碳工程，开发黄河小浪底航道，建设沿黄公路，宜水则水，宜陆则陆。四是全面建成交通智能信息化平台，形成覆盖交通行业各个点面的信息网络，实现统一指挥调度，提升管理效能。同时，通过无线网络，为群众提供出行信息服务，使群众在智能交通系统引导下，选择最适合的出行方式。

十、湖北省交通运输厅

强化绿色低碳交通措施　推进综合运输体系构建

（湖北省交通运输厅）

“十二五”以来，我省交通运输部门积极贯彻落实国家、省绿色低碳发展的方针政策和战略部署，以“试点城市、示范行业、重点企业、成熟产品、重点基本建设项目”为抓手，大力强化绿色低碳交通措施，全力推进综合运输体系构建，促进交通领域生态文明建设。我们的主要做法：

（一）加强顶层设计，发挥绿色低碳规划引领作用

绿色低碳交通运输涉及面广，头绪多，需要以综合运输体系构建为目标，切实加强顶层设计，明确工作方向。为此：

一是编制《湖北省低碳交通发展规划》。进一步细化《公路水路交通运输节能减排“十二五”规划》《湖北省低碳发展规划》的具体落实措施，为绿色低碳交通运输工作明确目标，提供保障。

二是编制武汉、十堰两个低碳交通运输体系建设试点方案。两个城市先后纳入部级试点，使湖北形成一大与一小、“两圈”并重的格局，实现以点带面、重点突破、示范引导、积累经验，全面推进绿色低碳交通运输工作的目的。

三是编制武汉城市圈、鄂西生态文化旅游圈低碳交通运输建设行动纲要。前者以武汉为依托，后者以十堰为典范，两个纲要覆盖全省，将绿色低碳交通运输建设的任务具体落实到行业、部门、企业和项目。围绕这两个行动纲要，组织各相关行业管理机构、市州交通运输管理部门、重点企业等制

定绿色低碳工作计划，推进相关任务落地、落岗。

四是编制《湖北省公路、水路交通基本建设项目节能减排技术指南》。结合湖北省交通建设条件和约束条件，吸纳部公布的节能减排示范项目成果和其他成熟技术等，提出适用湖北省公路、水路交通建设的新技术、新工艺、新技术、新产品等及其运用条件，引导交通运输管理部门、项目业主和施工建设单位、设计院所、运营单位等，树立以人为本、绿色低碳、综合运输、全寿命周期等理念，自觉将绿色低碳措施落实到公路、水路基本建设项目。

（二）优化运输结构，构建绿色低碳运输体系

省厅先后分别与武汉、宜昌、襄阳市政府共同制定“十二五”期现代综合运输体系建设总体推进方案，突出和强调绿色低碳交通发展要求。

一是强化“三个衔接”（交通路网之间的衔接、交通枢纽与通道的衔接、交通布局与经济走廊和产业布局的衔接），降低不合理运输，减少资源浪费和二氧化碳排放。

（1）以整体效益更大为目标，整合既有各种交通路网设施，形成连通内外、覆盖城乡的一体化交通路网，使车船通行条件得到了改善。

（2）遵循“零换乘、无缝衔接”原则，布局和建设与铁路、机场衔接的综合客（货）运枢纽，推进区域交通一体化，促进合理化运输。

（3）按照港口与腹地经济发展有效衔接要求，重点构建九大港口综合物流中心。50多个与工业园区、物流园区配套的港口项目日渐成型，一大批投资百亿元以上的重点项目临江而建。

（4）通过分析工业、商贸、国际、配送、中转等物流需求，多层次规划布局物流基地项目，总体上与我省产业发展格局相协调。

二是充分考虑旅客便捷出行需求，大力推进城乡交通一体化，最大限度地吸引旅客选择公共交通，减少私家车和公务车出行。

优先发展城市公共交通。省政府出台了加快城市公交发展的意见，省厅加强了公交规划编制步伐，武汉市成为全国“公交都市”试点城市。去年市州政府出台了10余个支持文件，公交优先发展战略得到进一步落实，公交吸引力进一步增强，衔接综合交通能力提升。据不完全统计，2012年，市州财政支持政策累计2.87亿元，划拨土地685亩。

加快城乡运输一体化步伐。“农村班车进城，公交客车下乡，农村客运网络与城市公交网络衔接”为基本方向的城乡客运一体化试点取得新进展，多地基本形成城市公交与短途客运公交化融和共赢的局面。

充分发挥道路客运“门到门”送达优势。大力开通旅游景区、机场、火车站、大学城、大型企业直通车，有条件发展商务包车。

三是围绕武汉长江中游航运中心建设，推进运输船舶大型化、标准化，企业规模化、专业化，推动水路运输转型发展。

政策引导结构调整。三年共筹措补贴资金3.3亿元，更新改造和淘汰老旧船舶，核准拆改船舶910艘、70万总吨。目前，千吨级以上船舶达到1919艘、604万载重吨，货船平均吨位超过1500载重

吨。已有 90 家航运企业的运力规模超过万吨,占全省总运力的 3/4 以上。

拓展航运服务产业链。港航企业拓展服务功能,延伸航运服务产业链。华中航运集团整合市场、网络、人才、资金等资源,充当整合运营商的角色,以船舶管理为先导、以货运业务为平台、以营销网络为支撑、以提供运输解决方案为手段,拓展航运服务产业链。宜昌港务集团拓展港口物流,在长江多式联运和物流发展中发挥独特优势。黄冈楚江航运公司运贸和港口运输一体化等特色服务项目,促进了企业提档升级。

发挥资产组合效应,资源整合步伐加快。发挥资产组合效应,以骨干航运企业为主体,大力推动水运企业资产重组和联合经营,走规模化、专业化发展之路,完善服务网络、丰富服务产品、拓展服务领域,增强竞争优势,实现规模效益。武汉扬子江游船公司、鄂州市三江油运有限责任公司等通过企业并购,实现了水运资源的优化配置和重新组合,提升了航运业集中度。

四是以优化道路运输结构,逐步改变小、散、乱的局面,提升运输组织规模和企业集中度。

(1)以存量改造、整合资源为主,开通了十堰至郧县、天门至仙桃、黄冈至沿江 4 县、襄阳至襄州等城际公交,改变了过去车辆空驶率高、沿街兜圈、盲目竞争等现象。

(2)以"自由行"游客为目标市场,以定线旅游客运为主要方式,推动道路客运与旅游服务跨行业融合。

(3)积极做好道路客运与铁路、航空、水运等运输方式之间的衔接和集疏运。

(4)合理控制受铁路客运影响大的城市发展省际长途班线,做足短途、力保中途、长途有进有退,避开干线劣势,发挥支线优势。

(5)大力发展甩挂运输、快件、零担班车、集装箱多式联运运输。十堰亨运等 5 家甩挂运输项目纳入国家试点。

(三)完善工作机制,推进绿色低碳交通运输创新突破

一是全力推进武汉和十堰低碳交通运输体系试点。大力宣传"试点就是重点,重点就是政策"的理念,积极争取市政府及市直相关部门的支持,同时,对于试点方案中涉及的"十二五"规划内项目,省厅优先安排计划,计划外项目,明确在规划中期调整时重点予以研究,试点示范项目,优先予以支持。

二是大力推广天然气在运输行业中使用。武汉、宜昌、襄阳、十堰、黄冈、荆门等地七家 LNG 加注站开通运营,黄冈东方客运公司 79 台道路客运车辆、十堰公交集团 64 台城际公交客车使用 LNG。目前,全省使用 LNG 车辆达 500 余台,使用液化石油气、天然气的公交车有 2151 台, 双燃料车有 1400 台,混合动力车 480 台;使用天然气出租车有 2688 台、双燃料 20444 台。天然气等清洁能源的推广应用,有效地降低了碳排放。

三是深化千家企业低碳交通专项行动。我厅与省发改委共同确定了三家低碳交通运输基地和十家低碳交通运输示范企业,充分发挥其龙头作用,在多个领域取得效果。如,武汉、十堰公交集团重点在公交车辆清洁能源应用,公交智能调度系统方面开展示范;省客集团、宜昌交运、十堰亨运、黄冈东方客运公司重点道路客运车辆 LNG 源应用、道路客运智能调度系统、绿色维修、模拟驾驶等方

面开展示范；武汉港务集团重点在集装箱码头 RTG“油改电”技术、轨道式龙门吊 RMG 应用、集装箱智能化管理系统应用方面开展示范；华航集团重点在应用标准化、节能型船舶，推广船舶节能操作法，开展 LNG 船舶应用等方面开展示范；鄂州大通互联物流股份等企业，重点在货车天然气应用、甩挂运输、多式联运、物流信息化等方面开展示范；湖北新捷天然气有限公司重点在“十二五”期 100 余座 LNG 加气站建设、推广车船 LNG 应用等方面开展示范；湖北省高速公路实业开发有限公司在温拌沥青技术、可再生能源在公路建设与运营中应用等方面开展示范。2012 年，武汉鑫飞达公司新增自行车 2 万辆，累计达到 9 万辆，每年节约 18884 吨标准煤。武汉公交集团新增单一燃料 CNG 公交车 356 辆，出租车 1217 辆，新增标准油替代能力约 22000 吨/年。十堰公交 GPS 智能调度系统和 G - BOS 系统全面完成。湖北高开有限公司废旧沥青面层材料再生利用已纳入节能减排示范项目。

四是将绿色低碳理念融入行业管理之中。

（1）省交通运输厅明确：将 ETC 系统设置情况作为项目审查、项目交（竣）工验收内容之一，并作为高速公路联网收费并网检测的控制标准。要求在建、拟建高速公路 ETC 车道实际覆盖率不低于 60%，前者 ETC 建设相关费用纳入公路项目建设总投资，后者 ETC 系统费用纳入公路项目总估算。目前全省高速公路建成 ETC57 条，日均流量 1.8 万余辆。使用 ETC 通行，收费站前后 300 米有效区域内，单车油耗降低约 50%，一氧化碳、二氧化碳含量分别减少约 71% 和 48%。

（2）在土地及岸线资源利用方面：严格港口投资强度和吞吐能力双指标控制，确保土地及岸线资源高效、节能、清洁利用。目前，我省港口岸线投资强度、单位港口吞吐能力比“十一五”期分别提高了 38% 和 150%。

（3）在交通工程生态保护方面：严格实施交通工程与环保措施“三同时”制度，合理确定交通工程的规模、线位、时序和技术标准，最大限度减少环境影响。

（四）放大财政资金支持效果，强力推进重点领域节能减排工作

一是大力宣传绿色低碳交通运输政策。

积极参加和组织绿色低碳交通运输培训，让基层交通运输管理部门、企事业单位及时了解国家有关方针政策，放大支持资金的影响力，将绿色低碳交通运输工作变成各企事业单位的自觉行动。

二是积极培育交通运输节能减排重点项目。

瞄准交通运输部、财政部政策性文件指明的基本方向，加大了车船 LNG 运用、隧道和服务区 LED 照明、车辆运输和港口信息平台、绿色维修和驾驶、隧道通风系统等领域项目的培育力度。

三是全力做好节能减排和甩挂运输试点项目申报。

采取发动、培训、筛选、申报、实地查看、集中审议、交叉复核、重点辅导等多个程序，确保项目申报的成功率。2011 年至 2013 年先后有 3 个、9 个、12 项目获得部节能减排资金支持，5 个甩挂项目纳入部试点。申报成功的项目，及时在全行业进行宣传，扩大影响力。

此外，在隧道 LED 灯照明改造、隧道通风系统节能、服务区光伏发电、废旧沥青面层材料再生利用等方面开展了一些工作。

近年来，我省在推动低碳交通运输体系建设方面作了一些工作。但是，与先进省市相比还存在

一定差距。下一步,我省将以部低碳交通运输体系建设试点示范推进会为契机,认真学习兄弟省市的好经验、好做法,努力推进湖北低碳交通运输体系建设迈向新的台阶。

十一、株洲市交通运输局

低碳绿色交通　领跑“两型”建设

（株洲市交通运输局）

近年来,我市坚持以科学发展观为指导,积极实施“两型社会,交通先行”战略,大力推进低碳交通运输体系建设,着力构建资源节约型、环境友好型交通行业,以低碳绿色交通领跑“两型”建设,取得了较好的成效。2012 年,株洲市被交通运输部确定为全国第二批低碳交通运输体系建设试点城市。

我们的主要做法是:

(一)加大政策支持力度

市委、市政府高度重视,加大支持力度,将低碳交通体系建设由部门工作上升为政府工程。一是加强组织领导。市人民政府成立了由市长任组长,分管副市长任副组长,市直相关职能部门主要负责人以及城市四区、云龙示范区管委会常务副区长(副主任)为成员的领导小组。二是出台相关文件。市人民政府印发了《株洲市建设全国低碳交通试点城市实施方案》,明确了我市低碳交通建设的指导思想、基本原则、主要任务、工作目标、试点项目、保障措施。市委、市政府印发了《株洲市推进“1135”绿色出行试行办法》,规定市直机关单位普通公务用车每周工作日内停开 1 天,引导市民 1 公里以内步行、3 公里以内骑自行车、5 公里以内乘坐公共交通工具,在全市普及“1135”绿色出行,并对行政机关单位落实情况严格考核,按月通报,纳入绩效考核。三是加大财政投入。为支持公交优先,市财政对市公交公司经营亏损补贴 3500 万元,对公交车新能源改造补贴 6000 万元,并从 2012 年起,每年安排 100 万元用于低碳交通建设。

(二)完善优化运输网络体系

一是完善道路路网。近五年,全市共投资 471 亿元,建成衡炎、长株、浏醴、炎睦和分炎 5 条高速共 132.5 公里,开工醴茶、炎汝、垄茶 3 条 207 公里,完成 19 条国省干线公路新改建 590 多公里,武广高铁建成通车,开工衡茶吉铁路、沪昆高铁,实现了 100% 的乡镇、100% 的建制村通水泥(沥青)路,100% 的乡镇、96% 的建制村通客运班车。全市逐步形成主干线高速化、次干线快速化、支线加密化的路网结构,有效地减少了迂回运输、重复运输,提高了道路的通行效率。二是加快站场建设。市综合客运枢纽站、武广西客运枢纽站分别完成规划选址和建设方案编制,芦淞服饰物流园、市农产品物流园进展顺利,客货运“零换乘”和“无缝衔接”有力推进。三是大力发展水运。抢抓国家加快内河航运的机遇,发展节能环保的水运运输方式,对接长沙湘江航电枢纽工程建设,加快完善航道港口建设规划和项目建设。湘江株洲航电枢纽—株洲一桥 24 公里 2000 吨级航道疏浚工程基本完成,铜塘湾港区一期工程顺利推进。水运在我市综合运输中的比重得到提升。四是优化运输组织。积极推进高效运输方式，开展甩挂运输试点工作，实现了我市甩挂运输零的突破。2012 年，共发展牵引车 22 台，挂车 25 台，开通甩挂运输线路 10 条，节约购车成本 240 万元，年完成货运量 18 万吨、货运周转量 2880 万吨公里，车辆利用率提高 52%，货物周转率提高 40%，年节约燃料 68.4 万升，减少二氧化碳排放 1500 吨。

（三）推广使用低碳运输装备

一是实现公交电动化。经过三年时间分批置换，到 2011 年 9 月株洲城区全面实现了公交电动化，627 台油电混合电动公交车，覆盖中心城区全部 45 条运营线路，成为全国首个电动公交城。节油率已超过 15%，627 台车每年可节油近 220 万升，减少二氧化碳等各类有害物质排放 14730 吨。株洲公交出行分担率由 20% 提高到 25%。二是严格车船准入和退出。逐步淘汰能耗超标车船，严禁不达标车船进入，鼓励发展节能环保型车船。2010 年以来，共报废高能耗货运车辆 820 台、船舶 30 多艘，更新客运车辆 258 台，强制下线 36 台。三是大力推广天然气车辆。从 2010 年 1 月 1 日起，我市即明确所有更新、新增出租汽车必须使用新能源或清洁能源车辆，否则，不准进入城市客运市场，2010 年以来，全市新增双燃料出租车 600 余台，天然气客车 18 台，天然气公交车 67 台，双燃料出租汽车占比达 43.2%。

（四）推广应用低碳建设技术

在基础建设中，大力推广运用节能低碳的新技术、新工艺、新材料，提高环保效益。时代大道是长株潭两型社会试验区的开篇之作，建设过程中用于绿色环保的投资近亿元。在灯光照明方面，在全省国省干线公路上首次运用国内最领先的可再生能源照明技术（即风光互补感应照明技术）与绿色节能照明技术。共投入 3380 万元，安装风光互补 LED 路灯、LED 护栏灯 1052 盏（套），每年可节电 629.65 万度，减少二氧化碳排放量 6277.61 吨，减少 SO_2 排放量 188.90 吨，减少氮氧化物排放量 94.45 吨，减少灰尘、炉灰、颗粒物等大气污染物排放量 1712.65 吨。在 106 国道醴陵北段养护大中修工程中，全省首推沥青路面就地冷再生、碎石化等绿色养护技术 24.2 公里，使原本废弃的混合料得到了循环再利用，节约了资源，避免了废料处理对环境的污染，增强抗车辙和抗疲劳能力，延长沥青面层使用寿命。与传统铣刨加热技术相比，既节能环保，又降低成本。节省加热能源 60% 以上，减少 80% 以上的二氧化碳排放量，每公里减少投资 8 万元。

（五）探索打造公共自行车“株洲模式”

按照“国际领先、国内一流”的标准，建设公共自行车租赁系统，已建成 1058 个租赁站点，实现了城区 300～500 米之内有租赁点，安装智能停车柱 26000 个，投放公共自行车 20000 辆。现全市发放市民卡 20 多万张，市民累计租还车次数达 2000 余万人次。并在株洲县、醴陵市先期启动，到 2014 年底覆盖市县。2012 年 1 月 2 日，温家宝总理视察株洲时高度肯定：“不愧为动力之都，方便绿色安全出行”；2012 年 2 月，央视四套中文国际频道《城市 1 对 1》栏目专题录制了株洲与“自行车王国”荷兰阿姆斯特丹市访谈节目。2012 年 9 月,市长在中欧市长论坛以“绿色交通”为主题发表演讲。在此基础上,进一步完善规划编制。确立“公交优先、鼓励慢行”战略,编制了《株洲市步行和自行车交通系统专项规划》,规划形成“十一横十二纵”的步行主通廊系统,“六横六纵”的自行车主通廊系统。截至目前,全市自行车专用道(绿道)建设总里程已达 52 公里 ,总投资约 2000 万元。

(六)加快信息化智能化步伐

株洲交通公众出行信息服务系统第一期工程于 2010 年 11 月启动,2011 年 3 月建成。该项目通过整合实时路况、公路地图等多种出行信息资源,现可实现公交线路、公共自行车租赁点、客运站点、客运班线、天气预报、公路重要景点位置、湖南省公路地图、湖南省公路卫星图等多项信息的查询。株洲公交智能调度系统、株洲湘运集团道路客运智能系统、湖南安迅物流智能管理系统 2012 年相继建成投入使用,现可实现行车监控、智能调度、运营统计及管理分析等功能。在管理节能方面,通过对系统数据进行统计分析,发掘节能潜力,强化对策、措施,通过监控驾驶员的驾驶操作行为,规范驾驶操作,实现绿色驾驶,减少燃油消耗。在技术节能方面,通过实现车辆、客运班线的优化匹配,提升了车辆经营的经济效益和社会效益。此外,株洲出租汽车服务管理信息系统已获国家建设试点,正在加紧建设。

低碳交通运输体系建设任重道远,总结几年来的工作,我市虽然取得了一定的成绩,但与全国的先进城市相比、与交通运输部的节能减排要求相比,还存在较大的差距。下一步我们将按照国家对低碳交通城市的要求,积极学习低碳交通先进城市的经验,努力践行低碳城市、交通先行理念,全面落实低碳交通运输体系建设要求,加强组织领导、综合协调和督查考核,加大试点项目实施力度,完善交通运输节能减排统计监测考核体系,启动区域性低碳交通运输体系城市试点申请工作,全面深化低碳交通运输体系建设,为两型社会建设当好先行。

十二、西安市交通运输局

积极探索清洁能源应用
稳步推进西安绿色低碳交通运输体系建设

(西安市交通运输局)

随着我国经济建设和城市化进程的不断推进,城市交通拥堵、交通能源消耗、环境不断恶化等问题日趋严重,以低能耗、低污染、低排放为特征的低碳经济发展,是我国经济发展转型、结构调整的战略举措,也是我国在不断总结经验教训过程中探索出来的实现可持续发展的必然选择。近几年来,西安市以开展绿色低碳交通运输体系建设作为切入点,将节能减排作为加快全市交通运输结构调整、转变交通运输发展方式、实现交通运输可持续健康发展的突破口,积极探索以天然气为主的清洁能源在交通运输业中的应用,尤其是在城市公共交通清洁化、低碳化方面作了一些工作,取得了一些成绩,为建设以清洁能源为特征的绿色低碳交通运输体系起了个步、开了一个头。

我们的具体做法是:

（一）西安市交通运输业清洁能源应用努力与探索

1. 居安思危，树立超前发展意识

西安市地处关中盆地，位于黄河中游黄土高原，常年雨量稀少，多沙尘雾霾，较为恶劣的自然条件一直影响着城市的发展。尤其是改革开放以来，西安市的经济社会在得到快速发展的同时，带来了对资源的过度消耗和环境的破坏，特别是当前西安市正处于工业化、城市化、市场化、国际化加速的发展战略机遇期，城市机动车保有量急速增长达150余万辆，年均排放污染物达41.98万吨、PM2.5年均300～400，属污染较重城市，城市发展与环境保护之间的矛盾日趋突出。事实证明，传统的能源消费模式、脆弱的生态环境已成为制约西安市经济发展社会进步的重要因素。交通运输作为国民经济的重要基础性产业和服务性行业，是传统石化能源的消耗大户和排放大户，约占全社会石化能源的35%左右和二氧化碳的30%左右，城市大气污染60%～70%来于机动车尾气排放。且随着经济发展，交通对石化能源需求量的膨胀而造成的环境恶化问题，已成为交通行业应直面的问题。如何降低西安市交通发展对资源的占用和消耗、减少对生态环境造成的不利影响是我们必须破解的难题。

早在“十五”期间，西安市交通运输业积极响应西安市作为全国清洁能源行动的试点城市，立足陕西省清洁能源即天然气资源优势，制定出台了《西安市交通运输行业清洁能源利用发展规划》，对如何切实推动天然气在交通运输行业应用作出了战略性的部署和技术层面的安排，并提出了西安市发展天然气营运车辆的思路和对策，在如何推动天然气车辆在城市公共交通领域的应用进行了探索，特别是针对当时天然气车辆主要来源于改装的现实，在城市公交车入手进行了一定数量的尝试，取得了较好的经济效益和良好的社会效益，达到了节能和减排的目的，为西安市能源结构调整、大气质量改善等迈出了历史性的第一步。面对两型社会建设的要求，交通运输行业及时确定了建设两型行业的目标，提出了“实现三个转变”，并将节能减排工作作为加快交通运输发展方式转变和交通运输结构调整的重大机遇。为此，我市进一步明确了节能减排工作的重要性，并将清洁能源应用作为推动交通运输行业节能减排的主要工作之一，作为我市转变交通运输发展方式、调整交通运输结构、发展资源节约型环境友好型交通运输业的切入口，以点带面、重点突破，进而推动交通运输行业走低碳绿色为特征的可持续发展之路。

2. 城市公共交通清洁能源即天然气应用成效显著

城市公共交通作为为社会公众提供基本出行服务的公益性事业，进一步落实公交优先战略，让人民群众愿意乘公交，更多地乘公交，改善城市交通需求结构，提高城市公共交通的分担率，降低能源消耗率，有效解决城市拥堵难题，减少能源消耗和尾气排放，是交通运输行业的职责所在。鉴于公交车、出租车在城市不停息运营、能源需求量大、尾气排放高、对城市环境污染重的特征，积极推广城市公共交通清洁能源应用，必将起到效果好、影响深的作用，在交通运输领域起到典型的示范效应，进而树立绿色低碳发展理念、推动道路运输车辆应用清洁能源、促进绿色维修模拟驾驶、开展公路路面材料循环利用等具有积极的作用，也客观上为当前我市创建绿色低碳交通城市，建设绿色低碳交通运输体系试点创造了条件、奠定了基础。

西安市城市公共交通天然气应用车辆从一开始的原汽柴公交车、出租车改装，逐步发展到购置双燃料、单一燃料公交车、出租车；由开始时交通政府部门、交通行业管理部门的大力推动，到现在企业、经营者的自觉、主动应用；从开始时个别、零散应用，发展到现在规模化应用，正在形成整体合力，取得了很好的效果。截至目前，全市 7674 辆公交车，其中 96.3% 的公交车使用了天然气，达 7393 辆；结合 863 单一天然气公交车应用，加强公交企业节能管理，科学制定营运车辆的油气及原材料消耗定额，落实节油节气的管理制度，减少空驶，提高车辆利用率。推广节能新技术，鼓励职工通过技术革新、提高驾驶技能降低能耗，树立并表彰奖励节能标兵，每节省 1 立方米天然气奖励 0.8 元，有力地推进了节能降耗工作的深入开展。全市 12235 辆出租车，其中 99.9% 为双燃料出租车，同时为配合公交车、方便出租车加气，全市共合理配置天然气加气站 87 个，极大地促进了城市公共交通天然气车辆的发展。

根据科学计算，采用天然气替代燃油，可大幅减少汽车尾气排放，其中减少排放二氧化碳 24%、一氧化碳 97%、碳氢化合物 72%、氮氧化物 14% 和 100% 的苯、铅、粉尘等固体颗粒物。按照公交车百公里油耗 40 升、单车 200 公里/日，年节省代用燃油 2.16 亿升、减少二氧化碳排放 9.9 万吨；按出租车百公里油耗 7 升、单车 500 公里/日，年节省代用燃油 1.53 亿升、减少二氧化碳排放 9.3 万吨；再加上少排放的一氧化碳、碳氢化合物、氮氧化物和苯、铅、粉尘等固体颗粒物等，仅此一项，每年应利用天然气公交车和出租车节约代用燃油 3.69 亿升，少排放各类污染物 20 万吨。通过使用天然气清洁能源，一定程度上改善了我市交通运输业能源结构状况，彻底改变了传统公交车、出租车作为城市主要污染源之一的格局，也为我市今后绿色低碳交通发展打下了基础。

（二）西安市推广应用天然气清洁能源的做法

由于西安市天然气车辆应用起步于“十五”期间，且以交通运输行业应用为试点，缺少可借鉴的经验和做法，如何引导、推动应用天然气车辆遇到了一系列难以预料的问题。一是在天然气加气站规划、建设方面，申请建设加气站的不少，但由于规划滞后，特别是对加气站安全性知识了解不足，许可后的加气站往往因土地无法落实而难以建设；二是在天然气加气站与天然气车辆之间，由于加气站相对加油站投资高 2～3 倍，鉴于当时天然气车辆稀缺，若没有车辆加气建成后加气站必将长期处于亏损境地，因而，在解决了规划、土地问题后，站的建设还是没有起色；另一方面，作为车辆的经营者、企业，若没有一定量建成并投入使用的加气站，让企业先于站购置天然气车辆而等站建成后再投入应用似乎又不切合实际。从而造成“先有站还是先有车”的僵局；三是由于是新生事物，公安交管部门从车辆安全性的角度出台关于对原车辆进行天然气改装后不予年审的要求，直接打击了刚刚起步的将原车辆改装成天然气车辆的局面等。所有这一切，均影响了西安市整体天然气车辆的发展，甚至一个时期内处于停滞状态。

针对此，交通运输行业认真分析当时我国能源产业政策，认为交通运输业发展的出路在于改变粗放型发展模式，积极推广应用清洁能源天然气车辆符合交通运输业发展的方向，主动与市上有关职能部门联系，从交通运输业尤其是城市公共交通着手，打开天然气车辆在西安发展局面。从解决好气源以及制定相关配套政策入手，采取有力措施，逐步解决了横亘在天然气应用发展道路上棘手

的问题。主要措施有:

(1)编制了《西安天然气加气站综合发展规划》。改变原有单一规划天然气加气站方式为将加气站布局与土地利用、城市发展结合起来的综合发展规划,首批确定了配套西安作为国家清洁能源汽车重点推广应用城市的20个加气站,对原已许可但一直没有实施建设的加气站进行重新审核与确定,并对投入使用时限进行了明确的规定。

(2)出台了发展西安市天然气汽车产业的有关政策。为整体、有序、有步骤、有计划地推动西安市天然气汽车发展,依据《西安市天然气汽车产业发展计划》,制订了《西安市燃气汽车实施方案》,对加快发展天然气汽车产业进行了具体安排。同时,出台了促进加气站建设等相关政策,明确加气站建设所用土地实行划拨供应,免收契税,其中需征用耕地,按市重点建设项目办理用地手续;加气站天然气公网输配费采取激励机制的办法征收,即按照建成投入使用的先后年限分别按10%、15%、20%和全额征收;加气站所需的原料天然气价格给予优惠,对天然气公司供应加气站的原料气价差,在2008年以前,由财政每年给予适当补贴;对天然气汽车免尾气检测,统一发放张贴绿色标志等。这些政策措施,有力地支持了加气站的发展,进而推动了天然气汽车的应用。

(3)明确发展天然气汽车应用的重点。为打破“先有站还是先有车”的僵局,交通运输行业主动提出:从公交车、出租车首先试点应用天然气入手,待形成规模后再全面推开。为此,经政府同意,“十五”末期,出租汽车行业管理部门率先出台了“给予购置原厂生产的天然气/汽油两用燃料出租汽车延长经营期限2年”的优惠政策,在天然气加气站建成之前,形成事实上的、有一定规模的车用天然气量,有力地促进了天然气汽车的发展。同时,鼓励公交总公司利用用量大、有场地优势,与天然气公司气源优势结合起来,通过联合建站,保障公交车天然气用量的需要,促进了公交天然气汽车的应用。目前全市共有天然气车辆近30000辆,其中出租车、公交车占20000多辆,获得了很好的社会、经济效果。

正由于交通运输行业的责任意识、发展意识和环保意识,率先实施清洁能源天然气应用,为自身发展寻找到了一条绿色可持续发展之路的同时,也为社会环境保护、减少排放污染、改善空气质量做出了实实在在的贡献,更为下一步在道路运输客货运车辆应用天然气和液化天然气(LNG)在交通运输领域的应用,创造了有利的环境和积累了一定的经验。

(三)当前西安市交通运输领域清洁能源天然气应用面临的新情况

由于交通运输领域清洁能源应用的顺利推进,交通运输行业节能减排工作、“两型”行业建设走在了全市、全省的前列,这既符合西安市低碳城市建设的需要,又符合交通运输部开展的建设绿色循环低碳交通运输体系建设的需要,更符合交通运输业可持续发展的正道。尽管如此,但在实际工作中仍存在一些困难、遇到一些新情况。

1. 以清洁能源应用为主的节能减排工作社会认知度还不够

交通运输行业是节能减排的重点行业,交通运输行业节能减排工作需要全社会重视,职能部门和相关配合部门都要发挥重要作用。目前社会全体对交通运输行业节能减排工作只认为是职能部门的工作,导致了社会交通运输科技节能技术支撑和服务保障能力不足,节能技术和产品研发、推广进展较为缓慢。部分规模偏小运输企业仅局限于眼前利益，忽视长远发展，不愿意在节能减排工作方面加大投入。同时作为城市交通中不可忽视的广大私家车群体，应用清洁能源还非常少。

2. 道路客货运企业天然气(CNG)应用范围还没有展开

西安市近年来在CNG燃料在公交、出租等领域已广泛使用且良性发展，然而，由于加气站建设局限于城区布局、车辆所带有限CNG容量等制约了道路客运的长途运输，仅局限于短途或近距离客运。全省高速公路、国省道沿线很少或几乎还没有布点加气站，制约了道路客货运应用天然气的步伐，特别是面对组织结构松散的货运企业，其运输组织方式比较粗放，企业经营集约化与规模化水平不高，大部分货运企业运输工具过度依赖石油传统能源，清洁能源比例尤其小，亟须提高。

3. 液化天然气(LNG)在运输领域应用发展较为缓慢

受制于压缩天然气(CNG)能源自身局限性，只适合城市公交、出租及客货运输等短距离运输。城市的发展更离不开省际长途运输，液化天然气(LNG)清洁燃料适合长途运输。西安市在交通运输中发展压缩天然气(CNG)清洁能源的同时也不断积极探索液化天然气(LNG)在长途运输车辆中的使用，但进展比较缓慢，原因在于目前尚未出台LNG加气站建设规范、标准，原装LNG车辆成本过高；同时西安市缺乏国家相关优惠政策支持，LNG发展思路及规划不够完善，配套设施与加气站资金投入尚无来源。

4. 省市两级政府尚需出台更加有利于低碳交通运输体系建设的政策和措施

目前，交通运输部对于全国范围内交通运输行业节能减排项目有专项奖励资金予以激励，而陕西省和西安市两级政府在交通运输行业节能减排方面专项的优惠或奖励政策还比较缺乏，没有建立系统完善的节能减排奖罚制度，对整个交通运输行业节能减排缺乏较大的推力。从国家层面加强对省市两级政府在交通运输行业节能减排工作的考核，以及两级政府绩效评估的导向作用和激励约束作用方面的探索工作有待加强。

(四)进一步促进西安市绿色低碳交通运输体系建设的措施

1. 扎实推进西安市低碳交通运输体系建设试点工作

根据国家有关低碳交通运输体系建设试点城市的要求，在西安市低碳交通运输体系建设领导小组的领导下，全市交通运输行业部门将认真落实经部批准的《西安市低碳交通运输体系建设试点实施方案》。围绕构建西安市低碳综合运输体系、低碳交通基础设施、低碳交通运输装备、低碳交通物流、低碳信息技术和低碳交通能力建设六个方面，全面开展西安市低碳交通运输体系项目建设，打造具有西安特色的、以“绿色低碳，智网促畅”为特征的低碳交通运输体系。以优化交通用能结构、提升节能科技水平、倡导低碳出行方式、提高生活环境标准、公众积极主动参与的工作格局，扎实推进西安市低碳交通运输体系建设试点进程。

2. 推动LNG等清洁能源广泛应用，坚持走绿色、低碳、可持续交通运输发展之路

为进一步推动西安市低碳交通运输体系建设，西安市将继续从交通运输行业能源应用结构入手，加大工作力度，建立体制机制，依靠科技进步，加强示范推广，广泛应用CNG、LNG等清洁能源，探索混合动力、纯电动力等新能源的使用，走低碳、绿色、可持续交通运输发展之路。2012年11月

12日，陕西省质监、公安、交通、安监、工商五部门联合下发《加强天然气汽车改装质量安全管理工作的通知》，规定从2013年4月起放开社会车辆“油改气”，新改装的燃气车辆将可正常参加年审。这一举措不仅对西安等城市治污减霾产生积极作用，更对道路运输车辆大规模推广使用天然气清洁能源敞开了大门。以前西安市在公交、出租等行业推广天然气清洁能源时限于改装车辆无法通过年检而要求必须购置原厂车型，现在放开“油改气”后，道路运输车辆既可以购买原厂车型，也可以就地进行改装，既节约了费用，也促进了天然气车辆的推广。下一步西安市将在道路运输行业中大力推动LNG清洁能源使用，LNG清洁能源由于在安全性、环保性、经济性等方面都具有较强优越性，LNG在生产中经过深度净化，其尾气排放性能优于CNG，与汽柴油车相比，LNG汽车的有害气体排放量降低了约85%。西安市将依据国家对交通运输行业使用LNG清洁能源的政策支持，尽快出台城际客货运输车辆优先使用LNG相关优惠鼓励政策。积极调研LNG加气站建设、LNG清洁燃料车市场情况，鼓励有条件的大型客货运输公司整合资源，进行LNG车辆的试点使用，为LNG汽车的大规模推广创造有利条件。

3. 积极探索发展智能交通和绿色维修等新技术，促进西安市交通节能减排工作跃上新台阶

充分发挥科技在节能减排中的基础性和先导性作用，在西安市现有公众出行信息服务平台、公交智能监控调度系统、出租汽车服务管理信息系统等较为完善的信息平台基础之上，积极探索发展智能交通，推广绿色维修、可再生能源利用技术和节能减排新技术，促进节能减排理念和技术的全面创新，为加快建设绿色低碳交通运输体系提供科技支撑；提升交通行业的安全性和运输的效率；为大众提供快捷、舒适、绿色低碳的出行环境和交通服务，让现代化的智能交通科技广泛惠及民生，促进西安市交通节能减排工作跨步前进。

4. 合理优化公路网，构建符合绿色低碳发展要求的城市交通运输体系

进一步落实《交通运输部关于加快推进公路路面材料循环利用工作的指导意见》，将路面材料循环利用作为我市公路交通行业节能减排工作重点，作为优化公路结构设计的理念加以落实，采用绿色低耗技术，实现“零废弃”。进一步优化公路路网布局，以交通规划引领城市总体空间规划、提升主城区路网开放性、完善外围放射状路网格局、提高国际化大都市交通通达性，通过发挥运输体系网络化的优势，进一步提高综合运输效率。构建都市区对外2小时辐射圈、内部1小时通勤圈、主城区半小时通达圈的一体化综合交通网络体系。打造畅通便捷的城际、城乡交通网络，以满足西安人民出行需求和低碳交通运输体系可持续发展的需要。

十三、上海国际港务(集团)股份有限公司

“资源节约型、环境友好型”港口建设

（上海国际港务（集团）股份有限公司）

上海国际港务（集团）股份有限公司（简称：上港集团）目前是我国最大的港口股份制企业，上海港是目前货物吞吐量、集装箱吞吐量居世界前列的综合性港口。2012年上港集团货物吞吐量完成

5.02 亿吨，同比增长 3.7%，其中散杂货吞吐量完成 1.85 亿吨，同比增长 3.5%。集装箱吞吐量完成 3252.9 万标准箱，同比增长 2.5%，自 2010 年起，上海港已连续三年保持了世界集装箱第一大港的地位，水水中转比例达到 42.8% 。

2012 年集团公司在交通运输部和上海市政府的正确领导下，以科学发展观为指导，围绕"坚韧不拔，稳中求进，突破瓶颈，转型发展"的工作方针，认真贯彻落实国家、交通运输部和上海市有关节能减排的方针和要求，克服困难，紧抓机遇，采取有力举措，集团公司节能减排工作取得了显著成效。

（一）集团公司能耗基本情况

集团公司现有上海市重点用能单位 15 家，占集团公司能耗总量的 90% 左右。从建立节能工作的长效管理机制出发，集团公司下属各单位由企业主要负责人挂帅的节能工作领导小组，建立和完善节能管理机构，设立专职节能人员负责能源管理日常工作，集团公司下属的分公司和各控股公司建立和健全节能三级管理网，形成上下对口，专职人员和兼职管理人员相结合，供能、管能和用能协调配合的能源管理网络。并明确节能工作岗位的任务和责任。

集团公司积极应对复杂多变的国内外经济形势和多年未遇的恶劣气候影响，努力实现了生产经营持续稳定增长，主要生产经营指标再创历史新高。创新求突破、转型谋发展取得积极成效，对集团公司长远发展起到重要作用；随着全球航运业对环境的重视程度越来越高，港口作为航运流程的重要一环自然也责任重大。基层各单位认真按照集团公司的总体要求和安排，严格执行集团公司能耗预算管理的要求，采取积极有效的应对措施，通过优化生产经营，强化科技创新、工艺创新、管理创新，持续加大节能环保关键技术的研究和推广，初步构建了集团公司推动，上下联动的节能工作运行机制，提高能源利用率，有效控制各单位能源消耗，努力建设资源节约型、环境友好型的绿色港口，促进港口发展与资源环境相协调，走可持续发展之路。

2012 年，上港集团共投入节能减排资金 6259 万元，项目 24 项，包括 17 项技术改造和 7 项节能技术创新项目，无重大环保事故发生。2012 年，集团公司综合能耗 38.45 万吨标准煤；吞吐量能耗 5.25 吨标准煤/万吨，同比下降 4.54%；集团公司主营收入能耗为 0.148 吨标准煤/万元。2010 至 2012 年调查指标情况见表 2-1。

2010—2012 年调查指标情况 表 2-1

调查指标	2010 年	2011 年	2012 年
直接能源消耗（吨标准煤）（化石燃料，如煤、油、气等）	266842	281317	275160
间接能源消耗（吨标准煤）（采购的电、蒸汽等）	125075	104743	109378
综合能耗（万吨标准煤）	39.20	38.60	38.45
主营收入能耗（吨标准煤/万元）	0.224	0.183	0.148

（二）优化生产经营，实现低碳环保

1. 优化港口集疏运，提升水水转运比例

在内河、铁路、公路三种主要货运方式中，水路是能耗最低的运输方式。若将三种运输方式的能耗换算成标准单位，根据我国交通运输行业公路水路统计公报、铁道统计公报和中国水运报数据，内河百万换算吨公里消耗标准煤仅为2.2吨，铁路为4.8吨，公路则为22吨。内河、铁路、公路三种主要货运方式的能耗比约为1∶1.7∶7.9。

集团公司致力于优化港口集疏运方式，鼓励客户采用水水转运方式，减少公路网交通压力、能源消耗与排放。一方面加强与支线船公司、长江沿线投资港口合作，支持长江内支线五定班轮业务发展；另一方面，集团公司严抓支线船舶在港等泊时间控制，为保障水水中转业务做出持续努力。2012年，集团公司水水中转比例为42.8%，较去年提高1.7个百分点。2013年3月，旗下上港集团长江公司联手泛亚、浦海航运共同开辟的“武汉—洋山直航天天五定班”在武汉举行首航仪式，共同投入9艘船舶，开通天天五定班轮。今年一季度，集团公司水水中转比例提高到46.4%，体现出较为明显的趋势变化。

2. 全港内业务联动，提升整体业务运营

上海港港区分散，全港优化空间较大，集团公司的全港统一调度业务模式为港内业务联动奠定了基础。

(1)开辟“穿梭巴士”服务，优化洋山集疏运体系

伴随洋山深水港开港，上港集团开辟“穿梭巴士”，即在外高桥港区与洋山港区间开通固定时间、固定班次的船舶运输航线，提供区间快速往返驳运集装箱水运服务，承担港区间中转箱的互相运转功能。“穿梭巴士”作为一项重要的港内驳运方式，成为上海港联系分散港区的高效集疏运通道。

(2)码头中转箱“互拖”和跨码头直卸业务的自动化，加速服务响应且节能减排

随着上海港的中转业务日益增多，导致出现大量的码头间集装箱互拖作业。上海港建立了一套智能化的信息平台，利用RFID智能道口和无线定位技术对码头间的互拖中转箱进行自动化调度，提升了集装箱中转业务的整体运作效率，并且做到了集卡车辆“重进重出”，节能减排成效显著。2010年6月起，集团公司在洋山港区盛东公司和冠东公司开展跨码头直卸业务，把跨码头中转箱由原来船靠盛东公司码头卸到堆场后再由集卡拖运至冠东公司码头，改为船靠盛东公司码头后再直接卸到冠东公司码头，此举不仅简化了跨码头中转箱的拖运流程，为码头带来直接经济效益，还缩短了跨码头中转箱的累计拖运距离，有效降低了集卡的油耗。

(3)码头内流程创新，提升码头现场管理水平

集装箱码头也都不断提升工艺流程水平，强化业务流程数据的积累和分析，不断提升现场管理精益化水平。例如浦东公司堆场狭小，实行“堆五过六”的作业工艺，进口重箱堆场提箱作业翻箱率达41%。该公司组织协调箱管、道口、中控、受理台等多个业务环节，开展业务流程创新，提前策划大票提单集装箱的集中堆放场地，在大船卸箱过程中严格按指令卸至指定场地；客户集中交付本票集装箱设备交接单，便于安排提箱作业。通过流程创新后，浦东公司解决了因设备交接单所对应的箱子不在顶层而导致轮胎吊需要翻箱作业的问题，大大降低了翻箱率，不仅降低堆场单箱作业成本，而且缩短了客户提箱等待时间，同时也使堆场的设备使用效率和作业流畅性得到显著改善。浦东公司共对超过60票的大票提单进行了试点，共计2486自然箱，该批重箱提箱翻箱率下降至4.87%，此举降低了作业量及能耗的同时还加快了客户提箱速度。

（三）强化科技创新，支撑节能减排

节约能源，既要依靠加强能源管理，更要依靠技术进步。只有把管理创新和技术创新有机的结合，才能求真务实地把节能降耗落实到实处，达到企业增效，社会、国家收益的目的。集团公司坚持走“科技兴港”之路，通过知识创新、技术创新与制度创新相结合，自主开发和引进消化相结合，增强上海港的科技创新能力，尤其注重在节能减排和安全生产方面的科技应用，推广低碳技术，降低温室气体排放强度。2012 年，集团公司从全方位、多角度开展设备、设施的节能技术改造，如 RTG 油改电项目、优化集装箱堆场装卸工艺，推广集装箱智能调度系统，开展 RTG 采用锂电池供电节能改造项目，集卡液化天然气（LNG）改造项目，港口重型电动牵引车示范线系统关键技术研究，集卡“一拖二”新工艺的研究，堆场、桥吊照明系统改造，冷场箱区、办公大楼及船舶生活炉具等的节能改造项目，共计 30 项，投入资金 8846 万元，其中 7 个为科技创新项目，投入资金 3285 万元。集团公司重点围绕以下几方面展开节能降耗的新技术研究与实践。

1. 轮胎吊锂电池节能改造

随着上港集团集装箱业务的迅速发展，公司柴油的消耗呈快速增长态势，消耗成本日益突出。为此，自 2007 年起至 2012 年底集团公司共计完成 217 台集装箱堆场轮胎吊高架滑触线供电改造，节约 29179 吨柴油消耗，按 8000 元一吨柴油计算，节约成本 23343 万元，折合标准煤 42516 吨，分别减少二氧化碳和碳排放 89287 吨、24218 吨，实现能源消耗结构的调整。但由于受一些场地不规则，以及配电能力不够的限制，电力缺乏的码头无法实施 RTG 高架滑触线式的“油改电”。为此，分析认为：高架或中架滑触线、高压电缆卷盘供电方式“油改电”RTG，初期投资较大、堆场要求规则、码头电力要充裕。RTG 采用超级电容混合动力或采用电池混合动力，其并没有摆脱传统 RTG 以柴油发电机组为动力供给的框架，有变化的只是将柴油发电机组从 440kW 减小到 280kW 或 180kW，并以锂电池或超级电容作为辅助供电和势能回收装置，节能效果没有达到最大化。

因此，为了既能进一步降低能耗，又能克服目前采用的高架滑触线供电“油改电”要求堆场规则、码头电力要充裕；超级电容和混合动力“油改电”RTG，节能效果没有达到最大化等的缺陷，集团公司下属明东公司与上海振华重工合作，对以柴油发电机组供电的 RTG，采用新颖的锂电池供电节能技术改造。

该项目已获得交通运输部 2012 年第五批节能示范项目。为今后的推广应用和交通运输部节能减排扶持资金申请奠定了基础。

2. 推进 LNG 码头专用牵引车使用

传统集卡采用燃油驱动，饱受高排放、高油价困扰，为此，集团公司综合考虑技术成熟性、设备的市场化情况、系统的安全性、燃料成本等多方面因素后，选择了清洁能源 LNG（液化天然气）作为动力燃料。通过对洋山深水港 1 座 LNG 加注站、2 座 LNG 储气罐、200 辆 LNG 动力集卡（前期投入使用 50 辆）、若干台 LNG 动力 RTG 的试验性系统研发及建设，形成以 LNG 为主要动力的集装箱码头装卸运输作业模式。一台大型 LNG 集卡较柴油集卡每年可减排 15 吨，二氧化碳减排 20% ~30%、一氧化碳减排90%、氮氧化物减排30%、碳氢化合物减排70%以上,且没有颗粒排放物。项目推广实施后,可以有效提高港口空气质量,减少港口设备废气的排放。

3. 内燃机械油量实时监测及管理系统

为了规范大型机械油耗计量和管理,集团公司下属盛东公司采用高精度磁致伸缩液位检测传感器检测燃油液位,应用信号处理模块和油量显示装置,通过基于 Microsoft Windows CE 平台的 .NET嵌入式开发、802.11b 无线传输协议等关键技术实现在 TEKOGIX8515 无线终端上,实时显示与分析精确油量数据,并通过无线通信系统将设备油量数值实时传送到中心服务器与控制室计算机终端。完成了“内燃机械油量实时监测及管理系统”的研发,该项目的成功应用,实现内燃机械油耗自动采集与分析,加强了内燃机械的油耗计量和管理,解决了机械的油耗计量误差问题。通过计算机系统平台,提高了现场管理水平,使能耗考核更加科学,降低运营能耗成本。据统计,使用该系统,轮胎吊单箱油耗降低 7.41%。在 2012 年第七届国际发明博览会上,该项目获得了发明博览会银奖。

4. 优化变频器风机智能控制

集团公司下属盛东公司地处东海小洋山岛,供电线路长,用电成本高。为此,盛东公司提出了优化“变频器风机智能控制”的改进方案,选择了 836 号桥吊,精心设计优化改进方案,在不影响现场作业效率、作业安全及变频器降温效果的前提下,对变频器风机控制线路和 PLC 逻辑进行优化,经过较长时间的跟踪测试,取得了较好的节能效果。改进后,不仅减少了电能浪费,而且在一定程度上减少风机故障、延长风机使用寿命。盛东公司正抓紧总结完善“桥吊变频器风机智能控制”优化项目,计划进行推广运用。

(四)强化能源管理,健全和完善能耗考核

科学的节能理念应该是在满足合理消费的前提下,提高能源利用率,节约能源消耗量。我们要在科学理念指导下,用科学的方法节能。

1. 强化节能目标责任制

结合集团公司的每年预算编制工作,根据各单位的实际情况和下一年度的生产形势,编制完成集团公司下一年度的能源消耗成本预算,确定各单位的节能减排考核指标并下达到各单位,集团公司将能耗考核指标纳入各单位领导的责任考核体系,继续实行分类的能耗考核制度,对主要经营性生产单位节能指标继续实行主营收入能耗和工作量单耗双指标考核。各单位应将指标层层分解,落实到各部门、班组和个人。各单位要按集团公司能源绩效考核办法加强监督,一级抓一级,逐级考核,落实奖惩。

为使节能减排的工作向精益化管理转变,集团公司修订了能源考核办法,完善了能源管理体系,对主要经营性生产单位节能指标除主营收入能耗外,增加工作量单耗指标一并作为能耗考核指标,并从考核机制上鼓励基层单位加大节能减排改造措施,加快节能新技术的推广应用,有效控制能源消耗。

2. 加强能源计量管理，建立能耗消耗信息化平台

今年，集团公司要求各重点用能单位应按照《用能单位能源计量器具配备和管理通则》(GB 17167)的要求，配备合理的能源计量器具，一部分有条件的单位如振东、浦集的 RTG 和罗矿的皮带输送机实现能源数据在线采集、实时监测。同时，根据交通运输部和上海市能源消耗统计制度要求，修订和完善集团公司能源统计方法的企业标准，对能源使用各环节进行监控管理。

集团公司能源管理 EMS 系统，是建立在自身能源管理并结合不同上级管理系统和管理部门对能源管理数据要求基础上，通过对数据源的分析，确立能源管理数据库，经两年的开发和半年的人机并行，通过不断调试和改进，系统能基本满足集团公司能源统计核算要求，满足上级部门和不同系统对能源消耗数据的要求。实现主要用能设施实施单车能耗核算。在软件开发人员和集团公司全体能源统计管理人员的努力下，系统正式投入使用。同时，集团公司还定期开展能源消耗统计分析制度，及时告知能耗未达标单位，加强集团企业能耗的预警和预测，实现能源消耗对标管理，使集团公司能源消耗的预算管理由粗放性向精细化管理转变。进一步控制能耗成本，提升经济运行质量和效益。

集团公司实行公司、子公司、部门三级能源管理考核体系，各子公司和分公司还建立了自己的能源管理考核体系。每月相关管理部门进行用能分析，包括能源采购量、使用量、库存量以及重要设备的单机能耗指标。

为了加强能耗成本控制，2012 年启动了燃油集中采购工作，在完成全集团公司能源供应情况调研的基础上，与中石化、中石油、中燃三家燃油供应单位签署了框架协议。在集团公司的统一部署下，实现了燃油供应的安全切换和平稳过渡。

(五)党政工齐抓共管，发动员工同参与

为提高资源忧患意识和节约意识，积极参与节能减排全民行动，加强节约型文化建设，增强员工节能的社会责任感，为进一步组织动员广大职工积极参与“我为节能减排作贡献”活动，不断深化“当好科学发展主力军，打好创新转型攻坚战”主题实践活动，积极推进集团公司“创建节约型企业”活动持久深入地开展，由集团工会、工程技术部、纪委、团委联手开展征集海港职工节约行动成果活动，申报合理化建议、创新成果和先进操作法共计 100 项。2012 年经评审，27 项合理化建议奖，创新成果和先进操作法一等奖 2 项、二等奖 6 项、三等奖 10 项，成果奖 10 项。充分展示广大职工在生产经营中节能减排的优秀合理化建议和优秀技术创新成果，同时，各单位要利用多种形式对广大员工宣传节能降耗，结合“全国节能宣传周”专题活动，通过集团公司现有的宣传工具(如 OA 网站、宣传画、黑板和广播)，使员工了解国家的能源形势、政策，节能新技术，组织各单位参加上海市节能知识竞赛，营造“节约光荣、浪费可耻”的良好氛围。真正把节约能源变成每个员工的自觉行动。组织开展对能源计量、统计、管理和设备操作人员培训，组织一期合同能源管理培训工作。

展望未来，上港集团将秉承资源节约和环境友好理念，转变港口发展方式，加强科技创新和新技术运用，进一步推动节能减排工作，实现上海港的可持续发展。

十四、上海市城乡建设和交通委员会、上海市交通运输和港口管理局

完善机制、夯实基础　大力推进低碳交通运输体系建设

（上海市城乡建设和交通委员会、上海市交通运输和港口管理局）

在交通运输部的指导和帮助下，在市委和市政府的正确领导下，上海市交通行业紧紧围绕全市社会经济发展大局，以加快建成安全、便捷、低碳、高效的综合交通运输体系为目标，以转变交通运输发展方式、调整交通运输结构为主线，坚持科技创新和制度创新，积极探索特大城市交通的科学发展之路，大力推进低碳交通运输体系建设。

本市交通运输包含航空、机场、航运、港口、铁路、邮政、轨道交通、公交、出租、道路运输等10个行业，包括年用能超过5000吨标煤的重点用能单位108家。“十一五”期末，全市交通运输业（不含社会客货车，社会客货车的能耗计入生活用能）总能耗为2100万吨，约占全市总能耗（1.12亿吨）的18.8%。

公共交通方面，2012年，全市公共交通日均客运量达1701万乘次，较2005年增长37%，单耗下降18%。港口方面，上海港货物吞吐量达到7.36亿吨，国际集装箱吞吐量达到3253万标准箱，双双位列世界第一，港口单位作业量能耗较2005年下降了23%。航空方面，机场旅客到发量7871万人次，货邮吞吐量338万吨，分别较2005年增长90%和53%，而单位作业量能耗下降了10%。铁路方面，旅客到发量1.34亿人次，较2005年增长了58%，而单位作业量能耗下降了31%。据不完全统计，中海集团、中远集运、东方航空、上港集团、上海铁路局、申通集团和交运集团等企业（集团）“十一五”以来实现的节能量就超过400万吨标煤，减少二氧化碳排放1040万吨。

现将近年来上海在交通领域节能减排工作中的做法和体会总结如下。

（一）建立联席会议制度，完善推进体制机制

为强化管理力度，合力推进交通运输节能减排工作，2011年9月，本市建立交通节能减排联席会议制度。联席会议由市建设交通委、市交通港口局、市发展改革委、市财政局等12个部门组成，由分管副市长担任第一召集人。联席会议主要职责一是贯彻落实国家及市委、市政府有关交通节能减排工作的方针政策要求；二是组织研究制定交通领域节能减排相关专项规划、计划、政策、措施和标准及重点工作，并明确责任部门予以推进落实；三是组织开展交通运输行业应对气候变化和低碳发展的基础性、前瞻性课题研究，协调推进交通节能减排长效机制和能力建设；四是协调解决交通运输行业节能减排工作中的重大问题；五是研究市领导交办或联席会议认为重要的其他问题。

联席会议下设办公室，采用“一办两中心”模式推进工作，办公室日常工作由市建设交通委综合交通处会同市交通港口局科技信息处负责，主要是牵头、汇总和协调，具体工作由上海市交通节能减

排促进中心和上海市交通节能减排研究中心组织落实。促进中心承担本市交通领域节能减排工作的具体管理，主要负责对重点用能单位的日常监督管理，交通节能减排专项资金的申报受理和初步审核，组织实施节能培训、产品(技术)推广、试点示范工程及节能减排专项行动，开展节能量第三方审核、能源审计、能源监测、节能评估等节能服务工作。研究中心主要负责本市交通节能减排重大课题和政策研究。

(二)明确节能减排工作目标，落实目标责任考核制

为指导推进本市交通节能减排工作，市交通节能减排联席会议办公室编制发布了《上海市交通运输节能减排"十二五"规划》，规划涵盖航空、机场、航运、港口、铁路、公路等对外交通及轨道交通、公共汽电车和出租车等城市交通领域的节能减排工作。在调研分析的基础上，研究提出了"十二五"期间本市交通节能减排的工作思路和目标，明确了主要任务、重点项目和保障措施。

具体指标为，在保障提供高质量交通服务、居民出行便捷顺畅、城市运行安全高效的基础上，力争完成本市"十二五"能源消费总量分解方案确定的交通运输业用能控制目标。2015 年交通运输业能源消费总量力争控制在约 2750 万吨标准煤，比 2010 年净增约 650 万吨标准煤，年均增幅比"十一五"下降 2 ~3 个百分点，能源利用效率稳步提高。

根据本市交通节能减排"十二五"规划和年度工作计划安排，落实重点企业能源消耗目标责任分解考核机制，根据市政府下达的年度节能工作目标，逐一分解下达到各企业集团，积极推进重点用能企业节能目标责任书或推进书签订工作，进一步落实企业责任。建立和完善了重点用能单位考核制度，对重点用能单位用能情况进行年度考核。完善本市交通节能减排统计监测和信息报送，及时组织对重点用能单位能源消耗情况跟踪，试点建设交通能耗数据和信息网上直报系统，每月发布《上海交通行业用能监测分析报告》，增强交通用能预测，对未能完成进度指标的用能单位及时预警。

(三)争取中央和地方资金支持，加大节能减排扶持力度

根据交通运输部要求，认真开展本市交通运输企业的组织申报工作，严格执行交通节能减排专项扶持资金申报项目的初审要求。为做好本市交通企事业单位申报交通运输部节能减排专项资金的组织、审查工作，确保报送项目的符合性、真实性、规范性，梳理明确了初审工作的具体事项。根据申报指南要求，及时组织本市交通运输企业开展专题培训和政策解读，帮助企业提高申报质量，规范申报材料。组织专家对申报项目进行审核，不符合办法精神和申报指南要求的项目不予推荐，对符合要求的项目指导企业规范填报，帮助企业不断提高申报项目和申报材料的质量。2011 和 2012 年，上海共有两批 9 个项目获得交通运输节能减排专项资金扶持，总补贴金额达到 5100 万元;2013 年，上海又推荐申报了 8 个优秀项目申请交通运输节能减排专项资金。

在做好部专项扶持资金申报的同时，积极争取市财政对交通节能减排工作的支持，进一步加大交通节能减排工作的扶持力度。2009 年，本市下发实施了《上海市交通节能减排专项扶持资金管理办法(试行)》，明确了上海市交通节能减排专项资金的扶持范围、标准和相关程序。三年来，市财政共安排交通节能减排专项资金 6000 余万元，对 21 个项目进行了补贴，实现节能量 6 万余吨标准煤。

(四)强化能源管理措施,扎实推进节能工作

根据节约能源法和《上海市节约能源条例》相关规定,积极推进重点用能单位管理工作,建立和完善管理措施,夯实管理基础工作。一是建立重点用能单位能源管理岗位和机构备案制度。每年根据本市公布的重点用能单位变化情况,及时组织交通重点用能单位开展管理岗位和机构备案,督促企业落实节能管理责任人,完善企业节能减排工作网络和人员队伍,强化节能减排管理措施,近年来,交通重点用能单位的备案率均达到100%。二是建立交通重点用能单位年度能源利用状况报告制度。要求各重点用能单位每年上报能源利用状况报告,本市统一安排专项资金委托第三方机构对企业上报报告进行审核,及时反馈审核结果,掌握了本市交通重点用能单位能耗的第一手材料。三是组织开展重点用能单位能源审计工作。为掌握企业能耗情况,挖掘企业节能潜力和强化节能减排工作措施,积极争取市节能降耗能力建设资金,委托第三方专业机构对本市交通重点用能单位开展能源审计。计划用三年时间,对交通领域的重点用能单位开展一次全覆盖的能源审计。目前,已在公交、港口、航运、航空等行业的60余家重点用能单位中实施开展。2013年,将继续在道路运输、铁路、邮政等领域推进能源审计工作,实现交通重点用能单位的全覆盖。

(五)搭建工作交流平台,加大节能减排示范项目推广

积极推进上海交通节能减排新技术、新材料、新设备、新产品应用,推广先进成熟技术,提升能源利用效率。积极组织我市企业申报交通运输部节能减排示范项目,五年来,本市共有11个项目入选交通运输部节能减排示范项目。

积极开展本市交通节能减排示范项目的征集、评选、汇编工作。为加大交通节能减排新技术、新设备、新材料、新产品和新工法、新操作法的宣传推广,本市组织开展交通节能减排示范及推荐项目的征集评选活动,评选出的优秀项目汇编后发布。目前本市已发布两批汇编项目,汇总推广节能减排优秀项目51个。组织交通节能减排经验交流和示范推广,在汇编发布本市交通节能减排示范项目基础上,选取具有较好推广效应的优秀项目交流推广,组织召开"四新"专题交流推广会,带动节能减排面上的整体进步。

注重节能减排宣传,在节能宣传周期间通过报纸、广播和组织专题活动等积极宣传交通节能成果,通过工作简报等形式搭建日常宣传和信息交流平台。2012年节能宣传周期间,根据交通运输部的工作部署,本市积极组织交通企事业单位积极开展各类节能宣传活动,及时制订节能宣传周活动方案,深入开展丰富多样的宣传活动,努力营造节能减排良好氛围,取得了良好的宣传效果。同时积极开展群众性节能减排工作(JJ)小组活动,编撰出版了JJ小组活动工具书,收录交通节能减排典型案例50余个。

(六)加强节能减排能力建设,夯实节能减排工作基础

高度重视交通能源管理标准化建设,2012年研究制定并颁布实施了公交、出租、轨道交通、集装箱船舶、港口轮胎吊五个行业的能耗标准或用能指南,通过宣贯培训和对标达标,帮助企业不断提高

能源管理水平。下一步,还将继续研究完善上海市交通行业的节能标准体系,有计划地不断研究制定相关标准,为行业对标达标奠定基础。

依托行业协会力量,组织企业能源管理人员开展计量、统计和管理培训,支持和协助本市交通港航工会,开展公交行业驾驶员节能驾驶培训和比武大赛,形成良好带动效应并为全国大赛选拔优秀选手。2012 年,管理层面组织的交通节能相关培训超过了 750 人次,企业自行组织的各类相关培训则更为广泛深入。

(七)统筹聚焦重点工作,形成合力互相促进

近年来,在交通运输部大力推进"十百千"工程的基础上,上海市积极落实推进"千家企业"专项行动,对专项行动中涌现出的优秀项目,积极推荐申报交通运输部节能减排示范项目。积极支持企业开展 RTG"油改电"、集装箱码头和邮轮码头岸电试点、新能源公交车试点等,近期正根据部统一安排,落实"千家企业"能耗数据试点报送相关工作。

另一方面,在上海市节能减排领导小组办公室的统一安排部署下,积极推进和协助开展本市交通企业参与碳排放权交易试点、温室气体排放清单编制、"万家企业"专项行动等。此外,按照交通运输部工作要求,积极做好节能产品(技术)评选的推荐申报,以及全国道路客运行业节能减排达标竞赛活动等各项有关工作。在上述工作开展过程中,注重统筹协调,通过梳理汇总合并,帮助企业聚焦重点,形成合力,提高工作效率,在圆满完成各项工作任务的同时,形成各项工作相辅相成互相促进的有利局面。

十五、天津港(集团)有限公司

创新管理模式
助推天津港绿色低碳港口建设
(天津港(集团)有限公司)

天津港是世界等级最高的人工深水港,航道等级 30 万吨级。现有陆域面积 121 平方公里,规划 2015 年达到 150 平方公里,2020 年达到 190 平方公里。天津港现已基本建成世界一流大港,集团公司将构建世界一流企业作为新的发展目标。

经过全体干部职工的艰苦努力,天津港 2012 年完成货物吞吐量 4.77 亿吨,集装箱吞吐量 1230 万标准箱,吞吐量世界排名第四位;计划到 2015 年,全港货物吞吐量将达到 5.6 亿吨,集装箱吞吐量 1800 万标准箱。

近年来,天津港绿色低碳港口建设主要做了以下几方面的工作。

(一)天津港工作介绍

1. 绿色低碳工作的组织管理

天津港于 1983 年即成立了由主管局长为组长的节能领导小组;近年来根据工作需要又对节能

领导小组成员进行了调整,进一步明确了领导小组职责和成员任务分工。在这期间,开展的主要工作有:

(1)建章立制,规范工作开展;

(2)提升监测统计手段,健全绿色低碳考核体系;

(3)严格执行节能审查,源头控制能源消耗;

(4)落实环境监管制度,促进清洁生产。

2. 节能减排实际行动

天津港集团采取了一系列的实际行动推动节能减排工作,广泛采用新能源、新技术、新工艺,使港口万元增加值能耗较十年前下降39%。“建设生态港口、共享碧海蓝天”的节能、绿色环保理念得到充分体现。近年来,天津港累计投入资金158亿元,完成了包括“北煤南移”工程在内的32项重点建设工程,基本实现了集装箱场地装卸作业“零排放”的清洁生产,大宗散货装卸过程中产生的扬尘污染得到了有效控制,港区绿地面积达到539万平方米,比十年前增长了20倍,覆盖率达到13.7%,为天津建设生态宜居城市做出了积极贡献。

大力推进节能减排实施项目,其中包括:

(1)大力推进集装箱场桥“油改电”,实施燃油替代工程;

(2)大力推广清洁可再生能源应用,优化调整能源消费结构;

(3)优化作业工艺、工属具,提高设备效率;

(4)提高节能管理信息化水平,推进港口智能化运营管理;

(5)加大节能宣传与培训,提高港口从业人员节能技能;

(6)推进污染治理和生态建设,全面提升港口环境。

近几年,天津港采取了一系列的实际行动推动节能减排工作,广泛采用新能源、新技术、新工艺,“地源热泵”、“能量数据实时采集分析系统”、“斗轮机变速操作法”、“装卸机械培训模拟技术”四个项目获交通行业节能减排示范项目。

多年以来,在交通运输部及各级政府的正确领导下,天津港集团认真贯彻执行国家节能减排的战略方针,能耗指标持续下降,用能结构合理调整,管理体系不断完善。先后荣获了交通运输部“车船路港千家企业低碳交通运输专项行动”优秀组织单位、“全国绿色交通运输企业”及“2011年度全国交通运输节能减排优秀贡献企业”等多项荣誉,并多次接受国家发展改革委、交通运输部、天津市人大等各级政府的节能专项检查。

由于天津港集团在绿色低碳建设方面取得卓有成效的成绩,2012年初被交通运输部列为首批“绿色低碳主题性管理试点单位”。天津港集团领导对交通运输部授予天津港“低碳港口建设”主题性管理试点工作高度重视,集团主管部室认真贯彻落实,结合天津港实际,全方位反复论证,确定了“天津港建设绿色低碳港口实施方案”,并于2012年6月天津港节能周活动期间,举办了“天津港低碳港口方案实施推动会”,正式启动了天津港绿色低碳港口建设。更可喜的是《天津港建设绿色低碳港口主题性项目实施方案》于2013年4月12日通过交通运输部第三方审核机构的审核。天津港将作为绿色低碳港口主题性试点单位获得交通运输部节能减排专项资金的优先支持。

(二)构建以“三三四五六”为核心的管理模式,推进天津港绿色低碳港口建设工作的开展

天津港按照天津市委建设两型港口以及发挥好天津港口的核心资源天然优势,做好港口这篇文章的总体要求,在编制《天津港绿色低碳港口建设实施方案》中创新性地提出了“三三四五六”天津港绿色低碳港口管理模式,开创性地为交通行业开展节能减排工作起到了示范作用。

“三三四五六”管理模式即三项基本原则、三步实施阶段、建设四大示范工程、确保五项措施、完成六项任务。

1. 三项基本原则

坚持技术发展与管理创新相结合;坚持规划节能与技术改造相结合;坚持依法管理与全员节能相结合。

2. 三步实施

天津港建设绿色低碳港口实施方案计划分为三个阶段实施,第一阶段为起步阶段,建立各级领导机构和工作机制,编制完成天津港建设绿色低碳港口实施方案;第二阶段为攻坚阶段,根据实际情况和工作需要,及时解决试点过程中出现的问题;第三阶段为总结阶段,全面完成绿色低碳港口建设工作的各项主要任务和重点工作,总结绿色低碳示范建设的成果和经验。

3. 建设四大示范工程

(1)完成天津港全自动智能化集装箱码头建设工程。

(2)件杂货码头绿色低碳示范建设工程。

(3)干散货码头绿色低碳示范建设工程。

(4)绿色能源管理体系建设示范工程。

4. 确保五项措施

(1)组织机构

为推进绿色低碳港口建设,建立“集团公司领导小组—分公司推进小组—队站实施小组”的三级绿色低碳港口建设工作机制。

(2)工作措施

将推进绿色低碳港口建设工作的各项主要任务和重点工作列入天津港各项年度工作计划和科研计划中。利用天津港的各项激励机制,鼓励先进,促进全体,积极推动绿色低碳港口建设工作的全面开展。

(3)资金筹措

将绿色低碳港口建设重点项目的投资纳入预算管理工作中,实施项目所需资金主要由实施单位自筹。通过申请交通运输部和天津市各级政府部门的节能减排专项资金、设立节能减排专项资金等措施,对重点工程的落实给予资金支持,为重点工程的顺利实施提供资金保障。

(4)运行监管

天津港将对起步阶段、攻坚阶段和总结阶段采取全过程运行监管,做好可行性研究及相应的项目

设计，履行审批手续。明确各项实施进度安排，制订工作总体进度表。实施对重点项目的定期检查，并根据需要召集实施单位开展技术交流。

（5）管理制度

在绿色低碳港口建设实施中，执行能源消费统计监测考核制度、目标责任制度、项目巡查制度和绩效评估制度等，确保绿色低碳港口建设工作的各项主要任务和重点工作按期完成。

5. 完成六项任务

（1）优化产业结构，调整生产布局

优化生产资源配置，实现规模化经营，优化港区泊位、堆场功能布局，实施统一、高效的业务管理，降低能源消耗。同时大力发展国际物流、物流金融等现代服务业，降低物流能耗，提升资源、能源利用效率。

（2）推广应用清洁能源，优化能源消费结构

继续推广地源热泵等可再生能源利用技术，减少煤、油等矿物质能源品种所占比例，提高电能所占比例。积极应用天然气等清洁能源，利用 LNG 等新技术节约和替代石油，进一步优化港口能源消费结构。

（3）加快节能技术研发与应用，推进节能改造

利用高新技术对港口设备、设施进行技术改造，推广应用节能新产品、新技术，加快淘汰非节能设备，研制各种货类的专用及高效工属具，提高机具与生产的科学配套水平。

（4）推进建筑节能，实施绿色照明推广

积极推广应用节能建筑材料，建设天津港的绿色建筑示范工程。建设建筑能量自动采集系统，实现对建筑能耗的实时分项计量统计。推广应用节能灯及节能灯具，推广照明的智能化控制系统。深入开展风能、太阳能照明系统以及无极灯、LED 光源等的应用研究和试验。

（5）运营组织与作业工艺创新

码头作业信息、管理基本实现电子化。开展包船舶自动识别、智能闸口、港机调度、生产流程智能化管理、港口车辆监控等物联网应用，缩短车辆在途时间、降低车辆行驶能耗。

（6）能源管理手段创新

开展港口能耗在线监测和能源动态管理网络系统推广工程，完善统计指标与分析体系，建立科学、实用的综合考核体系。

（三）天津港绿色低碳港口建设重点支撑项目

根据天津港建设绿色低碳港口的重点任务分析，天津港遴选了节能减排潜力大、技术相对成熟、具有应用推广意义的重点工程共 30 余项，项目总投资数十亿元。

通过重点支撑项目的实施，能够有效提升港口生产组织水平，提高设备利用率及作业效率，减少污染物及温室气体排放，经测算，可实现年均替代 10159.88 吨标准油，年节能 21461.4 吨标准煤，年减少二氧化碳排放 48849.07 吨。

(四)天津港将打造低碳型专业码头建设亮点工程

(1)低碳型干散货码头建设

在构建低碳交通运输体系和建设“两型社会”的大背景下,传统干散货码头低效的生产方式和恶劣的生产环境已经难以满足社会发展的需要。因此,建设高效、节能、环保的新型干散货码头对促进港口可持续发展和构建和谐社会具有十分重要的助推作用。

(2)低碳型集装箱码头建设

低碳型集装箱码头建设是通过集装箱装卸技术、运输技术、储存技术、设备技术、信息技术、智能技术、管理技术等的集成与应用,实现集装箱码头高效、安全、环保、快捷的作业,优化作业流程、提升作业自动化程度、提高作业效率,降低运行能耗,减少二氧化碳排放。

(3)低碳型件杂货码头建设

港口件杂货装卸生产系统是由船舶、货物、装卸设备、工属具、劳动力、货场等多种生产因素组成的复杂工序系统,装卸环节多而繁杂,自动化程度不高,因此装卸效率普遍较低,生产成本较高。天津港将通过优化工艺,科学规划货场、提高场地的使用效率,及RFID、条形码等新技术应用降低能源消耗。

(五)绿色生态港口建设

近年来随着各码头公司业务量的逐渐加大,港区煤尘、水、溢油等污染压力不断加重,港区清洁与生态环境问题日益凸显。在绿色低碳港口建设中,天津港计划投资十多亿元,进行港口绿化建设改造工程、水污染治理工程、垃圾处理及溢油应急处置工程以及大气污染治理工程。项目实施后将在很大程度上提升港区整体景观水平,充分发挥绿化植物在防风、滞尘、降噪、水源等方面的作用,具有明显的环境效益、生态效益及社会效益。

“十二五”期间天津港将在交通运输部及天津市交港局等各级领导的正确指导下,与业内同仁密切配合,坚持可持续发展理念,通过科技创新,优化产业结构,挖掘节能潜力,将天津港打造成为低碳、节能、环保的绿色港口。同时,为天津港“两型港口”建设做出努力,为实现港城共荣尽一社会责任,为构建绿色低碳交通运输体系,完善口岸服务环境贡献力量。

十六、昆明市交通运输局

突出重点　强化措施　全力建设低碳交通运输体系

(昆明市交通运输局)

近年来,随着国家、省及昆明市在交通方面的大力投入,全市交通运输行业围绕建设低碳型交通基础设施、优化运输组织模式、推广低碳型运输装备、加强智能化信息技术应用等方面开展了大量工作,并取得了一定成效,为昆明市经济社会发展和人民群众出行需要提供了更好的服务和更有力的保障。

（一）昆明市低碳交通运输体系建设工作开展情况

（1）新能源及清洁能源广泛应用

运输能源消耗结构由过去的汽柴油燃料单一构成，转变为以汽柴油为主，辅以天然气、电力、醇醚燃料等多样化的能源消耗结构。作为全国13个节能与新能源汽车试点城市，截至2012年底，全市共投入1000辆节能与新能源汽车，其中混合动力出租车200辆，混合动力公交车746辆、纯电动公交车4辆，混合动力环卫、公务用车50辆；LNG公交车50辆，CNG公交车86辆，CNG出租车1000余辆，CNG驾培车280辆，LNG重型货车60辆。在水运领域，实施了滇池环保型码头建设关键技术研究，制造了国内第一艘电力推进船，得到交通运输部领导的充分肯定和高度评价。

（2）信息化技术推动智能交通建设

建立全市道路运输GPS二、三级平台并实现与省一级平台的联网。建成全市公路客运联网售票系统、城市公交GPS监控系统、出租车信息服务系统，实现出租车电召服务、网上订车、刷卡付费等功能。公交车视频监控、公交电子站牌等系统正在抓紧实施，全市综合交通运输智能信息平台前期工作正式启动。

（3）公共自行车租赁加快慢行交通系统建设

将公共自行车引入城市公共交通体系，是打造绿色交通、建设低碳城市的重要内容。我市的地域和气候条件为大力推广公共自行车出行方式提供了良好基础的条件。目前我市已建成3个示范点，近期正启动呈贡片区网点建设，待呈贡片区项目成熟后，再逐渐向主城区及其他城市道路发展。

（4）交通科技整体水平明显提高

利用新科技，使用新产品，依靠新技术，在农村公路建设、养护方面推广应用20多种路面结构、40余种安保设施，改善公路通行状况，有效降低工程造价，保障行车安全，在全省乃至全国都处于领先水平，具有较强的示范效应。推广不停车收费系统，采用太阳能、风能照明技术实施道路照明节能改造，路侧资源就地再生利用等，为低碳交通发展提供了良好的技术支撑。

（二）构建低碳交通运输体系的经验

1.科学谋划、有序推进是构建低碳交通运输体系的前提条件

按照“立足当前、着眼长远、科学谋划、统一部署”的原则，“十二五”期间将加快我市交通基础设施建设。一是优化路网结构、提升公路等级，建成覆盖全市的高等级干线公路网，力争“十二五”末在云南省率先实现县县通高速公路。建成昆明高速绕城系统，有效减少过境车辆对城市交通的干扰。二是合理布局建设公路客运站场，建设1个航空客运枢纽、3个铁路客运枢纽、7个汽车中心客运枢纽、11个县区级中心枢纽站、16个乡镇枢纽站和79个乡镇等级站，形成满足人们出行需求的层次分明、功能互补、结构合理的客运场站体系。三是全面启动货运场站建设“1-5-10-1工程”，建设1个国际陆港、5大核心物流基地、10个物流园区和1个公共物流信息平台，推动昆明内陆港与口岸物流战略节点间的“港港联动”、“港岸联动”。四是积极推进城市轨道、快速公交等线网建设。加快建设呈贡新区及其周边区域城市慢行系统，结合轨道交通和快速公交走廊，建设“便民自行车公共

服务系统”。持续开展城市道路综合环境整治，推进公路沿线碳汇林建设。

2. 优化结构、提高效率是构建低碳交通运输体系的核心任务

调整交通运输装备结构，淘汰高耗能的老旧车辆，引导营运车辆向大型化、专业化方向发展。加快货运车辆厢式化进程，重点引导5吨以上厢式车、20吨以上普通货运车辆和集装箱运输车辆比重的提高。推动实施营运车辆燃料消耗量限值标准。逐步提高城市公交、出租汽车中混合动力、天然气车辆的比重，在城际客货运输车辆中积极开展试点推广工作，鼓励以新购置天然气车辆代替淘汰的老旧车辆。提高客货运输效率，完善班线客运服务体系，加快构建由快速客运、干线客运、农村客运、旅游客运组成的多层次客运网络服务体系，全面提升客运服务品质。优先发展城市公共交通，以“公共交通引领城市发展”为理念，重点实施“十大工程”，打造国家“公交都市”示范城市，积极推进现代物流发展，大力推进甩挂运输。优化升级内河水运组织，促进航运企业向规模化、集约化方向发展，提升船舶营运组织效率和节能水平。

3. 整体推进、重点突破是构建低碳交通运输体系的有效途径

聚焦低碳交通发展的重点领域和关键环节，重点突破公共交通发展的难点和瓶颈。深入实施“公交优先”战略，启动昆明特色、国际水准、国内领先的公交都市建设，打造以轨道交通为骨干、常规公交为主体、出租汽车为补充、慢行交通为延伸的一体化都市公共体系，引导市民选择公共交通作为首选出行方式，提高公共交通出行分担率。推进城乡公交一体化，建立“干线直达、支线接驳、各成体系、有机衔接”的三级城乡公交网络运营模式，有效推动城乡客运的一体化发展；城市新区建设同步引入公交基础设施，为城市新区提供了强有力的公交保障，同时增强城市新区对居民的吸引力；大力发展特色慢行交通系统，构建“安全、公平、便捷、连续、舒适、低碳”的慢行出行环境，通过一系列措施形成特色鲜明的昆明公共交通发展模式。

4. 科技先导、政策激励是构建低碳交通运输体系的重要手段

积极推广交通运输低碳科技，在公路基础设施建设和运营领域，组织开展温拌沥青、循环材料利用、公路隧道照明改造等先进适用节能减排技术的推广应用，减低能耗与排放水平。扩大信息技术服务领域，加大低碳交通能力建设，建立驾培机构评级制度，升级运营车辆检查设备，促进行业发展。紧跟交通运输部和财政部相关补贴奖励政策，争取政府财政资金支持，将低碳交通发展专项资金纳入预算管理，逐步形成部、省和政府资金为引导、企业资金为主体的低碳交通投入机制。同时充分利用昆明构建低碳城市、创建“公交都市”的契机，加大与市财政、市发改委等相关职能部门的沟通协调，争取低碳交通领域项目的补贴政策，实现交通领域低碳试点项目获得政策叠加。

5. 因地制宜、特色示范是构建低碳交通运输体系的有力支撑

依托昆明低碳交通运输体系建设现有基础和比较优势，围绕低碳交通运输体系建设的重点领域，在整体目标统一的前提下，因地制宜，结合昆明特点，有计划、有步骤地启动和建设一批低碳交通试点工程，推行多样的特色示范，打造昆明低碳交通运输体系亮点。按照交通运输部批复我市的试点实施方案，“十二五”期间，昆明主要立足于加快交通基础设施建设、调整交通运输装备结构、提高客货运输效率、健全车辆服务体系、推广交通运输低碳科技、扩大信息技术服务领域、加大低碳交通

能力建设等七个方面，全力推进九大重点工程，借力昆明创建国家“公交都市”、低碳城市等多重政策支持的绝好时机，充分发挥不同运输方式的能耗优势，实现综合性节能减排效益。

将昆明市列为第二批低碳交通试点城市，是交通运输部对西部地区的厚爱，更是昆明建设成为中国西部低碳、经济龙头城市的重大机遇。随着国家西部大开发战略深入实施，桥头堡建设进程不断加快，我局将把建设以绿色低碳为特征的交通运输体系作为发展现代交通运输业的重要抓手，力争通过为期两年的低碳交通试点城市建设，使昆明市交通运输行业温室气体排放降低成效更加明显，行业节能减排意识进一步增强，低碳交通运输理念更加深入人心，交通运输低碳排放的特征初步显现。

十七、浙江省交通运输厅

明确着力点　善打组合拳　走出低碳发展的新路子

（浙江省交通运输厅）

近年来，浙江省交通运输厅在全力推进“大港口、大路网、大水运、大航空、大物流”建设的同时，根据交通运输部的部署，在低碳交通建设中打出“组合拳”，努力走一条在快速发展过程中实现低碳发展的路子。近5年全省客货运量基本处于全国的前三位，但营业性公路水运能耗仅占全社会能耗的5%～6%，远低于8%～9%的全国平均水平。

（一）注重“顶层设计”，系统开展工作

早在2005年我们即出台了专门的“工作意见”，作系统的部署。在此基础上，一是制订“交通运输节能减排专项规划”和“交通运输循环经济建设专项规划”，根据两项规划和年度工作实际，逐年编制低碳交通建设“年度工作分解表”，每年列出30～40项年度工作主要内容、责任部门、具体要求；二是年初召开领导小组会议，对30～40项年度工作进行分解和部署、年末逐项组织量化考核，得分纳入厅的综合考核；三是强化工作督查，要求责任单位每半年作一次自查、写出自查总结，年终作全年工作总结，厅科教处随时组织专项督查；四是加强同省经信委、环保厅等兄弟部门的联动，主动将工作纳入其重点；五是组织媒体宣传，举办或协助汽车节能大赛、节能知识竞赛、节能系列培训，营造氛围。

（二）强化标准建设，形成长效机制

我们将标准化工作作为低碳交通建设的一项战略性工作予以高度重视。2008年至今，在浙江省质量技术监督局的支持下，在低碳交通和交通循环经济方面已颁发的地方标准有6项，已完成编制或审核、即将颁发的有5项，已列入计划、正在编制的有3项，共计14项，另外还有若干项已完成资料准备、即将报省质量技术监督局或交通运输部申请立项。以上标准的内容涵盖了道路运输、水路运输、基础设施建设和运行、驾培、城市交通等领域。在具体操作中，一是注重系统性，将着眼点落实在急需，而行业或国家标准未有涉及的领域，系统地列出五年的低碳交通标准编制项目表并逐年落实到厅的“标准编制年度计划”；二是与省质监局一起对立项、起草、审查、批准、发布、宣贯实施、复

审、修订及监督等进行规范；三是明确责任分工和工作要求，形成标准化工作机制；四是标准化建设和科技创新协同推进，相关科研项目立项时，优先考虑标准编制的需要，提交与标准相关的科研成果时，课题组要提出对标准修订的建议；五是狠抓标准的宣贯和跟踪，形成经常性、制度性的反馈机制。

（三）改进补助方式，放大补助效益

传统的资金补助方式为对项目进行补助，一般由企业申报项目、专家审查、主管部门立项、安排补助资金，安排的面相对较窄，影响也相对较小。我们在低碳交通专项资金补助中改变补助方式，将项目补助改为行业补助，即省厅会同财政厅向全社会公布政策，明确补助对象、范围、标准、程序，符合要求的企业在完成相应工作后提交完成的证明材料交当地交通主管部门，并逐级审核，报厅申请补助。近年实施的补助政策有3类。一是老旧货车淘汰：凡更新10吨及以上、20吨及以下厢式货车或槽罐车每车补2~3万元；240马力及以上牵引车头每车补1万元，全行业均可补助，2008—2012年共补资金1.3亿，更新车辆近8000辆，得到补助的货运企业达数百家，推动了货运行业淘汰高能耗、高污染、低效率的老旧车辆；二是沿海老旧渡船淘汰：凡沿海地区航运企业淘汰老旧、高能耗客渡船，给予新购置船舶造价30%的补助（今年提至35%），2008年至今已补助资金近2000万，完成30多艘老旧渡船更新；三是驾驶培训模拟器补助：对驾培机构购置模拟器，分别按40%、30%、20%的比例予以补助，2008—2010年补助1337台，计775万元。此前还实施过海运运力更新补助，后因航运形势变化而中止。

（四）实施专项行动，开展典型示范

2008—2012年，我们先后推出“交通运输节能推进工程”、“生态交通五项行动”、“交通运输节能六个专项行动”等11个低碳建设载体，推出了3批28项低碳示范项目。11个载体中“交通运输节能推进工程”由省政府出台，其余10项均由厅业务处室组织设计、厅长办公会审议后实施。每个载体均有明确的工作目标、量化指标、主要任务、具体措施、责任部门。以2009年出台的“交通运输节能六个专项行动”中的“道路运输结构优化专项行动”为例，目标是到2012年，全省营运客货运输车辆单位能耗较2008年下降4%，节约燃油折合标准煤18万吨，减少二氧化碳排放43.2万吨；主要任务是2009年至2012年厢式车辆从8万辆增加到12万辆，重型车辆从4.4万辆增加到9万辆，专用车辆从1.9万辆增加到4.8万辆，2009年至2012年淘汰高能耗货车8万辆，城际城乡道路客运淘汰老旧车辆2.15万辆。具体措施有大物流建设资金补助管理办法、调整运力结构、推动实施营运车辆燃料消耗限值办法、加快农村客运班线改造等5个方面，责任单位为省道路运输管理局。以上11个载体现已按计划基本实施完毕，成效显著。精心选取的3批28个示范项目涵盖道路运输、水路运输、港口经营、驾培维修等各个领域，以及基础设施的规划、设计、施工、养护等环节，在交通行业具有典型性、代表性、示范性。每个项目一经完成，都逐项进行总结、提炼示范经验，形成示范材料，印发全省。

（五）重视科技驱动，引领低碳发展

“十一五”以来，我们一直将低碳交通列为科技工作的重点，有针对性地研发并推广了一大批交

通节能、环保新技术，每年开展的相关的新技术研发和推广项目均达20项以上，累计已达100余项，并且全部完成，效益非常明显。如再生沥青新成果的成功研发和推广，保证了一批公路大中修再生工程的顺利完成，并在此基础上编制《公路沥青冷再生路面设计与施工技术规程》(DB33/T 715—2008)等标准、施工规范，为以后该项科研成果大范围推广提供了依据。又如“浙江省船舶综合监管系统”已在全省航区70多个重要站点进行推广应用，每年可节省燃油21.6万吨，折合标准煤31.47万吨，减少二氧化碳排放75.53万吨。此项目经交通运输部推荐，已被国家发改委列入“十二五”物联网建设示范项目。此外。我们还组织实施了一批出租车公交车双燃料改造、船舶岸电接入、集装箱起重机和汽车维修烤漆房油改电、隧道节能改造、公路设施太阳能利用等企业技改项目。

低碳交通建设是一项长期的工作。下一步，我们将在交通运输部的统一部署下，遵循提升服务水平与提高能源使用效率及环境保护相结合、政府引导与市场主体相结合、投入与创新相结合、突出重点与全面推进相结合的原则，努力建立和完善我省低碳交通的政策标准体系、统计考核体系、监督管理体系、技术支撑与服务体系，努力建成低碳型交通基础设施，在加快大港口、大路网、大水运、大航空、大物流的同时，实现交通运输的环境保护、能源资源有效利用的目标，并在全社会的低碳建设中发挥更大的作用。

十八、山东省交通运输厅

做好节能减排工作　建设绿色低碳交通

(山东省交通运输厅)

近年来，在交通运输部正确领导下，我省交通运输行业坚持以科学发展观为指导，认真贯彻部有关节能减排的决策部署，按照部《建设低碳交通运输体系指导意见》等有关文件精神，积极采取有力措施，加大工作力度，加强行业监管，切实推进低碳交通运输体系建设，为此主要开展了以下工作。

(一)建立健全节能减排考核体系

为进一步推进交通运输节能减排工作，加快资源节约型、环境友好型交通运输行业建设，2009年，我厅印发了《山东省交通行业节能减排考核办法及实施细则(试行)》，在全国交通运输行业率先建立了节能减排考核体系。经过两年的实践，2011年，我厅对考核办法和细则进行了修订，正式印发了《山东省交通运输行业节能减排考核办法及实施细则》，将节能减排工作纳入了全省交通运输目标责任考核体系，进一步强化了过程控制环节，扩大了考核范围，实现了交通运输节能减排的全面考核。目前已连续进行了4个年度的考核工作，取得了显著成效，有力保障了节能减排工作的深入开展。

(二)全力推动“以气代油”工程

在全省交通运输领域推广应用天然气，是贯穿“十二五”期间我省交通运输节能减排工作的一条主线，是我省交通运输行业转方式、调结构，建设绿色低碳交通运输体系的重要措施。全省交通运输各级各部门按照“政府搭台、企业运作,统筹规划、分步实施,讲求效益、兼顾安全”的原则,积极开展“以气代油”工程。一是成功申请交通运输部 LNG 推广应用试点省份。根据山东实际,编制了《LNG 推广应用试点工作实施方案》,确定了“十二五”工作计划和各年度任务目标,计划到“十二五”末,在山东境内现有和规划的高速公路、国省道沿线、沿海港口、内河航运服务区、长途(公交)客运交通枢纽站基本建成布局合理、间距适宜、管理有序、运营安全的加气站网络;新购置客运班车、公交车将主要以 LNG 为燃料,LNG 车辆占营运总车辆的比重大幅提升,15% 的长途客车、5% 的货车采用 LNG;部分港口搬运装卸机械完成 LNG 燃料改造工作。预计到“十二五”末,全省拥有 LNG 加气站将超过 260 座,LNG 汽车近 6 万辆。目前正在按照方案有序开展各项工作。二是编制印发了高速公路服务区 LNG 加气站建设规划。为切实加快全省交通运输领域推广应用天然气工作,根据我省实际,我厅启动了全省高速公路服务区 LNG 加气站建设规划编制工作。该规划坚持科学规划、合理布点、有序建设的原则,是我省高速公路服务区 LNG 加气站建设专项规划,近期(2013—2015)计划建设 49 座,远期(2016—2020)计划建设 54 座。规划科学考虑了我省高速公路布局、LNG 加气站建设选址原则、气源保障等因素,可操作性强。经专家评审,该规划已由省住建厅正式印发实施,目前,已有一座 LNG 加气站投入试运行。三是大力推广天然气运输工具。截至 2012 年底,全省天然气营运车辆达 71258 辆,其中公交车 9504 辆,出租车 56778 辆,班线客车 1776 辆,货车 3200 辆。全省 LNG 车辆达 5012 辆,其中,货车 2486 辆,班线客车 1523 辆,公交车 963 辆,港内 LNG 运输车辆 40 辆。改造完成 LNG 船舶 2 艘。全省共有加气站 151 座(其中在建 30 座),其中 CNG 加气站 92 座,LNG 加气站 48 座,LNG - CNG 加气站 11 座。据统计,2012 年全省交通运输行业利用 LNG 约 13.35万吨,替代标油 15.58 万吨。

(三)积极探索城市低碳交通运输体系建设

以“两个城市,一个都市”为依托,积极开展城市低碳交通运输体系建设试点工作。一是扎实推进低碳交通运输体系试点城市建设工作。2012 年 2 月 23 日,全国第二批城市试点工作启动会在烟台举行。我省青岛、烟台两市荣幸加入全国第二批低碳交通运输体系建设试点城市行列。我省迅速铺开了试点工作,及时传达了部低碳交通运输体系建设指导意见和试点工作方案的精神及要求,布置两市试点工作,建立了联系机制。督促并指导两市结合各自实际编制了试点实施方案,且成功通过了交通运输部审核。目前两市正在按照实施方案积极组织实施。二是积极推进济南“公交都市”建设工作。我省把建设“公交都市”作为落实国家优先发展城市公交战略的重要载体,修订并正式实施了《山东省道路运输条例》,发布了《山东省城市公共汽电车客运服务规范(试行)》。济南市发布了《关于优先发展城市公共交通的意见》,并将推进“公交都市”建设纳入《政府工作报告》和《济南市交通运输“十二五”发展规划》,形成了有利的政策环境。争取利用 3 到 5 年时间,城市公共交通出行比例在机动化出行中的比例达到 60% 以上;城市建成区公交站点 500 米覆盖率达到 95% 以上;城市公共交通节能环保水平明显改善,绿色公共交通车辆比例达到 50% 以上;2 万人口以上的居住小区配套建设公共交通首末站或换乘枢纽;城市主干道和重要交叉口公交优先通行信号设置比例达到 50% 以上;城市公共交通乘车 IC 卡使用率超过 80%。

(四)大力推进港口节能

我省沿海岸线长,码头泊位多,为充分发挥港口群优势,调整优化功能布局,我厅多次组织到周边省份港口参观学习,深入企业调研,邀请交通运输部水科院对山东港航发展进行战略研究,明确提出建设以青岛港为龙头港,以烟台、日照港为两翼,其他港为辅、互为补充、错位发展的思路,突出龙头作用,发展特色港区。各港口企业充分发挥自主能动性,积极开展节能减排工作。在交通运输部前五批100个交通运输节能减排示范项目中,我省港口项目有8个,节能减排效果明显。青岛港被纳入全国"低碳港口建设"主题性管理试点,并经交通运输部批复同意开展国家集装箱海铁联运物联网应用示范工程建设。目前,青岛港正在积极按照方案实施各项工作。今年重点推进港区功能布局调整,通过管理创新和科技驱动,从基础设施建设、运输装备节能技术应用、码头装卸工艺系统改造、港口智能化信息技术应用、环境保护五个方面全面实施好27项重点绿色低碳支撑项目建设,推进绿色低碳港口主题性试点项目内容建设。

(五)落实循环经济理念,坚持可持续发展

充分发挥交通科研、设计等部门的人才智力优势和作用,把节能减排新技术、新产品、新工艺、新材料的研发作为科技投入的重点领域,不断加大研发资金支持力度,推进节能减排技术应用推广。工程建设项目充分利用和节约土地资源,以实现资源综合利用和发展循环经济为重点,鼓励通过合理规划、优化设计、技术改造等措施,最大限度减少资源投入占用,加强临时占地复垦管理,加大工业废料应用,利用好路面再生技术,做好再生循环利用。大力发展公共交通,积极推广新能源汽车,严格执行车辆燃料消耗量限值标准,完善市场准入和退出制度。继续推行废机油、废轮胎、废蓄电池、废水、氟利昂等回收制度,实现交通运输循环生产、清洁生产。积极利用现代信息技术,加快ETC、智能交通系统、现代物流网络等项目的建设,提升运输组织效率。

"十二五"期间,我省交通运输行业将坚持科学发展,完善节能减排考核体系,做好LNG试点省份、低碳交通运输体系建设试点城市、公交都市、低碳港口主题性试点等一系列试点工作,促进全行业节能减排工作,争取尽快形成覆盖全省的低碳绿色交通运输体系。在部正确领导下,我们有信心在建设低碳交通运输体系实践工作中取得优异的成绩。

十九、辽宁省高速公路管理局

全方位实施节能改造　稳步打造绿色高速

(辽宁省高速公路管理局)

辽宁省高速公路管理局(下称"高速局")为辽宁省交通厅直属副厅级行政事业单位,负责对建成通车的高速公路实施集中统一管理,主要包括通行费收缴、道路养护、路政执法、通信监控和服务区运营等工作内容。局下设20个区域性管理处、1个应急处置中心,管理1个国有企业—高速公路实业发展总公司。截至2012年末,全省已建成高速公路通车里程3917公里,开通收费站257个、收

费车道1896条,现有服务区66个,共有职工约2万人。

为深入贯彻落实国家、交通运输部及省交通厅关于节能减排的工作要求,全面减少能源消耗和碳排放量,“十一五”以来,高速局在抓好日常节能管理工作的同时,积极推广应用节能技术设备,实施了多个节能工程项目,提高了行业能源利用效率。2012年,高速局平均每公里管理能耗由2005年的18.5吨标准煤降至13.45吨标准煤,下降27.30%,年均下降3.9%,取得了实实在在的节能成效。我们的主要做法是:

(一)从制度建设抓起,为节能减排提供制度保障

高速局始终高度重视节能减排工作,充分利用集中统一管理全省高速公路的体制优势,着眼大局和长远,从制度建设入手,结合管理特点,逐步建立节能减排制度体系,保证节能减排工作依法依规、有序有效地开展。一是制定了高速公路节能减排管理办法,在管理机构与职责、日常管理、合理利用能源、节能技术应用、节能效果监督检查与考核等方面作出了明确规定。二是建立了节能减排统计报告制度,在局、处两级分别设专人负责能源消耗统计工作,建立统计台账,每月进行汇总,并在统计分析的基础上,制订各单位具体的能耗定额。三是把基层管理单位的节能减排工作纳入全局年度考核制度体系,促进节能工作的深入和长效开展。四是把节能减排项目的跟踪总结制度化,做到有项目实施,必有总结评估。

(二)依托技术进步,科学规划节能减排工作

科学开展节能减排是保证节能减排成效的关键。近年来,高速局重点围绕供暖、供水、供电,交通智能控制和沥青废料再生利用等管理内容,紧盯相关节能技术,加强分析和消化吸收,制定了“十一五、十二五”节能减排实施规划,明确了节能减排具体工作任务和目标,并逐项加以实施。

(三)着力抓好节能减排项目,推动节能减排全面有效落实

2006年至2012年底,高速局实施的节能减排项目投资总额约4.96亿元,年可节约标准煤2.05万吨、减少二氧化碳排放5.33万吨,其中“微波离子灯照明灯具应用”和“收费亭红外辐射智能加热系统节能技术应用”两个项目被交通运输部分别评为第三批和第五批节能减排示范项目。主要项目实施情况如下:

1.微波离子灯照明项目

服务区广场照明、收费站广场照明和收费雨棚照明是高速公路服务设施的重要组成部分,在为公路使用者提供服务的同时,也消耗着巨大的电能,给高速公路管理者带来了较大的经济负担。2006年,高速局结合服务区、收费广场和收费车道照明特点,在对高压钠灯、荧光灯、无极灯等节能型灯具进行比选基础上,选择了微波离子灯作为节能光源,并开始试点应用。经过三年的试验证明,该种灯具质量可靠,性能稳定,节能效果明显,并在全省高速公路范围内推广应用。截至2010年共更新改造了48个服务区、73个收费站,应用了961盏微波离子灯,而且自2010年起,新建高速公路

的收费站和服务区的128盏中高杆灯全部应用了微波离子灯。到2012年底，全省高速公路收费站、服务区共应用了微波离子灯1089盏，总投资额599万元，总功率由使用高压钠灯的2280kW降至980kW，年可节电570万度，折合标准煤700吨，减少二氧化碳排放305吨。该项目于2010年被交通运输部评为“交通运输行业第三批节能减排示范项目”。

2.收费亭红外辐射智能加热装置项目

辽宁省地处东北地区的南部，属大陆性季风气候，冬季漫长，且平均气温在－10℃左右，收费人员平均每人每天在收费亭工作时间约8小时，因此防寒取暖是保证收费人员正常工作必不可少的措施。传统的采暖方式通常是采用普通电暖器和分体空调，不仅能耗大，而且供暖效果不理想。从2007年起至今，高速局按照先试点后推广的模式，先后在21条高速公路的246个收费站新建和改造的1680个收费亭内安装了红外辐射智能加热装置，在改善收费人员工作环境的同时，与传统采暖方式相比节电率可达32%。截至2012年末，全省高速公路收费站应用的1680套红外辐射供暖装置，总投资额为778万元，年可节电389万度，折合标准煤478吨，减少二氧化碳排放1242吨。该项目于2012年被交通运输部评为“交通运输行业第五批节能减排示范项目”。

3.地源热泵项目

高速局的管理处、收费站和服务区远离城市，且24小时不间断运行，冬季主要采用燃煤锅炉供暖，能源消耗量较大，且造成环境污染。从2007年起，结合辽宁省环保厅提出的全省高速公路无烟路建设工程和蓝天工程项目的要求，高速局根据锅炉报废更新计划，在全省高速公路具备改造条件的收费站实施了地源热泵供暖设施改造项目。截至2012年末，先后在4个管理处机关、26个收费站、10个服务区的新建和改造项目中应用了地源热泵技术，总投资额为3686.4万元，年可节约标准煤7014吨，减少二氧化碳排放18000吨。

4.隧道LED灯照明项目

隧道照明用电是高速公路管理能耗的重点之一。2010年以前，全省高速公路隧道照明灯具全部采用高压钠灯，节能空间巨大。2010年，高速局在沈吉高速公路中寨子隧道首次应用了LED灯照明技术，通过1年的运行监测，其与高压钠灯相比，节电率可达50%以上。2011年12月，高速局对丹阜高速公路张家隧道照明灯具进行了LED灯节能试点改造，节电率达到61.80%。2011年至2012年，全省高速公路新开通的隧道132座/121公里全部采用了LED灯具进行照明。截至2012年底，全省高速公路建成隧道211座/187公里，其中，采用LED灯照明的隧道为134座/123公里，LED灯具总投资额约为1.66亿元，年可节电约4000万度，折合标准煤4916吨，减少二氧化碳排放12780吨。

5.现场热再生施工项目

现场热再生施工工艺可以最大限度利用铣刨沥青废料，减少环境污染。2010—2012年，高速局先后在丹大高速公路(大连—庄河段)、沈海高速公路(沈阳—大连段)、铁阜高速公路的路面车辙维修中采用现场热再生施工工艺。截止到2012年底，共计在115.1万平方米的路面病害处置中应用了现场热再生施工工艺，总投资额为6260万元，节约燃油4234吨，折合标准煤6049吨，减少二氧化化碳排放 12279 吨。

6. 太阳能照明试点应用项目

太阳能照明具有绿色清洁、节能环保等特点。2011 年,高速局在新开通的丹海高速公路析木收费站的雨棚灯和服务区广场路灯试点应用了太阳能照明技术,并取得了较好的节能效果。2012 年,高速局在沈海、丹通等高速 3 个收费站和 6 个服务区广场新建和改造项目中应用了 255 盏太阳能 LED 路灯。截至 2012 年末,高速局已投资 522 万元用于太阳能照明技术的应用,年节电约 30 万度,折合标准煤 37 吨,减少二氧化碳排放 96 吨。

7. 智能交通项目

为提升全省高速公路的管理和服务水平,建设高效、安全、舒适、低碳的高速公路运输系统,高速局开展了智能交通管理体系建设,在道路信息采集、信息发布、交通指挥、应急救援、综合收费服务等系统建设中,以国际先进的智能交通理念为依托,应用了电子不停车收费系统(ETC)、太阳能供电摄像机、嵌入式车道控制机等多项节能技术。

一是 2009 年至 2012 年底,在 105 个收费站的 210 条车道安装了 ETC 系统,总投资额约 1.61 亿元。以平均每个站的日交通流量为 1000 台计,可使通行车辆年节约燃油 818 吨,折合标准煤 1204 吨,减少二氧化碳排放 2441 吨。

二是 2007 年至 2012 年,先后在沈彰、铁阜、沈康等高速公路推广应用了 66 套太阳能供电摄像机,总投资额为 1044 万元,年节电 4.62 万度,折合标准煤 5.68 吨,减少二氧化碳排放 14.76吨。

三是 2008 年至 2012 年,先后在铁阜、沈康、辽新等多条高速公路收费系统中应用嵌入式车道控制机共 630 台,总投资额为 3780 万元,年节电 12.6 万度,折合标准煤 15.48 吨,减少二氧化碳排放 40.26 吨。

(四)下一阶段工作重点

一是加大隧道照明节能灯具改造力度,研究出台高速公路隧道 LED 照明设计规范,投资 0.95 亿元,到“十二五”末,完成全省高速公路 76 座使用高压钠灯照明隧道的 LED 灯具改造项目。

二是加大太阳能照明技术的推广应用力度,投资 1.19 亿元,到“十二五”末,完成全省高速公路收费站的雨棚灯和广场路灯太阳能照明系统改造项目。三是继续扩大 ETC 系统的应用,到 2015 年,全省收费站 ETC 车道的覆盖率达到 20% 以上。四是继续推广应用地源热泵供暖技术,对达到报废年限的锅炉实施地源热泵供暖改造。五是在高速公路路面修复中继续推广应用现场热再生施工工艺。

高速局在节能减排工作中虽然取得了一些成绩,但也存在很多不足,希望通过交流,汲取更多的成功经验,为我省高速公路节能减排工作再上新台阶注入新的力量。

二十、河北省交通运输厅

以试点为引领全面推进绿色低碳交通运输体系建设

（河北省交通运输厅）

近年来，我厅始终把节能减排作为贯彻落实科学发展观、转变交通运输发展方式的重点任务，认真贯彻落实交通运输部有关节能减排工作的各项政策规定，以打造绿色低碳交通运输区域性试点城市和主题性试点项目为重点，积极推进以低碳为特征的绿色低碳交通运输体系建设，取得了初步成效。现将有关情况汇报如下：

（一）高度重视，狠抓督导，扎实推进绿色低碳交通运输体系试点建设

今年，我省保定市被交通运输部确定为绿色低碳交通运输体系区域性试点城市项目，京港澳高速公路改扩建工程项目被交通运输部确定为绿色低碳交通运输体系主题性试点项目后，我厅高度重视，狠抓督导，扎实推进试点单位开展绿色低碳试点建设工作。一是加强组织领导，建立协调机制。为切实支持试点单位开展节能减排工作，我厅专门成立了以厅长高金浩为组长、副厅长宋晓瑛为副组长、相关部门和厅直单位负责人为成员的绿色低碳交通运输体系试点工作协调小组，明确了责任分工，为试点建设工作提供了组织保障。保定市交通运输局和省高速公路管理局也相应成立了节能减排工作领导小组，认真落实各项工作部署，将节能减排、低碳发展作为一项重点工作，狠抓落实，形成了一级抓一级、层层抓落实的良好工作机制。二是积极做好项目谋划，指导试点单位编制实施方案。先后组织省公路局、省运管局、省出租公交办等有关单位，认真研究学习交通运输部关于绿色低碳交通运输发展的相关政策规定，就实施绿色低碳交通运输体系试点工作进行项目谋划安排，分别指导保定市交通运输局和省高速公路管理局编制了《京港澳高速公路（河北段）改扩建工程建设绿色低碳公路主题性项目实施方案》，为建设低碳交通运输体系试点城市谋划思路。三是狠抓督导落实，推广应用节能新技术。今年以来，厅主要领导先后多次深入保定市和京港澳高速公路（河北段）改扩建工程现场督导调研，有力地推动了项目单位应用节能减排技术和实施节能减排项目。

（二）分类指导，深入发动，推动绿色低碳交通运输体系试点建设深入开展

1. 狠抓绿色低碳交通运输体系建设，推动保定市开展区域性试点工作

（1）大力开展客运枢纽建设

2011年以来，已完成保定市客运中心站升级改造工程，该工程概算投资7190万元，已完成累计投资近7000万元。占地84亩的保定客运西站项目已完成累计投资9600万元，完成工程总概算的77.61%，主体工程已完工。占地70亩的涿州公交换乘站项目主体工程已完工，即将投入运营。

（2）大力推广清洁能源，实施“气化交通”战略

积极推动保定市政府印发了《关于印发保定市城市公交、长途客运车辆推广使用液化天然气实施方案的通知》(保市府办〔2012〕79 号),大力实施“气化交通”战略,提出市区公交车用 1 年时间,长途客运车辆单程 300 公里以内且适于使用 LNG 的车辆利用 5 年时间完成“油改气”工作,并明确了具体实施计划和保障措施。

(3)积极推进智能交通建设

目前,保定市已建成城市公交智能调度平台、出租汽车智能调度平台、国省干线路网监控中心以及高速公路监控中心,在部分道路客运车辆实施了智能管理。

(4)大力推进绿色低碳技术应用

积极指导保定市推广应用公路施工机械“油改气”技术、胶粉改性沥青技术、LED 照明技术应用以及太阳能技术应用,为节能减排和低碳发展提供了有力的技术支撑。

(5)大力发展城市公共交通

指导保定市交通运输局编制了《十二五城市公交发展规划》,推动保定市不断增加公交运力投入,优化线路布局,提升服务质量,开辟公交专用道,着力提高城市公交出行分担率。两年来市区公交线路布局更趋科学合理,同时公交线路逐渐向郊县覆盖,城乡公交一体化逐步形成。截至 2012 年底,城市公交出行分担率达到 15.1%。2010 年以来,新增公交运力 50%。2011 年至 2012 年,共计新增公交线路 11 条,调整线路 7 条,新增公交枢纽场站两个。2011 年 8 月,保定市首条公交专用道亮相朝阳大街。

2. 狠抓节能技术和项目应用,全方位打造京港澳高速(河北段)绿色低碳公路

针对绿色低碳公路建设期及运营期各项技术及领域,我厅提出了京港澳高速公路(河北段)改扩建工程绿色低碳公路实施目标:旧路面材料利用率达到 100%,节约沥青路面建设能耗不低于 20%,节约沥青路面建设排放不低于 20%,新能源利用率不低于 20%,节能照明产品使用比例达到 100%,ETC 站点覆盖率达到 100%,可绿化区域绿化率大于 90%,其他循环经济技术不少于 3 项,其他节地和绿色环保技术不少于 3 项,狠抓节能减排项目和节能新技术的应用。一是路面材料节能技术应用。重点应用旧沥青路面材料冷再生技术、温拌沥青混合料技术、橡胶沥青路面技术。二是 LED 照明节能技术应用。在服务区、收费区、立交区的场区照明,收费棚照明,加油站顶棚照明,庭院灯照明及室内走廊照明将全部采用 LED 节能灯进行照明。三是建立公路用户低碳运行指示系统,引导驾乘人员选择合理的行车路线。四是在服务区应用太阳能热水器、地源热泵等。五是实行分布式一体化建筑太阳能并网即发即用发电系统和分布式智慧供电系统,节约用电。六是建设期绿色低碳节能减排管理信息系统工程。通过全方位应用节能减排技术和项目,力争把京港澳高速公路(河北段)改扩建工程打造成“资源节约、环境友好、安全耐久、服务智能、技术先进”的现代化绿色低碳高速公路,树立河北省乃至全国的绿色低碳公路标杆。

(三)试点引领,全面推进,打造行业绿色低碳交通运输体系

我们充分发挥保定市和京港澳高速(河北段)改扩建项目的试点示范作用,狠抓各项节能减排政策的落实,全面推进行业节能减排工作。一是严格实施营运车辆燃料消耗量限值标准,将燃油消

耗量作为必要指标,禁止高耗油车辆进入道路运输市场,淘汰高耗能的老旧汽车,并对客车实载率低于70%的线路,继续实施不投放新运力的调控政策,从源头上防止了排放大、污染严重的车辆进入市场。二是认真贯彻"以奖代补"政策。精心组织行业内企事业单位开展节能减排工作,申报节能减排项目。近年来,我省先后共申请节能减排奖补资金4000多万元,项目实施企业涵盖了公路建设、运输服务、港口航运等领域,充分发挥了奖补资金的引领带动作用,有力地提高了企业参与节能减排工作的积极性和主动性。三是突出企业主体地位,积极引导企业投身节能减排工作。组织大中型交通运输企业开展"车、船、路、港"低碳交通专项行动,这些企业涵盖了我省公路、道路运输、港口、水运、民航等重要领域,通过广泛开展技术改造,推广应用节能新技术、新产品,取得了较好的节能减排效果,其中车辆智能化调度系统和甩挂运输技术已经在我省部分大中型运输企业的应用,每年可节约标准煤约4.2万吨,减少二氧化碳排放约11.2万吨。四是围绕重点领域,深入推进行业节能减排。高速公路运营方面,目前已对22个服务区、60个收费站实施节能照明改造,每年可节约标准煤约1.2万吨,减少二氧化碳排放约3.24万吨;公路建设方面,优化公路设计方案,减少大填大挖,节约土地资源,推广温拌沥青技术、泡沫沥青再生路面技术等各种新技术,因地制宜、黑白并举(沥青路面和水泥混凝土路面),大大地降低了原材料消耗。道路运输方面,积极推广节能型、环保型车辆,2012年度我省共更新天然气长途客运车辆535部,天然气公交车辆2303部、双燃料出租车23527部,天然气货运车辆370多部,这些天然气车辆的应用,每年可节约标准煤25万吨,减少二氧化碳排放约70万吨。港口航运方面,重点解决了大型港口生产设备节能问题,在各大港口企业推广了多项节能减排新技术,例如多流程皮带输送系统逆向启动节能技术、电厂余热利用工程等,其中,秦皇岛港区电厂余热利用技术每年可节约标准煤约1.4万吨,减少二氧化碳排放约3.78万吨。

下一步,我们将继续支持绿色低碳交通运输体系试点项目单位的相关工作,努力做到"三个到位":一是做到工作指导到位。鼓励保定市的交通运输企业积极参与交通运输部组织的"车、船、路、港"千家企业低碳交通运输专项行动。积极指导保定市交通运输局和省高速公路管理局扎实开展各项工作,加大协调力度,推动试点建设工作有效开展。二是做到政策支持到位。落实好交通运输行业节能减排以奖代补政策,认真做好交通运输行业节能减排奖补资金的项目申报工作,进一步做好节能减排项目的储备和评审工作,引导交通运输企业的健康发展。积极争取省发改委、财政厅对保定市节能减排工作的政策支持和资金支持,推动试点城市建设工作快速开展。三是做到督导检查到位。下半年,我们通过召开座谈会、进行现场检查等方式,加强对保定市和京港澳高速公路(河北段)改扩建工程的督导检查,切实保证各项工作落到实处,推动试点项目建设工作扎实开展。

二十一、河南省交通运输厅

积极打造河南绿色低碳交通运输体系
着力推进交通运输领域生态文明建设
(河南省交通运输厅)

近年来,在交通运输部及省委、省政府的正确领导和关心支持下,河南省交通运输系统紧紧围绕全省交通运输事业可持续发展的需要,切实落实"五个更加注重"(更加注重科学发展、更加注重规范管理、更加注重提质增效、更加注重统筹运作、更加注重素质建设)的要求,按照"持续发展、超前发展、创新发展、为民发展、安全发展"的思路,创新举措,突出重点,周密组织,扎实推进,全省绿色低碳交通运输体系建设取得一定成效。我们的具体做法是:

(一)政府宏观指导力度进一步加大

为进一步加强对全省绿色低碳交通运输体系建设工作的领导,省厅成立了河南省绿色低碳交通运输体系建设工作领导小组和领导小组办公室,制定并实施了《河南省公路水路交通运输"十二五"节能减排规划》,制定下发了《加快推进河南省低碳交通运输体系建设指导意见》《关于实施交通运输节能减排专项资金支持区域性、主题性项目的意见》等文件。2011 年 6 月召开了全省第一次交通运输科技创新暨低碳交通运输体系建设大会,交通运输部党组成员、副部长张宏峰,部党组成员何建中等领导参加会议,并对我省绿色低碳交通运输体系建设作了重要指示。2013 年 2 月又召开了河南省绿色低碳交通运输体系建设推进会,厅党组书记、厅长孙廷喜和副厅长霍金花分别做了讲话大会,进一步分析我省绿色低碳交通运输体系建设面临的形势和紧迫性,明确指出了"五个务必",即"务必在思想上高度重视、务必在组织上强化领导、务必在责任上严格落实、务必在重点上强力推进、务必在资金上切实保障"的要求。全省各级交通运输主管部门和行业企事业单位认真贯彻落实两次主要会议精神,进一步增强加快推进绿色低碳交通运输体系建设的紧迫感和使命感,将发展和环境、节能减排作为重中之重,加强领导,加大投入,科学安排,加快实施,形成了一级抓一级、层层抓落实的良好工作局面。

(二)示范试点工程成效进一步显现

2013 年 2 月省厅在济源市举行了全国低碳交通运输体系建设试点城市(济源)启动仪式,按照交通运输部批复的试点实施方案要求,济源市在市委、市政府的重视和支持下,强力推进"沥青冷再生技术应用""出租车油改气""混合动力公交车更新改造"和"碳汇林工程"建设等,绿色低碳建设工作已取得明显成效。全国第一批交通运输节能减排专项资金支持主题性项目"低碳公路"试点——三淅高速公路卢氏至寺湾段已按照部专家评审的实施方案制定了具体实施计划,以确保实施效果。

国家三部委半导体照明产品应用示范工程——“连霍高速河南境巩义段隧道群 LED 改造工程”于2012 年 12 月正式完工。该项目对连霍高速河南境巩义段的伏羲台、兴洛仓和凤凰山隧道的照明光源进行 LED 灯改造，改造后的隧道照明系统大幅提高行车安全，且改造后的照明系统年运营费用约在 100 万元以内，与现阶段照明系统年运营费用 221.3 万元相比，有效降低隧道照明费用，节能效果达到 50% 以上。“八挂来网”“太阳能供电技术在连霍高速郑洛段道路全程监控系统中的应用”“中原绿色客运新干线”和“郑新黄河大桥配电照明节能工程”4 个交通运输部节能减排示范项目的推广应用带来了巨大的经济和社会效益，其中，2012 年“八挂来网”项目通过河南省公共物流信息平台全年共减少空驶里程 4 亿公里，节约燃油费用 1 亿升，合 7.36 亿元，减排二氧化硫 324 吨、一氧化碳2700 吨、铅化物 156 吨。我们在全省交通运输建设、管理及服务等领域也推广了一批节能减排示范项目和低碳试点工程（简称河南省节能减排“12 + 10 示范工程”），通过努力，“12 + 10 示范工程”在全省节能减排工作中实现了重点突破，切实达到了示范效应，较好地发挥了以点带面、牵动全局的积极作用。

（三）道路运输减排效果进一步彰显

一是严格执行营运车辆燃料消耗量限值标准，结合区域内客运线路公司化改造，淘汰了老、破、旧和高耗能、高排放车辆 2336 台；二是继续执行道路客运实载率低于 70% 的线路不投放新运力政策，优化运力组织，提高了客运实载率；三是新乡、济源等市积极推进城乡客运一体化建设，较大程度地提高了城乡客运服务水平，进一步适应了城乡群众的出行需求；四是加快推进“中原绿色客运新干线”项目实施，在试点城市开展加气加油站建设，2012 年完成约 6500 辆长途营运客车的更新、改装，全省新增天然气客车 1032 台，平均降低燃料成本 28%，促进了绿色交通发展；五是着力推进甩挂运输试点，全省入选交通运输部确定的甩挂运输试点企业达到 8 家，甩挂运输牵引车、挂车分别达到172 辆和 299 辆，在节能减排、降低运营成本、提升企业竞争力的同时，加快了道路运输的转型升级。

（四）公路建养节能应用进一步加强

在公路建设，特别是豫西山区高速公路的设计施工中突出绿色低碳理念，推广新材料、新产品、新能源等节能减排技术应用。在高速公路运营管理中大力推广 LED 照明、太阳能、风能、光伏发电和中水利用等节能技术，高速公路 ETC 系统一期工程已建成使用，目前有 34 个收费站、67 条收费车道设置了专门的 ETC 系统，高速公路服务区照明场所广泛安装了节能 LED 灯，111 对服务区引入了中水回用系统。在公路养护中积极采用旧砼路面碎石化和旧沥青路面再生利用技术，全省高速公路建养工程中旧路面回收率达 90% 以上，循环利用率达 70% 以上；国省干线公路旧路面回收率达 90% 以上，循环利用率达 60% 以上。

（五）内河航运节能优势进一步突出

加快开发沱浍河、涡河、沙颍河、淮河及丹江等五条河流的航运工程，提升内河水运在节能减排中的比较优势，运输船舶标准化率达到 70%，船舶平均吨位达到 400 吨。淘汰老旧运输船舶，推进船型标准化工作，淘汰落后的挂桨机船近500艘，新建和改造符合标准的农村渡船480艘，淘汰船龄在十五年以上的老旧运输船舶230余艘，新建标准化船舶200余艘，使我省船舶逐步向大型化、标准化、专业化方向发展。

（六）城市交通服务能力进一步提升

全省公交车达2.2万辆，每万人拥有公交车10.2标台，全省平均公交出行分担率达12.6%，其中济源市达到36%，郑州市达到24%。积极推动出租车、公交车油改气和电动车、混合动力车使用等，全省燃气、电动出租车已达1.5万辆，使用混合动力车辆节约燃油消耗18%左右，使用燃气车节约燃油消耗26.8%左右。郑州市列入全国“公交都市”建设试点城市。新乡市积极推进“公交都市”示范工程创建，成立了新能电动车出租公司，投入100辆纯电动出租车上线运营。

（七）智能交通应用水平进一步提高

省级交通运输信息资源整合与服务工程顺利建成并投入运行，实现了全省交通运输系统信息数据大融合，GIS和GPS两大平台投入使用，安全应急、公众出行和经济决策支持系统已发挥应有作用。郑州和新乡“城市智能交通”试点“智能高速公路”试点工程及市级信息资源整合试点工程等进展顺利。全省公路水路安全畅通和应急处置系统、全省交通运输经济运行监测预警与决策分析系统和公路水路建设与运输市场信用信息管理系统列入交通运输部“十二五”重点工程，并已完成前期工作，即将开工建设。

（八）科技支撑服务能力进一步增强

深入开展节能减排领域科研项目研究，先后进行了“废旧沥青混合料厂拌热再生利用研究”“河南省交通运输节能减排对策研究”“河南省低碳交通运输体系发展战略研究”等具有全局性的重大科研课题和关键技术研究。认真贯彻落实《交通运输部关于加快推进公路路面材料循环利用工作的指导意见》，制定了河南省《重点推进公路沥青旧料循环利用技术成果推广应用实施方案》，提出了到“十二五”末基本实现我省公路路面旧料“零废弃”的工作目标。重视节能减排技术成果的推广应用，在建设、养护、施工中实施了“沥青冷再生技术应用”“基于GIS的高速公路智能管理系统”等科技示范工程和成果推广应用计划。完成的“沥青路面乳化沥青厂拌冷再生技术”科技成果被列入部2012年科技成果推广目录，取得了良好的经济和社会效益。

（九）全员参与节能意识进一步强化

积极组织参与全国“车、船、路、港”千家企业低碳交通运输专项行动的69家企业开展节能减排工作，推广使用了一批先进的节能减排技术，并按交通运输部要求，重新确认调整我省参与千企行动的企业至71家。近两年来，联合省发改委等14部门下发《关于开展全省节能宣传月活动安排的通知》，制定《河南省交通运输行业节能宣传月活动实施方案》，宣传低碳交通运输专项行动先进经验，宣传力度进一步加大。结合年度节能减排工作重点组织开展多期全省行业节能减排专题培训，提升了从业人员节能低碳发展理念和工作水平。逐步普及机动车绿色驾驶技术。公共机构节能取得新的成效。通过宣传培训,深入发动动员,目前,全行业对绿色低碳发展重视程度不断提高,广大干部职工节能减排意识不断增强,形成了良好的节能减排氛围。

推进绿色低碳交通运输体系建设,发展现代交通运输业,是时代赋予交通运输行业广大从业人员的历史使命。我们要在交通运输部及省委、省政府的正确领导下,按照本次会议要求,以高度的政治意识、全局意识和责任意识,坚定信心,迎难而上,全力以赴,奋发有为,着力打造河南省绿色低碳交通运输体系,为推进更大的交通运输领域生态文明建设、实现交通运输事业科学发展作出新的贡献。

二十二、重庆市交通委员会

突出区域发展特点　强化试点示范效应
探索山地港口城市绿色低碳交通运输体系构建新思路

（重庆市交通委员会）

重庆是中国西部唯一集水陆空管道运输方式为一体的交通枢纽,拥有能耗最低、物流成本最小的长江运输大通道,同时境内山峦叠嶂,沟壑纵横,环境资源制约亦很明显。2011 年和 2013 年,我市先后被交通运输部列为首批低碳交通运输体系构建试点城市和建设绿色低碳交通区域性、主题性试点城市。近年来,我委按照交通运输部工作部署,充分发挥部、市政策优势,在构建山地港口城市绿色低碳交通运输体系工作中做了一些尝试,取得了一定成效。其中 2012 年公路营运客货车单耗分别为 11.5 千克标准煤/千人公里和 7.6 千克标准煤/百吨公里,水路运营船舶单耗为 3.9 千克标准煤/千吨公里,城市公交车、出租车单耗分别为 1.59 吨标准煤/万人次和 3.08 吨标煤/万人次,较 2005 年均有明显下降。具体做法如下:

(一)强化规划引领,明确发展思路

2008 年,重庆市交委组织编制了《重庆市公路水路交通节能减排中长期规划》。2010 年,《重庆市公路水路交通运输"十二五"发展规划》中更是用了专门章节阐述和提出了构建"绿色交通"的具体内容和工作措施。此后市交委又相继出台了《重庆市公路水路交通运输节能减排"十二五"规划》和《交通清洁化实施方案》等专项规划方案,并依据相关规划任务制订和印发了"年度交通节能减排工作实施方案""关于加强节能减排工作的实施意见"等文件,进一步明确了规划期内年度工作重点和保障措施,为做好交通运输节能减排工作提供了纲领性指导文件。

(二)优化组织管理,注重行业监管

一是充分利用市政府节能减排工作领导小组办公室统筹管理和推进全市各行业节能减排工作职能,加强与市发改委、市财政局、市经信委等有关部门的工作沟通和协调配合,形成低碳交通运输

体系构建工作部门间政策信息共享与协同合作局面，充分发挥行业构建、产业配套、技术支撑“三位一体”综合示范效应。二是结合低碳交通运输构建工作需要，市交委于2011年完成了节能减排领导小组办公室职能的调整，明确了构建低碳交通运输体系工作委属相关部门的工作职责。此外，市交委要求各节能减排试点项目承担单位也成立相应的工作领导小组，确保构建工作能得到良好的执行。三是成立市交通节能环保技术中心，强化技术支撑。市交委依托交通规划勘察设计院于2012年10月成立了重庆市交通节能环保技术中心。承担交通运输行业节能减排与环境保护技术推广应用和行业低碳化发展技术咨询服务工作，协助市交委制定和落实节能环保政策。四是建立了综合协调机制。市交委负责统筹实施计划，建立了与各项目实施单位、技术支撑单位和行业主管部门之间的会议协调机制。市交委与试点项目承担单位签订了项目实施目标责任书，建立了项目进度季报制度和项目执行协调会议制度。同时明确行业管理局和相关业务处室行业指导和项目监督职责。五是市交委先后出台《重庆市公路通道森林工程管理办法》《重庆市船舶生活污水治理项目建设方案》等管理文件，严格执行交通运输部营运车辆燃料消耗量准入制度和基础设施建设环保“三同时”制度。截至目前，内河船舶固体垃圾和废水处理均已实现收集上岸处理目标，全市通道森林工程新增绿化面积16.3万亩。

（三）突出重庆特点，注重结构优化

一是发挥水运低碳优势。以国家实施“长江黄金水道”建设为契机，重庆始终坚持把内河航运作为交通可持续发展的重大战略，在绿色低碳交通运输体系构建过程中，通过提升航道等级、实施低碳港口建设和加快实施船型标准化等途径实现低碳航运目标。目前全市已基本形成“一干两支”高等级航道体系，航道总里程达到4451公里，覆盖全市70%以上的区县，5000吨级单船河万吨级船队从下游可直达重庆港，大型化、专业化、机械化港口群初步形成。通过实施船型标准化示范工程，长江干线货运船舶平均吨位较2005年1000吨提升到2012年的1800吨，全市船型运力标准化率达到65%，货运船舶平均吨位全国内河第一。水运货物周转量占全社会货物周转总量比例由2004年的47%提高到2012年的61%。

二是突出低碳公交出行特点。结合“公交都市”建设示范，大力推进“公交优先”战略实施。截至当前，全市已开通1、2、3、6号共4条轨道交通线路，营运里程达到143公里（西部第一、全国第六），同时启动了公交接驳轨道工程，加大公交线网覆盖面，解决轨道与社区间“最后一公里”出行问题。出台了公共交通1小时免费优惠换乘政策，制定公交线路星级服务考评制度，增强了居民公交出行吸引力度。目前常规公交和轨道交通日均客运量达到590万人次（轨道线网最高日客运量达到了110万人次），公共交通出行分担率达到34%（占机动车出行比例的62.5%）。

三是调整能源消费结构及优化组织方式。在能源消费结构调整方面，结合区域产业资源优势，重庆一直把节能与新能源车船推广应用作为实现运输装备低碳化发展的重要突破口。目前已累计投放新能源气电混合动力客车660辆、纯电动客车31辆，主城区公交客车和出租汽车使用CNG清洁能源车辆比例达到95%以上。长途班线客运累计投入LNG客车112辆、CNG车辆约500辆；改造并投入运行LNG船舶1艘。在优化运输组织方面，推进甩挂运输组织，引导企业规模化、集约化经

营，提高道路运输的里程利用率，2012 年我市“长江水陆甩挂运输试点、陆路甩挂运输试点”等 3 个项目被列入交通运输部第二批甩挂试点项目。

（四）强化科技引领，注重效率提升

加大科技投入，市交委每年安排 1000 余万元资金用于交通科技创新项目，其中对节能减排项目实行优先立项、优先保障资金、优先组织实施的“绿色通道”政策。积极推广节能环保和资源循环利用新技术、新材料。2008 年至今先后开展了新能源 LNG 代用燃料示范工程、三峡库区节能船型研究、固体废弃物修筑农村公路技术等 20 余个重点节能减排项目的技术研究和推广应用。实施了以成渝高速公路复线为依托，推广应用路面再生利用、收费站广场太阳能再生能源利用、隧道节能照明、ETC 收费系统等技术；以寸滩港为依托推广应用靠港船舶岸电、港区智能调度等技术。通过完善公众出行信息服务系统，促进客货运输市场的电子化、网络化，实现信息共享和运输效率提高。

（五）拓展资金渠道，发挥政策引导

一是紧跟交通运输部节能减排专项补贴、国家节能减排财税政策综合示范奖励补助，充分发挥政策叠加效应，市交委严格把关并鼓励企业积极申报国家节能减排专项补助项目。此外，市交委近年来每年列支一部分经费作为节能减排配套资金，对没能争取到国家补助资金，但社会影响好的项目给予资金支持。二是鼓励企业参与碳交易试点。截至目前，我市草街航电枢纽和城市 BRT 项目在全国交通运输领域率先实现 CDM 项目交易。三是积极发挥收费政策引导，市政府出台了对符合国际标准集装箱车辆均按照三型货车收费，进出万州、涪陵、九龙坡、寸滩港走水路运输实行通行费优惠政策。

（六）狠抓试点工程，发挥示范效应

从 2011 年至今，重庆低碳交通运输体系试点推进了 12 个示范项目，目前整体进展顺利、示范效应明显。其中靠港船舶岸电系统示范、港区智能调度系统已建成并投入使用；城市公共交通综合运营信息平台已试运行；公交与轨道交通接驳线路优化方案已完成，并在 19 个轨道站点实施与地面公交站点的无缝衔接；全面推进“十城千辆”新能源汽车示范工程，城市公共交通新能源汽车配套工程和车辆投入逐年加大。绿色低碳交通试点项目的实施节约了能源，降低了排放，为 2012 年重庆蓝天天数达到了 320 天、创建环境保护模范城市作出了巨大贡献。

2013 年重庆又启动了 5 大领域 31 个低碳交通城市区域性示范项目，市交委将在交通运输部的统一部署下，结合重庆“建设美丽山水城市”战略要求，进一步加大工作力度，在抓示范项目的同时，强化能耗统计监测、标准法规制定等方面的能力建设，促进行业低碳化发展，为山地港口城市构建绿色低碳交通运输体系树立典范。

二十三、常州市公共交通集团公司

着力发展低碳公交　打造绿色公交模式

（常州市公共交通集团公司）

常州市公共交通集团公司是以经营市内公交客运为主的国有企业，创建于1960年5月。到2012年底，拥有在册职工6071人，各种运营车辆2590辆，运营线路197条，含支线257条，线路总长3456.6公里，年客运量4.12人次。近年来，集团公司以建设"人民满意的现代化和谐公交"为目标，以科技和管理为抓手，全面推进品质公交建设。公司在节能减排、科技创新和企业文化建设方面成绩显著，先后被评为中国城市公交科技创新优秀企业、中国城市公共交通节能减排优秀企业、中国绿色公交优秀贡献企业、学习型组织·中国优秀组织奖、中国低碳公交优秀企业、推动中国公交发展特别贡献奖等。我们的具体做法是：

（一）创建管理标准，以改革创新促低碳公交建设

1. 创建企业管理标准

根据公司机构改革，职能调整的实际情况，建立了公司质量、环境、职业健康安全和社会责任的"四位一体"管理体系，实现管理体系覆盖所有部门。

2. 形成降本增效机制

集团公司一直将降本增效工作作为提升其内部管理的一项重要内容，通过改革燃料结构、控制燃料材料消耗、扩大修旧利废范围、物资比价采购、能源计划供给、压降轮胎费用等几个方面，降低企业生产成本。制定年度降本增效计划，实行月度分解推进，提高企业管理效能，2012年全年降本增效共计4497.65万元。

3. 实施燃料定额改革

常州公交于2011年开始制定新的车辆车型线路百公里消耗定额标准。自2012年元月开始执行新燃料消耗定额以后，燃料消耗节约效果显著。2012年柴油平均消耗30.66升/百公里，标准定额为33.18升/百公里，2011年为32.54升/百公里；2012年天然气平均实际消耗39.85立方米/百公里，标准定额为45.16立方米/百公里，2011年为43.42立方米/百公里。共计节约燃料费用1945.11万元，公司燃油成本下降了5%。与2011年相比，节约柴油共计214.42万升，减少二氧化碳排放量5875.57吨。

4. 完成维护定程改革

常州公交在公司营运车辆结构发生根本性变化、车型配置大提升的前提下，积极探索制定了科学合理的公交运营车辆一、二级维护定程。通过半年多的科学严谨的跟踪、测算，制定了新的公交运营车辆一、二级维护定程。由于新定程的执行，2013年将降低材料消耗费用514.65万元，减少停厂

车日2931天。

(二)实行各类优化,以快速公交促低碳公交建设

1. 快速公交系统作用明显增强

经过近几年的大力发展,目前常州快速公交已形成由2条主线、3条区间线、7条支线和2条环线组成的“十字加环”快速公交系统网络。其中主线长50.4公里,公交专用道比例近100%;支线长136.4公里,环线长25.9公里,日均客运量达到35万人次,占全市公交日均客运量的30%。

常州快速公交系统采用首创中央侧式站台模式、实行公交低票价政策、成功开发智能化系统、首创组合线路运营模式四大创新特点。经测算,通过发展快速公交系统,减少了常规公交车辆277辆,通过转变交通方式、改进大容量公交车车辆技术、完善运营系统,年均节约燃料467万升,相当于减少二氧化碳排放12605.7吨。随着快速公交的不断完善,将吸引更多的乘客放弃私人机动化出行换乘快速公交,节能效益将逐年增加。有效地减少小汽车的使用率,减缓交通拥堵,减少车辆污染物排放,降低能耗。同时大量集散乘客,节约居民出行时间,刺激经济发展,提升城市形象的优势。常州快速公交已产生了良好的典范效果,形成了具有特色的“常州模式”。

2. 选择公交出行的市民明显增加

公交日客运量从2005年平均每天47万人次,增加到目前的日均110万人次,增加了1倍多。2010年“五一”节日客运量达160万人次,再创常州公交成立以来日客运量之最。根据测算,公交出行比例由原来的8.94%增长到现在的25.8%,同时选择刷卡乘车的比例也由原来的9.54%增长到63.62%。全市公交IC卡拥有量2011年4月达到131万张。

3. 城市道路通达能力明显好转

与2005年相比,现在每天有约60多万人次改变原来的出行方式,改乘公交车出行。一方面减轻了政府投资城市道路建设的压力,另一方面,道路通达能力明显好转。据常州交通台统计,过去报路况拥堵信息平均每天约60~80条,2007年底以来平均每天只有20条左右,而且都在早晚高峰时段。2008年初我市通过公安部、住房和城乡建设部联合组织的畅通工程评估验收,达到了“A类一等管理水平”,是江苏省继南京、苏州之后第三个获得这一奖项的地级市。

4. 常州城区环境质量明显好转

这几年,常州市新增的公交车,排放均达国Ⅲ标准,同时对635辆车实施“油改气”和“柴改气”改造,环保车比例达88%。对城市的空气污染大大减少。另外,日均106万人次的客流中,13%左右是从其他机动方式转移过来的,间接减少了排放。

(三)技术创新应用,以绿色装备促低碳公交建设

1. 装备高配置环保公交车

在市政府的大力支持下,集团公司在车辆配置、新技术、智能型、环保型应用上下工夫。在2011年6月15日常州公交清洁能源车辆发车仪式在常州黄海汽车有限公司举行,常州公交启动了全省

首批380辆国三排放标准的天然气能源公交车,1年可减排800吨。集团公司首次在线路上投放687辆国四排放标准公交车,避免今后车辆被淘汰。2011年7月1日前集团公司共投放575辆环保空调车,在全国同类城市中率先实现空调公交车全覆盖,有效地提高了乘车的品质。

常州公交2600多辆运营公交车中,国Ⅱ柴油车268辆,占10.3%;国Ⅲ柴油车1304辆,占50.1%;国Ⅲ天然气车279辆,占10.7%;国Ⅳ天然气车380辆,占14.6%;国Ⅳ柴油车369辆,占14.2%。

2. 科技创新完成“柴改气”工程

2010年6月集团公司启动“柴改气”方案,使用压缩天然气作为新型能源,利用大修厂现有的人员、技术优势,因地制宜,结合自身线路运营实际需求,投资1000多万元,开创了常州公交“柴改气”工程科技创新的新篇章。2011年5月顺利完成了165辆“柴改气”工程,每年节约燃油费508.73万元,减少碳排放380.5吨,这次“柴改气”项目的成功,标志着集团公司倾力打造绿色品质公交的步伐已经向前迈进了一大步。

3. 加快推进清洁能源应用

常州公交2006年进行“汽改气”工程,共计改装516辆,取得了明显的经济效益和社会效益;2010年又进行了“柴改气”工程,共计改装165辆。在改装的同时积极采购天然气清洁能源车辆,2010年购置天然气车(CNG)50辆,2011年购置天然气车380(CNG)辆,2012年购置天然气车(LNG)200辆,至2012年底拥有天然气清洁能源车辆(CNG、LNG)839辆,占车辆总数的31.52%。

公司燃料成本占公司经营成本的40%。自从大批量使用天然气车辆以后,给常州公交带来了显著的经济效益和社会效益。天然气车取代柴油车,燃料成本大幅度降低。2012年公司同类型车辆12米柴油车百公里平均消耗30.66升,燃料成本为239.15元;天然气百公里平均消耗39.85立方米,燃料成本为149.44元,通过天然气与柴油差价,每百公里节约近89.71元。每年减少柴油消耗671.67万升,减少二氧化碳排放量18405.22吨。

4. 实现公交建筑绿色低碳

集团公司信息指挥中心建筑的屋面、外墙面均采用了国内先进的保温隔热材料,对建筑物提供有效的保温节能性能;建筑的窗户采用中空双层玻璃,型材采用断桥隔热,节能环保;建成西林公交立体枢纽站,并采用天窗自然采光,透光性强,具有环保节能的功效;空调采用一体式机身结构设计,具备新风节能、大风量、高显热、高效过滤、网络控制等功能,满足高负荷长时间连续运转的散热要求;快速公交、广告灯箱等照明广泛应用LED灯。

5. 设备节能资源循环利用

集团公司目前有洗车台15台,其中13台配备了水循环系统。配备水循环系统的洗车台的节水率能够达到60%~70%。将燃煤锅炉更换为经济环保的燃气或燃油锅炉。每台气锅炉相较于燃油锅炉一年节约燃料费用40万元,减少碳排放170吨。

公交车辆使用轮胎磨损到极限后,都会经过轮胎翻新重新使用。翻新轮胎能达到新胎的80%使用率,成本是新轮胎的30%~40%。常州公交2012年使用翻新轮胎6545条,节约成本530万元,更加重要的是减少了5000余条新轮胎的使用,降低橡胶制造的污染及碳排放。

(四)实现智慧公交,以科技信息促低碳公交建设

1. 智能调度系统实现全面覆盖

2012年8月26日实现了集团公司智能调度系统全面覆盖,这是常州公交运营管理的重大变革,迈出了常州公交走向科学管理、智能管理的关键一步。集团公司通过智能调度全面推广,在营运上科学调度,合理安排运力,日平均班次减少1288车次,年班次减少47万车次。年减少行驶里程约799.2万公里;年节约柴油消耗约254.43万升,经过计算节约营运成本约4395.60万元。其中,减少油耗费用约1783.55万元。相当于年节约能源31506.8吨标准煤、年节约能源2205.55吨标准油,减少二氧化碳排放6889.72吨。

2. 掌上公交实现市民智慧出行

常州掌上公交系统已经全面发布应用,该系统充分结合无线通信技术和公交智能信息系统,实现了公交信息发布功能、公交预设提醒功能、电子站牌显示功能、公交线路查询功能、公交站点查询功能、线路换乘查询功能、车辆锁定查询功能、公交地图显示功能、智能收藏便捷九大功能。这套实时查询公交运营信息的手机客户端软件系统,为乘客智慧出行提供便利。

3. 基本实现常州智慧公交

常州公交信息指挥中心全面启用,具有应急指挥、运行监管、安全监管、设备监管、服务监管、舆情监管、数据分析等七大功能。该中心是常州智慧公交的指挥中枢,也是常州公交实现了"集中监管、分级调度、现场保障"三级监管模式,中心的启用标志常州智慧公交基本实现。

综上所述,在做好低碳公交建设工作的过程中,我们得出了以下几点体会:

一是创新管理体系,完善保障制度。在节能低碳工作中,需要加强企业管理建设,在"四位一体"管理体系中,融合节能减排、低碳环保的理念,提高员工的低碳意识。在低碳项目建设和运营过程中,要进一步明确制度和职责,形成项目的有效应用和长效管理机制。

二是加强技术力量,引进人才培养。在节能低碳工作中,公司引进了一批从事相关专业的大学生,通过不断地培训和学习,业务能力、技术水平等方面得到了锻炼,但是节能低碳工作所涉及的专业领域广,技术含量较高,专业节能领域的人才比较缺乏,比如在信息化系统建设过程中所需的专业软件开发人才和系统维护骨干。

三是加强员工培训,深化低碳意识。节能低碳工作是带有一定技术含量,并涉及集团公司管理、建设、运营等各方面的系统性工作,对从业人员有比较高的要求,因此集团公司需要加大对公司员工进行节能低碳的专业培训,提高员工的节能管理和业务水平,深化低碳意识,在日常工作和生活中逐步养成低碳环保的行为习惯。

低碳公交的建设之路还很长,我们常州公交将会在探索中前进,在前进中不断总结与完善,积极推进公交的转型升级,努力巩固发展成果,坚持"好"字当头、"好"中求快的方针,全面推进低碳公交建设,实现人民满意的现代化和谐公交的目标。

二十四、金南物流科技股份有限公司

绿色物流　智能货运

（金南物流科技股份有限公司）

近年来，随着国家“低碳环保、集约发展”理念的大力倡导，特别是党的十八大首次把生态文明建设纳入中国特色社会主义事业“五位一体”总布局，大力开展节能减排，构建绿色交通运输体系，成为交通运输“十二五”规划的重要目标和任务。作为节能减排效果明显的先进运输方式，甩挂运输在行业主管部门的大力扶持以及广大企业的积极呼应下，正在我国逐步推广和展开。

2009年，为满足一些客户物流业务和货物流转的需求，金南物流开始启动甩挂运输试点，提高作业效率，有效降本节支，初步获得节能减排的预期效益。金南物流科技股份有限公司（以下简称“金南物流”）作为探索先行者，于2010年制定了企业“十二五规划”，把“以低碳经济、可持续发展为主线，大力发展甩挂运输”、“打造物联网智能物流”、“大力发展规模化、集约化干线运输”等三项关联工作列入公司七大发展目标。在多年的实践过程中，公司不断总结经验，清晰“绿色物流、智能货运”的发展理念，完善发展规划，节能减排工作有条不紊地展开和推进。目前，在组织架构完善、甩挂模式创新、信息化建设、物流产品研发、车辆购置投入、智能站场建设、新能源应用、企业联盟合作等各方面，金南物流始终把“绿色低碳、科技先行”放在首位、优先实施，节能减排工作已经深刻植入公司运作和发展的每一个环节。

金南物流注重节能减排的不懈努力和突出成绩，得到行业主管部门、兄弟企业以及新闻媒体的普遍关注和高度认可。期间，部省市各级领导多次前来公司调研和考察节能减排工作，予以关心和指导。多年来公司相继被评定为AAAA级综合型物流企业、江苏省高新技术企业、江苏省物流企业技术中心、江苏省交通物流龙头企业、全国百家诚信物流（快递）企业、江苏省道路货运五十佳质量信誉企业，江苏省快货品牌线、无锡市A级纳税信用等级、无锡市劳动保障诚信企业等荣誉称号，2012年金南物流被国家发改委和交通运输部认定为首批甩挂运输试点企业，成为无锡唯一入选获中央预算资金扶持的物流企业。

我们的主要做法是：

（一）创新甩挂模式发起联盟合作

经过多年的发展，金南物流积累了众多的优质客户资源，公司根据客户生产计划、货物运输线路、货物运单托运的货物重量或容积等情况，运用物联网信息化技术有效组织车辆、人员及线路，创新和形成整车干线、零担专线、短驳中转运输等多种各具特色的甩挂运输模式。

例如针对一些物流周转固定、货物量较大的大型客户，金南物流主要采用点对点的整车干线甩挂模式，其特点为以整车整运为主，即一次运输指令满足一车次所能运输的载重空间，需要有长期稳定大批量的货源，主要运营地点为客户端（仓库）或客户指定地点。

针对一些货量少、品种多、多点流转的零担客户，我们综合各快运专线业务，最大限度增加载货量，通过先进的调度和管理系统，快速正确地分理和汇集货物，实行零担专线甩挂模式。其特点为通过信息系统的支持，快速便捷地组织货源，安排车辆，解决了传统模式零担运输装货时间长、批次多、批量小、资源浪费严重的弱点，从而提高运输效率。

针对如小天鹅等多种物流服务交叉介入的老客户，在生产和仓储基地之间的多向物流链中，提供成品和配件的运输、仓储、管理、调配等系列服务，根据短途的特性，采用短驳（中转）甩挂运输模式。其特点为通过甩挂运输模式运作，可有效地降低客户端作业车的数量，牵引车只需按照系统指示作业，减少装卸等待的时间损耗，从而解决大型企业逐步将生产基地与仓库剥离或者外包后衍生的短驳中转难题。

据对小天鹅600万台洗衣机中转运输的统计，对比传统运输方式，采用短驳（中转）甩挂运输方式后，车辆投入从26台整车减少为7台牵引车（其中1台站场牵引车）和15台挂车；作业人员从40人降为20人，减少50%；每车每月运行次数增加86.19%，单车运输成本下降34.01%；总燃油消耗降低11.03%，二氧化碳等废气总排放量降低11.03%，可节约能源折合70.88吨标准煤，节能减排和降本节支效益十分显著。

截至2012年底，金南物流在全国主要省市已成立五十余家分支机构，开通十二条甩挂零担专线和六条整车干线，拖挂比率达到1:2.6，甩挂运输业务量已占公司总业务量的28%。

通过多年的探索，金南物流日益认识到：单个企业开展甩挂运输，存在着业务量支撑不足、资源网络不健全、投入巨大等制约和瓶颈，难以实现最佳的效率和效益。因此金南物流积极寻求企业合作，开拓崭新的甩挂运输合作平台。2012年7月在省交通运输厅等部门的大力支持下，由金南物流倡议发起，联合省内其他三家国家级甩挂运输试点企业（苏州苏汽集团、南京金陵交运和南通林森物流）成立了江苏省甩挂运输联盟，明确了优势互补互利共赢、整合资源扩大市场、经验互享成果共益、平等协商有序竞争的合作原则。不同于其他甩挂联盟，苏盟不是行业主管部门之间松散型区域合作，而是物流企业之间紧密型合作。

2012年12月，我国首个物流联盟实体公司——苏盟物流股份有限公司（以下简称“苏盟物流”）正式成立，由联盟成员共同投资5000万元，股份均等，利益共享，风险同担，四家企业有了紧密而无私的合作载体。作为国内权威行业报刊，《中国交通报》曾整版刊登专题报道，评价苏盟物流为“同心谱就华章，携手共赢未来，打造甩挂运输规模化发展新高地”。

现阶段，苏盟物流除了研发江苏省交通物流信息公共服务平台外，另一项主要工作为循环甩挂运输的启动和开展。循环甩挂运输模式，即成员单位将相关对口业务进行剥离，并持续投入增量业务，借鉴成员单位苏汽集团在苏锡常通组建大运客运的成功经验，凭借各自的区域和品牌优势，有效连接定向物流资源，提供甩挂运输业务量支撑，联合开设甩挂运输专线，推进所属地区间两点或多点甩挂运输业务合作，构建我省甩挂运输网络合作体系的雏形，利用所处地域的各自资源和业务优势，目前，苏盟物流已开通南京⟷无锡（苏州）、连云港⟷无锡（苏州）、南京⟷南通、连云港⟷南京等局部线路，至2013年末，将初步形成苏⟷锡⟷宁⟷通⟷连五地循环甩挂运输，今后将吸纳其他试点企业，实现站场、车辆、业务、采购、竞标、信息化等资源共享和联合，形成成套的合作机制和运作模式，逐步扩展至全省十三个市，覆盖华东地区，最终实现多点多线的网络甩挂运输模式。

（二）研发科技新品构建智能货运

迥异于普通物流企业，金南物流司自创建以来，一直非常注重物流技术研发和专业团队建设。目前共有技术研发、系统调试和产品测试等专业人员80余人，拥有信息系统底层框架设计和物流新品软硬件结合的强大研发力量，享有多项国家发明专利、实用新型专利、外观设计专利和软件著作权等自主知识产权。

在实践中，金南物流认识到把人、车、物、场有机融合，实现科学调度和系统管理，是真正实现甩挂运输的重要保障。凭借物联网技术的区域优势，近年来，除了企业信息系统和物联智能站场建设以外，针对甩挂运输的特点和要求，建设爱卡司道路运输车辆监控平台（简称"爱卡司平台"），自主研发了具有拓展性和推广价值的"金南物流物联甩挂运输管理系统"，并推出基于物联网、智能化、信息化技术的"iTruckS甩挂智能车载终端"和"手持终端现场调度系统"等高科技作业工具。

爱卡司平台有机融合物联网和3G网络应用，采用北斗/GPS卫星双模定位、GIS地理信息系统、RFID射频识别、GPRS通用分组无线通信服务和传感网等高新技术，有效解决了远程车辆监控、拖挂车货匹配和现场调度作业等众多技术难点和管理瓶颈，构架"安全、高效、节能、环保"理念，实现了从经验管理到科学管理、从静态管理到动态管理、从定性管理到定量管理、从结果管理到过程管理的提升和优化，达到最优的降本增效、节能减排效果。

该平台由统一消息通信框架、业务数据处理框架、物联甩挂运输管理系统、爱卡司甩挂智能车载终端系统（包括牵引车和挂车）、手持终端现场调度系统、数据采控网关、后台数据处理平台、行业管理平台接口等组成，能够采集营运车辆的各种相关信息并传输至后台，进行云计算处理，及时地反馈至企业和行业主管部门的管理平台。系统具有信息采集管理、作业跟踪管理、主挂匹配管理、车场对接定位、现场调度管理、油耗油量管理、在线故障分析、安全驾驶保障、载重动态监测、货厢环境监测、音频视频监控、主挂轮胎管理、电子运单管理、电子转账管理等十四大功能。

爱卡司道路运输车辆监控平台的应用，大大提升了公司服务环节中的作业效率，降低了作业误差。以小天鹅成品和配件运输为例，原传统模式运输方式中，到货及时率仅为93%，而货损货差高达3%。采用甩挂运输方式后，通过爱卡司平台的科学调度和管理，到货及时率提升到98.2%，货损货差降低至1%以下。以公司合肥⟷武汉甩挂运输专线为例，去程货物主要是家电、轮胎、零担，返程货物主要有成品纸、家电和零担，通过系统的智能化科学调度，运输指令响应时间从传统模式的3小时缩减至1小时，运输时间（含装卸时间）从传统模式的10小时降低至6小时，单车货运量提升了46%，成本降低了30%。金南物流的服务质量和客户口碑得到明显提升，市场份额得到快速扩展。

目前，爱卡司道路运输车辆监控平台和北斗/GPS双模卫星定位其次行驶记录仪产品已在金南物流和苏盟物流的甩挂车辆安装和应用，今后将不断升级和完善，在交通运输部通信信息中心的指导下，通过部技术标准评测，成为行业推荐产品，进入市场推广和营销，成为公司拓展第四方物流、培育业务新增长的强大利器。2012年4月，金南物流作为先进代表，在交通运输部甩挂运输试点推进会议上做专题介绍，引起同行强烈关注。冯正霖副部长在会议发言中，特别肯定金南物流在甩挂运输技术推广应用方面的成绩。

近期，苏盟物流不仅承接江苏省级交通物流信息公共平台建设的重任，还将承担今后的系统维护和运作，为此金南物流将投入全部研发团队。这是省交通运输厅的重点项目，投资3000万元，计划于2014年底完成。系统包括公共信息服务、联盟调度服务、物流企业服务、货主企业服务、接口交换服务等五大模块共50多项功能，汲取苏盟成员企业信息系统的优点，融合金南物流的爱卡司平台技术，对接江苏省铁水联运公共服务信息系统等其他省级平台，对外提供物流公共信息资源共享、物流应用云计算、物流数据交换接口、物流业务协作生产等信息服务，从而提升我省的产业组织效率、物流业信息化水平、社会经济运行效率以及相关主体协同能力。平台上线后，将利用其公共性、开放性和共享性，在行业普及和推广，最终打造为具有聚集效应和良好口碑的国内先进物流信息平台。

（三）投入节能车辆采用环保能源

自开展甩挂运输以来，公司明显加大车辆购置力度，在新增的车辆中，对普通柴油车型一票否决，全部选用节能车型和新能源车型。2010年，金南物流批量采购列入交通运输部推荐名录的一汽解放J6牵引车，该车采用一汽锡柴最新研制的国III柴油发动机，符合国家和行业节能减排的技术标准，同时在新购车辆上加装了：

（1）扰流器，有效减低风阻，减少燃油损耗。

（2）真空轮胎，没有内胎，安全防爆，低摩擦力，环保节能。

（3）铝质轮毂，减少车体重量，降低油耗。

2012年，苏盟物流和苏南物流采购一批LNG液化天然气牵引车，投入循环甩挂运输。虽然LNG车辆购入成本较高，加气网点较少，但天然气作为汽车燃料，污染物排放更少，单位燃料价格更便宜。相较柴油车型，采用LNG可节约燃料成本约29%，排放一氧化碳减少98.87%，碳氢化合物减少83.3%，氮氧化物减少30.95%，颗粒排放物减少85%以上，同时不含铅尘、硫化物和苯类有害物质，有着明显的节能减排优势。

2012年，苏盟物流和苏南物流还在所有其他柴油车辆上安装日本最新科技产品——飞力FENIC燃料改质器。改产品使燃料的燃烧效率获得提高，我们对运作小天鹅业务的所有甩挂车辆，进行长达9个月的统计，使用后车辆百公里综合油耗为37.13升，比使用前的42.72升减少12.38%，不仅节约了能源，而且通过提高燃烧率，相应减少有害气体排放，产品通过权威机构评测，使用该产品能减少一氧化碳排放4.2%～4.4%、碳氢化合物排放44.1%～49.2%、黑烟排放20%～40%。

目前金南物流已配备甩挂运输车辆共231辆，到“十二五”期末，甩挂运输将达到牵引车400辆、挂车1000辆的车辆规模。今后在新购车辆中，将优先选用液化天然气车型，逐步淘汰现有柴油车辆，确保甩挂运输车辆全部达到国III排放标准，新能源车型占比日益扩大。随着我国LNG、CNG等加气网点布局的不断完善，新能源车型的节能减排效果将有效凸显，预计通过2年左右的运作，降低的运输成本便能抵消车辆购置增加的成本，实现企业效益和社会效益的共同提升。

金南物流的环保理念，也感染着同属金南集团的其他企业。金南驾校不仅首批采用模拟驾驶器等节能教学,而且所有教练车全部“油改气”,改用 CNG 燃料。如果按培训 5000 名学员计算,“油改气”后每年可节约燃料成本 408950 元,下降 20.21%。2010 年,根据驾培车辆的特性和要求,在无锡地区又率先推出纯电动教练车教学。2013 年首创并推出“移动驾校”,车辆分为三个功能区:前部装有液晶视屏,为交通法规教育区;中部装有四台模拟驾驶器,提供学员模拟驾驶练习的,尾部是两台触摸式的电脑,提供学员理论培训以及模拟考试。“移动驾校”将报名咨询、理论培训、模拟驾驶、学员接送、流动宣传等多种功能结合在一个流动的载体,不仅方便和服务学员,而且极大降低学员个体流动,节约公共交通资源。金南驾校不仅是江苏省五家 AAA 级诚信驾校之一,而且以突出的成绩,荣获省内同行唯一的江苏省放心消费示范企业。

另外,金南物流旗下的交通汽车股份有限公作为华东地区知名的特种车辆制造厂家,为金南驾校研发和定制纯电动教练车,在原有普通教练车的基础上,把原汽油的发动机换为电力驱动,电力驱动主要有电机、专用电控总成、蓄电池 3 大部分组成,具有保留原有驾驶性能和特征、离合器操作模拟、不燃油零排放、续驶百公里以上、最高时速达 50 公里、方便的 220V 交流充电、无需内燃机维护费用等特点,现已更新至第三代产品。“移动驾校”大巴也由该公司研发,布局合理,功能完善,性能可靠。

(四)建设智能站场打造绿色仓储

2010 年起,公司投入巨资,利用物联网技术,对广石路站场实施智能化改建,为 2013 年启动的无锡新区大型物联甩挂运输站场新建项目,提供现代化新型站场的雏形和样本。至 2012 年,广石路站场改建项目基本完成,该站场具有十大功能:

(1)立体货架的分拣仓库;

(2)物联网智能仓库;

(3)中枢智能指挥中心;

(4)国内领先的物流技术研发中心;

(5)3G 网络物流甩挂业务受理中心;

(6)物联网智能车辆和人员出入管理系统;

(7)物联网智能数字化监控系统;

(8)物联网智能托盘管理系统;

(9)物联网智能水电管理系统;

(10)物联网数字化 LED 信息显示平台。

通过这些功能的实现,有效提高了公司甩挂运输和智能仓储之间的科学运作和协同配合。

2013 年,金南物流经过充分的调研和论证,结合无锡地区地理位置和气象资源的优势,决定在广石路站场实施“屋面阳光工程”光伏发电站一期项目。该项目充分利用广石路站场 1 号、2 号仓库房屋顶和金南驾校训练场地,安装高效多晶硅电池组件,充分利用无污染的太阳能资源。太阳能光电系统效率为 80.831%,年平均发电量约 431.94(万 kWh),按 25 年生命周期计算,总发电量可达 10798.61(万 kWh)。经测算,和燃煤火电站相比,按标煤煤耗为 340g/kW · h 计算,每年可为国家节约标准煤135.64吨。相应每年可减少多种有害气体和废气排放,其中减少SO_2排放量约为11.96吨,NO_x(以NO_2计)排放量约为1.136吨。金南物流将在新区智能甩挂运输站场建成后,实施"屋面阳光工程"光伏发电站二期4000kWp项目。实现节约建筑能耗、补充企业用电以及减少电网压力等诸多绿色环保成效。

全国首家以"甩挂运输"命名的金南物联甩挂运输股份有限公司,于2012年在无锡新区空港物流园成立,总投资5亿元,首期注册资本1.5亿元,建设大型物联智能甩挂运输站场和高层立体仓库,一期工程占地八十亩。金南物流将在广石路智能站场项目的基础上总结完善,优化设计,精心打造。新站场主要由智能立体仓储智能配送货场、物流指挥中心、智能停车场组成,将运用新一代通信、射频识别、地理信息卫星定位、电子数据交接、电子条码、云计算等先进技术,将物联网和智能嵌入功能真正融入智能楼宇、货物运输、设施感知、安全运营、优化调度、联合配载、多式联运等领域,发展以收货、分拣、仓储、调度、配载、信息等智能化物流链服务,打造成为绿色、高效、智能的现代化甩挂运输站场,树立行业典范在全国推广。

(五)普及环保意识强化运作机制

公司秉承节能减排、绿色环保的发展理念,不仅体现在管理层的重视倡导和硬件的建设投入,更需要普通员工的认知趋同和及时响应。近年来金南物流通过各种途径和方式,在公司内部积极宣传和普及,把节能减排意识潜移默化,深植员工心中和日常工作,如建立节能绩效考核、拍摄环保宣传片、集团内刊环保专栏、驾驶技能培训、开展节能竞赛、表彰节能标兵等,长年以来,公司在节能减排方面形成一套成熟的激励机制。平时,员工自觉做好车辆和设备的日常维护工作,降低维护成本。公司针对驾驶员制定了节油奖励办法,节约部分的50%返还奖励给员工,以提高驾驶员的积极性。员工们多已养成节约能源的好习惯,合理使用电器,自觉为节能减排尽一点绵薄之力。2012年,金南物流的徐后强和金南驾校的苏芳荣膺江苏省第二批驾驶节能标兵,是无锡市货运和驾培企业中仅有的两位先进代表。

2012年起,金南物流将现代物流各链服务和甩挂运输业务逐步整合,优化资源和人员配置,实现专业经营和定项管理。例如,成立金南物联甩挂运输股份有限公司,建设新区智能站场和立体仓库;成立无锡爱卡司科技有限公司,从事物流解决方案和系统产品研发,扩展第四方物流经营领域;把所有物流仓储以及货物包装、装卸等业务,归并入无锡新东南物流有限公司;重启无锡金南国际货运代理有限公司的运作,完善现代物流周转环节;江苏日日顺华东物流有限公司,是金南物流与海尔电器集团有限公司(H股01169)共同投资成立的合资公司,为海尔提供对口物流服务,业务覆盖江苏、浙江、安徽、上海等省市。

金南物流还将相关业务整合,创建无锡金南城市配送有限公司,旨在专项拓展和创新,突破城市配送"最后一公里"的物流瓶颈。金南物流计划投资购买300辆城市配送专用车辆,服务无锡地区。车辆采用统一标识,统一管理。在无锡地区建成新区、洛社、江阴、宜兴五大配送中转基地,形成总部管理、基地辐射(四点一中心)的城市配送架构。金南物流将不断完善城市配送组织、扩展配送网络、加大投资规模、降低运行成本,创建具有金南特色的城市配送标准,实现企业和社会效益的双赢。

金石之策领环保新风，科技驱动筑锦绣金南。在各界同仁的支持和帮助下，金南物流员工将齐心协力，不断奋进，致力甩挂运输和节能减排方面的探索。在“十二五”期间，力争实现“五个一”规划，即建设1个国内领先的大型物联甩挂站场；第三方物流年营业额突破10亿元；在全国建立100家分支机构；公司甩挂运输车辆增加至1000辆；客户数量发展到10000家。金南物流将进一步提升物流服务功能，提高物流运作效率，优化物流增量资源，增强物流持续发展能力，创新集约式、内涵式科技转型的发展模式，以科技促进发展、以发展带动转型，为推动我国物流行业的健康有序发展、为实现国家节能减排的战略目标作出应有贡献。

二十五、江苏省高速公路经营管理中心

低碳公路　生态宁宣

（江苏省高速公路经营管理中心）

低碳、节能、环保、可持续发展是当前世界关注的热点问题。为了响应国务院发布的关于低碳环保、节能减排的倡议，我国各行各业在各自的领域均进行了大量的工作，道路交通作为国家经济发展不可或缺的支柱行业，提倡和实现道路建设、养护期间的低碳环保、节能减排任务，责无旁贷。

随着“十二五”交通运输体系节能减排工作的不断推进，交通运输部结合交通运输节能减排工作实际需要，在2013年扩大区域性项目和主题性项目建设管理试点范围，江苏省宁宣高速公路被列入全国首批绿色低碳公路主题性试点项目。

为了建设好宁宣绿色低碳公路，发挥主题性项目的示范效益，项目建设管理单位江苏省高速公路经营管理中心紧扣“低碳公路、生态宁宣”主题，围绕主题性项目建设及考核目标，在设计、建设、运营等方面构建了一系列管理体系及措施，确保宁宣绿色低碳公路顺利建成通车。同时通过低碳环保技术合理的应用，打造科技示范低碳路，将绿色低碳的理念落实到公路建设的每一个环节，通过应用起到示范宣传作用，为后续类似工程提供借鉴与参考。

（一）统一思想，提高认识，构建坚强组织保障

作为全国第一条将建成通车的绿色低碳公路，在改建工程实施过程中，项目建设管理单位连同相关规划、设计、施工、监理等单位，在项目建设前期通过会议、培训、研讨等方式，认真研读相关政策法规，探讨绿色低碳公路建设的核心理念，树立了以控制资源占用、减少能源消耗、降低碳排放、降低对生态环境的影响为核心目标的基本建设思路，紧密围绕“低碳公路，生态宁宣”主题，力争将宁宣高速公路打造成一条名副其实的主题绿色低碳公路。

为保障宁宣绿色低碳公路项目建设的顺利实施，在上级各主管部门的领导与帮助下，结合项目具体特征，成立了“宁宣绿色低碳公路建设”领导小组。整个领导小组构建了三级组织结构：

(1)综合协调组，江苏省交通运输厅为牵头单位，联合项目建设上级主管企业江苏交通控股有限公司，构建了以李先友副厅长、蒋振雄处长为组长的项目综合协调组，主要职能定位于项目开展过程中相关协调、指导与监督工作；

(2)项目实施组。项目建设管理单位江苏省高速公路经营管理中心为牵头单位,联合南京市公路建设处,同时还包括参与项目建设的设计、施工、监理等单位,构建了以顾德军主任、陈玉良处长为组长的项目实施组,主要职能定位于项目实施的组织与管理;

(3)技术支持组。技术支持单位交通运输部公路科学研究院牵头,联合江苏省交通科学研究院股份有限公司,构建了以虞明远研究员、张志祥研高工为组长的技术支持组,主要职能定位于项目实施过程中的技术把控及咨询。

(二)紧扣理念,重视目标,实践科学低碳技术

1. 紧扣绿色低碳公路建设理念,实践全寿命周期节能减排策略

在项目建设前期,在认真研读、探讨绿色低碳公路建设核心理念基础上,在规划设计期,以实现全寿命周期节能减排为目标,进行了低碳节能技术方案、施工工艺、运营管理、养护等多方面的设计研究,不仅重视建设施工期的节能减排效益,同时也重点关注后期公路运营管理低碳理念的实践。

(1)低碳节能技术方案设计。围绕宁宣改建工程特点,分别针对路面工程、桥梁工程、交安设施工程、房建工程等,开展了沥青路面再生技术、温拌沥青、成品橡胶沥青、冷铺水性环氧防水黏结层、桥梁标准化构件、节能照明、不停车收费ETC、风光互补供电、建筑墙体隔热、太阳能电站、地源热泵空调系统、中水回用等低碳节能技术的方案设计工作;

(2)低碳节能建设与施工策略。结合宁宣改建工程建设特点,分别从施工工艺标准化建设、施工设备能耗管理、施工组织管理三个方面提出了公路建设过程中的低碳节能策略,确保集中能耗及排放的施工环节做到最大限度上的节能减排;

(3)低碳运营、养护与管理策略。拓展公路建设范围,关注后期宁宣运营管理工作重点,分别针对运营管理、养护提出了用户节能感知系统、智能能耗管理系统、低碳节能养护策略等,进一步实现宁宣高速公路全寿命周期内的节能减排效益。

2. 围绕宁宣绿色低碳公路建设目标,实现预期节能减排效益

在项目实施方案编制阶段,结合宁宣高速公路改建工程特点及各节能减排技术措施的特征,以节能和减排为核心控制指标,编制了宁宣绿色低碳公路建设考核目标,其中包括节能目标、减排目标、绿色环保指标、建设施工指标、运营养护指标等,并提出了具体的考核指标值。围绕绿色低碳公路建设目标,项目建设管理单位结合工程分项技术特征、施工进度计划特征、参与工程单位性能等因素,对建设指标进行了进一步细化,用于控制工程整体实施过程的节能减排效益。预期通过更为细化的目标控制,来实现工程建设预期节能减排效益。

(三)过程控制,精细管理,打造绿色低碳公路

1. 建立健全各级质量及节能双控保证体系

本工程区别于以往的高速公路改建工程,在保证控制工程质量的同时,项目建设单位围绕绿色低碳公路建设目标,提出了节能效益控制目标。基于项目质量和节能的双控指标,项目建设指挥部

通过制定各项管理制度、办法、措施，建立健全各级质量及节能双控保证体系，将工程项目质量和节能减排指标落实到具体的责任单位及个人。江苏省高速公路经营管理中心和南京市公路建设处派出业主代表行使业主质量和节能管理职能，交通部公路科研院和江苏省交科院派出技术服务代表对施工单位实施质量及能耗进行定期数据采集与监控，实施承包人对工程质量和能耗实施自检和全过程控制，并在整个项目指挥部每半月召开总结会议，探讨质量和节能控制工作报表。确保质量和节能双控保证体系运转良好，以达到目标的实现。

2. 加强设计工作管理，落实实施方案理念及技术

根据宁宣工程特点，明确绿色低碳公路工程设计指导思想，确定主动介入设计过程、落实管理职责、以质量控制和节能效益为核心、以过程控制为手段的总体工作思路，制订印发《绿色低碳公路工程可行性研究管理办法》、《绿色低碳公路施工图设计管理办法》等，作为对前期规划设计工作质量进行过程考核和总体评价的依据。同时，考虑到在实施过程中相关参与单位职能的交叉特性，主动衔接协调技术支持单位与设计单位的工作互动，确保《宁宣高速公路绿色低碳公路主题性项目建设方案》相关技术及理念在施工图中充分落实。

3. 加强对各参与单位业务能力培养

本项目基于绿色低碳公路建设理念，广泛采用了新型节能减排技术及措施，与以往工程具有显著的差异。为了更快地提高相关单位工程技术人员业务能力，宁宣项目指挥部通过各种措施强化现场管理及业务人员的技能培训。一方面通过对现有相关技术规范学习与培训，另一方面，对于部分新节能技术，指挥部安排相关技术骨干到典型示范工程中进行现场考察学习，如江六高速公路高模量 EME 技术、南京四桥建筑节能技术等，同时也邀请相关技术领域专家在施工管理和工程技术等方面举办讲座，这一系列举措，为参与宁宣高速公路绿色低碳公路建设的工程技术人员提供了更好的技术支撑。

4. 强化施工过程精细化、标准化建设

施工过程精细化、标准化建设不仅可以显著提高工程质量，同时也是实现施工过程节能减排效益的重要手段。基于工程系统性、综合性、多专业领域的特征，项目建设指挥部委托了交通运输部公路科研院、江苏省交通科学研究院等技术支持单位，基于项目技术实施特性，编制了各专业领域的施工标准化指南，包括《低碳沥青路面工程标准化施工指南》、《低碳桥梁工程标准化施工指南》、《交安设施工程标准化施工指南》、《低碳建筑工程标准化施工指南》等，并通过相关编制单位对一线技术人员的系统培训与讲座，强化施工人员标准化施工意识，从而确保工程质量，减少施工过程中无谓的能耗及排放。

5. 优化施工过程能耗管理，降低施工期能耗及排放

公路建设过程是能耗与排放的集中期，根据实施方案对于施工过程中的能耗与管理策略，宁宣项目指挥部在贯彻节能策略的同时，通过对施工过程能耗的细化管理来达到降低能耗及排放的目的。在实施过程中，首先通过对施工组织计划的优化，合理选择施工断面，减少了设备转场的能源消耗，同时也可显著减少用户车辆能耗；其次通过对施工设备的能效评估，提出设备整改措施，强化施

工单位对设备能耗的管理，并通过周报制度统计单位工程量平均能耗及排放，从管理层面对能耗进行实时监控；再次通过对项目所在地资源的合理调配，基本实现项目区域内的资源供给平衡，如土方填挖平衡等，进而减少对土地资源及其运输过程中的能耗；另外，通过整体调配施工组织和工法，减少了施工临时用地，达到对周围环境、绿化生态的零破坏。

6. 贯彻建设管理质量文件体系

科学、完善的管理体系也是实现工程目标的重要途径。对于管理来说，从现有行业建设管理模式来看，尚未见针对绿色低碳公路的管理模式及办法，而其建设的管理模式及办法对指导今后绿色低碳公路的实施具有重要参考价值。因此本项目，从工程管理角度出发，通过管理文件汇编的方式总结整个工程在实施过程中的相关经验。主要包括：《宁宣绿色低碳公路施工组织管理办法》、《宁宣绿色低碳公路标准化施工管理办法》、《宁宣绿色低碳公路施工设备考核管理办法》、《宁宣绿色低碳公路施工能耗考评管理办法》、《宁宣绿色低碳公路节能劳动竞赛管理办法》、《宁宣绿色低碳公路施工环保管理办法》、《宁宣公路绿色低碳施工理念宣传管理办法》、《宁宣绿色低碳公路运营节能管理工作小组》、《宁宣绿色低碳公路用电、用水管理制度》、《宁宣绿色低碳公路养护管理办法》、《宁宣绿色低碳公路巡查管理办法》、《宁宣绿色低碳公路能源管理奖励与处罚规定》等。

（四）围绕计划，科学管理，强化进度执行力度

1. 倒排工期，动态管理，确保施工组织计划科学合理

根据通车时间要求，项目建设指挥部对整个工期进行倒排，并且将任务分解到每个季度每个月。在计划的实施方面，以季度计划及月计划为基础，在每月25日前，由业主代表处、监理单位和施工单位根据上月完成情况对下月计划进行调整，明确调整后的下月投资计划和下月完成的主要工程数量，并将主要工程数量分解落实到各工区和工点。同时，要求各施工单位必须按照审批的施工组织计划，组织足够的人员、设备、材料和资金进场，实现全线所有有条件的工点同步施工。

2. 靠前指挥，强化计划落实执行力度

各代表处工程管理人员、监理工程师深入一线，加大巡查力度，做到每天巡视工地，督促各施工合同段认真完成各项计划，并对每项计划执行情况进行检查，一旦发现有进度滞后的情况，立即查找原因，马上整改，以确保完成各项计划。同时为进一步提高工作效率，加快处理工程建设中产生的工程变更，为后续施工工序节约时间，宁宣项目指挥部联合工程处、技术处、代表处、总监办、设计代表和施工单位人员深入工程第一线，现场研究，现场答复，各方现场签认，从而进一步强化计划落实执行力度。

（五）重视效应，加大宣传，营造绿色低碳氛围

1. 注重建设经验积累，传承绿色低碳公路效应

作为全国首批绿色低碳公路主题性试点项目，不论在建设还是管理方面，都需经过大量的摸索与尝试。在整个宁宣绿色低碳公路建设过程中，在前期规划设计、建设施工、运营管理、养护等方面，

都汇集了众多参与单位的智慧与经验，为了更好地积累这些建设管理方面的经验，指挥部通过编制施工指南、绿色低碳公路建设管理文件体系等一系列措施，从工程建设和管理中汲取成果，在后期也将以《江苏省绿色低碳公路设计及施工地方规范》形式，向广大的公路管理、建设、设计等管理技术人员传承宁宣绿色低碳公路建设经验，从而达到主题性项目应有的示范效应。

2. 加大宣传力度，营造“低碳公路，生态宁宣”主题氛围

结合交通运输部对于主题性项目建设的指导意见，打造宁宣绿色低碳公路不仅仅立足于工程自身的意义，更多是对整个行业的示范及推动作用。为了更好引导同行对于绿色低碳公路建设核心目标的理解和认识，项目建设单位将会加大宣传力度，努力营造“低碳公路，生态宁宣”主题氛围。首先，基于项目工程特性，以绿色低碳为主题，在宁宣沿线构建“低碳公路、生态宁宣”氛围，为用户倡导更多的低碳行为；其次，结合项目后期运营管理的需要，在既有水平条件下建设绿色低碳公路科普基地，为更多的同行科普绿色低碳理念，也为更多相关工程拓宽绿色低碳公路建设思路；再次，为了进一步促进绿色低碳公路的发展，项目建设单位将以宁宣绿色低碳公路为依托，面向国际举办相关的技术研讨会，一方面总结宁宣绿色低碳公路建设过程中的成功经验，另一方面，通过对国内外相关前沿理念及技术的探讨，拓展广大公路管理建设人员思路，进而推动行业内绿色低碳公路的持续发展。

宁宣高速公路绿色低碳公路工程建设已逐渐步入施工高潮，各项建设管理、运营监管工作都在有序进行。江苏省高速公路经营管理中心将以“低碳公路，生态宁宣”为建设主线，以创建绿色低碳公路为抓手，全面深入推行节能减排理念在公路建设工程中的应用及实践。在交通运输部、江苏省交通运输厅的正确领导下，在全线各参建单位的大力努力下，通过全体管理、技术人员的团结拼搏、克难奋进，积极争创绿色低碳公路示范工程，为全国交通运输业节能减排大发展作出新的贡献。

专项资金管理篇

一、管 理 综 述

2013 年,中央财政投入 7.5 亿元,对公路水路交通运输节能减排 368 个项目给予奖励。其中,一般性项目 329 个,区域性主题性项目 19 个,能力建设项目 20 个。

2013 年在区域性主题性项目、能力建设项目、第三方审核机构认定等制度建立的基础上,加强项目管理实践、完善项目管理程序、创新管理方式,进一步发挥了专项资金对行业节能减排工作引导作用。在管理制度方面,编制了《交通运输节能减排专项资金申请指南(2012 年度)》,修订了并发布了《交通运输节能减排专项资金申请项目节能减排量或投资额核算技术细则(2013 年版)》,印发了《绿色循环低碳交通运输省份、城市、公路、港口考核评价指标体系(试行)》,进一步完善了项目管理制度体系。在完善评审程序方面,形成了申请单位填报的申请材料需经省(区、市)交通运输和财政主管部门初审、第三方审核机构审核、中心形式审查、专家评审会评审、现场核查、部节能减排与应对气候变化工作办公室复核、部政府网站公示、部节能减排领导小组审定等审查程序,并增加了信息系统申报的渠道,有效保证公平公正公开的前提下,大大提高了项目受理的效率。在创新管理方式方面,深化区域性主题性项目实践,完善区域性主题性项目衡量标准,先后召开了区域性项目试点座谈会,主题性项目试点座谈会,并对 2013 年度区域性主题性项目进行全面调研,为完善区域性主题性项目管理制度,做好 2013 年度区域性主题性项目管理工作奠定了坚实基础。交通运输节能减排能力建设项目覆盖领域继续扩大,围绕温室气体排放影响、排放峰值与减排目标、路径研究,统计监测考核体系,重点耗能产品能效评定方法及标准体系建设等内容,加大支持力度,加强了节能减排能力建设的系统化,更好的发挥了专项资金的引导作用和对行业管理的支撑作用。

在专项资金的引导下,全行业绿色循环低碳发展意识不断增强,节能减排工作机构、人员、经费等工作机制和保障措施进一步完善,交通运输行业能源结构得到优化,行业节能减排管理能力不断提升,有效地推动了绿色循环低碳交通运输体系建设和交通运输行业发展的转型升级。

二、一般性项目成果

(一)公路交通运输基础设施建设与运营领域

1. 公路及沿线设施、桥梁、隧道、运输站场节能照明技术应用

(1)湖北省宜昌市秭归县公路管理局“节能照明技术在秭归县沿江公路隧道中的应用”项目

该项目补助额度为 74 万元。对长岭隧道照明设施实施“点亮”,对沿江公路茶园坡等 5 座隧道的照明设施实施安装。

(2)山西高陵高速公路有限公司“山西高陵高速公路照明节能工程”项目

该项目补助额度为 54 万元。在高陵高速公路所属 13 座隧道、4 个收费站和 1 个服务区的照明

工程安装了 LED 灯。

(3)南阳市公路管理局“南阳市 S333、S231 线独山站至莲花温泉段路灯采购及安装工程”项目

该项目补助额度为 38 万元。共安装 LED 太阳能路灯 982 盏,其中安装 66 瓦太阳能路灯系统 908 套,安装 66 瓦 +21 瓦太阳能路灯系统 74 套。

(4)烟台港集团有限公司“烟台港节能照明工程”项目

该项目补助额度为 44 万元。自 2010 年 1 月至 2012 年 8 月,先后在 8 支高杆灯上安装了 70 个 400 瓦 LED 灯和 12 个 500 瓦 LED 灯;在 74 支高杆灯上用 675 个 400 瓦 LED 灯替换了 870 个 1000 瓦高压钠灯;在 100 支路灯上用 100 个 100 瓦 LED 灯替换了 100 个 250 瓦高压钠灯。

(5)广西龙光广贺高速公路有限公司“隧道 LED 照明综合节能技术应用”项目

该项目补助额度为 74 万元。隧道照明采用 LED 灯,按单洞单向交通方式布设照明灯具,分入口段、过渡段、中间段和出口段进行区段配置。

(6)天津港东疆建设开发有限公司“节能照明技术在天津港东疆港区公共道路上的综合利用”项目

该项目补助额度为 67 万元。项目实施后,东疆港区公共道路照明日均节电 9858 度,年均节电 3598170 度,按照标准煤折算每年节省 1187 吨标煤。

(7)中交一公局第五工程有限公司“沥青路面施工中天然气(LNG)替代柴油的应用”项目

该项目补助额度为 555 万元。自 2012 年 5 月至 10 月期间,长湘、武西两个项目完成了沥青拌和站设备油改气加热技术。

(8)金华市公路管理局“金华市公路及隧道自发光节能照明标识设置工程”项目

该项目补助额度为 104 万元。该工程利用吸储自然光能后主动发光的新材料、新技术解决了当地农村公路夜间照明诱导问题,改变了以往公路临水、临崖危险路段护栏、桥梁、短隧道等安保设施必须依靠电力发光照明的现状。

(9)山西平阳高速公路建设管理处“节能照明技术应用”项目

该项目补助额度为 73 万元。平阳高速全线隧道内的应急灯具全部采用 LED 灯,短隧道全部采用 LED 灯照明。

2. 清洁能源、可再生能源在公路交通运输基础设施建设与运营中的应用

(1)浙江省桐乡市公路管理段“泡沫沥青冷再生技术节能减排工程在桐乡公路中的应用”项目

该项目补助金额为 51 万元。湖盐线桐乡段路面大中修工程普遍推广沥青冷再生技术、就地水稳再生技术,实施沥青冷再生 22270.7 立方、厂拌热再生 1121.88 立方、水泥稳定碎石基层就地冷再生 6929.44 立方。

(2)中交第一公路工程局有限公司“京藏呼和浩特至包头段改扩建工程 HBTJ4 标沥青集料加热由天然气代替重油”项目

该项目补助金额为 201 万元。通过天然气代替重油这一技术革新,沥青与经加热后的集料的黏附性有了显著提高,且沥青混合料的出场温度更易于控制,从而保证了沥青混合料的拌和质量。

(3)东营交通运输集团有限公司“东营汽车总站地源热泵系统(夏季制冷、冬季采暖)”项目

该项目补助金额为 47 万元。利用地源热泵技术夏季为建筑物供冷、冬季为建筑物供热，土壤成为热能存储载体，达到能量的双向利用，并保证该系统整体吸热量、放热量基本平衡。通过地源热泵空调系统应用，本项目实施后每年可节省 783 吨标准煤。

(4)天水羲通公共交通(集团)有限责任公司“地源热泵技术在天水市中心客运站的应用”项目

该项目补助金额为 30 万元。该项目的实施，年减少二氧化碳排放约 2300 吨、二氧化硫及氮氧化物约 14 吨。

(5)山西平阳高速公路建设管理处“地源热泵系统应用”项目

该项目补助金额为 43 万元。该工程主要对平阳高速阳曲东收费站，阳曲服务区，盂县西收费站，郊区收费站，张山峪收费站，主线收费站供暖及制冷需求进行的地源热泵工程实施。

(二)道路运输装备领域

1. 天然气车辆在道路运输中的应用

(1)新乡市公共交通总公司“天然气车辆在道路运输中的应用”项目

该项目补助金额为 188 万元。公司 2010 年新购 CNG 天然气车辆 7 辆，2011 年新购 CNG 天然气车辆 93 辆。

(2)德州交通集团有限公司“LNG 清洁能源客车节能减排项目”

该项目补助金额为 33 万元。2012 年 1 月运行至 2012 年 12 月 31 日，共消耗 LNG349.32 吨，替代标油 415.69 吨。

(3)东营富海物流有限公司“天然气车辆在道路运输中的应用”项目

该项目补助金额为 51 万元。公司购置 20 辆 LNG 重卡汽车。

(4)潍坊交运汽车运输有限公司“天然气车辆在道路运输中的应用”项目

该项目补助额度为 30 万元。公司共完成 8 辆 LNG 客车购置。

(5)龙口胜通集团有限公司“LNG 货运车辆在道路运输中的应用”项目

该项目补助金额为 487 万元。公司购置 LNG 新能源车辆 107 辆(其中散货运输车辆 87 辆，原油运输车辆 20 辆)。

(6)栖霞市宇佳运输有限公司“天然气车辆在道路运输中的应用”项目

该项目补助金额为 30 万元。公司 2012 年投运 6 辆天然气车辆。

(7)即墨市永昌公共交通有限公司“即墨永昌 LNG 车辆在城市公交运输中的应用”项目

该项目补助金额为 77 万元。公司购置 70 辆 LNG 公交车。

(8)上海富仓物流有限公司“LNG 牵引车在公路运输中的推广应用”项目

该项目补助金额为 118 万元。公司新购 15 辆 LNG 车辆。

(9)山东皇城昊东物流有限公司“CNG 车辆在道路运输中的应用”项目

该项目补助金额为 573 万元。项目自 2012 年 3 月份开始至 6 月份结束，公司投入使用 130 辆 CNG 罐式自卸车。

(10)烟台海源汽车运输有限公司“天然气汽车在公路运输中的应用”项目

该项目补助金额为33万元。公司自2011年7月至2012年8月合计投资500万元购置9辆LNG货车投入运营。

(11)莱阳市瑞源城乡公交有限公司“LNG车辆在道路运输中的应用”项目

该项目补助金额为30万元。项目实施后的标油替代量为283.91吨标准油。

(12)烟台盛安货运有限公司“天然气车辆在道路运输中的应用”项目

该项目补助金额为40万元。本次项目投资351.68万元,新购10辆LNG车。

(13)阿拉善经济开发区旭阳坤兆物流有限责任公司“天然气车辆在道路运输中的应用”项目

该项目补助金额为349万元。公司购进LNG牵引车73辆。

(14)莱州市大骋汽车运输有限公司“天然气车辆在道路运输中的应用”项目

该项目补助金额为92万元。公司自2012年1月至9月共投资1350万元,购置62辆LNG客货运车辆。

(15)湖北兴山县兴发汽运有限公司“LNG在道路运输中的应用”项目

该项目补助金额为40万元。公司投入26辆液化天然气(LNG)为燃料的车辆。

(16)黎城安泰运输有限公司“LNG天然气新能源汽车示范项目”项目

该项目补助金额为125万元。公司投资1333万元,购置LNG汽车20辆。

(17)晋中晋煤物流运输有限公司“煤层气重卡物流新干线”项目

该项目补助金额为329万元。从2010年开始,在设备购置上投资了5112.3万元,分批购入150辆中国重汽生产的豪泺牌LNG重卡。

(18)山西汽运集团晋城汽车运输有限公司“天然气车辆在道路运输中的应用”项目

该项目补助金额为32万元。2012年累计投资539.13万元,采购天然气车辆21辆。

(19)山东中外运弘志物流有限公司“天然气车辆在道路运输中的应用”项目

该项目补助金额为132万元。公司购置25辆天然气车。

(20)山东省临沂交通运输有限责任公司“CNG天然气车辆在道路运输中的应用”项目

该项目补助金额为132万元。自2010年以来,公司先后投资3243.95万元,新增和更新CNG天然气清洁燃料车辆148辆。

(21)龙口市汇通物流有限公司“LNG货运车辆应用”项目

该项目补助金额为87万元。公司共购置LNG新车23辆。

(22)山东莱钢汽车运输有限公司“天然气车辆在道路运输中的应用”项目

该项目补助金额为60万元。公司购置20辆LNG天然气车辆。

(23)临沂市志运货物运输有限公司“LNG货运车辆应用”项目

该项目补助金额为88万元。项目总投资为992万元,购置20辆LNG天然气汽车。

(24)恒通物流股份有限公司“LNG货运车辆应用”项目

该项目补助金额为419万元。项目实际累计投资6650万元,共计购进95辆燃气车辆并逐批投运。

(25)德州市鲁北运输有限公司“LNG新能源客车节能项目”

该项目补助金额为30万元。公司在2011年12月投资128.4万元购买6辆LNG天然动力客车,投入夏津线路;于2012年4月份投资195万元购买8辆天然气车辆,投入乐陵线路。

(26)淄博永驰运输有限公司“天然气车辆在道路运输中的应用”项目

该项目补助金额为371万元。公司现有LNG车辆129辆。

(27)山东安泰公铁交通运输有限公司“LNG货运车辆应用”项目

该项目补助金额为58万元。2012年5月首期购入10辆LNG货车,2012年8月又购买了7辆LNG货车。

(28)莱阳市汽车运输有限公司“CNG车辆在道路运输中的应用”项目

该项目补助金额为32万元。2010年1月至2012年7月完成车辆改装任务47辆。

(29)龙口市第二汽车运输公司“LNG车辆在道路集装箱货物运输上的应用”项目

该项目补助金额为165万元。2012年2月份公司陆续投入资金888.7万元购置以液化天然气为燃料的大型车辆34辆。2012年分别于3、5月份陆续投入资金160万元,将8辆柴油车改为天然气车辆。

(30)浙江鲁氏物流有限公司“天然气车辆在道路运输中的应用”项目

该项目补助金额为53万元。自2012年1月至8月,14辆重卡全部投入使用。

(31)南阳苑运集团有限公司“天然气车辆在道路运输中的应用”项目

该项目补助金额为216万元。102辆天然气客车自2012年8月投入营运。

(32)辽宁虎跃快速汽车客运股份有限公司“天然气车辆在道路运输中的应用”项目

该项目补助金额为48万元。公司将购置的15辆LNG客车于2012年7月正式运营沈阳至锦州线路。

(33)鞍钢汽车运输有限责任公司“天然气车辆在道路运输中的应用”项目

该项目补助金额为39万元。公司购置以天然气(LNG)为燃料的牵引车44辆。

(34)山东浩阳物资有限公司“天然气车辆在道路运输中的应用”项目

该项目补助金额为106万元。2012年1月至3月30日公司投运30辆LNG汽车。

(35)安徽省交通集团滁州汽运有限公司“天然气车辆在道路运输中的应用”项目

该项目补助金额为43万元。公司共完成投放天然气客车49辆。

(36)营口吉星实业有限公司“天然气车辆在道路运输中的应用”项目

该项目补助金额为43万元。该公司有70辆LNG车辆每天行驶于营口、沈阳、长春、哈尔滨等多个运输点,进行道路货物运输、普通货运、货物专用运输(集装箱)等业务。

(37)大连因泰化工品物流有限公司“LNG车辆在道路运输中的应用”项目

该项目补助金额为108万元。2012年6月,公司相继投入了1090万元购置了20辆LNG为燃料的重型牵引车和集装箱半挂车。

(38)石家庄泽润物流有限公司“天然气车辆在道路运输中的应用”项目

该项目补助金额为138万元。该公司于2012年6月、8月投资904.2万元总计购置了20辆新型LNG重型卡车。

(39)石家庄新干线客运有限公司“天然气车辆在道路运输中的应用”项目

该项目补助金额为41万元。该公司购进天然气客车12辆。

(40)长春市吉星车用气有限公司“CNG、LNG车辆在道路运输中的应用”项目

该项目补助金额为34万元。公司相继购置了6辆压缩天然气(CNG)为燃料的重型半挂牵引车;10辆低温液体运输半挂车;液化天然气(LNG)为燃料的牵引汽车。

(41)山东省日照运总交通集团有限公司“天然气车辆在道路运输中的应用”项目

该项目补助金额为30万元。公司2012年投资493.70万元购置LNG天然气中通客车10辆。

(42)晋城市城安物流有限公司“用压缩煤气层(CNG)和液化煤层气(LNG)作燃料运输煤层气项目”

该项目补助金额为91万元。公司购置35辆使用煤层气作为燃料的车辆。

(43)长春公路客运集团有限公司“中短途公路客运车辆应用天然气汽车项目”

该项目补助金额为67万元。2012年8月,公司购进20辆LNG天然气汽车。

(44)吉林市万森燃气有限责任公司“更新节能货运汽车项目”

该项目补助金额为75万元。该项目更新天然气半挂牵引车23辆。

(45)山西鑫秀节能科技服务有限公司“天然气重型卡车在道路运输中的应用”项目

该项目补助金额为35万元。该项目购置天然气重型汽车5辆。

(46)中油中泰物流(珠海)有限公司“LNG车辆在道路运输中的应用”项目

该项目补助金额为77万元。该项目包括12辆液化天然气燃料运输牵引车辆。

(47)烟台市汇通燃气发展有限公司“天然气车辆在道路运输中的应用”项目

该项目补助金额为47万元。2011年1月1日起至2012年12月31日购置LNG运输槽车、牵引车8辆。

(48)九台市公路客运有限公司“中短途公路客运车辆更新天然气汽车项目”

该项目补助金额为39万元。公司2011年12月购进24辆天然气客车。

(49)吉林市吉隆公路客运有限责任公司“天然气车辆在道路旅客运输中的应用”项目

该项目补助金额为31万元。截至2012年12月,公司共购置天然气动力客车29辆。

(50)茌平县广顺汽车运输有限公司“天然气车辆在道路运输中的应用”项目

该项目补助金额为200万元。首批20台LNG天然气车辆于2012年8月份投入运营,剩余的10辆LNG天然气车辆于2012年9月份投入运营。

(51)淄博盛世百川物流有限公司“LNG货运车辆在道路运输中的应用”项目

该项目补助金额为134万元。公司2012年2月20日至28日,先后购买LNG车30辆。

(52)廊坊市华昊运输集团有限公司“天然气车辆在旅客道路运输中的应用”项目

该项目补助金额为60万元。2012年1月至9月,该公司投资441万元购置了54辆天然气客车。

(53)廊坊市新东方客运有限公司“天然气车辆在道路运输中的应用”项目

该项目补助金额为48万元。该公司投资860余万元,购进15辆天然气车。

(54)吉林市九天储运有限公司“LNG 天然气车辆在道路运输中的应用”项目

该项目补助金额为 278 万元。购置 LNG 天然气运输车辆 81 辆。

(55)平定县东方世纪公交客运有限公司“天然气车辆在城际公交客运中的应用”项目

该项目补助金额为 35 万元。该公司投资 278 多万元,购 20 辆燃气车投入城际客运线路。

(56)山东振兴物流有限公司“天然气车辆在道路运输中的应用”项目

该项目补助金额为 123 万元。项目投资 772 万元,购置并投运 20 辆 LNG 汽车。

(57)茌平现代物流有限公司“天然气车辆在道路运输中的应用”项目

该项目补助金额为 83 万元。购置 10 辆 LNG 车辆。

(58)宁波市北仑公共交通有限公司“天然气车辆在道路运输中的应用”项目(2014)

该项目补助金额为 417 万元。投资 10787.2 万元分批次购入 LNG 公交车共 176 辆。

(59)山东省交通运输集团有限公司“山东省交通运输集团有限公司天然气车辆在道路运输中的应用”项目

该项目补助金额为 255 万元。本次申请项目车辆总投资 4104 万元,2012 年 9 月 30 日前共购入 99 辆天然气客车投入运营。

(60)山东浩宇物流有限公司“天然气车辆在道路运输中的应用”项目

该项目补助金额为 30 万元。2012 年公司投入 6 辆 LNG 重卡到运输业务中。

(61)烟台市公交集团有限公司“天然气车辆的推广应用”项目

该项目补助金额为 119 万元。集团公司于 2011 年 5 月至 2012 年 9 月投资 8017.46 万元相继购置了 226 辆优良环保型天然气公交车。

(62)济南长途汽车运输有限责任公司“液化天然气客车在道路运输中的应用”项目

该项目补助金额为 52 万元。

(63)宜兴市公共交通有限公司“天然气车辆在道路运输中的应用”项目

该项目补助金额为 34 万元。2012 年公司购置了 LNG 公交车 20 辆。

(64)山东和润能源有限公司“天然气车辆在道路运输中的应用”项目

该项目补助金额为 45 万元。截至 2012 年 6 月,该公司投资 1008.69 万元采购 LNG 重卡汽车20 辆。

(65)益阳湘运集团有限责任公司“天然气车辆在道路运输中的应用”项目

该项目补助金额为 141 万元。该公司改装完成 168 台桑塔纳 SVM7180 型小客车,于 2012 年正式投入营运,由 CNG 燃料替代原燃料汽油。

(66)高邮市道路客运有限公司“天然气车辆在道路运输中的应用”项目

该项目补助金额为 35 万元。

(67)济南鲍德汽车运输有限公司“天然气车辆在道路运输中的应用”项目

该项目补助金额为 35 万元。2012 年 3 月 22 日,20 辆 LNG 车辆正式投入道路运输。

(68)淄博翔川运输有限公司“LNG 货运车辆应用”项目

该项目补助金额为 76 万元。公司投资 1400 万元,分批购置北奔牌 ND4252B38J 型 LNG 车辆20台。

(69)招远市公共交通有限公司“天然气公交车节能减排应用项目一期”项目(2014)

该项目补助金额为51万元。本项目2012年6月更新了30辆天然气公交车。

(70)天津市山华运业有限公司“LNG车辆在道路运输中的应用”项目

该项目补助金额为233万元。2012年6月到8月之间公司投资2278万元购置LNG型客车24辆以及货车37辆。

(71)安徽省交通集团宣城汽车运输有限公司“天然气车辆在道路运输中的应用”项目

该项目补助金额为36万元。公司于2011年5月利用宣城至郎溪县实施公车公营的时机,及时推行燃气客车,并购入5辆天然气客车,后在宣城至广德、宣城至芜湖的车辆公车公营时,也相继购入4辆和2辆天然气客车。

(72)湖南株洲湘运集团有限责任公司“天然气车辆在道路运输中的应用”项目

该项目补助金额为30万元。该公司投资727.652万元购置16台厦门金龙旅行车有限公司生产的金旅牌XML6105J18CN型客车。

(73)东营交通运输集团有限公司“天然气车辆在道路运输中的应用”项目

该项目补助金额为127万元。截至2012年底,该集团公司已采购液化天然气(LNG)车辆52辆。

(74)无锡新区公共交通有限公司“天然气车辆在道路运输中的应用”项目

该项目补助金额为103万元。2011年公司投资2020.94万元购置了CNG公交车40辆,于2011年4月起全部投入运营。公司又于2012年7月投资1065.33万元购置CNG公交车20辆,于9月起投入751路运营。

(75)日照丰泰运输有限公司“LNG货运车辆应用项目”

该项目补助金额为166万元。该项目投资1320万元,新购核定载重量分别为34吨和40吨的燃气车辆20辆。

(76)辽宁城际客运有限公司“天然气车辆在道路运输中的应用”项目

该项目补助金额为35万元。该公司2012年2月购进20辆LNG客车,2012年3月投入到线路运营。

(77)中宁县汽车运输公司“天然气车辆在道路运输中的应用”项目

该项目补助金额为51万元。截至2012年12月底,该公司共更新天然气车辆28辆,油改气车辆16辆。

(78)内蒙古华油天然气有限责任公司“LNG重型卡车示范推广项目”项目

该项目补助金额为494万元。2011年10月起新购LNG重卡100辆。

(79)湖北明珠运输集团有限公司“LNG车辆在道路运输中的应用”项目

该项目补助金额为46万元。本项目共29台车辆投放经营黄梅至武昌客运班线车辆LNG天然气车辆在道路运输中。

(80)芜湖运泰汽车运输集团有限责任公司“天然气车辆在道路运输中的应用”项目

该项目补助金额为34万元。该项目共投入19辆天然气客车。

(81)蚌埠市公共交通集团有限公司“天然气车辆在城市公共交通中的应用”项目(2014)

该项目补助金额为366万元。2010年和2011年共投资10600.88万元购买249辆CNG公交车。

(82)宁夏石运汽车运输有限公司“天然气车辆在道路运输中的应用”项目

该项目补助金额为66万元。该项目新购天然气车辆46辆,改装以天然气为燃料的车辆25辆。

(83)合肥施凯公交天然气有限公司“天然气车辆在道路运输中的应用”项目

该项目补助金额为30万元。项目包含5辆天然气车辆。

(84)慈溪市公铁联运有限公司“天然气LNG货车在道路运输中的应用”项目

该项目补助金额为81万元。项目包含9辆天然气牵引车。

(85)沭阳县第二汽车运输公司“天然气车辆在城乡一体化客运中的应用”项目

该项目补助金额为120万元。2011年11月至2012年8月期间,公司购买了69辆以天然气为燃料的新型城乡客车。

(86)北京市公共交通控股(集团)有限公司“天然气车辆更新”项目

该项目补助金额为577万元。项目包含290辆天然气车辆。

(87)四川广运集团股份有限公司“四川广运集团天然气车辆在道路运输中的应用”项目

该项目补助金额为49万元。该项目新购置天然气客车80辆。

(88)陕西宏华客运有限责任公司“天然气车辆在道路运输中的应用”项目

该项目补助金额为30万元。该项目自2010年4月起投入15辆天然气汽车,到2010年12月将30辆天然气汽车全部投入运营。

(89)龙口市恒泰运输有限公司“LNG货运车辆在道路运输中的应用”项目

该项目补助金额为375万元。自2011年8月份以来,该公司共购置LNG运输车辆34辆,对原有运输车辆进行改装42辆。

(90)蚌埠市公共交通集团怀远县公共交通有限公司“天然气车辆在城市公共交通中的应用”项目

该项目补助金额为87万元。购置天然气公交车84辆。

(91)西安通成客运有限责任公司“天然气车辆在城市公交中的应用”项目

该项目补助金额为126万元。该项目投资1795.1万元,购置纯天然气车辆72辆。

(92)吐鲁番车师汽车运输有限责任公司“天然气车辆在道路运输中的应用”项目

该项目补助金额为97万元。该公司共投放使用了57辆CNG客车,其中纯天然气客车41辆,改装双燃料客车16辆。

(93)广州中信信通物流有限公司“天然气汽车在公路运输中的应用”项目

该项目补助金额为255万元。该项目已投入50辆LNG车辆进行内蒙古鄂尔多斯至河南、河北主要煤炭需求地区运营。

(94)新疆昊天运输集团有限公司“天然气(CNG)车辆在道路运输中的应用”项目

该项目补助金额为266万元。总计更新天然气车辆数为135辆,总投资额4452.65万元。

(95)西安旅商旅游汽车有限责任公司“天然气车辆的购置与应用”项目

该项目补助金额为117万元。购置天然气客车82辆客车。

(96)内蒙古浩通能源福分有限公司“LNG汽车试验项目”项目

该项目补助金额为200万元。项目包括50辆LNG燃料重型半挂牵引车。

(97)西安市汽车客运总公司“客运总公司天然气车辆购置与应用”项目

该项目补助金额为33万元。该项目投资280.49万元,购置车辆17辆。

(98)泰兴市汽车运输总公司“天然气车辆在道路运输中的应用”项目

该项目补助金额为105万元。该公司2011年累计投资2440.1万元,购置了70辆以液化天然气(LNG)为燃料的城乡一体化客运车辆。

(99)蓝田县蓝通运输有限责任公司“天然气车辆在道路运输中的应用”项目

该项目补助金额为97万元。该项目投资1538.54万元,购置天然气车辆101辆。

(100)西安市公共交通总公司“西安市公共交通总公司CNG车辆在城市公交中的应用”项目

该项目补助金额为1000万元。公司购置的1108辆天然气车辆用于城市公交客运。

(101)陕西省户县运输公司“陕西省户县运输公司天然气车辆在道路运输中的应用”项目

该项目补助金额为128万元。项目从2010年12月开始至2012年12月共投放运营72辆天然气车。

(102)西安金盾公交优先公司“西安金盾公交天然气车辆购置与应用”项目

该项目补助金额为30万元。该项目更新42辆天然气汽车。

(103)西安市长安公交有限责任公司“天然气车辆在城市公交中的应用”项目

该项目补助金额为98万元。该项目投资888万元,购置车辆58辆。

(104)交运集团公司“交运集团天然气车辆的推广应用”项目

该项目补助金额为208万元。该项目购置252辆天然气车辆。

(105)鄂尔多斯市万基汽车运输有限责任公司“LNG汽车在道路运输领域的应用”项目

该项目补助金额为46万元。该项目购置LNG天然气汽车辆20辆。

(106)西安曲江旅游汽车有限公司“西安曲江旅游汽车公司天然气车辆在城市公交中的应用”项目

该项目补助金额为30万元。该项目投资329.2万元,购置“天然气车辆”36辆并投入运营。

(107)陕西万通客运有限公司“陕西万通客运有限公司天然气车辆在道路运输中的应用”项目

该项目补助金额为78万元。该项目购置了91辆双燃料轻型客车。

(108)云南亚运物流有限公司“LNG重卡应用”项目

该项目补助金额为30万元。从2012年1月起分批购入20辆LNG重型专业运输车辆。

(109)淮安华发危险品运输有限公司“天然气车辆在道路运输中的应用”项目

该项目补助金额为48万元。该项目实施后,年可替代柴油582.32吨。

(110)西安雁舞客运服务有限责任公司“天然气车辆在城市公交中的应用”项目

该项目补助金额为42万元。该项目总投资903万余元,购置CNG客车40辆。

(111)西安亚辉汽车客运有限责任公司“城市公交天然气车辆的推广应用”项目

该项目补助金额为81万元。购置天然气(CNG)为燃料的公交车辆64辆。

(112)西安市长安区客运公司“西安市长安区客运公司天然气车辆在道路运输中的应用”项目

该项目补助金额为56万元。该项目投资888万元,购置车辆58辆。

(113)宁波新益物流有限公司“天然气车辆在道路运输中的应用”项目

该项目补助金额为35万元。2012年宁波新益物流有限公司投资356万元,购置LNG汽车10辆。

(114)西安得仁汽车运输集团有限公司“西安得仁汽车运输集团CNG车辆在城市公交的应用”项目

该项目补助金额为49万元。该公司投资506.6584万元,购置了40辆四川南骏牌CNJ6780JNGB型CNG公交车。

(115)沈阳经纬喜来多客运有限公司“天然气车辆在道路运输中的应用”项目

该项目补助金额为30万元。该项目采购了10辆宇通牌2K6122HZ01Y型公路客运车辆。

(116)青岛公交集团有限责任公司“压缩天然气清洁能源公交车推广应用”项目

该项目补助金额为30万元。本项目的503辆车全部为上海申沃客车有限公司生产的10.5米单一燃料压缩天然气车辆。

(117)山西新昌源物流有限公司“天然气车辆在道路运输中的应用”项目

该项目补助金额为58万元。投资2000万元将车辆更新换代为天然气LNG载重汽车,选用用煤层气做燃料的煤层气运输车辆30辆。

(118)昔阳县恒达物达物流配货有限公司“天然气车辆在道路运输中的应用”项目

该项目补助金额为118万元。项目包括50辆CNG重型半挂牵引车。

(119)淮安汽车运输集团有限公司“LNG客车在道路运输中的应用”项目

该项目补助金额为78万元。2012年9月23辆LNG客车正式投入运营。

(120)镇江宝德汽车服务有限公司“绿色汽车维修技术应用”项目

该项目补助金额为45万元。该公司从2010年至今投入大量资金打造节能环保的绿色维修车间,购置了制冷剂回收和加注设备、工位尾气收集净化装置、汽车故障诊断设备、内窥镜等绿色汽修设备。

(121)苏州市公共交通有限公司“天然气车辆在道路运输中的应用”项目

该项目补助金额为107万元。共计采购LNG公交车160辆。

(122)新疆九洲恒昌物流有限公司“LNG汽车运输节能减排”项目

该项目补助金额为297万元。该公司购置LNG车辆88辆。

(123)贵阳市公共交通(集团)有限公司“贵阳市公共交通清洁能源车辆应用推广”项目

该项目补助金额为245万元。该公司新增223辆天然气车辆。

(124)淮安市公共交通有限公司“天然气车辆在城市公交中的应用”项目

该项目补助金额为134万元。该项目购置了80辆CNG公交车。

(125)重庆市渝垫公共汽车客运有限责任公司"CNG公交车推广应用"项目

该项目补助金额为54万元。该公司陆续分批投放了36辆CNG公交车辆。

(126)泰州市长运汽车运输有限公司/泰州市飞鹿客运有限公司"天然气车辆在道路运输中的应用"项目

该项目补助金额为97万元。公司购置32辆以天然气为燃料的新型客车用于苏州、无锡、常州、南通、南京、上海等10多条公司经营班线。

(127)宁波市公共交通总公司"天然气公交车辆推广应用"项目

该项目补助金额为483万元。截至2012年12月31日,共298辆天然气公交车投放到线路运营。

(128)连云港海通金陵集装箱运输有限公司"天然气车辆在道路运输中的应用"项目

该项目补助金额为71万元。

(129)菏泽交通集团有限公司"天然气车辆在道路运输中的应用"项目

该项目补助金额为162万元。公司共更新LNG天然气车辆99辆。

(130)中国石油天然气运输公司"天然气车辆在道路运输中的应用"项目

该项目补助金额为124万元。公司购买LNG罐车和LNG牵引车各150台。

(131)沧州渤海新区大陆桥国际物流有限公司"LNG天然气车辆在道路运输中的应用"项目

该项目补助金额为138万元。该项目购进青汽解放CA3256P2K2T1NA80型(6×4)一级液化天然气自卸重卡22辆和青汽解放CA3310P2K2L4T4NA80型(8×4)一级液化天然气自卸重卡12辆。

(132)江苏金陵交运集团有限公司"天然气车辆在道路运输中的应用"项目

该项目补助金额为42万元。该项目包括10辆LNG燃料车辆。

(133)常熟市常运公共交通公司"天然气车辆在道路运输中的应用"项目

该项目补助金额为145万元。该项目新能源车共计240辆。

(134)常州公路运输集团有限公司"LNG客车在道路运输中的应用"项目

该项目补助金额为230万元。2012年6月至9月,公司投资3939.1704万元,购置天然气汽车56辆。

(135)张家港市港城公共交通有限公司"天然气车辆在道路运输中的应用"项目

该项目补助金额为142万元。

(136)溧阳市公路运输有限公司"LNG车辆在道路运输中的应用"项目

该项目补助金额为83万元。公司投资19478500元,购置天然气汽车39辆。

(137)天津大港油田运输有限责任公司"天然气动力车辆在道路运输上的应用"项目

该项目补助金额为38万元。该公司购置15台车CNG车从事大港油田天然气母站往周边不超过280公里的送气、大港油田货运火车站到大港油田热电厂的电煤拉运任务。

(138)黑龙江飞翼客运有限责任公司"公共交通清洁能源车辆应用推广"项目

该项目补助金额为229万元。公司共购置91辆天然气车辆。

(139)成都市公共交通集团公司"成都市公共交通集团公司CNG车辆推广应用"项目

该项目补助金额为367万元。该项目购进3000余辆CNG公交车,投入线路运行。

(140)宁波常丰物流有限公司"LNG天然气牵引车在道路运输中的应用"项目

该项目补助金额为38万元。截至2012年底,公司已投运LNG集卡12辆。

(141)榆树市客运集团有限责任公司"LNG车辆在道路旅客运输中的应用"项目

该项目补助金额为55万元。公司在2012年先后购买18辆LNG道路运输车辆进行旅客运输。

(142)宁夏天豹汽车运输有限责任公司"天然气车辆在道路运输中的应用"

该项目补助金额为167万元。该项目对79辆营运客车进行了油改气,购置了70辆天然气客车从事客运班线运输。

(143)苏州交通旅游公交有限公司"天然气(LNG)车辆的推广应用"项目(2014年度)

该项目补助金额为167万元。公司2012年共投入资金6254.8万元购置了88辆LNG车辆。

(144)沭阳县汽车运输公司"LNG车辆在城乡一体化客运中的应用"项目

该项目补助金额为53万元。2011年12月,公司率先在沭阳投放LNG燃气新能源车辆31辆。

(145)荥阳市公交有限公司"天然气车辆在道路运输中的应用"项目

该项目补助金额为40万元。2010年4月至2012年12月,先后投入53台燃料为纯天然气的车辆。

(146)福建省汽车运输有限公司"LNG客车在道路运输中的应用"项目

该项目补助金额为183万元。项目包括88辆LNG客车。

(147)厦门港务运输有限公司"集装箱牵引车'油改气'"项目

该项目补助金额为163万元。2012年4月至6月新购35辆LNG集装箱牵引车。

(148)海运集团互助威远汽车运输有限责任公司"天然气客车在道路运输中的应用"项目

该项目补助金额为36万元。累计投入资金256.48万元购置了17辆CNG客车。

(149)郑州交通运输集团有限责任公司"天然气车辆在道路运输中的应用"项目

该项目补助金额为347万元。全年公司共计更新天然气车辆144辆。

(150)重庆城市交通开发投资(集团)有限公司"CNG清洁能源客车在重庆城市公交的推广应用"

该项目补助金额为501万元。公司共更新天然气车186辆。

(151)吉林市城市公共交通集团有限公司"吉林市公交集团公交车辆更新"项目

该项目补助金额为79万元。采购50台10米单燃料压缩天然气汽车,分别投入到61线11辆、49线11辆、13线19辆、2线9辆。

(152)青岛八方交通集团公交有限公司"青岛八方公交公司天然气公交车的购置与应用"项目

该项目补助金额为47万元。2011年6月至2011年12月,公司购进中通天然气车33辆。

(153)蚌埠市环城巴士有限公司"天然气公交车节能减排应用项目一期"项目

该项目补助金额为31万元。环城巴士有限公司于2011年投资638.4万元购置24辆CNG车辆对207线路进行更换。

(154)唐山冀东水泥汽车运输有限公司"天然气车辆在道路运输中的应用"项目

该项目补助金额为410万元。公司分别于2010年购置50辆压缩天然气(CNG)车辆用于散装水泥运输,2011年购置50辆液化天然气(LNG)车辆用于散装水泥运输。

(155)聊城交通汽运集团有限责任公司"天然气车辆在道路运输中的应用"项目

该项目补助金额为91万元。2012年公司新增天然气车辆56辆。

(156)山东省济宁交通运输集团有限公司"天然气车辆在道路运输中的应用"项目

该项目补助金额为91万元。公司共投资4052.01万元,购置LNG客车77辆,CNG客车9辆。

(157)日照新晨物流有限公司"天然气车辆在道路运输中的应用"项目

该项目补助金额为96万元。2012年4月20辆LNG货车全部投放使用。

(158)西安公交万里实业有限公司"天然气汽车在城市公交中的应用"项目

该项目补助金额为165万元。公司先后投资2057.76万元,购置纯天然气车辆131台。

(159)四川省汽车运输自贡集团有限公司"自贡运输集团天然气车辆在道路运输中的应用"项目

该项目补助金额为30万元。2010年1月至2012年12月新购置CNG车辆26辆,技改CNG车辆20辆。

(160)忠县渝海运业发展有限公司"天然气汽车在公路运输中的应用"项目

该项目补助金额为52万元。2010年1月至2012年6月公司相继购置24辆CNG公交汽车,合计投入510.1949万元。

2. 绿色汽车维修技术应用

(1)浙江康桥汽车工贸集团股份有限公司"绿色汽车维修技术应用与推广"项目

该项目补助金额为104万元。公司购置了超声波清洗设备、远红外烤漆设备(电替代柴油)实施、空压机集中供气系统实施、集中全自动循环水洗车技术实施、水性漆的应用。

(2)嘉兴百大通汽车有限公司"绿色汽车维修技术应用"项目

该项目补助金额为31万元。其主要包括:环保设备及材料的购置,比如超声波零件清洗机、量子烤漆房、洗枪机、尾气收集装置等。

(3)海宁市群英汽车销售服务有限公司"绿色汽车维修技术应用"项目

该项目补助金额为30万元。公司累计投入资金135.42万元。此项目主要包括尾气收集装置、节能照明装置、冷媒再回收系统、电加热环保烤漆房等。

(4)浙江物产元通汽车集团有限公司"绿色汽车维修技术应用"项目

该项目补助金额为276万元。截至2012年12月累计投资1600余万元。项目在集中管控过程中,始终将节能减排技术及设备、设施等进行统一规划、统一标准施工,统筹管理。

(5)浙江金昌汽车集团有限公司"绿色汽车维修技术应用"项目

该项目补助金额为217万元。公司购置汽车维修配套设施和设备后大幅节省了水、油、气、电等能源的消耗和碳排放。

(6)浙江康达汽车工贸有限公司"绿色汽车维修技术应用"项目

该项目补助金额为100万元。该公司节能减排项目实施主要围绕环保设备的更新换代来开展。

（7）嘉兴祥通汽车销售维修有限责任公司“绿色汽车维修技术应用”项目

该项目补助金额为 30 万元。该绿色汽车维修技术应用项目主要包括：一是烤漆房油改电电力设备的改造升级等；二是主要环保设备及材料的购置。

（8）浙江中远实业集团有限责任公司“绿色汽车维修技术应用”项目

该项目补助金额为 128 万元。该“绿色售后服务体系”项目主要包括 4 个方面：一是通过各方面的培训提高人员的工作效率及服务技能；二是科学维护保养；三是再回收、再利用、再生产 3R 技术的推广；四是开展“规范操作、节能环保”活动。

（9）桐乡市嘉德高级轿车维修有限公司“绿色汽车维修技术应用”项目

该项目补助金额为 30 万元。该项目累计投入资金 170.66 万元。主要包括：一是车间全面改造升级；二是主要环保设备及材料的购置。

（10）绍兴清风汽车销售服务有限公司“绿色汽车维修技术应用”项目

该项目补助金额为 37 万元。该公司的“绿色汽车维修技术应用”主要包括：车间全面改造升级；主要环保设备及材料的购置；主要提升工作效率的设备，透明车间维修管理系统。

（11）绍兴市汇奥汽车销售服务有限公司“绿色汽车维修技术应用”项目

该项目补助金额为 44 万元。该项目主要包括：绿色机电维修技术所需设备和材料的采购和安装；对提升维修钣金技术的设备采购、安装；绿色涂漆技术所需的设备采购安装；提升工作效率的设备，透明车间维修管理系统，从而减少能源浪费。

（12）浙江宝利德汽车有限公司“浙江宝利德绿色汽车维修技术应用”项目

该项目补助金额为 39 万元。项目实施内容：对电脑故障诊断仪 3 台的采购量，空气压缩机及压缩空气管道的安装；油水分离器、废气抽排系统、内窥镜、等离子切割机、氩弧焊机、点焊机等设备的采购等。

（13）蓝池集团有限公司“绿色汽车维修技术应用”项目

该项目补助金额为 85 万元。2010 年 1 月至 2012 年 12 月期间组织旗下 25 家汽车销售维修服务企业开展绿色汽车维修技术应用项目，共购置超声波清洗机等绿色维修设备 310 余台（套），总投资近 521 万元。

（14）北京祥龙博瑞汽车服务（集团）有限公司“汽车维修节能减排综合改造”项目

该项目补助金额为 197 万元。项目涉及更新汽车空调维修设备、汽车维修故障诊断仪、新型零件清洗机、汽车维修尾气抽排设备、电子车身测量设备、节能环保型喷烤漆房；改造钣喷流水线、节水洗车房、集中供气管路等。

（15）宜昌隆润福马汽车销售有限公司“绿色汽车维修技术应用”项目

该项目补助金额为 30 万元。该公司投入费用购置了电烤房（红外烤房）使用、无尘干磨技术、车间尾气排放集中收集处理净化技术、超声波清洗技术、废弃物集中管理和处置、集中供气系统、发动机诊断技术、空调冷媒回收技术、干磨设备及水性漆的使用，累计投入 217 万余元。

（16）象山华恒汽车销售服务有限公司“绿色汽车维修技术应用”项目

该项目补助金额为 33 万元。该项目投资 185.92 万元。

(17)宁波中基汽车销售服务有限公司"绿色汽车维修技术应用"项目

该项目补助金额为30万元。该项目主要通过采购新型环保维修设备设施、建立科学维修体系、实施废旧物品分类回收利用等有效措施,在各单体店中大力推进节能减排工作。

(18)大连裕迪汽车销售服务有限公司"绿色汽车维修技术应用"项目

该项目补助金额为30万元。

(19)宜兴德同汽车有限公司"绿色汽车维修技术应用"项目

该项目补助金额为31万元。该项目采用节能环保建筑材料、积极推广应用绿色机电维修、绿色钣金修复、绿色涂漆、废弃物处理与回收、洗车水循环利用等先进技术,大力购置绿色维修设施设备节约了能源与资源,减少了环境污染。

(20)长春市新鸿达汽车销售服务有限公司"绿色汽车维修技术应用"项目

该项目补助金额为30万元。具体实施的维修新设备与技术推广项目主要有:排水设施、尾气收集装置、汽车空调冷媒加注回收设备、烤漆房、空压机、制动液更换加注器、排气分析仪或烟度计。

(21)广西钜荣汽车销售服务有限公司"绿色汽车维修技术应用"项目

该项目补助金额为52万元。从2011年1月起至2012年6月止,该公司分批购买了绿色维修技术所需装备,所购设备充分考虑其环保性、先进性,在物质装备上保证了绿色维修项目的推广应用。

(22)无锡德孚汽车有限公司"绿色汽车维修技术应用"项目

该项目补助金额为34万元。该项目主要实施内容:集中供气系统;电加温水性漆烤房;全自动洗车机;雨污分离技术;制冷剂回收净化加注系统;无尘干磨系统;免拆洗整形设备;尾气排放净化技术;超声波清洗技术;废弃物集中管理处理等。

(23)吴江市欧亚汽车维修有限公司"绿色汽车维修技术应用"项目

该项目补助金额为30万元。项目实施内容:逐步取消燃油加热烤漆房,添置节能环保远红外线烤漆房;全面取消使用太阳灯烤漆,添置节能环保型远红外线烤灯;购置免拆清洗修复设备;整修供气系统,实现机电、钣喷集中供气;购置无尘干磨设备;调试车间尾气收集净化设备;购置内窥镜检测设备等。

(24)北京中汇通合汽车销售服务有限公司"绿色汽车维修技术应用"项目

该项目补助金额为30万元。

(25)西安德邦汽车服务有限公司"德邦汽车公司绿色汽车维修技术应用"项目

该项目补助金额为30万元。

(26)天津浩众汽车贸易服务有限公司"绿色汽车维修技术应用"项目

该项目补助金额为49万元。该项目启用了大量节能环保的设备和工具如量子辐射烤房、无尘干磨机、洗枪机及稀料回收机等,对汽车维修过程节约燃油等能源消耗,对产生废气、废水、固态废弃物,液态废弃物等都有降低、消除或回收再利用的作用。

(27)常州中天汽车有限公司"绿色汽车维修技术应用"项目

该项目补助金额为34万元。该项目实施节能效果比较明显的是绿色钣金技术、绿色涂漆技术以及外部清洗机。

(28)上海永达启东汽车销售服务有限公司“江苏绿色汽修创建”项目

该项目补助金额为41万元。

(29)广西鑫广达长久汽车商贸有限公司“绿色汽车维修技术应用”项目

该项目补助金额为40万元。

(30)徐州沪彭投资发展有限公司“绿色汽车维修技术应用”项目

该项目补助金额为86万元。投资购买了节能环保设备及设施,包括空调诊断及制冷剂循环利用技术、制动液回收及加注设备、红外线烤漆房、尾气活性炭过滤集中排放、喷枪清洗及溶剂回收组合机、无尘干磨设备、超声波零部件清洗机以及其他汽车专用保修设备。

(31)连云港东方远通汽车销售集团有限公司“绿色汽车维修技术应用”项目

该项目补助金额为31万元。

(32)南京宁宝汽车服务有限公司“绿色汽修”项目

该项目补助金额为78万元。项目实施内容:在车间维修领域购置了BMW原厂的不解体诊断设备;在钣金工作中,采用车身整形机、电阻点焊机等设备。在喷漆工作中,采用HVLP喷枪、用水性漆做涂料,烤漆房用红外线灯加热。在洗车中增加了洗车水回收使用、车间用水排放时增加油污沉淀池;照明使用绿色环保的LED;增加了光伏发电等系统。

(33)淮安雨田投资集团有限公司“绿色汽车维修技术应用”项目

该项目补助金额为31万元。

(34)连云港康华汽车销售服务有限公司“绿色汽修技术应用”项目

该项目补助金额为30万元。

(35)新疆宝鹿汽车技术开发有限公司“绿色汽车维修技术应用”项目

该项目补助金额为30万元。

(36)嘉兴宝华汽车销售服务有限公司“绿色汽车维修技术应用”项目

该项目补助金额为42万元。项目实施内容:绿色机电维修技术、绿色钣金维修技术、绿色涂漆技术等。

(37)赣州华宏汽车有限公司“绿色汽车维修节能减排技术应用”项目

该项目补助金额为47万元。本项目自2011年1月开始建立至2012年12月正式建成运营。

(38)深圳市奇建贸易有限公司“绿色汽车维修技术应用”项目

该项目补助金额为30万元。

(39)无锡永达东方汽车销售服务有限公司“绿色汽车维修技术应用”项目

该项目补助金额为117万元。主要内容如下:建设4S标准店和维修厂房,单独设置废油、废液、废件仓库;新购先进、环保的维修设备、工具;加强对员工教育节能减排、绿色维修环保宣传等。

(40)宁波明日控股有限公司“绿色汽车维修技术应用”项目

该项目补助金额为30万元。

(41)吴江之星汽车销售服务有限公司“吴江之星绿色汽车维修技术应用”项目

该项目补助金额为31万元。

(42)浙江奥德汽车有限公司“浙江奥德绿色汽车维修技术应用“项目

该项目补助金额为30万元。

(43)重庆龙华实业(集团)有限公司“汽车维修中绿色维修技术的应用”项目

该项目补助金额为76万元。项目应用集中供气系统、节能烤漆房、IRT高效红外线烤灯、制冷剂回收加注机、车间汽车尾气净化排放等绿色维修技术进行车辆的维修和保养。

(44)重庆商社汽车贸易有限公司“绿色汽车维修技术应用”项目

该项目补助金额为46万元。项目应用节能环保烤漆房、无尘干磨设备、水性喷涂漆设备等绿色维修技术进行车辆的维修和保养。

3.温拌沥青技术和沥青路面冷再生技术应用

(1)辽宁省交通厅公路管理局“沥青路面厂拌冷再生技术应用”项目

该项目补助金额为135万元。2010年4月至2012年9月,这项技术应用工程全面完成,并经过了至少一至三个冬季的检测和观测,路面使用状况良好。

(2)辽宁省交通厅公路管理局“温拌沥青混合料技术应用”项目

该项目补助金额为65万元。2011年8月至2012年11月,项目温拌沥青技术应用工程全面完成,路面使用状况良好。

(3)衡水市交通运输局公路管理处“沥青路面冷再生技术应用”项目

该项目补助金额为280万元。项目实施内容包括研究提出旧沥青路面混合料就地冷再生技术在干线公路大修工程中的适用性分析;沥青路面冷再生混合料设计;沥青路面就地冷再生技术的施工工艺与质量控制。

(4)云南省公路开发投资有限责任公司“云南楚雄—大理大修项目、玉溪—元江高速公路路面维修养护专项工程沥青路面冷再生技术”项目

该项目补助金额为127万元。项目实施内容为对符合条件的路段进行铣刨处理,基层采用水稳厂拌冷再生技术进行修复,下面层恢复后,在路面下面层采用了泡沫沥青冷再生技术。

(5)天津高速公路集团有限公司“泡沫沥青冷再生技术在天津市高速公路养护维修工程中的应用”项目

该项目补助金额为261万元。2010年至2012年,天津高速公路集团有限公司采用泡沫沥青冷再生技术的高速公路主要包括京沈高速、津保高速、滨石高速(原丹拉高速天津南段)等。

(6)云南省公路局“沥青路面冷再生技术应用”项目

该项目补助金额为64万元。泡沫沥青冷再生沥青混合料与传统的热拌沥青碎石(ATB-25)混合料相比,在不影响路面使用性能的前提下,可节省加热能源60%以上,减少二氧化碳排放量80%以上。

(7)北京市政路桥建材集团有限公司“温拌沥青在道路建设与养护工程中的应用”项目

该项目补助金额为246万元。2010至2011年,为63个工程项目生产温拌沥青混合料共计615445吨,购置温拌沥青添加剂1232吨,投资额1378.5万元。

(8)北京市政路桥管理养护集团有限公司“泡沫沥青冷再生”项目

该项目补助金额为54万元。2009年10月至2012年，北京养护集团分别在延庆县大莲路大修工程、延庆县京银路大修工程、大兴区马朱路大修工程、房山区紫码路大修工程、大兴区芦求路大修等工程采用泡沫沥青冷再生施工，取得了较好的效果。

4.机动车驾驶培训模拟装置应用

(1)平湖市正大机动车培训有限公司“机动车驾驶培训模拟装置应用”项目

该项目补助金额为44万元。2012年1月起，平湖市正大机动车培训有限公司共配置70台，实际出资购买51台，使用率达到100%，2012年共培训10942位学员。驾驶培训模拟器共节油273.55吨标准油。

(2)湖北省十堰亨运集团有限责任公司“机动车驾驶培训模拟装置应用“项目

该项目补助金额为30万元。项目实施后，使用机动车驾驶培训模拟装置培训只用电能，经计算，全年采用机动车驾驶模拟装置培训替代燃料量为317.708toe。

(3)杭州市群和模拟驾驶培训中心“机动车驾驶模拟培训工程”项目

该项目补助金额为218万元。2011年1月1日至2012年12月31日，杭州群和汽车驾驶模拟培训服务中心共购置模拟器196台(套)，其中互动型88台(其中80台为更新)，非互动型108台(更新98台)，共配置驾驶模拟器448台，使用率达到100%。

(4)桐乡市澳龙驾驶员培训有限公司“机动车驾驶培训模拟装置应用”项目

该项目补助金额为30万元。2010年以来，公司共购置驾驶模拟器18台，共出资人民币62.43万元，2011年10月至2012年9月一年共培训机动车驾驶员7356人。

(5)南宁市运生机动车驾驶培训学校有限公司“机动车驾驶培训模拟装置应用”项目

该项目补助金额为31万元。从2011年9月起开始启动机动车驾驶培训模拟装置应用项目，率先在全区驾培行业引进机动车驾驶培训模拟装置，在特定科目中进行模拟驾驶训练。

(三)港航基础设施建设与运营领域

1.清洁能源、可再生能源在港航领域的应用

(1)丹东港集团有限公司“液化天然气(LNG)自卸车在丹东港的应用”项目

该项目补助金额为60万元。项目包括10台LNG自卸车，主要从事丹东港大东港区的货物运输。

(2)大丰海港港口有限责任公司“大丰港天然气自卸车应用”项目

该项目补助金额为50万元。全部9辆天然气自卸车于2012年8月起全部投入运行。

(3)天津港(集团)有限公司“清洁能源在天津港供热制冷系统中的应用”项目

该项目补助金额为120万元。项目实施内容：天津港散货物流公司交易大厦热源改造工程；天津港港口医院综合楼改、扩建工程；天津港生活服务公司航运服务区蒸汽改直燃工程。

(4)锦州港股份有限公司“LNG清洁能源在锦州港的应用”项目

该项目补助金额为86万元。锦州港投资468.9万元，新购入了9台LNG装载机。

(5)宁波港集装箱运输有限公司“液化天然气(LNG)集装箱牵引车港口应用”项目

该项目补助金额为413万元。公司新增了75辆LNG集卡。

2. 靠港船舶使用岸电技术应用

(1)重庆公路运输(集团)有限公司“靠港船舶使用岸电技术的应用”项目

该项目补助金额为70万元。公司对现行的四处码头进行了船舶接岸电的改造工程,改造码头包括储奇门码头、弹子石码头、纳溪沟码头、中渡口码头。

3. 集装箱码头RTG“油改电”技术应用

(1)广州港南沙港务有限公司“轮胎式集装箱门式起重机‘油改电’(三期)”项目

该项目补助金额为97万元。本项目主要内容为在码头堆场的24个箱区上架设12条T形低架滑触线支架,并对6台场桥进行机上改造安装自动取电小车,最终实现RTG能在海、陆两侧自动取电。

(2)珠海国际货柜码头(九洲)有限公司“龙门吊‘油改电’”项目

该项目补助金额为36万元。该公司改变现有龙门吊动力源提供方式,将原有以设备自带的柴油发电机组供电的供电工作模式系统改造为由市电直接供给整机工作模式。改造内容包括现有场地改造,增加地面接电箱,机上增加电缆卷盘、减速机、控制箱、变频器和控制系统等。

(3)广州南沙海港集装箱码头有限公司“广州南沙海港集装箱码头有限公司RTG‘油改电’Ⅰ期工程”项目

该项目补助金额为200万元。截至2012年12月31日一期“油改电”项目改造的16台ERTG共完成136万TEU操作,节约运行成本约640万人民币。

(4)扬州远扬国际码头有限公司“集装箱码头RTG‘油改电’”项目

该项目补助金额为58万元。油改电项目完成后作业7个月2012年7月至2013年1月,共作业213692TEU,一年替代燃油量362.7吨。

4. 港口机械节能技术应用

(1)天津港(集团)有限公司“电瓶转场节能技术在集装箱货场上的应用”项目

该项目补助金额为54万元。电瓶转场系统节能技术在集装箱码头货场上的应用中,经实际测量发动机—发电机组每次转场平均耗油7.5升,实现电瓶转场后每次转场平均耗电11.2千瓦时,单次转场节能60.6%以上,实现了油改电后的又一重大节能突破。

(2)江苏江阴港港口集团股份有限公司“电动轮胎吊在件杂货码头的应用”项目

该项目补助金额为119万元。2010年9月至2011年12月公司完成5台轮胎吊“油改电”,项目总投资1446.72万元。

(3)天津港汇盛码头有限公司“双动力全液亚轮胎起重机节能改造”项目

该项目补助金额为69万元。项目完成后年度节约能源487.57吨标油。该项目通过变频调速技术实现了电力动力源与发动机动力源的有机结合。经实际使用证明作业效率、节能效果和作业舒适性都非常明显,采用电力为动力源时设备没有排放,达到既节能又环保的目的。

（4）天津港（集团）有限公司“港口装卸机械及属具配套节能技术应用”项目

该项目补助金额为229万元。该项目提高了作业效率，由原来的单班作业5000～8000吨提高到8000～12000吨，降低了装卸设备能耗和排放量，取得了很好的经济效益和社会效益。

（四）水路运输装备领域

营运船舶和施工船舶节能减排改造技术应用

（1）中远集装箱运输有限公司“引进BOB技术实现船舶技术节能”项目

该项目补助金额为170万元。该项目实施以来，改善动力油和系统润滑油的品质、降低机器的摩擦阻力、提高机器的利用效率、降低主机燃油消耗，降低燃料油的管理成本，取得了预期的节能效果。

（2）中交上海航道局有限公司“航绞2001轮水下泥泵驱动装置节能改造”项目

该项目补助金额为73万元。航绞2001轮节能改造主要是将原有的3台柴油机液压驱动泵站驱动方式进行改造，投入正式生产后，运行稳定，在船舶施工生产期间彻底杜绝了爆管现象、施工效率大大提高，节能效果良好。

（3）中交上海航道局有限公司“绞吸式挖泥船绞刀驱动系统节能技术改造”项目

该项目补助金额为204万元。项目实施主要内容：改换了原绞刀油马达的内曲线定子环；采取了防止液压冲击的措施，回油背压阀内控型改为外泄型，油马达的压差增大了21%；绞刀驱动液压系统高、低压管路分别增设蓄能器、回油管路添加节流板，避免了液压冲击造成设备损坏及液压油损耗对环境可能造成的污染。

（4）大连远洋运输公司“大连连远洋运输公司船舶能效管理主机滑阀式油头改造、货油加温系统、主机电子气缸注油器、使用节能型船壳漆”项目

该项目补助金额为1000万元。此项目主要包括主机滑阀式油头改造、油轮货油加温最佳方案操作系统、主机加装ALPHA电子注油器和使用节能型船壳油漆四个项目。公司对14艘船舶进行了节能技术改造。

（5）长江轮船海外旅游总公司“长江豪华旅游船节能技术改造”项目

该项目补助金额为54万元。该公司在9艘大型豪华旅游船上推广应用新型高效节能光源LED灯和大功率柴油发电机组余热利用，节能减排取得了显著效益。

（6）天津国电海运有限公司“电加热替代燃油锅炉在船舶中的应用”项目

该项目补助金额为169万元。通过采取管路改造（利用辅机暖主机）或增加电加热器，并在主机加装暖缸循环泵，满足在船舶锚泊时主机缸套水保温暖缸的需求。同时对于船员生活用热水，通过加装电加热水柜，替代船舶锚泊时燃油锅炉供应生活热水。

（7）中交上海航道局有限公司“绞吸挖泥船新型绞刀齿研制与应用节能减排”项目

该项目补助金额为180万元。本项目主要对新海豚、新海豹、新海鹰、新海鹭绞吸船的新型绞刀齿研制与应用。

（8）中港疏浚有限公司“航浚4007、航浚4008轮新型导管可调桨装置改造”项目

该项目补助金额为358万元。航浚4007轮、航浚4008轮在保持原船推进主机、轴系、桨毂不变的前提下,通过局部性技术改造,提高船舶的系柱拖力,增强船舶施工能力,降低能耗。

(9)中交广州航道局有限公司"液压闸阀节能减排项目"

该项目补助金额为77万元。公司自主研发了具有国内先进水平的液压闸阀,液压闸阀的投入使用,有效解决了绞吸船和艏吹式耙吸挖泥船要停泥泵变换闸阀阀板的作业方式。

(10)中交广州航道局有限公司"耙平器节能减排"项目

该项目补助金额为126万元。实施内容:在船上安装一台电动液压回转起重机,起吊能力25吨,最大吊距14米,能在船上自行安装和拆卸整平器和"A"字形吊架。

(11)中交天津航道局有限公司"挖泥船远程监控与工艺指导节能减排方法"项目

该项目补助金额为210万元。本项目通过节省使用交通船、远程监控船舶设备正常安全运转、远程船舶施工数据分析优化施工工艺参数等对节能减排具有重要意义。

(12)中交天津航道局有限公司"绞吸船综合改造在'单点定吸'节能减排生产技术的应用"项目

该项目补助金额为421万元。经过改造后的各施工船舶非常适合采用此工艺施工,充分发挥了船舶性能,同时减少了废方量,提高了时间利用率,增加了产能,降低了万方油耗。

(13)上海市锦江航运有限公司"远洋船舶主推进系统改造PBCF装置"项目

该项目补助金额为34万元。节能降噪机理是一方面吸收螺旋桨尾流的旋转能量而产生正的转矩,另一方面它又消除或减弱了螺旋桨的毂涡而起到整流作用来减少阻力。

(五)交通运输管理与服务能力建设领域

1.营运车辆和港口智能化运营管理系统应用

(1)天津市公共交通集团(控股)有限公司"天津公交智能调度指挥系统"项目

该项目补助金额为570万元。项目主要包括25座公交场站监控系统建设、部署2629台车载智能终端、可支撑8000部公交车智能化调度的网络和硬件平台、智能公交管理软件、平台配套产品(GIS地图、数据库系统等)五部分。

(2)荆州港务集团公司"荆州港盐卡港区营运车辆和港口智能化运营管理系统"项目

该项目补助金额为31万元。该系统含四大部分:电子卡口系统集成;视频监控系统;配套的卡口顶棚、机房、收费岛、电子汽车衡等附属设施;计算机信息管理系统等。

(3)襄阳市公共交通总公司"襄阳公交智能化运营调度监控系统"项目

该项目补助金额为105万元。截至2012年底公司已实现900余辆公交车的自动化调度、车载视频监控、自动报站功能。

(4)嘉兴市国鸿汽车运输有限公司"营运车辆智能化运营管理系统应 用"项目

该项目补助金额为69万元。本项目以完成公交车车载智能终端设备的安装调试为基础,实现公交车GPS监控,3G视频监控以及语音报站等多功能需求;主要设施设备投入:智能公交管理系统车载设备、3G网络传输硬盘录像机、智能公交管理系统软件、智能控制中心设施设备。

(5)山西省晋城市公共交通总公司"公共交通GPS/GPRS智能调度管理系统"项目

该项目补助金额为30万元。

(6)浙江省嵊州市长运集团有限公司“营运车辆智能化运营管理系统”项目

该项目补助金额为38万元。公司对城市公交、班线车辆、旅游车辆安装3G无线视频和GPS一体化设备,建设智能化运营管理调度系统、出站车辆智能管理系统和网上与自助售票系统。

(7)浙江省上虞市汽车运输总公司“营运车辆智能化运营管理系统”项目

该项目补助金额为30万元。

(8)北京奇华通信有限公司、北京市交通信息中心“北京市出租车调度监控系统与业务管理平台建设”项目

该项目补助金额为157万元。项目已完成了96106电召系统外线扩容、车载GPS终端改造、计价器连接改造、调度屏改造、互联网约车系统建设、企业在线业务管理系统建设,业务管理平台技术改造、机房扩建和坐席扩建等工作。

(9)诸暨市长途汽车运输有限公司“营运车辆智能化运营管理系统”项目

该项目补助金额为30万元。

(10)郑州市神阳科技有限公司、河南省交通运输厅道路运输局“河南省营运车辆智能化运营管理平台”项目

该项目补助金额为432万元。项目实施内容:建设河南省营运车辆智能化综合管理平台;包括省平台中心建设、智能化管理软件开发和车载智能终端的安装。完成河南省平台和5个地市运输车辆调度系统分平台的建设和联网工作;对54643台安装GPS运营调度终端的营运车辆进行联网联控和调度。

(11)商丘市公共交通有限公司“公交GPS智能化运营管理系统应用”项目

该项目补助金额为68万元。

(12)葫芦岛城市公交客运有限公司“营运车辆智能化运营管理系统应用”项目

该项目补助金额为30万元。

(13)锦州市公共交通总公司“营运车辆智能化营运管理系统的应用”项目

该项目补助金额为59万元。项目为公交企业提供高效智能化的营运管理系统,通过对线路运营车辆实时GPS、视频监控可以应对各种突发事件,对每天数据进行统计分析,制订科学合理的营运计划,科学合理调度车辆。

(14)湖南怀化公路运输集团有限责任公司“怀化公路运输集团车辆卫星定位监控和管理系统”项目

该项目补助金额为60万元。本项目总投资400.19万元,其中设备购置费400.19万元。

(15)江门市公共汽车有限公司“江门市智能公交系统”项目

该项目补助金额为54万元。本项目主要由营运调度系统、公交出行系统、安全监控系统、综合管理系统、广告发布系统五大模块组成,且每个模块均包含相关的子模块。

(16)邹平县公交客运有限公司“公交车智能化运营管理系统”项目

该项目补助金额为37万元。该系统包括:3G设备车载收费机部分、智能收费终端软件、3G设

备智能司辅器、智能调度终端软件、3G设备硬件录像部分、DLP大屏幕显示系统、公交智能监控调度系统等。

（17）诸暨市公共交通有限公司“公交智能管理系统”项目

该项目补助金额为35万元。该项目总投资1868万元。主要实施内容：对公交实施智能设施项目安装，内容包括安装车载智能设备、3G视频监控、车辆GPS定位系统、智能投币机等。

（18）河北省唐山市公共交通总公司“公交智能化运营监控管理系统（一期）”项目

该项目补助金额为86万元。智能化运营监控系统建设分为二期，一期建设项目主要是中心服务器、大屏幕显示、后备电源、公司内部局域网、网络安全防范、市中心区主要运营线路及车辆的车载设备安装调试和系统开通、建设总公司调度指挥中心、建设车队现场调度室、分公司二级集中调度试点等。

（19）丹东港集团有限公司“集装箱码头智能管理系统”项目

该项目补助金额为67万元。2010年1月开始建设一套覆盖整个集装箱码头和堆场的网络管理系统，精确管理数十台移动和固定机械，对内部和外部的数百台集装箱车辆进出码头和前后方作业进行智能管控。

（20）滕州市公共汽车公司“城市公交智能3G视频监控系统”项目

该项目补助金额为36万元。系统由3G视频监控中心、3G第三代移动通信技术、GPS全球卫星定位系统、车载信息终端等五部分组成。

（21）银川市公共交通有限公司“银川市公交智能运营调度管理系统”项目

该项目补助金额为95万元。2010年银川市公共交通有限公司投资1350万元，建设智能运营调度管理系统，开始对1200辆公交车进行了设备安装并投入了使用，目前整体项目运行良好。

（22）益阳湘运集团有限责任公司“营运车辆智能化运营管理系统应用”项目

该项目补助金额为390万元。该项目建立以GPS卫星定位系统及G－BOS系统为基础的车辆智能化运行信息平台，实现信息收集发布、网络查询、运输车辆监控等服务功能，优化了运输组织，提高了运输效率，达到了良好的节能减排效果。

（23）淮南中北巴士有限公司“公交智能化运营管理系统”项目

该项目补助金额为51万元。该智能化运营管理系统由监控调度管理系统、电子收费系统、场站安防管理系统、公交综合业务管理系统等组成。

（24）山东佳怡物流有限公司“佳怡物流公路零担货物运输车辆管理系统”项目

该项目补助金额为30万元。该系统运用GPS地理位置服务，TMS车辆与货物职能分析功能，进行路由优化、车辆的合理调度，从而提高车辆装载率，提高运输时效。公司总共为500辆车辆安装了车辆定位设备及油耗监测设备。

（25）宁波港股份有限公司“宁波港北二集分公司集装箱作业智能化管理系统应用”项目

该项目补助金额为207万元。本项目极大地提高了集装箱码头生产组织、调度和运输智能化水平，提高了整个码头堆场机械控制，实现码头各类装卸机械资源共享，减少码头机械空载运行和作业待时，提高了集卡的重载率，使得燃料消耗大大降低。

(26)江阴市公共交通公司“营运车辆智能化运营管理管理系统应用”项目

该项目补助金额为37万元。该项目实施内容:为公司530辆公交车安装GPS车载设备,实现远程监管、自动报站、违规报警、营运分析、轨迹查询等多种功能。建设公交调度指挥中心和数据中心,能在中心实现公交车辆可视化监控和公交营运场站的远程视频实时监控。

(27)广西运德汽车运输集团有限公司“车辆营运监控系统(GPS)技术改造”项目

该项目补助金额为95万元。公司选择具有行驶记录仪功能的GPS车辆监控系统,对集团所辖2172辆各类营运客、货、公交、出租车辆实施GPS监控技术全面系统改造项目。

(28)芜湖市公共交通集团有限责任公司“公交GPS智能调度和车载监控系统”项目

该项目补助金额为86万元。该项目建立芜湖公交GPS调度系统一套(含调度中心和系统软件),1200台GPS终端以及110台车载监控系统。

(29)惠州市营运车辆服务中心、惠州市丽普盾科技发展有限公司“惠州市交通营运车辆卫星定位与智能调度数据平台”项目

该项目补助金额为135万元。完成了全市范围内约4000辆营运车辆卫星定位车载终端安装工作,同时接入其他运营商的车载终端数据,目前已经覆盖全市11000多辆营运车辆。建成了营运车辆监控和调度指挥中心,在该中心建设投影显示系统和2个监控指挥坐席。

(30)日照三运实业股份有限公司“上海路仓储配送中心智能管理系统”项目

该项目补助金额为49万元。上海路仓储配送中心智能管理系统分为智能调度系统和仓储管理系统,基于互联网,结合智能仓库、网络货架、配送数据库、配送信息系统等信息化设施,将实物的装卸、配送运输、仓储等许多物理环节紧密结合。

(31)西安市交通运输管理处“西安世园会公交智能调度服务系统”项目

该项目补助金额为126万元。本系统作为世园会公交的调度指挥核心,在公交总公司科学组织运力、合理高效利用资源、为乘客提供安全便利交通信息服务、节能减排等方面提供了强大的支撑环境与快捷有效的信息化手段。

(32)安徽省宣城市道路运输管理局“宣城市出租汽车服务管理信息系统”项目

该项目补助金额为229万元。该出租汽车服务管理信息系统工程的建设内容为:市区999辆出租汽车安装车载终端;建设宣城市出租汽车数据资源中心;建设宣城市出租汽车监控调度中心;建设宣城市出租汽车电召服务中心。

(33)甘肃天嘉交通运输集团有限公司“营运车辆智能化运营管理系统应用”项目

该项目补助金额为30万元。2010年1月开始推广应用GPS全球定位系统和行车记录仪,建成了公司GPS全球定位系统局域网,2010年6月份又陆续安装了配套场站视频监控,2010年9月份对GPS终端设备、监控平台主机、服务器、监控机进行了升级改造,项目累计投资263.8万元。

(34)西安市出租汽车总公司“营运车辆GPS智能导航营运调度服务系统”项目

该项目补助金额为40万元。项目内容主要是:建设完成了中心机房及数据存储、交换、通信指挥数据平台;建设完成调度监控中心及LED大屏幕显示系统;完成2038台车载GPS终端设备的安装调试;建立自动化管理系统,实现车辆在线监控、超速报警、路况回报、电话预约叫车、目的地查

寻等。

(35)赤湾集装箱码头有限公司“招商局国际赤湾码头CTOS港口智能化运营管理系统”项目

该项目补助金额为360万元。CTOS系统通过实现作业数据数字化、码头作业无纸化、数据传送实时化、现场生产仿真化,提高了码头操作效率。

(36)重庆市永川区公共交通有限公司“公交GPS智能调度系统”项目

该项目补助金额为30万元。

(37)宿迁市城市公共交通有限公司“营运车辆智能化运营管理系统应用”项目

该项目补助金额为30万元。

(38)广西运美运输集团有限公司“营运车辆智能化运营管理系统”项目

该项目补助金额为75万元。公司通过实施“营运车辆智能化运营管理系统”项目,探索应用信息化管理技术,形成的运行速度设置、车辆超速警示、位置信息服务、运行线路优化、超速次数及累计超速时间统计分析、驾驶员教育培训等相关办法,改善了运营管理,在企业节能减排方面发挥了重要的作用。

(39)南京中北(集团)股份有限公司“南京中北出租汽车电召系统升级”项目

该项目补助金额为93万元。电召系统有助于降低营运成本,提高营运效率,降低地面道路车辆的拥堵率,降低出租汽车驾驶员的工作强度,实现节能减排。

(40)南京东方企业(集团)有限公司“南京东方出租汽车智能调度系统改造工程”项目

该项目补助金额为58万元。公司先后在988辆出租汽车上安装了卫星导航车载终端,通过运用计算机、网络、数据库、卫星导航和GPRS先进技术,对出租汽车实现智能电召调度、预约车服务、车辆调派、安全巡视、实时定位跟踪、防盗提示、防劫报警、数据传输、信息发布、通信服务、应急指挥等多项功能。

(41)交运集团青岛温馨巴士有限公司“城市公交智能调度系统”项目

该项目补助金额为127万元。系统充分发挥着调度中枢的作用,实现了车辆生产运营调度信息化、自动化和智能化管理。

(42)广西瑞通运通集团有限公司“客运车辆智能化管理系统应用”项目

该项目补助金额为35万元。该系统充分利用GPS系统的监控功能,分级实施车辆定位监控、越界报警、运行速度设置、车辆超速警示、运行线路优化,把GPS全球定位系统和行车记录仪从单纯的车辆安全运行监控设备,拓展到车辆运行节能、提高运输效率的管理中。

(43)丹东市公共交通总公司“营运车辆智能化运营运营管理系统应用”项目

该项目补助金额为49万元。该系统采用GPS卫星定位、无线通信技术和计算机网络等多种技术手段,车载设备实现了自动报站、超速报警、下站站名提示等多种服务,提高了公交的服务质量及车辆的安全性。

(44)洛阳交通运输集团有限公司“营运车辆智能化运营管理系统”项目

该项目补助金额为43万元。该项目主要包括GPS监控调度系统和车辆智能门检报班两个子系统。项目综合运用了GPS定位、GPRS无线通信、GIS地理信息、计算机网络、指纹识别等先进技术,实现了车辆生产运营调度信息化、智能化管理。

(45)江苏省扬州汽车运输集团公司“客运智能运营系统的应用”项目

该项目补助金额为30万元。

(46)南宁市公共交通总公司“南宁公交视频监控管理系统”项目

该项目补助金额为36万元。

(47)江苏大丰海港控股集团有限公司“大丰港散货码头作业智能化管理系统应用”项目

该项目补助金额为107万元。建设了散货码头智能化调度系统,可实时监控定位船舶、车辆和装卸机械的位置及状态,进行智能化调配,大幅度提高了作业效率,节能减排效果显著。

(48)大同市公共交通有限责任公司“公交GPS智能监控调度系统”项目

该项目补助金额为119万元。该建设项目包括管网服务系统、视频监控系统、安装调试等。

(49)南昌市公共交通总公司“安全行车管理综合监控体系建设”项目

该项目补助金额为38万元。项目主要包括安全行车3G视频监控平台、GPS智能调度平台和智能刷卡收费平台等实施内容。

(50)安徽省阜阳市汽车运输集团有限公司“营运车辆智能化调度和运行控制信息化项目的应用”项目

该项目补助金额为30万元。

(51)乌鲁木齐市公交珍宝巴士有限公司“乌鲁木齐市公交珍宝巴士有限公司公交智能化系统”项目

该项目补助金额为68万元。总计投入649.3万元实施建设了乌鲁木齐市公交珍宝巴士公交智能化系统平台,提高了运营现场管理能力,提高了运营数据的及时性、准确性、系统性、预见性。

(52)广西现代运输集团有限公司“GPS智能运营管理系统”项目

该项目补助金额为30万元。

(53)九江市公共交通集团公司“智能调度系统在城市公交中的应用”项目

该项目补助金额为43万元。该系统对所有的公共交通营运车辆推广使用智能调度系统。在所有营运公交车上安装GPS,在调度室安装了电子显示屏,在8个站台上安装了乘客导乘电子显示屏,在公司调度中心建设安装了调度指挥电子大屏,主要功能包括智能调度、安全监控、管理考核、服务导乘等。

(54)城都市公共交通集团公司“成都市公共交通集团公司公交车辆智能化运营管理系统”项目

该项目补助金额为406万元。公交车智能化运营管理系统由调度管理系统、车载视频监控系统、智能公交电子站牌系统组成。

(55)广东省道路运输管理局“基于IC卡技术的广东省营运车辆和从业人员智能化管理系统”项目

该项目补助金额为478万元。建成了省级洗卡中心和密钥管理中心一个,密钥管理系统、洗卡系统、发卡系统、营运车辆和从业人员智能化应用系统五个部分,实现了全省营运车辆和从业人员动态管理的自动化、智能化。

(56)萍乡市达金物流有限公司“营运车辆智能化资源调度和监控管理系统”项目

该项目补助金额为154万元。本项目充分利用计算机、网络通信、自动控制、GPS、GPRS/CDMA、GIS、智能调度和安全监控等先进技术，结合物流车辆的运行特点，有效地提高车辆运营效率和效益。

2. 治理公路运输车辆超限超载不停车预检系统应用

(1)蚌埠市公路管理局“治理公路运输车辆超限超载不停车预检系统的应用”项目

该项目补助金额为35万元。

(2)山西汽车运输集团有限公司“GPS全球定位系统在道路运输车辆中的应用”项目

该项目补助金额为66万元。GPS监控设施设备累计投入资金525.3092余万元，分别在所属9个子公司安装GPS监控设施设备，客车1741部，货车805部，全部实现了24小时GPS监控。

(3)山西汾平高速公路有限公司“山西汾平高速公路有限公司超限超载不停车预检系统”项目

该项目补助金额为32万元。汾平高速公路有限公司张兰北站、汾孝东收费站各有超限超载不停车预检系统一套，汾孝站收费站有超限超载不停车预检系统两套，总计有肆套不停车预检系统。

(4)亳州市公路管理局“治理公路运输车辆超限超载不停车预检系统”项目

该项目补助金额为67万元。该系统是在检测站上行线方向一定距离内设置该系统，使所有车辆通过高速预检区域时，系统能够自动检测出该车辆的总重、轴重、连轴信息、连轴重量、轮胎数、轴距、车速、车辆加速度等信息；系统对车辆能够对车辆进行精确、有效的自动分离。

(5)池州市公路管理局“车辆超限超载不停车高速预检管理系统”项目

项目补助金额为50万元。该系统将高速动态称重系与车牌识别系统、可变情报显示系统有机地结合，可对超限未处理车或闯关逃逸车进行稽查。

(6)山西省高速公路管理局“山西省高速公路车辆超限超载不停车预检系统新建项目”

该项目补助金额为32万元。

(7)安徽省公路管理局“安徽省公路运输车辆超限超载不停车预检系统应用”项目

该项目补助金额为440万元。建成了全省公路超限车辆信息采集系统，研发了安徽省治超信息管理系统软件，使治超工作在信息的采集取证、数据的分析、治超站点的管理、治超并联处罚等方面取得了突破性的进展，降低了误判率，提高了公路通行效率，节约了能源，收到了良好的经济效益和社会效益。

(8)云南省公路路政管理总队“云南省小哨超限超载检测站高速预检系统建设项目”

该项目补助金额为33万元。在小哨站点上下行线分别建设两套高速石英压感预检系统。设备投入使用后，极大地减轻了现场的工作强度，有效提高了治超效率，很多未超限车辆可快速通过治超站点，节能效果显著，社会反应良好。

3. 内河船舶免停靠报港信息服务系统应用

湖州市港航管理局“湖州航区船舶进出港免停靠综合监管系统”项目

该项目补助金额为56万元。截至2011年底，湖州航区共推广安装船载GPS终端10046艘，覆盖率达93%，同时结合RFID和AIS等自动识别设备，大大提高了船舶监管的自动化水平。

4. 公众出行和物流公共信息服务系统应用

(1)临安市道路运输管理处“临安市公众出行信息服务系统”项目

该项目补助金额为56万元。此系统主要包括道路客运车辆信息化平台建设(校车)及出租汽车服务管理两大部分。

(2)北京中联融智网络科技有限公司“物流资源供需匹配公共平台建设”项目

该项目补助金额为179万元。本项目针对中小微企业的物流资源匹配需求开发物流资源供需匹配公共平台，建设内容包括：物流信息操作系统、物流信息接收系统、门户网站、客服呼叫中心。

(3)株洲市公路管理局“株洲市数字公路总集成及综合管理(公众出行信息)系统”项目

该项目补助金额为30万元。本项目涵盖公路基础地理信息平台、公路业务应用平台、社会公众服务平台、外场及基础设施4大部分。

(4)内蒙古自治区交通运输信息中心“内蒙古交通物流公共信息系统工程”项目

该项目补助金额为221万元。项目以先进的WebGIS、OLAP、CallCenter等计算机技术，通过搭建统一的IT基础设施平台、数据交换与共享平台，形成自治区级公共物流信息数据库，实现物流业务相关数据资源的“共建共享”，从而提高物流企业的业务管理能力、交通管理部门的宏观调控能力、行业监管能力以及为社会公众的服务水平。

(5)深圳市华鹏飞现代物流股份有限公司“华鹏飞信息化管理平台”项目

该项目补助金额为30万元。

(6)江西交远物流有限公司“南昌保税物流中心公共物流信息平台”项目

该项目补助金额为30万元。

(7)北京公共交通控股(集团)有限公司“北京公交集团首末站电子显示屏信息发布系统”项目

该项目补助金额为161万元。项目在1个总中心，6个管理分中心、11个运营分公司部署电子显示屏信息发布系统软件，在北京公交集团所属的182个车队，522条公交线路(其中圈点线路179条)的865个首末站里，完成410块调度信息显示屏和53块综合信息显示屏在候车站台安装任务。

(8)陕西城际交通发展有限公司“西安城南客运站综合客运枢纽信息服务平台”项目

该项目补助金额为63万元。通过构建综合客运枢纽信息服务平台，将客运管理系统、自动化售票系统、安全监控系统、综合服务系统等用信息技术进行整合，实现整个枢纽的全面智能化管理，高度信息化服务，打造了一个管理智能化、服务人性化、组织现代化的客运枢纽中心。

(9)池州市公共交通集团有限公司“池州市公共交通集团有限公司智能调度系统”项目

该项目补助金额为30万元。智能调度系统运用了车辆动态定位，无线通信及电子地图技术，实现对线路运营车辆动态位置的实时监控，智能调度系统还可将运营线路的车载设备自动采集的数据，根据客户需求进行汇总分析，提高企业基础营运记录的实时性，满足不同层次的查询、分析、核算需要。

(10)深圳市公路客货运输服务中心有限公司“深圳市公众出行信息服务系统”项目

该项目补助金额为112万元。通过对深圳市交通运输行业数据进行采集与整合,建立深圳市公众出行信息服务系统包含门户网站“e行网”、95000服务热线及深圳市综合交通运行指挥子系统等,通过公交地铁出租车路径规划及自驾路径规划,促使公众合理出行,有效缓解交通拥挤,调节路网交通流量,使得交通运行更加顺畅。

(11)甘肃新网通科技信息有限公司“甘肃省交通公众信息服务系统”项目

该项目补助金额为107万元。共开发部署公众信息服务系统、数据交换平台、应用服务器中间件、Oracle数据库、GIS平台、短信平台系统、网络管理系统、安全访问控制系统等9类软件,建成了公众出行服务系统,采用网站、呼叫中心、手机短信、广播电视、可变情报板等多种服务手段。

(12)国投洋浦港有限公司“洋浦港公共物流信息平台”项目

该项目补助金额为107万元。信息平台定位于获取和提供大量有关货物监管方面的数据资源,建设、部署专业的电子数据交换平台,提供一点接入、统一认证、统一标准、集中处理的电子数据交换服务。

(13)山东省交通运输厅信息中心(山东省交通运输厅高速公路收费结算中心)、山东大成软件有限公司“山东省公众出行信息服务”项目

该项目补助金额为90万元。该系统有助于缓解交通拥堵,促进节能、降耗、减排。

(14)柳州市国联运输有限责任公司“柳州市制造业物流信息系统(物流信息公共平台)”项目

该项目补助金额为54万元。通过项目的建设,利用信息化手段,科学组织物流运力和合理调度运力,合理调度配载、降低空载率,进而实现减少物流企业的油耗成本,降低地面交通的尾气排放量等节能减排的良性效应。

(15)扬州市公共交通总公司“GPS在城乡公交车辆中的应用”项目

该项目补助金额为80万元。利用了定位技术和无线通信技术,实现了对公交运营车辆的实时监控和可视化调度,车辆的满载率和公交系统的运输能力得以提高。

(16)郴州市道路运输管理处“郴州市营运车辆运输智能监管与服务能力建设”项目

该项目补助金额为121万元。本项目包括车载终端、监控指挥中心、数据资源中心和电召服务中心。

(17)云南省公路开发投资有限责任公司“云南高速公路公共出行信息服务系统建设项目”

该项目补助金额为626万元。本项目主要是通过建设云南高速公路公共出行信息服务系统,充分整合和利用现有资源,补充和完善高速公路网运行状态监测体系、协调管理和信息服务手段,建立高效的公路公共出行信息服务系统、路网管理和应急处置工作机制。

(18)北京市交通运行监测调度中心“北京市交通运行协调指挥中心(TOCC)工程(一期)”项目

该项目补助金额为742万元。围绕缓解交通拥堵,提高公众出行效率,降低能耗排放,综合交通运输协调管理的业务需求,TOCC工程(一期)建设3大业务平台(日常监测与运行协调指挥平台、交通安全应急指挥平台、决策支持与信息服务平台)、3大支撑系统(网络系统、运维系统和机房系统)和2大配套工程(系统迁移和指挥大厅)。

(六)交通运输节能减排试点示范项目

1. 交通运输部低碳交通运输体系建设的主题性、区域性和能力建设试点项目

(1)青岛经济技术开发区公共交通巴士有限公司"LNG车在青岛开发区城市公交的应用"项目(交通运输部"低碳交通运输体系建设城市试点"项目)

该项目补助金额为133万元。2011年6月购置的60辆苏州金龙KLG6128GC型LNG天然气客车,代替原柴油车45辆和新开公交线路15辆。

(2)杭州萧山交通发展有限公司"萧山区公共自行车交通系统"项目

该项目补助金额为30万元。

(3)株洲市人民政府创建工作领导小组办公室"株洲市公共自行车租赁系统建设和管理"项目

该项目补助金额为276万元。项目自2011年5月6日正式启动以来,安装锁柱26658个,投放公共自行车20000辆,管理箱1084个,摄像头1266个,安装调试成功投入运行1018个站点,实现了全城全覆盖。

(4)江苏省无锡市航道管理处"苏南运河无锡段'感知航道'信息化工程"项目

该项目补助金额为175万元。"感知航道"从功能性角度上可以分三个部分:业务需求部分、领导决策部分和为民服务部分,其中前两个部分是为行业内部科学化管理服务的,其主要内容按层次由低到到高有应用基础平台系统、业务应用系统和决策分析系统。

(5)武汉鑫飞达环保节能科技有限公司"武汉高校公共自行车与机关公务自行车服务系统"项目

该项目补助金额为96万元。至2012年2月,武汉高校公共自行车与机关公务自行车服务系统项目,在全市共新建103个系统服务站点,投放高校公共自行车和机关公务自行车15048辆。

(6)北京市地铁运营有限公司"北京地铁LED照明节能试点改造"项目

该项目补助金额为30万元。

(7)西安西高公交有限公司"天然气车辆在城市公交中的应用"项目

该项目补助金额为30万元。该项目投资1047.4万元,增购双燃料和纯天然气车辆48台。

(8)西安亚辉汽车客运有限责任公司"城市出租天然气汽车的推广应用"项目

该项目补助金额为38万元。该公司购置天然气(CNG)为燃料的出租汽车305辆。

(9)西安公交巴士股份有限公司"西安公交巴士天然气车辆的购置与应用"项目

该项目补助金额为456万元。该项目购置198部天然气车辆用于城市公交客运后。

(10)海口市公共交通集团有限公司"液化天然气公交车应用"项目

该项目补助金额为415万元。公司于2010年、2011年购置了125辆液化天然气公交车。

(11)昆明公交集团有限责任公司"昆明市天然气公交车应用"项目

该项目补助金额为128万元。项目包括76辆天然气公交车。

(12)哈尔滨市公路客运总站"哈尔滨市南岗公路客运站锅炉改造"项目

该项目补助金额为51万元。该项目共计投资116万。2011年12月中旬将第一台锅炉定装完

毕并试车,12 月末前将第二台备用炉也安装完毕并试车。2012 年 1 月正式运行。

(13)无锡客运有限公司“LNG 客车在道路运输中的应用”项目

该项目补助金额为 283 万元。公司累计购置 LNG 客车 103 辆。

(14)哈尔滨市公共电车总公司“清洁能源城市公交车辆的推广应用”项目

该项目补助金额为 684 万元。该项目新购天然气公交车 300 台。

(15)辽宁虎跃快速汽车客运股份有限公司“天然气车辆在出租客运领域中的应用”项目

该项目补助金额为 64 万元。该项目运营 160 台油气两用出租车。

(16)哈尔滨市公共电车总公司“压缩天然气(CNG)汽车在城市公交中的应用”项目

该项目补助金额为 561 万元。该项目购进 CNG 车辆 299 台从事公交运营。

(17)重庆两江公共交通有限公司“CNG 城市车推广应用”项目

该项目补助金额为 370 万元。新车型的投入,加大了载客量,确保了不断增长的客流需求,相同运量下减少了燃气消耗,减少了道路拥堵,减少了尾气污染物排放。

(18)武汉市公共交通集团有限责任公司“武汉公交集团 CNG 车辆推广”项目

该项目补助金额为 842 万元。356 辆天然气公交车已经全部上线运营,运行情况良好。

(19)烟台港集团有限公司“烟台港港口装卸工艺改造 - 化肥作业工艺改造”项目

该项目补助金额为 178 万元。

2. 财政部、国家发展改革委“节能减排财政政策综合示范城市”项目

(1)广州市第三公共汽车公司“BRT 快速公交系统的深化应用和管理”项目

该项目补助金额为 90 万元。项目实施内容:配合市政府实施 BRT 快速公交系统要求,在 BRT 通道内投入公交车辆 237 台;BRT 通道内车辆增装 GPS、移动电视和安全视频监控等三大智能信息系统;BRT 通道内车辆增装 CAN 总线和射频系统。

(2)重庆市第三公共交通有限公司“推广应用 CNG 公交车”项目

该项目补助金额为 468 万元。2011 年底至 2012 年 9 月,新购压缩天然气客车(CNG 客车)177 辆。

3. 交通运输部公布的交通运输行业节能减排示范项目

(1)湖州市公路管理处(局)“泡沫沥青冷在生技术节能减排工程在湖州公路中的应用”项目

该项目补助金额为 71 万元。2010 ~ 2011 年实施泡沫沥青就地冷再生节能减排工程总里程为 56.843 千米;实施面积为 564372 平方米;实施工程量为 75232.8 立方米;废旧料利用方量为 63085.56立方米。

(2)常州公路运输集团有限公司“综合运用节能减排技术打造低碳高效道路客运”项目

该项目补助金额为 136 万元。以“打造低碳高效道路客运”为目标,通过“完善机务管理办法、调整车辆技术结构、引进清洁能源、采用先进信息技术手段、积极推广科学的操作驾驶方法”等节能措施,形成了一套行之有效的节能管理方法。

(3)昆山市公共交通有限公司“220 辆 LNG 公交车”项目

该项目补助金额为 313 万元。2012 年采购 220 辆 LNG 公交车。

(4)衡水市公共交通总公司“公交信息化智能调度”项目

该项目补助金额为313万元。公交智能调度管理系统通过计算机技术、GPS技术等高科技术，全面实现公交车辆和线路运营的精细化、数字化、智能化管理，提高交通基础设施运行效率，降低交通堵塞。

(5)天津港中煤华能煤码头有限公司“散货码头智能化作业系统节能”项目

该项目补助金额为34万元。煤码头公司采取海水雾化喷淋及防风林的组合工艺替代洒水车抑尘工艺。该工艺运行一年来，有效降低了公司粉尘防治能源消耗，实现年替代标准油2131.6吨。

(6)常州市公共交通集团公司“常州公交BRT一号线延伸线工程”项目

该项目补助金额为30万元。本次申报项目为常州公交BRT一号线延伸线节能减排示范项目。常州公交BRT一号线延伸工程于2011年7月完工，增设BRT站台14个，增添18米车辆12辆。

三、区域性主题性项目成果

(一)绿色低碳交通城市区域性试点方案概述

1. 北京市绿色低碳交通城市区域性项目

1)总体思路

(1)指导思想

深入贯彻落实党的“十八大”精神，以科学发展观为指导，紧紧围绕“人文交通、科技交通、绿色交通”的发展理念，以加快转变交通发展方式、提高能源利用效率、降低机动车排放强度为目的，突出缓解交通拥堵、机动车污染治理、智慧交通建设“三个重点”，发挥“制度创新、引领示范”作用，构建与中国特色世界城市相匹配的绿色循环低碳交通运输体系，促进首都交通全面协调可持续发展。

(2)发展目标

到2015年，交通运输绿色循环低碳发展成效更为明显，基础设施更加完善，出行结构更加合理，装备结构更加优化，智能交通水平进一步提升，监管能力和支撑保障水平明显增强，交通行业能源及主要的资源利用效率明显提高，碳排放强度和污染物排放明显降低，以绿色循环低碳为特征的首都综合交通运输体系初步形成。

2)重点支撑项目

遵循试点项目遴选原则，以总体提升北京绿色循环低碳交通发展能力为目标，通过技术经济论证，遴选出一批拟在2013~2015年实施的重点项目，分为五个领域。

(1)低碳轨道类项目

本次区域性项目中，低碳轨道类项目纳入了地铁能耗统计与监测平台建设、地铁节能示范线路建设、北京地铁4号线能源管理中心建设3个项目。

(2)低碳车辆类项目

低碳车辆类项目共有4个，主要从新能源公交车更新和绿色维修等角度出发考虑，纳入了公交集团市区LNG车推广使用、双源无轨电车替代104快汽车、城郊LNG纯电动公交车推广以及绿色维修综合改造示范工程4个项目。

(3)低碳公路类项目

低碳公路建设类项目共有1个,主要从公路沥青使用的角度出发考虑,本次项目中纳入了沥青混凝土生产装置清洁能源改造这1个沥青节能减排项目。

(4)能力建设类项目

包括信息化在内的能力建设类项目有1个,主要从信息平台建设的角度考虑,本次项目中纳入了北京交通枢纽能源管理平台建设这1个信息平台项目。

(5)新城示范类项目

主要包括了房山区LNG公交车推广、北京市西南交通枢纽综合管理平台建设、通州区新能源公交车推广以及顺义区新能源公交车推广4个项目。

3)保障措施

(1)加强组织领导

依据交通运输部关于开展绿色循环低碳交通运输体系建设区域性试点工作的有关要求,建立健全绿色循环低碳交通城市区域性项目组织机构,成立项目实施领导小组及其办公室、试点项目实施工作组、试点项目专家顾问组,为项目总体目标的顺利实现和各项试点工作的有效实施提供强有力的组织保障。

(2)加大资金投入

拓宽项目筹融资渠道,通过财政资金、工程资金、社会自筹和企业自筹等多途径予以解决。积极争取国家发展改革委、财政部、交通运输部、环境保护部、科技部等中央财政资金,同时积极争取北京市人民政府以及发展改革、财政、环保等部门加大对试点项目支持力度,积极争取相关部门对试点项目的奖励和资金补助。鼓励全市交通运输企业在新能源使用、节能减排技术改进等方面加大资金投入,逐步形成以国家和地方政府资金为引导、企业资金为主体的交通运输行业节能减排资金投入机制。

(3)完善监管制度

试点工作领导小组将精心组织实施试点方案,履行试点项目实施的监管职责,着力建立试点工作协调联动机制、试点项目资金监管制度、能源统计计量监测制度、目标责任评价考核制度、政府奖励激励机制,切实加强各试点项目的质量、经费、进度等进行监督管理。

(4)强化技术支撑

本区域性试点项目实施由交通运输部科学研究院、北京市交通行业节能减排中心等单位提供全程的技术支撑与咨询服务,指导交通运输企业绿色循环低碳项目的实施,指导管理部门进行试点开展的质量、进度的跟踪检查和绩效评估,能耗资源统计分析、二氧化碳碳与主要污染物排放监测考核,解决重点难点问题,保证区域性试点工作的有序进行。重点对试点项目中有关绿色循环低碳发展的行业政策方针提供咨询服务;帮助试点实施主体制定相关的管理制度和工作方案,完善对试点工作的管理;对于实施过程中涉及数据统计、技术检测、项目评估等深度专业技术问题提供技术咨询服务，并对试点工作适时进行分析和评估，做好后期的总结和宣传工作。

(5)加强宣传教育

通过举办"节能宣传周""低碳体验日""无车日"、开展能源紧缺体验活动等多种形式，大力倡导绿色循环低碳生活方式；将绿色循环低碳交通宣传纳入重大主题宣传活动，运用广播电视、报刊、新媒体、官方微博等方式开展形式多样的节能减排宣传活动，普及交通行业节能减排科学知识。组织开展经常性的节能减排培训教育、技术和经验交流工作，抓好节能减排基础教育、专业教育、社会教育和岗位培训。加快培养与绿色循环低碳交通发展相适应的高素质人才队伍，促进提升全市绿色循环低碳交通发展的软实力。

(6)打造绿色示范

在全面实施试点项目的基础上，在全市范围内，分别以区县、企事业单位、工程等作为实施主体开展绿色循环低碳专项行动，即分别确定绿色循环低碳试点区县、试点企业、试点单位、试点工程的名录，全方位、多维度、系统性、开放性地开展绿色循环低碳试点工作，并在此基础上开展示范创建活动，认真总结示范区县、示范企业、示范单位和示范工程的好经验好做法，充分发挥对全行业的示范带动作用。

(7)强化评价考核

建立健全试点工作动态跟踪与评估机制，加强对方案执行情况的督促和检查。结合北京市实际情况，每季度公布一次各试点项目能源资源消耗、二氧化碳及污染物排放情况、项目进展情况。实施期间每半年对本方案执行情况进行一次阶段性评估。健全节能减排目标责任评价、考核和奖惩制度，强化责任，严格考核，确保实现试点项目节能减排目标。对试点工作进展好的项目给予表彰并及时总结宣传经验；对工作进展不理想的项目进行定期整改。

2. 深圳市绿色低碳交通城市区域性项目

深圳地处广东省南部，东临大亚湾和大鹏湾，西濒珠江口和伶仃洋，南边与香港一水之隔，北部与东莞、惠州接壤。全市辖区内土地总面积1991.64平方千米，总人口近1400万人，常住人口1046.74万人。

1)总体思路

(1)指导思想

深入贯彻落实党的十八大精神，以科学发展观为指导，全面落实节约资源和保护环境基本国策，以节约资源、提高能效、控制排放、保护环境为目标，按照"有质量的稳定增长，可持续的全面发展"的总体要求，以"深圳质量品质交通"为主线，积极推进"运输方式、出行结构、交通服务、交通发展、交通排放"五个转变，加快建设绿色、循环、低碳、高效的交通运输体系，加快发展现代交通运输业，加快构建"全球性物流枢纽城市、国际水准公交都市和国际化现代化一体化综合交通运输体系"，促进深圳市交通运输科学、和谐、可持续发展。

(2)建设目标

到2015年，综合运用"空间减碳、方式减碳、技术减碳、管理减碳"四大策略，加快推进由"八大系统"构成的以低能耗、低排放、低污染、高效益，以人为本、可持续发展为特征的"1+4+8+5"绿色循环低碳交通运输体系建设，基本实现深圳交通发展方式的“五个转变”，促进交通运输与生态环境协调发展，打造全国绿色循环低碳交通示范城市。

2）重点任务

（1）绿色循环低碳基础设施建设

①绿色循环低碳规划与设计

交通规划与土地利用互动发展，城市土地开发与交通设施网络布局相互协调，建立以公共交通为导向的城市开发模式（TOD模式），从源头上实现交通减量，碳排放减少。在交通规划与设计中，严格执行环境保护“三同时”，加强交通生态环境保护。

②优化综合运输网络布局

加快综合客运枢纽、物流园区、枢纽港口及集疏运配套设施建设，实现客运“零距离换乘”和货运“无缝衔接”。

③打造功能清晰路网体系

加快城市轨道交通、城市公交专用道、快速公交系统（BRT）等大容量城市公共交通基础设施建设，加强自行车道和行人步道等城市慢行系统建设，增强绿色出行吸引力。

④施工节能环保技术应用

集约使用土地资源，大力推广使用新材料、新技术、新工艺；在公路养护工程方面积极推广旧水泥混凝土的回收利用，推进沥青面层再生利用，推广温拌沥青技术和LED节能路灯照明等先进适用技术；在有条件的港口实施太阳能利用项目。

⑤LED灯推广应用

实施LED照明产品应用试点示范工程，争取3年内全市的市政道路、主要交通公共场所和交通机关办公场所基本实现LED照明。重点包括新建LED路灯工程、现有道路LED路灯改造工程、交通机关办公场所LED灯照明改造工程。

（2）新能源公交车示范推广

①推广新能源公交车辆

至2015年，推广新能源公交车7000辆，新能源公交大巴占公交车辆总数的50%以上，推广纯电动出租车3000辆，纯电动出租车占全市出租车总数的20%。继续发挥公交行业新能源汽车应用的示范引领作用，使深圳继续成为全球新能源汽车投放最多、运行效果最好、管理最规范的示范城市。

②完善配套充电设施

制定完善充电站（或充电桩）建设标准及配套政策，加快充电站等配套基础设施建设，基本形成满足新能源公交车运行需求的充电网络，为新能源汽车推广应用创造有利条件。

（3）绿色循环低碳运输装备应用

①推广应用清洁能源汽车

在道路客货运行业大力推广液化天然气（LNG）等清洁能源汽车。至2015年，推广使用LNG货车1万辆。其中港口内拖车600辆，使用率达到50%以上；道路集装箱拖车及其他货运车辆9400辆，使用率达到30%以上。

②建立加气站网络

配套建立充足、稳定、便捷的加气网络。出台加气站建站用地政策，统筹规划常规标准 LNG 加气站网络布局。到 2015 年建设 LNG 加气站 80 座，现已建 13 座，加油站改造 20 座，各能源企业在建和拟建 47 座。

(4)公交都市建设

坚持公交优先发展战略，加快实施《深圳市打造国际水准公交都市五年实施方案》，重点实施线网优化、公交提速、四站提升、慢行交通等工程。

①实施公交提速工程

加快公交专用道建设，建设公交快速走廊，至 2015 年底，建成公交专用道 780 千米以上；主要客流通道高峰时段公交车平均车速达到 20 千米/小时以上；2020 年达到 25 千米/小时以上。至 2015 年，实现地面公交车辆运营准点率 90% 以上；轨道运营准点率 98% 以上。

②持续轨道建设工程

持续轨道交通建设工程内容改为推进轨道交通 6、7、8、9、11 号线建设，2018 年建成约 350 千米轨道交通网络。优化轨道交通建设时序和安排，加快对城市发展轴线和新开发区域的轨道交通覆盖，支撑特区一体化，引导城市合理布局，促进新城发展。启动轨道交通四期前期研究工作。

③优化公交线网

加快“快—干—支”公交线网布设，扩大常规公交网络服务面，到 2015 年全市公交站点 500 米覆盖率达到 93% 以上。

④延伸慢行网络

建设安全、通达、便捷、舒适的步行和自行车交通网络，加强慢行交通与轨道和公交线网的便捷接驳。结合城市绿道网，加快推进自行车道网络建设；研究制定全市统一的公共自行车运营准入最低标准、企业退出机制和安全管理标准，逐步建立公共自行车系统；结合轨道交通建设，加快布设公共自行车租赁点，推广公共自行车租赁服务。

⑤引导绿色出行

宣传绿色交通理念，坚持开展绿色公交线路评选活动和“公交优先，绿色出行”为主题的无车日活动；倡导低碳交通出行，引导居民使用公共交通工具，减少机动化出行。到 2015 年，公交占机动化出行分担率达到 56% 以上。

(5)绿色循环低碳港口建设

①创建绿色循环低碳港口

开展招商局国际(蛇口、赤湾)集装箱码头绿色循环低碳港口主题性试点工作，创建盐田国际码头、赤湾、大铲湾“绿色生态港口”，促进港城协调发展。

②港口低碳技术应用

在港口企业推广应用 RTG“油改电”、港口拖车“油改气”、靠港船舶使用岸电、太阳能光伏发电等先进低碳港口技术。加快港口信息化系统建设，提高港口运作效率，降低港口生产能源消耗。港口内运拖车大部分完成“油改气”，拖车行业使用清洁能源车辆比例达到 50%。

(6)绿色循环低碳物流发展

①建设物流公共信息平台

建设功能齐备、信息共享、互联互通,涵盖多种运输方式、各类物流主体以及政府监管与服务机构的全市物流公共信息平台,强化信息资源整合与共享,提高物流运营效率,提升物流服务整体水平。

②优化运输组织

推动绿色循环低碳物流组织体系建设工程,重点鼓励企业的网络化和运输组织模式优化,全面提升运输组织效率。完善促进甩挂运输发展的相关政策、法规和标准,开展甩挂运输试点工程,加快发展道路甩挂运输,发展绿色货运。

③优化运输结构

发展水铁联运、江海联运,充分发挥铁路和水运在节能减排中的比较优势。

(7)智能交通系统构建

①建设综合交通运行指挥中心

建设深圳市综合交通运行指挥中心,集成海陆空地信息资源,构建“智能设施、智能公交、智能物流、智能政务”四大平台,逐步实现全市综合交通“运行监测、安全管理、应急指挥、决策支持、信息服务”五大功能,加强交通行业组织协调,全面提升交通运输运行效率,实现信息化智能化引领交通运输行业的国际化现代化一体化。

②建立公众出行信息服务系统

开通综合交通直播室,完善优化交通在手、易行网门户网站出行信息服务应用功能,开展高速公路信息发布,持续优化交通指数发布,更好地满足广大市民和政府部门对交通运行信息的实际需求,实现智慧出行,提升城市整体交通效能。到2015年末,交通出行信息服务模式提供率达到90%,准确率达85%以上;客运车辆智能监管率达到95%;货运车辆智能监管率达到80%;出租车电召成功率达到85%。

(8)交通需求管理

①引导车辆使用

加大交通需求管理实施力度,以调整停车收费为主要抓手,通过设施供给、经济杠杆、行政管理和宣传倡导等综合手段,引导机动车合理使用,促进城市交通方式结构优化,维持道路交通状况在可接受的水平,制定前瞻性、系统性交通发展政策,缓解交通拥堵,减少交通能耗和污染。

②探索建立汽车排放费制度

发挥深圳先行先试优势,结合汽车碳排放情况,研究建立适合深圳市的汽车排放费制度,通过市场配置资源,缓解日益严重的交通拥堵问题,减少交通碳排放。

(9)绿色循环低碳交通运输能力建设

①建立健全绿色循环低碳交通运输规划、标准和政策体系

完善绿色循环低碳交通运输战略规划,研究编制《深圳市绿色循环低碳交通运输体系建设中长期规划》,建立健全规划定期评估考核和及时修订机制。研究出台建设绿色循环低碳交通运输体系

的相关指导意见和具体实施方案。研究编制《公交行业新能源汽车安全管理规范》及配套维修检测标准，提高绿色循环低碳交通运输管理的规范化、标准化、制度化水平。

②完善节能减排监管组织体系

建立健全绿色循环低碳交通运输监督管理体制，明确专职管理机构与岗位，加强节能减排管理队伍建设，形成权责明确、协调顺畅、运行高效、保障有力的绿色循环低碳交通运输监管网络。

③研究建立绿色循环低碳交通运输统计监测考核体系

建立完善交通运输能耗统计监测和环境统计监测报表制度、建立能耗和环境统计监测平台，建立标准统一的行业能耗及环境统计数据库，逐步提高统计监测考核的自动化和信息化水平。

④建立交通运输碳排放管理体系

积极推广合同能源管理，培育节能减排技术服务市场。完善交通节能减排激励政策和产业政策，建立节能减排与资源分配挂钩制度，加强交通运输碳排放管理。建立健全涵盖深圳市全口径交通（含营业性运输和社会交通）的交通运输碳排放管理体系。

（10）绿色循环低碳交通运输指标运行

构建绿色循环低碳交通运输体系指标体系，结合绿色循环低碳交通城市评价指标系统，设定合理目标，明确节能减排和绿色环保等方面指标，并使其可获得、可比较、可检测、可考核。研究指标数据采集途径，建立指标采集、分析、发布信息系统。

3）重点项目

本阶段初步遴选出拟纳入区域性方案的实施项目分3大类项目，具体为节能减排主体项目，绿色循环经济类项目和节能减排配套项目和间接项目，共27个分项目。

3. 厦门市绿色低碳交通城市区域性项目

厦门市位于福建省东南沿海，台湾海峡西岸中部、闽南金三角的中心，东面隔海与金门县、龙海市相望，陆地与南安市、安溪县、长泰县、龙海市接壤，是我国经济特区，东南沿海重要的中心城市，海陆空交通枢纽，也是一个国际性海港及风景旅游城市。

1）总体要求

（1）指导思想

深入贯彻落实党的十八大精神，坚持以科学发展观为指导，将生态文明建设和绿色循环低碳理念融入交通运输发展的各方面和全过程，以加快交通运输发展方式转变为主线，以节约资源、提高能效、控制排放、保护环境为核心，以加快推进绿色循环低碳交通基础设施建设、绿色循环低碳运输装备推广、绿色循环低碳运输组织体系建设、智能交通与信息化建设、绿色循环低碳交通能力建设为主要任务，突出“综合交通、智慧交通、生态交通”特色，强化科技创新与管理创新，加快建成绿色循环低碳交通城市，实现交通运输绿色发展、循环发展和低碳发展，促进美丽厦门和生态城市建设。

（2）发展目标

到2015年，厦门市交通运输行业绿色循环低碳发展意识明显增强，绿色循环低碳交通战略规划体系、法规标准体系和配套政策体系初步形成，体制机制更加完善，科技创新与信息化水平明显提高，监管能力明显提升，能源和主要资源利用效率明显提高，二氧化碳和主要污染物排放强度明显降低,生态环境保护取得明显成效,绿色循环低碳交通运输体系初步建立。

2)重点任务

(1)建设绿色循环低碳交通基础设施

①加快建设契合综合交通运输发展的基础设施网络体系。

优化基础设施网络布局。以完善海西高速公路网和建设国家公路运输枢纽为重点,建设8个公路客运枢纽,5个一级公路货运枢纽。加强综合客运枢纽和物流集聚地区的货运站场建设,大力促进城乡客运一体化进程,建设成一个完善的高效交通系统;**加快升级优化路网结构**。争取完成"十二五"规划的大部分对外公路通道、城区间快速路、跨海通道等的建设,同时完善城市路网结构和农村路网结构;**加快港口调整布局和航道升级优化**。以大型集装箱深水泊位的建设及新合并港区的建设为重点,进一步整合开发厦门港岸线资源,提升厦门港的吞吐能力。加快形成以高等级航道为主体的干支直达、通江达海、结构合理的内河航道网,提高内河水运竞争力;**始终坚持公交优先发展**。"十二五"期间,以轨道交通和综合客运枢纽的建设为重点,争取启动厦门市轨道交通的建设,并完工通车;高度重视并着力加快综合客运枢纽的建设步伐,继续推进农村客运站点建设;进一步优化公交线网结构;加强自行车专用道和行人步道等城市慢行系统建设,增强绿色出行吸引力。

②加强交通基础设施的能源节约利用。

将节能要求贯彻到交通基础设施规划、设计、施工、运营、养护和管理全过程。完善并严格执行交通固定资产投资项目节能评估与审查制度,将节能要求作为项目立项、初步设计、施工及验收中的刚性指标。

③加强资源的循环利用。

大力开展路面材料、废旧材料的再生、循环和综合利用。加强公路、港口等的生产、生活污水循环利用。加强对港口航道工程疏浚土循环利用。

(2)推广绿色循环低碳交通运输装备

①着力提升运输装备大型化、专业化、标准化水平。

大力调整优化车辆运力结构。加快淘汰高能耗、低效率的老旧车辆。引导货运车辆向重型化、厢式化、专业化、序列化方向发展。大力发展大容量的城市公共交通工具,加大轨道交通运力投放。优化车辆的档次结构,鼓励发展小排量汽车,提高柴油车比重;大力调整船舶运力结构。加快淘汰能耗高、污染大的老旧船舶与落后船型;优化船队吨位结构,全面推进内河航运船型标准化,发展与航道技术标准相适应的大型化、标准化船舶。

②推广应用新能源、清洁能源车船,逐步优化用能结构。

积极开展节能与新能源汽车示范推广试点。积极开展公共汽车、出租车、公务车等新能源应用试点,逐步提高城市客运领域LNG车辆、混合动力车的比重。在城市物流配送、城际客货运输车辆中适时开展试点应用。大力加强加气、充电等配套设施的规划与建设;积极推进清洁能源船舶试点应用。推进LNG等清洁能源船舶试点工作,并配套建设加气码头。加快老旧船舶的更新换代工作,通过船舶技术升级、能源选型改善船舶用能结构,减少碳排放。

③严格执行营运车船燃料消耗限值及机动车排放标准。

严格营运车船燃料消耗限值准入管理。按照交通运输部统一部署，适时推进实施营运船舶燃料消耗量准入制度，严把营运船舶能耗准入关；严格执行机动车排放标准。探索调控机动车保有总量，扩大市区高污染机动车辆限行范围，鼓励提前淘汰主城区高污染机动车辆。

④推广绿色循环低碳工程机械与港口装卸设备。

调整优化交通施工机械装备、工程船舶结构。加快淘汰高能耗、高排放、老旧工程机械、工程船舶等，提高交通建设用能设备的整体技术效率；优化港口装卸设备结构。加快港口装卸机械技术升级改造，大力推进港口集装箱轮胎式起重机（RTG）“油改电”工作，推行起重机高压预激磁节能改造和照明系统节电改造。

（3）优化交通运输组织模式

①加快调整优化运输结构，加快形成便捷、通畅、高效、安全的综合运输体系。

积极促进公路、水路、铁路、民航和城市交通等不同运输方式的高效衔接。优先发展公共交通，建立以“城市公共交通 + 自行车/步行”为主体，出租汽车、小汽车为补充的绿色出行系统。

②优化客运组织模式，提高旅客运输的效率。

优化公路客运组织管理模式。加强客运运力调控，提高道路客运企业规模化、集约化水平，推广滚动发班等先进客运组织模式，提高客运实载率；**优化换乘系统，提高运输效率。**在城区范围内优先发展公共交通和加强各模式之间的换乘，加快建设一体化客运枢纽设施；**进一步提升出租车、汽车租赁业的规范化与集约化水平。**鼓励出租汽车企业进一步兼并组合，提高行业规范化、规模化经营水平；加强汽车租赁市场管理，提升出租汽车运输节能减排水平。

③优化货运组织模式，引导公路货运向网络化、规模化、集约化和高效化发展。

继续推进实施道路甩挂运输试点。在全市范围内进一步扩大甩挂运输试点企业范围，初步形成一定规模的甩挂运输组织网络；引导货运企业规模化发展，提高物流组织化程度。以“大力建设信息化基础平台、整合各种物流资源、培育大型第三方物流企业、完善集疏运系统”为主线，从系统工程角度综合考虑，通过多部门共同努力，全方位、多层次、多模式形成合力推动厦门建设成为物流中心；优化水路货运组织管理。鼓励航运企业通过重组、合资、股份制等方式进行集团化经营。发展大宗散货专业化运输等现代运输组织方式。优化航运组织管理，合理组织货源，优化航线布局，保持货流平衡，提高船舶载重量利用率。

④大力发展现代港口物流，提升港口运营与服务效率。

健全港口物流服务体系。依托厦门东南国际航运中心建设，完善与现代物流业相匹配的基础设施，推进铁水联运、公水联运，发展内陆无水港，拓宽服务领域和功能；提高口岸通关效率。进一步加快“大通关”建设，加快推动厦门港水域整体对外开放，加大厦门电子口岸建设和推广力度，扩大港口电子数据交换（EDI）中心的联网范围，建立货物联合查验作业机制，逐步整合口岸资源，集中力量发展重点口岸，全面提升通关能力。

⑤优化城市交通组织管理，切实落实公交优先发展战略。

研究建立规范的公交企业补贴补偿机制，提高城市公交的服务能力和服务效率，优化城市公交网络和公交调度，改善公共交通通达性和便捷性。

⑥加强引导公众绿色循环低碳出行,逐步培养低碳交通理念。

鼓励发展共乘交通,扶持和鼓励提供班车、校车服务。研究实施城市出租汽车合乘政策,推广出租汽车电召。大力推广城市公共自行车。

(4)加快智能交通与信息化建设

①加快公路运输信息化建设。

大力推进公路运输的信息化和智能化进程,加快现代信息技术在公路运输领域的研发应用,逐步实现智能化、数字化管理。

②强化城市智能交通建设。

建立城市交通信息公共平台,全面整合厦门市交通信息资源,建设厦门市交通基础数据中心,为政府及相关部门、企业公众提供数据支持、行业管理、分析决策等信息服务。

③建立绿色循环低碳公众信息平台。

通过利用移动通信、因特网和GPS等技术手段,建立为公众提供实时服务的无线城市服务平台,把厦门建设成为真正的“无线城市”。

④加快推进港口智能化进程。

建立全港能源消耗自动化管理系统,实现对全港油、电的实时动态监控管理,全面掌握能源消耗的分布情况,提升节能减排工作水平,实现港口节能工作从传统粗放式向数字化、智能化节能管理的革命性突破。

(5)加强绿色循环低碳交通能力建设

①建立健全绿色循环低碳交通战略规划体系。

加紧研究制定厦门市绿色循环低碳交通运输体系建设中长期发展战略与专项规划,完善绿色循环低碳交通战略规划体系,建立健全规划定期评估考核、通报和及时制修订机制。

②建立健全低碳交通法规标准体系。

进一步完善落实公交优先发展战略、机动车污染防治等低碳交通相关配套法规规章、标准和制度体系。

③强化低碳交通监管组织保障体系。

建立健全厦门市交通运输节能减排监督管理体制,研究设置节能减排专职监管机构与岗位,加强节能减排监管队伍建设。

④建立健全节能减排统计监测考核体系。

研发厦门市交通运输能耗统计监测平台,探索建设重点交通运输企业能源管理中心,研究开发能耗与碳排放在线申报与监测系统,提高统计监测考核的自动化和信息化水平。

⑤强化低碳交通科技创新体系建设。

鼓励企业研发低碳交通技术和产品,重点加强机动车排放监控技术的开发与应用,加快发展新能源汽车、清洁汽车技术和汽车尾气控制技术的研发与产业化。

⑥加强节能减排市场机制建设。

大力推广合同能源管理。重点在城市轨道交通节能改造、营运车船先进成熟节能产品(技术)

应用、靠港船舶使用岸电、绿色照明、公共机构大型建筑等领域组织启动一批合同能源管理的示范项目。研究探索碳排放权交易机制。重点在城市快速公交系统(BRT)、节能与新能源车辆、港口机械"油改电"、船舶靠港使用岸电等领域积极探索清洁发展机制(CDM)项目开发与碳交易机制。

⑦加强交通综合治理与需求管理能力建设。

强化城市交通综合治理。以"治标为先、兼顾治本"为原则,逐步引导个体交通进一步向公共交通转移,优化交通出行结构,基本形成内部交通和过境交通相分离、通勤出行距离和时间相对减少的交通格局。加强城市交通需求管理。探索实施科学的机动车增长调控政策,实现中小客车合理、有序增长。同步配套实行外地车辆限行政策,确保机动车增长与城市交通资源相适应的合理态势。

⑧加强绿色循环低碳交通基础性政策性研究。

研究探索符合厦门实际的交通运输节能减排激励约束政策、市场减排机制、国际合作对策、重点企业监管机制等。支持和引导交通运输重点企业开展能源管理中心、能源管理体系构建与认证、节能低碳规划、能源计量与审计等研究探索工作,提升低碳发展能力。

3)重点支撑项目

区域性项目选取包括2013年至2015年、2016年至2020两个阶段。本次项目为2013年至2015年第一阶段项目。初步设计为6项重点任务,包括绿色循环低碳型交通基础设施建设与改造工程、绿色循环低碳城市公共交通工程、绿色循环低碳城市慢行交通工程、绿色循环低碳港区建设工程、绿色循环低碳物流工程、绿色循环低碳智能交通云系统工程,共14个综合性试点项目。

4.保定市绿色低碳交通城市区域性项目

保定市位于河北省中部,太行山北部东麓,冀中平原西部,地处京、津、石三角腹地,素有"京畿重地""首都南大门"之称,是国务院批准的历史文化名城和对外开放城市,下辖3区、4市、18县,总面积2.21万平方千米,建成区面积133平方千米;总人口1127.2万人,其中市区人口117.3万人。2006年,保定市政府正式提出"保定——中国电谷"的发展构想,以新能源和能源设备制造业为主导的"保定——中国电谷"被确立为保定市发展低碳经济的主要支撑。2008年1月,世界自然基金会(WWF)确定保定市为中国低碳城市发展项目试点城市。2008年12月,保定市政府正式发布了《关于建设低碳城市的实施意见》,"低碳保定"建设正式启动,"中国电谷——低碳保定"成为保定市的城市名片。

1)总体思路

(1)指导思想

深入贯彻落实党的十八大和十八届三中全会精神,以科学发展观为指导,适应全面建成小康社会的需要,按照"五位一体"总体布局的要求,将生态文明建设融入保定市交通运输发展的各方面和全过程;以京津冀经济一体化和建设"京畿强市、善美保定"为重要契机,以加快转变交通运输发展方式为主线,加快推进交通运输结构的战略性调整;构建绿色交通运输装备体系,加快推进交通运输用能结构的低碳化、清洁化;全面推进综合交通运输体系信息化、智能化;着力提升绿色循环低碳交通运输监管能力,加快建设绿色循环低碳交通运输体系,推动交通运输科学发展,努力打造全国华北地区中型城市中的绿色循环低碳交通示范城市。

(2)主要目标

到2015年,交通运输绿色循环低碳发展成效更为明显,交通运输行业能源和资源利用效率明显提高,碳排放强度和污染物排放明显降低,控制温室气体排放取得明显成效,适应气候变化能力明显增强,生态保护和环境污染控制取得明显进展,交通基础设施绿色循环低碳建设与运营水平明显提升,绿色循环低碳交通运输装备应用比例明显上升,高效集约的交通运输组织模式实施范围明显扩大,交通运输科技创新驱动能力明显增强,智能交通发展水平明显提升,绿色循环低碳交通运输管理能力明显提高,初步建立绿色循环低碳交通运输体系。

2)主要任务

(1)综合交通运输体系建设

加强交通基础设施衔接。优化综合运输网络布局,推进高速公路、国省干道、城市道路、高速铁路、普通铁路等协调发展,加强保定市综合客运枢纽、物流园区及其集疏运配套设施建设,实现客运"零距离换乘"和货运"无缝衔接"。

加快调整优化运输结构。利用京津冀经济一体化进程加快的机遇和保定市的区位优势,大力发展多式联运,积极促进保定市公路、铁路和城市交通等不同运输方式的高效衔接,加快形成便捷、通畅、高效、安全的综合运输体系。优先发展城市公共交通,建立以"城市公共交通+自行车/步行"为主体,出租汽车、私人小汽车为补充的绿色出行系统,大幅提高公共交通出行分担率。

(2)绿色循环低碳公路交通基础设施建设

优化公路网络。加快高速公路网建设、加大国省道网改造、完善农村公路网,提升技术等级,提高通行效率。以对接京津晋快速路网为重点,建设覆盖保定全市的"四横四纵两环"高速公路网和"五纵四横"干线公路网。

加强物流中心建设。规划新建国家货运枢纽2个,分别是西北物流中心和白沟·白洋淀物流中心,扩建国家货运枢纽1个,为保定综合物流园区;县域物流中心(货运站)中规划建设定州、涿州、安国、高阳、曲阳和高碑店等7个物流中心。重点推进保定市无水港仓储、保定市交通物流中心、安国九州通现代中药材物流基地、白沟鑫通源物流中心、雄县龙华仓储物流等产地物流和第三方物流项目建设。

加强基础设施的能源节约利用。将节能要求贯彻到交通基础设施规划、设计、施工、运营、养护和管理全过程。严格执行交通固定资产投资项目节能评估与审查制度,将节能要求作为项目立项、初步设计、施工及验收中的刚性指标。公路建设养护过程中,加快推广应用废旧轮胎胶粉改性沥青、发光二极管(LED)照明、沥青路面冷再生、温拌沥青等新材料、新产品、新技术。

加快加气站建设。积极推进加气、充电等配套设施的规划与建设,为节能和清洁能源车船推广应用提供有力保障。重点加强高速公路加气站建设,实施外围高速服务区和进出口增建加气站项目。

(3)绿色循环低碳城市交通基础设施建设

公交线网整合工程。加大对现有公交路网的调整和改善,根据城市发展要求,稳步增加公交线路,逐步扩大市区公交专用道里程,加快公交场站建设,在市区和市区周边建立大型停车场,提高线路密度和站点覆盖率。

慢行交通系统建设工程。重点建设围绕城市景观周边的休闲道路,优化城区慢行交通及通学道路系统,完善慢行交通系统网络,创造适合步行、骑行的城市交通空间。在市区有条件的区域建设商业区步行街,改善商业区路段的交通状况。加强公共自行车租赁站点规划和建设,提高公共自行车租赁站点覆盖率。

(4)绿色循环低碳交通运输装备建设

加快推广清洁能源车辆。依托"气化保定"工程,实施"气化交通"战略,积极调整和优化交通运输装备能源结构,大力加强清洁能源道路客运车辆、公交车、出租车、工程机械推广应用,重点引导货运企业改装或新购 LNG 车辆。

加快优化装备结构。加快发展大吨位车辆,提高车辆平均载重吨位。大力推广厢式货车、集装箱车辆、甩挂运输车型。扩大高效率、大容量公交车辆应用。加快推广城市公共自行车,加强公共自行车维护和管理。积极推进车辆模拟驾驶装置应用。积极开展"绿色游船"行动。

(5)优化交通运输组织

优化公路客运组织。大力推进客运班线公司化改造,提高公路客运企业规模化、集约化水平。推广滚动发班等先进道路客运组织模式。在所有二级及以上客运站建立道路客运市场信息统计上报系统,以票务统计分析信息为基础,合理优化客运线路网络,提高客运实载率。

优化公路货运组织和城市物流配送。加快发展专业化运输和第三方物流。充分发挥保定市新能源和能源设备制造业聚集优势,依托京津冀经济一体化和保定市物流园区建设,积极开展甩挂运输试点。。加强城市物流配送绿色车队建设,合理组织货源,提高城市物流配送效率。

优化城市公交组织。优化城市公交组织调度,逐步提高车辆准点率、运行速度和换乘效率,改善公交通达性和便捷性,提升公交服务质量和满意度,增强公交吸引力。

(6)绿色循环低碳交通科技创新与信息化建设

加强新技术、新材料、新工艺推广。在交通基础设施建设和养护、交通运输装备、交通运输组织、信息技术、资源循环利用、环境保护、污染治理等方面加强绿色循环低碳新技术、新材料、新工艺推广应用,为保定市绿色循环低碳交通运输体系建设提供良好的科技支撑。

加快现代信息技术应用。加强现代信息技术在交通运输业中的应用,提高交通运输智能化水平。做好全市交通运输信息化和智能化顶层设计,加大交通运输信息资源整合力度,打造全市综合交通运输信息平台。积极推进高速公路不停车收费系统(ETC)应用,提高高速公路通行效率。推广客运智能化管理,建立公众出行信息服务系统和物流公共信息平台。

(7)绿色循环低碳交通运输管理能力建设

建立绿色循环低碳战略规划体系。完善保定市综合交通运输战略规划体系,引导全市交通运输结构优化调整。做好区域性项目实施方案与《保定市城市总体规划》的衔接,将路网规划与建设、综合客运枢纽与物流园区规划与建设、公交场站建设与线网调整、公共自行车网络建设、加气站布局与建设等纳入《保定市城市总体规划》中,争取在项目审批、用地、资金等方面得到保障。

建立绿色循环低碳统计监测考核体系。探索建设重点交通运输企业能源管理中心,加强重点企业能耗统计监测和考核。研发保定市交通运输能耗统计监测平台,在试点的基础上全面开展企业能耗统计监测工作。开展交通运输环境统计平台和监测网络建设,建立行业环境统计数据库。实施交通运输绿色循环低碳发展目标责任制,定期开展交通运输绿色循环低碳发展评价考核,完善相应的奖惩机制。

完善绿色循环低碳政策保障体系。加大财政资金对交通运输绿色循环低碳项目的投入力度,积极争取市本级财政设置交通运输节能减排专项资金,并引导社会资金向交通运输绿色循环低碳项目聚集。完善绿色循环低碳发展和应对气候变化的管理制度和运行机制,建立健全企业能源审计、建设项目节能评估与审查等制度,积极探索利用合同能源管理、节能减排自愿协议、碳排放权交易等市场机制。培育有保定特色的绿色循环低碳发展文化,优化绿色循环低碳发展软环境。

3)重点支撑项目

结合保定市实际情况,试点项目分为六大类,分别是绿色循环低碳公路、场站建设与改造工程,绿色循环低碳交通运输装备推广应用工程,绿色循环低碳城市公共交通工程,优化运输组织工程,智能交通工程,交通运输节能减排统计监测考核体系建设工程。

5. 贵阳市绿色低碳交通城市区域性项目

贵阳是贵州省省会,全省政治、经济、文教、交通和旅游服务中心,是我国西南地区沟通珠三角、长三角的重要交通枢纽和区域性商贸物流中心;是我国西部地区多个少数民族聚居和世居的城市,全国重要的生态休闲度假旅游城市、国家循环经济试点城市、国家低碳试点城市、节能减排财政政策综合示范城市和生态补偿机制试点城市。2010 年 8 月,贵阳市被国家发展与改革委员会确定为首批国家低碳试点城市。2011 年,贵阳市先后获得了"中国十大低碳城市"和"低碳发展突出城市"荣誉称号;2011 年 2 月,贵阳市被交通运输部列入全国十个低碳交通运输体系建设试点城市;2011 年 6 月,贵阳市又被财政部列为全国首批八个节能减排财政政策综合示范城市。2012 年底,贵阳市建设全国生态文明示范城市规划得到了正式批复。

1)总体思路

以科学发展观为指导,贯彻落实节约资源和保护环境的基本国策,按照《交通运输"十二五"发展规划》《交通运输节能减排专项资金支持区域性、主题性项目实施细则(试行)》的总体部署和要求,围绕"走科学发展路,建生态文明市"、着力构建"六大生态体系"、全面实现小康社会为总体目标,坚持以推进"绿色低碳交通运输体系建设"为发展核心,建成高效率、低排放、多元化、一体化发展的综合交通运输体系,实现行业绿色低碳化发展。坚持以"公共交通引领城市发展"为战略导向,加快构建以"城市公共交通 + 步行/自行车"为主体的城市客运体系,提高城市公共交通的服务水平和吸引力,使公共交通成为居民机动化出行的首选,为缓解城市交通压力、改善城市交通环境、提高城市综合竞争力奠定基础。

2)主要目标

到 2015 年,全市上下低碳交通运输理念进一步增强,运输基础设施更加完善,交通运输结构更加优化,不同运输方式衔接更加高效,交通运输能耗结构更加合理,节能减排科技创新能力与推广水平进一步提升，技术性节能减排取得明显进展，工作体制机制更加完善，低碳交通运输发展战略的规划体系、政策创新和技术创新体系基本建立，交通运输节能减排管理体系、监管能力和支撑保障水平明显增强，使贵阳市交通系统实现“低碳目标更明确、基础设施更节能、运输组织更高效、智能应用更广泛、组织管理更规范”的国家“低碳交通运输体系建设区域性试点”城市建设目标，初步形成具有贵阳特色的以低碳为特征的区域性综合交通运输体系，争创全国低碳交通示范城市，为全国交通节能减排资金管理模式和区域性低碳交通运输体系建设，积累经验、提供示范。

3）重点行动及项目

（1）综合性低碳交通试点项目

①低碳试点区县

以打造区县低碳交通运输体系为目标，选择经济基础较好、积极性较高并有特点的区县，以推广公共自行车、构建能耗统计与监测体系等重点内容，挖掘区县交通的节能减排潜力，提高区县低碳交通的能力建设。考核的指标是区县层面的交通运输能耗强度和碳排放强度、节能减排总量等综合性指标。试点的重点侧重于提高基层交通运输主管部门交通能耗统计和监测的能力建设。

试点中，作为生态文明示范区的乌当区已被确定为低碳试点区县，乌当区交通运输局与相关部门、企业已制定初步实施方案，拟选择慢行交通示范工程、低碳综合枢纽建设、景区电动车、清洁能源车辆、太阳能公交站点等典型项目，打造贵阳市低碳交通示范区县。

②低碳试点企业

以打造若干个低碳示范企业为目标，选择部分重点用能企业，同时有较好的经济基础和较强的积极性，以低碳新技术推广、构建能耗统计与监测体系、碳交易等市场新机制推广等重点内容，提高重点能耗企业的能效水平，拓宽节能减排资金渠道。考核的指标是企业的交通运输能耗强度和碳排放强度、节能减排总量等综合性指标。试点的重点侧重于低碳新技术推广、构建能耗统计与监测体系、碳交易等市场新机制推广。

试点中，市公交公司等重点用能企业将作为低碳试点企业，试点范围侧重于低碳新技术的推广、低碳公交场站建设等内容，市公交公司已制定初步实施方案，明确实施计划、实施任务和实施步骤。

（2）市域主题性低碳试点项目

结合《贵阳市“十二五”综合交通发展规划》，开展低碳枢纽场站建设等六项主题性试点项目，积累各主题性试点项目的经验。

①低碳枢纽场站建设主题

依托贵阳市产业布局和交通网络，结合《贵阳市国家公路运输枢纽总体规划》，合理规划贵阳市综合运输枢纽，加快建设贵阳旅游客运站、沙冲路客运站等站场，建成一批低碳型运输场站。

②低碳运输组织模式推广主题

结合贵阳市交通部门正在对全市范围各区县市的毗邻客运班线实施公交化营运改造工作，逐步实现全市客运线网的跨区融合，并有效覆盖沿途途径的乡镇，以满足跨区域以及部分可设置公交班线但却没有公交出行资源的地区群众的公交需求。经过试点，实现市际干线公路全部实现公司化经营，县际班线公司化经营率达到80%以上，减少运营主体数量。

试点期间，在全市组织开展2批，约2家运输企业参与的甩挂运输试点工程。重点对于试点企业甩挂运输站场设施改造、甩挂运输作业信息管理系统、甩挂运输车辆购置给予引导和扶持。

结合地铁线网规划和建设，建设观山湖区、小河、新添寨、龙洞堡到老城区线路及华安线5条快速公交线，沿两环四路城市带建设四个公交停保养场，并根据主城区公交线网布局及土地利用情况，新建多个公交枢纽站、换乘站、停保场和停车场，多层次构建公交场站。打造全域一体化的公交客运管理体系，形成快速公共交通骨架系统，公交出行分担率达到45%及以上。

③低碳运输装备推广主题

a. 营运车船燃料消耗准入与退出项目，力争到2015年年底使全市在用车辆全部符合营运车辆燃料消耗量限值标准。

b. 清洁能源车辆、节能与新能源车辆示范项目。

④低碳智能交通系统推广主题

通过信息化的手段，提高交通管理的精细化和科学化管理水平，建立面向政府、企业、公众的各级信息平台，实现信息资源共享。可以实现以粗放型管理向集约化管理，从经验管理向科学管理，从定性管理向定量管理，从静态管理向动态管理的转变。

促进交通行业向"数字交通"城市行业迈进。通过建设运输信息指挥中心，全面整合交通信息资源，提高交通运输系统运行效率，充分利用信息技术优化运输组织模式和流程，实现运输生产的精细化管理，降低空驶，提高交通运输装备的利用效率，降低能源强度和碳排放强度，减少资源消耗、空间占用和污染排放。

⑤创新交通需求管理主题

学习北京、上海、广州以及欧美日发达国家交通需求管理措施的经验和措施，评估贵阳市交通需求管理的实施效果和不足，提出改进建议和意见，加大交通拥堵治理力度。

⑥低碳能力建设主题

主动学习国外发达国家低碳交通建设的经验，开阔视野，提升认识，通过培训、交流等多种方式，了解国家和行业的最新政策，与其他试点城市定期交流经验，加强低碳交通能力建设，提高低碳交通管理水平。

6. 无锡市绿色低碳交通城市区域性项目

作为长三角地区重要的区域性中心城市，无锡市经济社会发展在过去30多年中取得了巨大的进步，城市布局从传统的京杭运河沿线和沪宁交通走廊中破茧而出，初步形成拥抱蠡湖、环绕太湖的湖滨特大型城市，城市发展正式迈入"太湖时代"。无锡现已先后获得"全国综合竞争力十强城市""中国十大最具经济活力城市""中国优秀旅游城市""科学发展优秀城市"等一系列荣誉称号。

1）指导思想、基本原则和目标

（1）指导思想

深入学习和全面贯彻落实党的十八大精神，以科学发展观为指导，以加快交通运输发展方式转变、推进无锡市低碳城市建设为目标，以构建无锡生态文明为抓手，以加快构建城市绿色低碳交通运输体系为战略任务，贯彻落实"四个无锡"等的发展战略，无锡市将着力完善现代综合运输体系，着力加快转型升级步伐，着力提升公共服务能力，着力强化行业管理效能，着力夯实事业发展基础，通过政府引导、企业主导、社会参与，推广清洁能源和节能装备，改善城市交通出行结构，逐步建设慢行交通系统，提升交通信息化智能化水平，为无锡建设“现代化滨水花园城市”提供有力保障，为全国绿色低碳交通运输体系建设探索经验并发挥示范作用。

（2）基本原则

①坚持立足行业、系统规划；

②坚持创新引领、科技支撑；

③坚持体系发展、突出优势；

④坚持政府引导、社会参与。

（3）目标

探索研究绿色低碳交通运输体系区域性发展路径，积极发展节能与新能源汽车、码头船用岸电、废旧材料重复利用等技术应用以及甩挂运输、多式联运交通运输组织优化，力争到2015年，无锡市构建与外向型城市发展要求相适应，初步建立绿色低碳化基础设施系统、集约化运输组织系统、节能型运输装备系统、智能化运输管理系统、创新型节能技术系统、引导型公众出行系统以及规范化政策制定系统等子系统为架构的无锡市绿色低碳交通运输体系。

2）重点任务

（1）智能化交通管理系统

加快出租汽车双向感知高度系统、智能客运枢纽、交通物流信息服务平台、港口能效管理平台等项目。继续做好公路、航道、运管、海事、机场、港口等各个领域的传感网络建设，进一步完善交通运输信息系统。加强超限高速预检系统推广应用、低碳交通公众信息服务平台建设等方面的建设，需整合、优化公交车、出租车智能调度及行业管理平台。

（2）节能型运输装备系统

CNG公交车辆推广应用、CNG出租车推广应用、LNG客运车辆应用推广、LNG货运车辆推广应用、水平运输车辆“油改气”推广应用、江阴气电公交车推广应用、宜兴出租车油改气、天然气车辆（教练车）在道路运输中的运用等方面的应用。

（3）集约化运输组织系统

围绕无锡—上海水路集装箱公共内支线、内河船舶操纵和轮机模拟器、油罐车辆加装油气回收装置、“绿色维修”行业建设推广、驾驶模拟器推广应用等项目加大政策引导力度，有效的提高综合运输系统运行效率。

（4）创新型节能技术系统

在内燃轮胎吊“油改电”工程、门机电能回馈改造工程、流程皮带机驱动电机采用变频电机、港区电网谐波治理和动态无功补偿工程等方面加强引导，促进交通运输节能减排取得实效。

（5）引导型低碳出行系统

继续推行“公交优先”发展战略，拓展优化城市公交系统，加快建设轨道交通系统，完善客运交通枢纽、换乘系统及其他配套设施，加快发展适用于自行车、步行等出行方式的慢行交通系统，加大对公共自行车服务系统等项目的引导力度，整体构建符合绿色低碳发展要求的新型城市交通体系。

(6)低碳型基础设施系统

加大公交站台LED照明改造工程、港区堆场和道路LED灯应用、靠港船舶使用岸电、光伏技术在内河船舶中的应用等项目的引导力度，全面增强低碳交通基础设施的供给能力。

(7)规范化能力建设系统

加大对沥青混合料温拌技术集成、低碳交通区县试点行动、低碳交通示范工程创建行动、无锡绿色循环低碳交通研究中心等项目的支持力度，以形成发展低碳交通的长效机制、行业能力和社会环境。

3)重点支撑项目

无锡市纳入试点方案的实施项目共计45个。

7.武汉市绿色低碳交通城市区域性项目

1)总体思路

(1)指导思想

以邓小平理论和“三个代表”重要思想为指导，以大力推进生态文明建设为契机，深入贯彻落实科学发展观以及国家、地方、行业应对气候变化工作部署，紧密结合循环经济发展、“两型社会”与低碳城市建设、建设国家中心城市、复兴大武汉的总体目标，将生态文明理念和可持续发展战略贯穿到武汉市交通运输发展中，加快构建符合绿色循环低碳发展要求的交通运输体系。

(2)发展目标

到2020年，全市交通运输行业能耗强度、二氧化碳排放强度、污染物排放强度有效降低，交通运输结构与交通能源消费结构显著改善，绿色循环低碳发展理念深入人心、制度基本完善。交通基础设施网络进一步优化，建设中普遍采用绿色循环低碳技术；绿色低碳型交通运输装备得到广泛推广应用；交通运输组织方式更加科学高效；智能交通服务与管理体系基本建立，绿色循环低碳交通决策管理水平有效提升。

2)重点任务

(1)建设绿色循环低碳交通基础设施

加快推进综合交通运输枢纽建设。加快推进武汉市综合交通运输枢纽建设，实现客运“零距离换乘”与货运“无缝衔接”，提高交通运输系统效率。依托综合交通枢纽，建设低碳物流示范园区。

促进节能减排技术在交通基础设施建养运中的应用。推广沥青路面冷再生、热再生与温拌沥青技术，节能照明与地源热泵技术，港口岸电等技术的应用。

加强低碳交通运输方式相应的基础设施建设。推进轨道交通、公交专用道、水上公交码头、港口码头建设，规划建设安全舒适的自行车与人行道，加强公共自行车租赁点与公交车站、大型社区的接驳。

(2)发展绿色低碳交通运输装备

提高运输装备专业化、标准化水平。发展适合高速公路、干线公路的大吨位多轴型车辆和短途集散用的轻型低耗货车。提高公路客运车辆等级与排放标准。加快推进长江干线船型标准化进程。

促进清洁能源车船推广应用。加快天然气车船的推广应用,增加供气保障能力。探索适合于武汉的新能源汽车示范运营模式,加快新能源汽车配套基础设施建设。

推进交通运输装备节能技术改造。推广使用先进技术促进车船运输节能。引导轻型、高效、电能和清洁能源驱动、变频控制的港口装卸设备的发展。

推广应用运输装备绿色维修技术。加强绿色维修技术应用,形成一套维修废弃物和有害排放物少,资源利用效率高的工艺规范。

(3)优化交通运输组织

大力发展多式联运。充分发挥武汉市作为全国性综合交通运输枢纽的优势,发展多式联运,增强各种运输方式之间的无缝衔接水平,提高交通运输效率。

优化公路客货运输组织管理模式。积极推进公路客货运输企业向规模化、集约化发展,促进线路整合,优化资源配置。发展甩挂运输等绿色循环低碳运输模式。

改善城市交通组织模式。采取措施限制私家车出行。完善公共自行车服务系统,鼓励市民采用公交出行方式。

推广绿色驾培。推广使用汽车驾驶模拟器。加强节能驾驶培训,提高驾驶员的节能意识。

(4)推进绿色循环低碳交通能力建设

强化智慧交通系统。加强现代信息技术在交通运输领域的研发应用,逐步实现智能化、智慧化管理。做好智慧交通系统顶层设计,促进系统整合、资源共享。

完善公众出行信息服务系统。加快构建覆盖全市各种交通运输方式的信息发布系统,为公众提供安全、便捷、舒适、低碳的出行方案。

建设交通能耗统计监测与碳交易系统。开发使用交通能耗在线统计监测系统,建立健全行业能耗与碳排放统计、监测、考核体系。积极推进碳交易系统建设与合同能源管理模式。

3)重点项目

根据上述重点领域,提出武汉市建设绿色循环低碳交通城市的重点项目。本次区域性试点拟申请交通运输节能减排专项资金的节能主体类项目共有17个。

8. 重庆市绿色低碳交通城市区域性项目

重庆市是我国西部地区唯一的直辖市,面积8.24万平方千米,辖38个区县,人口3200万,具有集大城市、大农村、大山区、大库区和少数民族聚集区于一体的特殊市情。1997年直辖以来,党中央、国务院不断强化重庆的发展定位,明确要求建成长江上游地区的经济中心、西部地区的重要增长极、统筹城乡发展的直辖市,在西部率先实现全面小康社会。

1)总体思路

(1)指导思想

以科学发展观为统领,紧紧围绕“生态文明”建设总战略要求,以节约资源和提高资源利用效率为核心,以营运车船和内河港口生产节能减排为重点,以节能环保科技进步为动力,建立基础设施、运输装备、运输组织、智能交通和碳排放管理“五位一体”的绿色循环低碳交通运输体系,使交通运输与经济社会相协调、与自然环境相和谐,促进重庆市公路水路交通全面、协调、可持续发展。

（2）发展目标

2015年，交通基础设施网络体系更加完善，交通环境监测网络建设基本建成，营运车辆、船舶结构更加优化，单位运输量能耗和排放强度明显下降，资源节约、交通循环经济工作显著增强，初步形成与生态文明建设要求相适应的交通运输节能减排管理体系。

2）重点任务

（1）建设绿色循环低碳交通基础设施

以建设“低碳公路、低碳港口、低碳航道”为试点，将绿色循环低碳理念贯穿于设计、施工和营运的全过程，推进绿色循环低碳基础设施建设。

①优化综合运输网络结构

一是加快完善“三环十射三联线”高速公路网络，“十二五”期间新建成高速公路1000千米，高速公路通车里程达到3000千米，省际出口通道达到20个；二是加大普通国省干线公路的改造力度，每年完成干线公路大修及升级改造1200千米；三是推进农村公路通畅工程，规划新改建农村公路为水泥（沥青）路面3万千米，规划建设撤乡并镇公路和中心城镇等联网公路7000千米；四是优化公路枢纽站场布局，加快推进龙头寺（扩建）、上桥综合客运枢纽建设，两路、鱼洞、西永、茶园、西彭、白市驿等7个换乘枢纽以及团结村、南彭等7个物流枢纽建设；五是加快内河航道建设，构建以长江、嘉陵江、乌江“一干两支”为骨架的航道网络体系，实施小江、梅溪河、抱龙河等重要支流航道整治工程；六是加快内河港口建设，重点实施果园、龙头港、新田等枢纽型港口建设；七是加快轨道交通建设，力争“十二五”期末间建成通车263千米，日均客运能力将达到300万人次，初步发挥轨道交通作为城市公共交通运输体系的骨干作用。

②加强交通基础设施的集约、循环资源利用

强化交通运输行业日常运行的环境监测工作，为环境保护提供基础支撑；强化交通基础设施规划、设计、施工、养护全寿命过程的生态环保理念；按照统筹规划、合理布局、集约高效的要求，努力推进综合运输通道线位资源和运输枢纽资源的合理使用，严格项目用地审查，合理确定工程建设规模、技术标准；基础设施建设中控制工程用地和取弃土用地，重视施工用地的恢复，对改建过程中的废旧材料坚持统筹原则进行综合利用；大力推广应用节能型建筑养护装备、材料及施工工艺；严格执行环评和水土保持方案制度。

③应用绿色公路建养新技术

开展温拌沥青和橡胶沥青路面低碳铺路技术工程推广应用；大力推广公路节能照明灯具、推广智能通风控制技术，逐年扩大低碳照明通风设备使用的比例，在新建一千公里高速公路上逐步推广应用LED隧道照明、智能通风、温拌沥青路面、服务区污水循环利用等节能环保技术；推进高速公路沿线碳汇林建设；强化循环经济理念，在普通公路上推广应用路面再生及废弃物利用技术。

④建设低碳港口与航道节能设施

充分发挥重庆水运优势，大力推进水运发展，建设水运节能设施。通过实施港口大型电动设备、安装船舶岸电接入装置、散货作业线系统综合技术改造，重点推进果园、佛耳岩、新田等码头开展展岸电技术应用、变频带式运输、节能型设施、智能调度系统以及散货码头防尘示范，作为“两型港口”

建设的示范项目；在长江、嘉陵江、乌江、大宁河等重要国家级通航河流上，使用太阳能航标灯，替代原有的干电池或蓄电池航标灯，节约航标艇的燃油消耗。

(2)推广绿色循环低碳型交通运输装备

①节能与新能源客车推广应用

优化车辆能源消费结构，积极引导节能环保型车辆的发展和节能技术(产品)的推广应用，实现燃料低碳化。加快推进 CNG 汽车、LNG 汽车和混合动力汽车等清洁能源汽车的应用；结合重庆“十城千辆”示范城市的推进，进一步落实新能源车辆的政策措施，完善新能源公交车的充电配套设施，加大新能源公交车的技术保障、运行管理，提高使用效率和充电效率；通过淘汰老旧 CNG(压缩天然气)公交车，继续推广应用环保型大容量 CNG 公交车；通过出租车更新，继续推广 CNG 出租车；加快推广 LNG(液化天然气)客车在省际长途班线上的应用。

②推广大容量高效率运输装备

大力推广厢式货车、集装箱车辆、甩挂运输车型，积极发展新型顶推船队，加快三峡库区船型标准化，淘汰老旧高耗能船舶，继续提高车辆、船舶平均载重吨位。扩大高效率、大容量的常规地面公交车辆和轨道交通车辆应用。

③加强环境友好型装备建设

严格落实营运车辆、船舶尾气催化装置、消声装置的安装和定期维护；积极推广应用绿色维修设备及工艺；全面实施船舶污染治理，继续推进营运船舶强制安装污水处理、储纳设施和垃圾回收设施；严格执行油船建造检验规范，降低船舶溢油事故污染风险；重点支持航运企业开展节能船舶的改造工程，积极推动船舶进行“船舶燃用 LNG”工程技术改造，推广 CNG 动力船舶示范，推进船舶主机冷却水余热利用改造等应用。

(3)优化交通运输组织及操作方法

①优化综合运输结构

积极促进公路、水路、铁路、民航和城市交通等不同运输方式的高效衔接，加快形成便捷、通畅、高效、安全的综合交通运输体系；加快发展水路运输，进一步提高水运在综合运输中的承运比重。

②优化客运组织

加强公路客运运力调控，严格执行实载率低于70%的客运线路不得新增运力的政策；大力推进客运班线公司化改造，提高公路客运企业集约化水平；推广滚动发班等先进客运组织模式，提高客运实载率。

③优化货运组织

加快发展专业化运输和第三方物流，大力推广甩挂运输、滚装运输等现代化运输组织方式；积极引导公路货运向网络化、规模化、集约化和高效化发展，提高货运实载率；优化航运组织管理，提高船舶载重量利用率；优化港口生产运营管理，提高货物集疏运效率、装卸设备利用率和港口生产作业效率。

④提升基础设施运营效率

加强交通基础设施维护保养和技术管理，使其处于最佳状态，着力提升基础设施运营效率；深化公路联网售票系统建设，对联网中心系统的网上购票以及综合分析等功能的相关软硬件进行升级改造。

⑤优化公交运营模式及线网结构

优化公交线网结构，建立以大运量快速轨道交通为骨干，地面快速公交和普通公交为主体，其他公交方式为辅助，多种方式并存且有效衔接的公共客运交通系统；加快实施主城区公交区域化经营模式改革，提升线网覆盖范围、改善市民出行环境，以更好的满足市民出行需求；在主城区“面的车”退市后，进一步优化公交线网结构，通过公交覆盖次支道路解决最后一公里问题。

⑥实施低碳机动车驾驶培训

推广应用汽车驾驶模拟器，积极推广应用驾驶培训车辆的CNG推广应用，强化驾培行业在日常能源消耗方面的管理，适时深化对学员驾驶行为中的节能减排培训。

(4)提升智能信息化技术水平

①以信息化手段引导公众低碳出行

完善出行信息发布系统，开发多方式的交通信息发布终端，深化推广出租车电召系统，提升公众出行的信息服务能力，提高公众出行效率，减少无效碳排放。

②提高对运输装备的智能化管理决策水平

以建设国家“公交都市”示范城市为契机，建设智能公交调度指挥中心和移动电子站牌系统；完善出租车调度系统并推广至全市，加强对出租车合乘的管理，在电召系统的系统上开发智能调度平台；对道路运力资源进行统筹管控，开发道路营运车辆的运力综合调度系统；实施港口作业区智能调度。

③推进物流信息平台建设

围绕重庆打造“渝新欧”国际贸易大通道的战略要求，结合重庆贸易电子商务特点，大力推进物流信息平台及相关配套设施建设；积极整合港口、航运、道路运输等交通行业信息资源，建设多式联运物流平台。

④实施智能化运营系统

在现有高速公路网ETC系统一期工程基础上，继续增加收费站ETC车道数；建设基于物联网的客运快件项目，实现货物的自动跟踪运输；整合城市一卡通IC卡的功能，实现包括区县城市在内的全市范围内公交、轨道、出租车一体化应用；积极协调推广停车场智能管理系统等。

(5)健全交通碳排放管理体系

在交通运输部的统一部署下，健全交通运输统计监测体系，完善交通运输能耗统计监测和环境报表制度，开展公路水路能耗的在线监测和实时监测；鼓励企业建立自愿减排协议，支持有条件的运输企业开发应用能耗管理系统，探索指导交通运输企业建立能源消耗管理体系，稳步开展交通行业碳交易工作，研究建立交通运输装备和产品能效及碳排放认证制度。

3)重点支撑项目

结合遴选原则，围绕建设绿色循环低碳交通基础设施、推广绿色循环低碳型交通运输装备、优化运输模式及操作方法、提升智能信息化技术水平、健全交通碳排放管理体系等五大领域，遴选了30

个具体项目作为重点任务。

9. 杭州市绿色低碳交通城市区域性项目

杭州环境优美、经济活跃、文化繁荣，素有"人间天堂"之美誉。正在开展"低碳试点城市""低碳交通运输体系建设试点城市""节能减排财政政策综合示范""十城千辆节能与新能源汽车示范推广试点城市""十城万盏半导体照明应用示范城市"等多项节能减排试点示范工作，具有得天独厚的优势和强大的政策支持。

1）建设思路与目标

（1）建设思路

以科学发展观为指导，以推进生态文明建设，促进资源节约型、环境友好型社会建设为统领，以建设"美丽杭州"为发展方向，以加快交通运输发展方式转变，促进行业绿色发展、循环发展、低碳发展为目标，围绕"贯彻绿色循环低碳发展理念、建设绿色循环低碳型交通基础设施，推广应用绿色循环低碳型运输装备，优化运输组织方式，发展智能信息交通、提高决策管理水平"等六大重点领域，通过政府主导、企业示范、社会参与，开展基础设施建设、能源利用、运输组织、运输装备、智能交通、节能减排管理等领域的试点，解决一批重点项目和关键技术等难点，形成若干个地方性标准，推进杭州交通运输体系绿色循环低碳发展。

（2）基本原则

杭州市建设绿色循环低碳交通城市依照以下原则：

①政府主导、企业主体；

②科技引领、政策保障；

③实事求是、循序渐进；

④立足行业、统筹发展；

⑤以人为本、全民参与。

（3）建设目标

通过绿色循环低碳交通运输体系区域性试点城市建设，综合运输体系更加完善，运输效率明显提高，运输装备更加节能，新能源、清洁能源车辆比重明显提高，交通基础设施建、管、养更加生态低碳，交通物流业发展成熟，交通信息化应用力度不断加大，绿色循环低碳交通能力建设成效显著，交通运输绿色循环低碳特征初步显现，为杭州市完成"十二五"时期内单位 GDP 能耗和减排目标作贡献。力争到 2020 年，基本建立起符合杭州生态文明建设和应对气候变化工作要求的、以绿色循环低碳为特征的交通运输体系。

2）重点任务

按照杭州市低碳交通体系建设的具体要求，结合本地实际，依据现有客观基础和可能的经济技术条件，分析杭州市绿色循环低碳交通城市建设的重点任务主要体现生态文明的低碳发展理念，体现可持续发展的低碳交通基础设施，体现节能环保的低碳运输装备，体现综合交通的运输组织方式，体现信息化、高效率的智能交通，体现高效决策管理的能力建设等六大方面。

3）重点支持项目

按照“统筹协调，分类示范；科技创新，经济可行；突出亮点，解决难点”的试点项目设计原则，根据杭州市建设绿色循环低碳交通城市区域性试点的重点任务，提出区域性试点重点支撑项目，共6大类38个。

(二)绿色低碳公路主题性试点方案概述

1. 广东省广中江高速公路绿色低碳公路主题性项目

广中江高速公路位于珠江三角洲西岸地区，处于广州、中山、佛山、江门四市交界区域，与多条高速公路和干线公路连通，成为区域性高速公路通道，是珠三角高速公路网的重要补充。项目的建设可以有效加强珠三角内“广佛肇”与“珠中江”两个经济圈的交通联系，以及加强珠三角与粤西地区的交通联系，对完善珠三角地区高速公路网，推进珠三角交通基础设施一体化，改善区域交通运输条件具有重要意义。

1)总体思路

绿色循环低碳公路是以节能减排、资源节约和循环利用、绿色环保为核心价值理念，通过新材料、新设备、新工艺的利用，以及技术创新、管理创新，实现公路在规划、设计、施工、运营、养护等全寿命周期内的能源消耗和碳排放量显著降低、环境效益明显改善的一种公路发展模式，实现过程和产出的绿色循环低碳。

(1)指导思想

深入贯彻落实党的十八大精神，以科学发展观为指导，将生态文明、绿色循环低碳理念融入广中江高速公路建设发展的各方面和全过程，围绕“幸福广东”的核心任务，紧密结合区域特点和工程实际，以节约资源、提高能效、控制排放、保护环境为目标，以提高高速公路可持续发展能力为根本，在公路设计、建设、运营和养护整个生命周期内，通过提升设计理念、改进施工组织和优化运营管理，广泛应用新技术、新能源和新材料，强化绿色循环低碳管理创新，综合运用经济、法律和行政技术手段，着力提高能源、土地、材料等资源利用效率，努力降低二氧化碳和污染物排放量，尽可能减少对生态环境的影响，提高道路使用者的绿色循环低碳体验，实现公路绿色发展、循环发展和低碳发展，力争打造成为全国绿色循环低碳示范公路，推广传播绿色循环低碳公路文化。

(2)建设思路

①前期工作考虑

广中江高速公路前期工作中落实交通运输部公路勘察设计新理念，在项目立项阶段和工程可行性研究阶段开展多方案比选，详细调查沿线土地类型、房屋类型，降低能源资源消耗；在工程勘察测量阶段，运用遥感、航拍、地理信息系统等现代技术手段，对沿线区域准确摸底，综合统筹节能减排、环境保护、节约用地、降低工程造价等任务。开展环境影响评价、水土保持、节能评价等前期研究工作，开展与500千伏高压线共用走廊等多项科研工作，为后期工作开展提供决策依据。

②设计考虑

在工程设计阶段，广中江高速公路树立绿色循环低碳设计理念，在路线、路基路面、桥梁设计、沿线设施等方面注重减少对土地资源占用和能源消耗，在交通、机电工程设计等方面大力推广节能设计理念,提高系统节能减排水平。

一是注重与既有线路的连接,构建综合运输体系,实现路网的成网效益。二是在路线选型、互通立交选型、桥梁隧道与路基方案比选、路基高度设计、边坡设计等方面注重节约集约利用土地资源。三是避让环境敏感区域。四是广泛采用橡胶粉改性降噪沥青、预制结构、管桩、桥桩减隔震支座、连拱隧道、固碳植被等绿色循环低碳技术。五是注重与城市自然的和谐发展。

③施工考虑

在施工阶段,注重采用综合性节能减排措施。一是合理划分标段规模,注重挖填平衡,提高机械、模板的周转率和使用效率,减少能源和资源消耗。二是优化施工布局,实施集约化施工管理。三是因地制宜选择施工运输模式,降低原材料运输能耗。四是实施施工期能耗监测与管理,把握整体的能耗情况。五是注重对施工过程中废弃材料的循环利用。六是施工中重视对水资源、植被等的生态防护。

④运营考虑

一是加大对绿色能源及节能环保技术,如太阳能、节能照明等的应用,采用绿色建筑材料,对生活污水进行处理回用等。二是对人员设备实施集中管理,减少资源占用和能源消耗。三是提高道路使用者驾车感受,通过建设 ETC 车道、设置车速提示标志和宣传牌等手段,提示驾驶者采用生态驾驶,降低油耗,减少排放。

(3) 实施框架

按照公路建设全寿命周期,综合考虑本项目在前期规划、勘察设计、施工建设、运营管理、养护等不同阶段所采用和可能采用的新理念、新技术、新材料和新工艺,按照节能减排、资源节约与循环利用、绿色环保以及管理创新 4 大领域进行梳理。

2)建设目标

(1)总体目标

围绕"建设绿色低碳广中江"的工程定位,运用绿色低碳的发展理念贯穿于公路建造全寿命周期,力争到 2016 年,基本建成以绿色设计、绿色施工、高效运营、畅通行驶、精细管理、智慧服务、资源节约、环境友好为主要特征的绿色循环低碳公路。预应力管桩、温拌沥青、粉煤灰等一批绿色低碳技术得到推广应用;静压桩、回旋钻等施工节能机械设备得到普遍使用。能耗统计监测管理体系初步建立,形成一套较为完整的绿色低碳管理规范与制度体系,绿色低碳管理能力明显提升,信息化管理水平显著提高,绿色低碳管理、生产、消费理念得到宣传和深化。

(2)具体目标

①多项节能减排技术得到普遍应用。结合广东省地域特点,在 9.574 千米路段开展温拌沥青技术的试用,全线 ETC 不停车收费系统、车速控制工程覆盖率达到 60% 以上;绿色低碳设备 LED 等节能灯具在隧道、收费广场、普通路基段和桥梁的使用率达到 100%,房建设施 100% 采用绿色节能材料;预应力管桩等施工工艺在 12.3 千米路线段推广使用。

②交通资源集约利用效率明显提升。通过降低路基高度、与 500 千伏高压线共用走廊等节省集约利用土地资源 1027 亩;粉煤灰、隧道弃渣等资源循环利用率达到 100%;施工中的养生水、运营期

的服务区污水等得到循环利用，节约用水达到115.8万吨。

③交通生态环境得到有效保护。公路污水、废气等污染物实现达标排放，噪声污染得到有效控制，全线采用声屏障10475延米，采用隔声窗6128平方米；全线3座重大桥梁采用桥面径流系统，有效保护重点水源。公路绿化率达到100%，生态边沟、生态挡墙等环保工程在适用范围内全线实施。

④绿色循环低碳公路管理体系基本健全。建立和完善施工期和运营期能耗监测、PM、运营监管等管理信息系统，建立并完善绿色施工管理制度，通过绿色循环低碳公路教育、培训及展示活动，向社会公众传播绿色循环低碳公路文化。

3）主要实施工程

本方案从节能减排、资源节约与循环利用、绿色环保、绿色循环低碳管理创新等四大重点领域，研究提出了30项绿色循环低碳公路建设主题性试点项目工程。其中，节能减排领域16项，资源节约与循环利用领域5项，绿色环保领域6项，管理创新（能力建设）领域3项。

2. 云南麻昭高速公路绿色低碳公路主题性项目

云南麻柳湾～昭通高速公路（下简称麻昭高速公路）是国家高速公路网规划中南北纵线G85重庆～昆明高速公路中的一段，该项目是加快滇川邻省通道建设的需要，也是实施“西部大开发”、开发滇东北地区资源、促进民族地区经济发展、增强民族团结的需要，沿线社会人文环境独特，自然风光优美，公众对环境保护要求高，具有打造成为低碳示范公路的现实需求与基础。

1）建设目标

（1）总体目标

以绿色循环低碳为理念，全过程采用绿色循环低碳技术，全寿命实现绿色循环低碳效益，全方位进行绿色循环低碳管理，全面展示绿色循环低碳成果，建成一条安全、绿色、环境友好、景色优美的绿色循环低碳公路。通过试点项目的实施，在公路建设中总结出可操作性强、便捷有效的绿色循环低碳管理体系、能耗监测统计考核体系、节能减排技术使用及效果评价体系等一整套可复制的操作模式，以指导将来的公路建设，实现公路建设绿色循环低碳节能减排体系化和规模化，为全面建设绿色循环低碳交通运输体系打好基础。通过试点形成：绿色循环低碳公路建设管理体系；绿色循环低碳公路建设能耗监测统计考核体系；绿色循环低碳公路建设节能减排技术使用及效果评价体系；绿色循环低碳公路设计指南；绿色循环低碳公路施工指南；绿色循环低碳公路技术产品指南。

（2）建设思路

结合麻昭高速公路的总体目标和基本定位，根据绿色循环低碳公路的概念与内涵，将绿色循环低碳理念贯穿于规划、设计、施工、运营、养护等整个生命周期内。

2）绿色循环低碳规划设计

本项目规划的走廊带结合区域发展情况，从全寿命周期的角度考虑，贯穿环保选线的理念，准确把握技术标准，合理运用技术指标，严格控制建设规模，运用先进的测设技术和方法，认真勘察，科学比选，精心设计，把本项目建成具有鲜明特色的“安全舒适、节约和谐、环境友好、景观优美”的精品工程。

3）绿色循环低碳建设与施工

在公路施工建设阶段贯穿低碳新理念，采用新材料、新方法、新工艺达到在资源、能源、材料的占用和使用时降低消耗数量、调整消耗结构、提高使用效率，减少对碳吸收生态系统破坏，降低二氧化碳排放量的目标。具体措施包括，应用温拌沥青等低能耗材料，应用废旧路面、废旧轮胎、大宗固废弃物、优化施工组织工艺，淘汰高能耗、高排放施工设备等，旨在通过材料、工艺、设备、管理这四方面策略达到公路建设施工阶段的节能减排与绿色循环低碳目标。

4）绿色循环低碳运营与养护

（1）加强公路运营节能措施，提高可再生能源利用比例

公路基础设施运营推行 LED 节能照明技术。对本项目隧道、高速公路管理分中心、收费站、服务区、停车区和养护区等区域的室内及室外照明范围进行 LED 照明及智能控制技术应用，推行 LED 节能照明技术。

公路附属设施全面实施建筑节能措施。本项目包括高速公路管理分中心、服务区、停车区、养护区等区域的建筑，结合项目特点，可实施的建筑节能技术包括建筑墙体保温及节能热水供应系统等。

提高可再生能源利用比例。本项目拟充分利用风能、太阳能资源的基础条件。在本项目的服务区、停车区、养护工区的广场照明中采用风光互补路灯，提高公路运营中可再生能源利用比例。

（2）大力发展智能交通体统，保证安全畅通降低道路使用着能耗

麻昭高速公路 7 个收费站均建设 ETC 不停车收费车道。拟结合治超站点实施车辆超限超载不停车预检管理系统，在车辆正常行驶过程中，动态检测过往车辆的车长、轴重信息。

（3）注重公路绿化与景观，加大生态环保措施

本项目拟采取分步清表、边坡生态恢复、路侧预留带绿化、立交区绿化等路域碳汇生态建设措施对于汽车排放产生的二氧化碳、二氧化硫等气体发挥去除效果。

（4）建立运营、养护管理机制

建立运营管理机制。包括：交通能耗监测；设备管理机制；应急预案处理机制。建立养护管理机制，注重全方位、全寿命的管养措施，科学制定养护决策。

5）绿色循环低碳管理与展示

（1）强化节能管理体系

实行建设期绿色节能监测责任管理。对施工机械的能源消耗实行定额管理，结合云南地区特点，制订出设备能源消耗定额。严格按照定额实行主机考核，定期向上一级节能主管部门报送能源消耗报表。

建立施工期能耗监测体系和制度。麻昭高速项目业主单位和施工单位签订节能减排责任书，明确规定节能减排的相关要求和目标，包括施工过程中的机械选择、节能减排相关指标的执行承诺等，并纳入计量支付和奖惩体系。

（2）开展绿色循环低碳宣传与展示

总结本项目工程成效显著的绿色循环低碳技术，建立设备用能技术档案。把本项目的管理经验、节能进行总结提炼，做成口袋书，向其他项目进行推广宣传。将本项目的经验技术以文字、漫画

形式做出多媒体或公益宣传单，整合在服务区信息服务系统中，向社会宣传绿色循环低碳理念。建立麻昭低碳公路网站，将施工期间各项措施总结宣传，设计公路碳排放量交互软件，探索打造首个"公路碳标签"。建立本工程项目的绿色标识系统，凸显本工程绿色循环低碳特色。

3. 河南三淅高速公路绿色低碳公路主题性项目

三门峡至淅川高速公路是实施国家促进中部崛起战略的需要，是交通运输部《促进中部地区崛起公路水路发展规划纲要》中侯马至十堰高速公路的重要组成部分，同时也是《河南省高速公路网规划》中豫西一纵。项目建成后可与连霍、沪陕、福银等三条国家高速公路连接共同构架组成中部区域交通骨架体系，形成豫西、豫西南和鄂西北地区的能源运输和旅游观光通道，对于打通北部煤炭资源运输通道、引领南部制造基地腾飞、带动中部山区资源开发、促进三省边缘地区经济崛起具有十分重要的意义。

1）绿色循环低碳公路建设目标

（1）基本思路

围绕试点工程项目地处中部山区、生态环境敏感、能源旅游通道等特点，将绿色循环低碳理念贯穿于高速公路建设运营的全过程、全方位，通过工程设计优化、技术推广应用、管理机制创新，实现公路绿色循环低碳发展。在项目实施中，将推广应用绿色循环低碳技术作为重点，围绕节能减排、资源循环利用及绿色环保三方面进行工程试点。

（2）总体目标

设计阶段，全面贯彻绿色循环低碳理念；施工阶段，建立绿色循环低碳管理制度、施工能耗统计考核机制等，实现工程施工节能 9.67 万吨标准煤以上、环境保护达标；运营阶段，建立运营信息管理系统等，实现公路运营每年节能 2.28 万吨标准煤以上、避免环境风险；计划将河南三淅高速公路（卢氏至寺湾段）建设成为"节能降耗、资源节约、环境友好、畅通耐久"的高速公路。

2）主要实施内容

（1）绿色循环低碳设计

①科学确定走廊带

本项目规划的走廊带结合地方经济、旅游现状，从全寿命周期的角度考虑，贯穿环保选线的理念，路线避开陡峭地形，避开分布有居民、厂房的河谷地带，降低拆迁量，减轻项目建设难度，节约了土地资源，减轻了对环境的破坏程度，同时降低了施工、运营、养护期的能源消耗。

②灵活设计

项目通过优化道路线形，减少桥隧比例，降低道路纵坡，控制长大纵坡出现频次，也降低了车辆行驶在大纵坡路段引起的能源消耗。另外，考虑本项目经过丹江口水库上游的支流淇河，而丹江口水库又是南水北调中线工程的水源地，路线尽量少跨河流，以减少桥面径流对水体污染，并降低危险品运输对敏感水体的风险。

③优化设计

由于地质情况的复杂性及勘察手段的局限性，会形成施工阶段的地质与设计依据不符的情况，影响到高边坡的施工方法、边坡防护措施、路堑施工过程中边坡观测情况及隧道的开挖方式。

本项目施工阶段将通过优化设计，适应施工条件的变化，降低地质变化给施工造成的干扰和工期延误。

以上规划设计理念不仅节约了土地资源，实现了对资源的最大利用和对环境最大程度保护，还给施工带来了便利，降低了施工期的能耗。

(2)节能减排工程

实施耐久性路面、温拌沥青路面、卢西段施工期集中供电、西寺段施工期集中供电、分布式节能供电系统、节能照明工程、太阳能并网发电系统、太阳能利用工程、地源热泵工程、建筑节能工程、ETC不停车收费系统、施工能耗统计与管理系统、公路低碳运行管理系统、隧道通风智能控制系统、信息提示缓解拥堵系统等工程。

(3)资源循环利用工程

实施废旧橡胶沥青路面工程、隧道弃渣利用、粉煤灰利用、腐殖土保护利用、沿线设施污水资源化等工程。

(4)绿色环保工程

实施桥面径流净化与事故应急系统、路面径流净化工程、声屏障工程、路域植物保护与恢复工程、旅游服务设施等工程。

(5)绿色循环低碳管理制度

包括绿色施工管理制度、施工能耗管理系统、及运营管理机制三个方面。

4. 河北京港澳高速公路(京石段)绿色低碳公路主题性项目

京港澳高速公路河北省涿州(京冀界)至石家庄段(以下简称京石高速公路)，是国家高速公路网(7918网)中北京—港澳(G4)线的重要组成部分，在国家和河北省路网中具有举足轻重的地位与作用。

1)总体目标

围绕京石高速公路“政治路”“经济路”“形象路”“民生路”的特征和建设绿色低碳公路的现实需求，以实现项目全寿命周期范围内“三低一高”(低能耗、低排放、低污染、高效率)为总目标，通过制度创新、管理创新、技术创新，把绿色低碳公路新理念、新技术、新工艺、新方法贯穿到项目规划、设计、施工、运营、维护等寿命周期全过程，减少能源消耗、优化用能结构、提高用能效率、降低碳排放，突出特色，因地制宜，把京石高速公路改扩建工程打造成“资源节约、环境友好、安全耐久、服务智能、技术先进”的现代化绿色低碳高速公路，树立河北省乃至全国的绿色低碳公路标杆。

2)重点实施项目

重点实施项目包括旧沥青路面材料冷再生技术应用、温拌沥青混合料技术应用、橡胶沥青路面技术应用、LED灯具、分布式一体化建筑太阳能并网即发即用发电系统、太阳能热水器、建设期绿色低碳节能减排管理信息系统工程、公路用户低碳运行指示系统、不停车超载预检系统、不停车收费系统(ETC)、沥青拌和楼“油改气”技术、地源热泵、公路建筑节能技术、路线优化、低路基、低碳公路平台建设等。

3)保障措施

(1)组织机构

为切实保障京石高速公路改扩建工程绿色低碳试点工作的顺利开展,依据交通运输部关于开展绿色交通运输体系建设主题性试点工作的有关要求,建立健全绿色低碳公路试点项目组织机构,为实现试点项目总体目标提供组织保障。由交通运输主管部门、技术支撑单位、设计、施工、监理等组成两级管理机构:试点工作领导小组和实施工作组。

(2)资金筹措

保障资金供应创造良好的项目建设条件。依托国家和河北省对重点项目资金的投入和支持,在确保建设项目资金落实到位基础上,按节能减排的要求,整合各类资金,发挥项目资金的最大效益。

(3)运行监管

建立试点工作协调联动机制。建立部、省级交通运输主管部门—河北省高速公路管理局—京石段改扩建筹建处三级试点工作联系机制。每季度召开一次试点项目实施单位联席会议,以便于绿色低碳公路试点项目领导小组及时掌握试点工作进展情况,密切关注试点过程中的新情况、新问题,并积极协调解决。

建立试点工作监督考核机制。建立绿色低碳公路试点工作动态追踪与评估机制,加强对方案执行情况的督促和检查。结合项目进展,每季度公布一次试点项目能源资源消耗情况、项目进展情况、各用能单位情况,并在每季度试点工作联席会议上进行通报。实施期间每半年对本方案执行情况进行一次阶段性评估。

(4)管理制度

建立能源统计计量监测制度。建立完整、统一的能源消耗量统计上报制度。指导各合同标段企业建立能耗统计台账,全面加强能源利用的计量、记录和统计,如实提供天然气、汽油、柴油、燃料油、电力等能源品种消费量的统计资料。加强交通运输企业能源统计与分析,进一步掌握和监测公路全寿命周期内的耗能状况和水平。建立科学有效的能耗统计指标和碳排放监测体系。在建立健全能耗统计指标体系的基础上,通过对各项能耗指标的数据质量实施全面检测,评估各试点项目主体能耗数据质量,客观、公正、科学地评价节能降耗工作进展,全面、真实地反映试点项目的节能降耗进展情况和取得的成效。加强对各项指标数据质量的动态监测,不断完善主要监测指标的核算机制,不定期对低碳试点项目进行检查和巡查,加强能源计量监督检查,确保各项数据的真实、准确。

建立绿色低碳评价考核制度。实行绿色低碳公路试点工作目标责任制和问责制,建立健全绿色低碳目标责任评价、考核和奖惩制度。

建立健全政府奖励激励制度。协调争取部省两级发改委、财政、环保等部门的支持,加大财政资金对低碳交通工作的资金投入,为新产品、新技术、新工艺、新材料的推广提供资金保障和支持;将各标段绿色低碳工作目标完成情况纳入企业考核内容之一,结合实际能耗情况和车辆排放情况,对绿色低碳工作作出贡献的集体、个人给予物质奖励。建立健全试点工作的激励机制。研究制订绿色低碳公路试点相关奖励办法,开展主题性专项资金绩效考核,凡是被评为绿色低碳交通示范标段、示范企业(单位)、示范工程的,由试点工作组报请省交通运输厅、交通运输部予以授牌表彰,并分别额外给予奖励资金。

建立绿色低碳教育培训制度。强化教育培训,提升从业人员绿色低碳发展理念和执业素质。组织编制绿色低碳公路发展手册和指南,推行绿色低碳公路科普行动计划,开展经常性的绿色低碳发展培训教育、技术和经验交流工作,将绿色低碳交通知识纳入职业教育和培训体系,提供从业人员的绿色低碳意识、业务水平和操作技能,逐步培养和造就一支高素质、稳定的绿色低碳发展队伍,前面提高全行业从业人员的绿色发展素质。

建立绿色低碳宣传引导机制。利用行业报刊、网站、现场展板、沿线广告等各种方式和途径,广泛、深入、持久地开展绿色低碳公路的宣传教育活动,宣传国家和交通运输行业绿色低碳发展的方针、政策、法律和法规以及试点公路采用绿色低碳技术等。表彰绿色低碳设计、施工、运营养护等先进单位,激励贡献突出的个人,充分发挥舆论引导和监督作用,增强全行业节能意识,提倡绿色低碳交通消费方式。

5. 河北京港澳高速公路(石安段)绿色低碳公路主题性项目

京港澳高速公路是国家高速公路网(7918 网)中的“射 3”(北京—港澳)线,河北段是京港澳高速公路的重要组成部分,也是河北省 2020 年高速公路网布局规划“五纵、六横、七条线”中最主要的南北交通干线。京港澳高速公路河北段分成南北两段。北段为涿州(京冀界)至石家庄,简称京石高速公路。南段为石家庄至磁县(冀豫界)高速,简称石安高速公路。

1)总体思路

(1)指导思想

以科学发展观为指导,以实现公路工程全寿命周期内“三低一高”(低能耗、低排放、低污染和高效率)为目标,以切实提升绿色循环低碳公路建设理念,实施优化设计,合理采用绿色低碳建设和运营管理技术、设施、设备、材料、工艺等,强化绿色低碳施工组织和管理等为重点,通过政府主导、科技引领、政策保障、社会参与,在公路工程规划、设计、施工、运营及养护各阶段实施绿色循环低碳公路技术,带动试点路段节能减排和应对气候变化工作取得新成就,促进以低碳排放为特征的交通运输产业体系建设,为实现国家和行业节能减排与应对气候变化行动目标作贡献。

(2)建设目标

形成全寿命周期内绿色循环低碳公路理念和技术方法。在项目的规划、设计、施工、运营及养护全过程中贯彻绿色低碳理念,探索绿色低碳设计理念、标准规范、相关技术、材料设备及管理方法并积极实践。提高资源的使用效率、新能源的利用效率,处理好公路工程发展与环境资源制约的关系,以较低的成本提供安全、高效、便捷的道路服务,以最小的资源环境代价实现道路交通又好又快的发展,以创新的理念,建设绿色循环低碳公路。

(3)建设重点

①工程前期科学规划

工程前期阶段,可研报告中编制节能篇,提出能耗监测计量的方法;工程设计阶段,在全寿命周期内进行技术、经济、能耗能方面进行合理、科学、客观的比较分析；规划在工程施工全过程开展能耗、节能、环保、环境影响等专项监测和评估；规划在工程运营阶段，实时动态监测电力能耗和车辆行驶车辆综合油耗监测，做到在全寿命周期内的能耗监测和节能评估。

②路线规划

项目沿线以平原耕地为主，包括大面积基本农田，为了达到节约用地的目的，在路线设计阶段，扩建方案选取均按“低碳环保”要求设计，石家庄绕城新建段在满足功能的前提下，新建路线较旧路里程有所缩短。因此，该方案既满足功能需求，又节约用地，更因里程缩短，减少了二氧化碳等污染物的排放。

③路基、路面

路基方面，京港澳高速石安改扩建段严格控制设计高度，采用低路基设计，减少高填。路基材料选择因地制宜，考虑河北省地质情况，部分路段采用煤灰填筑路基，既节约了土地资源，又减少了粉煤灰的危害。同时，项目预计将利用沿线城市楼房建设开槽土，进一步提升节约耕地效果。

路面设计，部分路段将原有硬路肩旧沥青路面铣刨，再将铣刨后的旧料经厂拌冷再生后应用在新建路面的基层或下基层，达到节约原材料，节能减排的效果。路基的养护工程拟采用高性能混凝土，更好地满足结构功能要求和施工工艺要求，达到延长结构混凝土的使用年限和降低工程造价的目的。

根据道路施工情况，酌情安排温拌沥青路面，降低沥青拌和燃油量，减少二氧化碳排放。部分路面采用橡胶沥青铺设，可显著消耗废旧轮胎，节约大量土地占用，减少环境污染。

项目拟采用沥青拌和楼“油改气”技术，即用天然气取代燃料油、柴油等作为燃料。改技术将不仅减少燃料油的采购、运输、储存、加温等繁杂环节，降低成本，沥青拌和楼在启用“油改气”技术后，将节约燃料成本，降低废气排放，具有很高的经济价值和社会效益。

④收费设施

京港澳高速石安改扩建段全面布设 ETC 不停车收费系统，减少车辆由于收费站收费程序带来的加、减速，从而降低车辆行驶油耗，减少二氧化碳排放。

⑤照明设施

本项目外场照明采用 LED 节能灯代替传统照明的设计。LED 灯具在高速公路中的应用不仅具有巨大的经济效益，而且能够实现节能减排目标，有助于解决环境污染和能源再生问题。

⑥供配电设施

京港澳高速石安改扩建段采用国际先进的分布式智慧节能供电系统，减少电缆使用种类和使用量，降低供配电设备和电缆的造价。运营过程中，分布式智慧节能供电系统通过对供配电系统的功率因数补偿，可整体提高供配电系统的功率因数，实现节约用电量。

⑦服务设施与房建工程

石安改扩建段 6 处服务区、9 处收费站采用地源热泵，沿线全部浴室洗浴用热水采用太阳能供应。同时，全线服务区 7 处，收费站 19 处（含 1 处主线站）全部采用分布式一体化建筑太阳能并网即发即用发电系统，白天即发即用，无需储能，原地发电，原地使用，减少了电力输送的线路损耗，且该系统利用建筑物屋顶安装,无需占用宝贵的土地资源。

本次示范路段拟采用多项建筑节能措施,包括智能照明、空调能耗监督控制系统,实现对建筑物内空调用电、照明用电、办公设备用电、电梯用电等楼宇机电设备的能耗进行分项计量,以做到精细化的用能监督,通过用能分析,进而进行节能控制;外场保温材料,减少空调等温控设备运行时间;节水型生活用水器具;再生水合理利用等。

⑧环境保护

本示范工程计划部分路段采用植物纤维毯新型生态防护,其施工便捷,养护便利,植物种子快速发芽,路基边坡快速形成植被的特点,可在植物纤维毯施工后,在路基边坡形成植物纤维毯覆盖,构成保护层,防雨、防风,之后很快形成植被,使得路基边坡快速得到保护。

河北省是严重的资源型缺水省份,供需矛盾十分突出。因此,本项目计划最大限度的回收污水并再利用。服务区、站区生活污废水经统一收集后,排至污水处理设备,经污水处理设备处理达到绿化用水标准后,用于场地绿化和公厕冲厕,实现污水排放量的降低,从而保护环境。

⑨能耗监测

高速公路能耗监测包括公路工程施工阶段的油、气、电、煤等燃料的消耗,公路运营阶段路侧和管理等设施的电力消耗,以及公路行驶车辆综合油耗的监测。

本次改扩建项目拟利用公路行驶车辆油耗综合监测技术,为实践低碳公路的全寿命周期能耗监测理念,实现科学、可量化的能耗动态监测。系统即在不停车收费(ETC)和收费站(MTC)信息统计的基础上,增设车辆荷载信息动态监测等智能交通(ITS)技术。公路行驶车辆油耗综合监测技术主要通过可得的收费站车辆信息和交通数据,与断面监测系统获取的信息进行整合、核对、计算以及对比,从而科学的测算车辆平均行驶速度,进而通过既有参数与数学模型,估算车辆行驶综合油耗。

与公路行驶车辆油耗综合监测系统的理念相似,为实践低碳公路的全寿命周期能耗监测理念,实现科学、可量化的能耗动态监测,京港澳高速石安改扩建段利用分布式智慧节能供电系统的单一设备技术指标监测功能,为能耗评估系统提供基础数据,达到实施动态监测电力能耗的目的,同时实现远程控制(遥控)、远程测量(遥测)、远程调节输出电压(遥调)、远程自动告警(遥信)等工业控制自动化。

2)重点实施项目

京港澳高速公路(河北石安段)改扩建工程绿色循环低碳公路主题性试点拟定实施21项具体措施,其中重点实施项目14项,其他实施项目7项。重点实施项目包括温拌沥青混合料技术应用、橡胶沥青路面技术应用、LED灯具、分布式一体化建筑太阳能并网即发即用发电系统、太阳能热水器、绿色低碳节能减排管理信息系统工程、公路用户低碳运行指示系统、ETC不停车收费系统、沥青拌和楼"油改气"技术应用、地源热泵、公路建筑节能技术应用、分布式智慧节能供电系统、路线方案设计优化、低碳公路平台等。

3)保障措施

(1)成立节能减排工作领导小组

交通运输部、河北省交通运输厅、河北省高速公路管理局高度重视京港澳高速公路(河北石安段）改扩建工程建设绿色循环低碳公路主题性试点示范项目。为保障该项目的顺利实施，拟成立节能减排领导小组，建立强有力的指挥领导机构和保障体系，负责京港澳高速河北石安段节能减排工程的实施。

（2）管理措施

一是详细的制订工作计划和实施方案，明确目标，确定责任单位、责任人和完成时间。二是做好各项准备工作，及早落实节能减排项目建设的施工单位、监理队伍、建设方案等。三是提前制订各种保障性服务、技术措施，制订科学的督查、考核、验收办法，如能源消耗统计监测考核制度、绩效评估制度、目标责任制等，保证各项工作落到实处。四是组成强大的技术和管理队伍，全程参与和具体实施本项目。

（3）资金保障

保障资金供应创造良好的项目建设条件。依托国家和河北省对重点项目资金的投入和支持，在确保建设项目资金落实到位基础上，按节能减排的要求，整合各类资金，发挥项目资金的最大效益。

6. 江苏宁宣高速公路绿色低碳公路主题性项目

江苏省宁宣高速公路宁高段全长45.943千米，设计行车速度100千米/小时，双向四车道，路基宽24.5米。宁宣高速公路宁高段起于南京市域南部，北接机场高速公路，穿越溧水县，南延至高淳双牌石，是南京市区连接溧水、高淳两县及苏南、皖南地区的主要快速通道，是机场高速公路向南的延伸，省高速公路路网的组成部分，同时也是省、市实现市到县通高速公路目标的交通基础设施工程。

1）绿色循环低碳公路建设思路与目标

（1）建设思路

绿色循环低碳公路是指通过技术创新和新材料、新设备、新工艺的利用，使公路在全寿命周期内的规划、设计、施工、运营、养护的能源消耗、污染物和二氧化碳排放量显著降低、环境效益明显改善的一种公路发展理念。绿色循环低碳公路的核心是控制资源占用、减少能源消耗、降低污染物和二氧化碳的排放。结合工程项目具体情况，宁宣绿色循环低碳公路示范试点项目以设计与规划、建设与施工、运营与管理为主要技术路线，分别针对路面改造工程、桥梁工程、交安设施工程、服务区房建工程、信息化建设工程等多个领域，充分利用现有高速公路技术领域的相关节能减排技术建设宁宣绿色循环低碳公路，同时通过后期运营管理体系的建设，进一步实现宁宣高速公路全寿命周期低碳、节能效应。

（2）总体框架

方案设计围绕规划、设计、建设、施工、养护、运营与管理等绿色循环低碳公路建设的过程与环节，集成应用33项节能减排新材料、新技术、新工艺，全过程、全方位、全领域建设绿色循环低碳宁宣高速公路。

2）项目实施主要内容

绿色循环低碳公路技术及措施详见表3-1。

表 3-1

绿色循环低碳公路技术及措施一览表

专业领域＼工程阶段	前期	设计	施工	运营	养护
总体	可研报告中编制节能篇，提出能耗监测计量的方法	在全寿命周期内进行技术、经济、能耗方面进行了合理客观的比较分析	严格遵照设计阶段进行施工、合理的安排机械排班，进行能耗和环保评估	动态能耗监测，建立有效节能环保管理机制	合理安排养护工作，并监测能耗，进行绿色循环低碳评估
路基、路面		路面材料方案比选	采用设计方案中节能环保材料	动态监测路面状态	节能环保养护技术应用
		将温拌、耐久性沥青技术、高模量沥青混合料技术和回收再利用技术作为备选方案之一	采用温拌技术或回收再利用技术		
		施工机械（包括节能型机械）方案比选	选择合理沥青拌和设备、合理选用拌和楼等；严格建立能耗计量管理；合理碾压遍数		
桥梁		节能环保方案（桥面铺装、桥梁结构）比选	严格按照设计施工		合理地安排养护工作，并监测养护能耗，评估能耗
		使用标准化组件	使用标准化组件		
监控、通信、执法和收费设施		供电方案、收费方式比选	严格按照设计施工	对系统整体和单个重点设备进行能耗监测	合理地安排养护工作，并监测养护能耗，评估能耗
照明和配电、废水循环利用设施		对照明环境和照明灯具的设计参数进行方案比选	严格按照设计实施施工，并在施工结束后进行节能计量和评估	动态监测系统整体功率因数和单个设备耗电情况	合理安排养护工作，并在整个寿命周期后进行节能评估
		对供配电设计方案进行综合能耗分析、比选			
		风能、太阳能、光伏电站新能源并进行客观地方案比选			
		中水回用技术进行客观地方案比选	严格按照设计实施施工，并在施工结束后进行废水利用率进行计量和评估	动态监测系统整体和单个设备运转情况	合理安排养护工作，并在整个寿命周期后进行评估

续上表

工程阶段 专业领域	前　期	设　计	施　工	运　营	养　护
服务设施及房屋建筑		服务设施的建设规模考虑交通流及交通组成对于建筑规模的影响，并遵循合并利用、集中设置的原则	严格按照设计施工	动态监测系统整体和单个设备的能耗	对服务设施及房屋建筑进行养护工作安排，并进行节能环保评估
		服务区内建筑单体客观地考虑分区、分时控制的原则			
		管理中心及收费站在建筑设计考虑可分区控制计量的用水用电供暖设置等			
		考虑风能、太阳能、光伏电站和地热新能源并进行方案比选	按照设计采用新型能源		对新能源设备进行养护工作安排，并在整个寿命周期后进行节能评估
预防性养护、沿线绿化		考虑预防性、低碳养护措施二氧化碳排放量及沿线绿化对二氧化碳吸收作用	严格按照设计实施	动态监测预防性、低碳养护路面状况及沿线绿化对二氧化碳吸收情况	合理安排养护工作、并对节能措施进行节能效果评估
运营管理及用户服务设施		考虑超限超载、智能管理系统	严格按照设计实施智能化、高效率运营管理模式	动态监控系统整体和单个设备运转情况	对设备进行养护工作安排，并在整个寿命周期后进行节能评估
		考虑采用信息服务、车速感知系统等引导出行、解决拥堵	严格按照设计实施及执行	动态监控系统整体和单个设备运转情况	对设备进行养护工作安排，并在整个寿命周期后进行节能评估

7. 成渝高速公路绿色低碳公路主题性项目

成渝高速公路复线位于成渝经济区的核心地带，起于重庆市绕城高速公路，经重庆市璧山、铜梁、大足，四川省安岳、资阳，止于成都市绕城高速公路，是重庆市和四川省高速公路网规划中的连接成渝经济双核的最便捷通道。

1)建设目标

本次绿色循环低碳高速公路主题性试点项目的主要目标是：探索低碳高速公路的概念性框架体系；研究高速公路低碳规划设计的主要措施和方法；研究高速公路低碳施工的主要措施和方法；研究高速公路低碳运营的主要措施和方法；建立高速公路碳排放测算体系和方法；把成渝高速复线（重庆境）打造为绿色循环低碳高速公路，测算减碳的效果。

2)规划设计的绿色循环低碳优化

(1)规划的绿色循环低碳优化

①通道功能规划

成渝高速公路复线建成之后，成渝通道内将形成三条高速公路并行的格局。成渝高速、渝遂高速、成渝高速复线作为通道内高速公路，与并行国省干线一起，形成了联系成都与重庆两个经济区的公路通道。为了发挥通道内公路的整体通行能力和服务水平，应根据功能分类思想，采用收费、出入口控制、功能拓展、信息引导等方式进行系统谋划，达到系统减碳的效果。

②路运一体化规划

成渝高速复线（重庆境），从绿色减碳的角度出发，为减少货物周转和人员换乘，应实施路运一体化规划，包括在高速公路起点位置布局客货运枢纽，服务区布局物流中心、服务区设置高速客运停靠站等，实现高速公路基础设施与运输服务的一体化规划。

③服务功能规划

包括增加临时简易停车区布局，服务区餐饮等服务选择连锁经营，拓展服务区服务沿线商贸功能。

(2)设计的绿色循环低碳优化

①路线设计优化

包括从全寿命周期成本角度比选总体方案、综合考虑土地、地质和安全因素设计线形、根据实际地形和交通量合理选取设计指标、适当降低路基高度等。

②路基路面设计优化

包括使用低碳路面材料、路面施工采用温拌沥青技术、循环利用废旧材料填筑路基、避免采用换填法进行软土路基处理、利用路基清表土方进行边坡绿化、水环境敏感区采用路面污水与路基污水分离排放、做好各阶段的水土保持设计等。

③桥梁及互通立交设计优化

包括合理选择桥位，缩减桥梁工程规模；根据全寿命成本，综合比选桥型方案；简洁与美观统一，桥梁方案不人为造景；设计与施工方案结合，降低施工阶段难度；合理选取位置和指标，降低立交工程规模。

④隧道设计优化

隧道总体方案设计应在地形、地貌、地质、气象和环境调查基础上，由路线总体、路、桥、隧综合考虑，顺势而为，既不一味强调采用直线，也不追求曲线，合理增大曲线隧道比例，保证隧道功能及环境的和谐统一，洞内外线形的协调统一，坚持地质选线、地形选线、环保选线和安全选线，遵循全寿命周期成本理念，合理掌握技术指标及标准，兼顾隧道内附属工程及其他工程的关系，满足安全行车，保证方案选择的合理性与对环境的影响最小化。

⑤绿化景观设计优化

包括按照森林高速的要求进行路侧绿化；合理选择本地化、吸碳能力强的树种；全面覆盖高速公路各个区域和分项工程；边坡绿化可采用土壤菌永久绿化法。

⑥服务区及停车区设计优化

服务区做好长期的总体规划。按照“节能建筑”标准建设服务区房建设施，通过优化建筑采光、通风，使用低碳建筑材料和节能环保设备，力争使大足服务区、围龙停车区通过“绿色建筑”评价。服务区按照无障碍设计要求进行设计，有关节点遵照《无障碍设计规范》(GB 50763—2012)执行。积极采用生态型污水处理方式。使用新型能源和节能技术。

⑦交通工程及安全设施设计优化

包括遵循“安全、环保”的理念；充分利用沿线构造物设置标志；简化设置LED大型情报板；选择新型交通标志、标线；优化护栏设置，增强防撞性能；实施不停车收费；实施智能交通系统(出行信息系统)。

⑧机电工程设计优化

机电设施一次规划分期实施；隧道机电采用节能系统和设备；外场机电增加节能设施；采用节能的供配电系统。

3)建设施工的绿色循环低碳优化技术措施

包括电网供电取代柴油发电供给施工；使用散装水泥；橡胶粉沥青使用；温拌沥青技术应用；隧道弃渣利用；表土资源利用。

4)运营养护的绿色循环低碳优化技术措施

包括LED照明控制技术、沿线设施建筑节能、ETC车道建设、路域碳汇生态建设、公路附属设施运营水资源循环利用、公路低碳运行指示系统、隧道前馈式智能通风控制技术、太阳能光热利用、治超不停车超载预检系统、雾气消散系统节能。

5)绿色循环低碳管理与展示措施

包括实施施工企业节能减排责任管理、建立施工期能耗监测统计和制度、结合工程进度动态开展低碳培训、开展绿色循环低碳宣传与展示。

(三)绿色低碳港口主题性试点方案概述

1. 天津港绿色低碳港口主题性项目

天津港是世界等级最高的人工深水港，位于海河入海口，处于京津城市带和环渤海经济圈的交汇点上，是首都北京和天津市的海上门户、我国北方重要的对外贸易口岸，是连接东北亚与中西亚的纽带。天津港对区域经济的辐射力强，目前全港70%左右的货物吞吐量和50%以上的口岸进出口货值来自天津以外省区。

1）总体思路

（1）指导思想

以科学发展观为指导，贯彻落实节约资源和保护环境的基本国策，以全面建设绿色低碳港口为目标，坚持管理创新与技术进步并重、能源结构调整与能耗强度降低并重、污染防治与生态保护并重的工作思路，构建以“三三四五六”（即三项基本原则、三步实施阶段、建设四大示范工程、确保五项措施、完成六项任务）为核心的管理模式，强化绿色低碳顶层设计，优化港口功能布局、优化产业结构、优化生产方式、优化资源配置，加大绿色低碳技术研发与推广，实现规划设计、施工建设、运营生产全过程的节能与环境监管，努力建设成为布局合理、集约高效、绿色环保、港城和谐的绿色低碳港口。

（2）总体目标

到2015年，天津港港口布局更趋合理，营运船舶和港口机械与施工设备的大型化、专业化和现代化水平明显提高，结构性节能取得明显成效；科技创新能力进一步增强，节能减排技术服务体系进一步完善，信息化水平进一步提升，技术性节能取得明显进展；基本形成与社会主义市场经济体制相适应的节能战略规划体系、法规标准体系、政策支持体系、监管组织体系和统计监测考核体系，运输组织化程度和生产效率明显提高。

2）主要任务

（1）强化顶层设计，推进低碳建设

在制定港口发展规划时要体现可持续发展和与环境的协调一致，充分考虑优化布局，节约和集约利用土地；优化工艺，降低工序能耗；推广节能装备，节约运营能耗；加大科研力度，提升节能减排科技水平；推进管理创新，促进节能减排精细化。在港口工程建设过程中，加强现场节能管理，制定并严格执行节能施工管理制度，优先选用绿色低碳的施工工艺，选择能效高、排放低的施工机械，优化现场施工组织，提高施工效率，积极采用节能减排技术，提高施工信息化管理水平，提升可循环利用材料的使用比例。

（2）优化产业结构，调整生产布局

优化港区泊位、堆场功能布局。将集团所属泊位整合成以下板块：北疆件杂货板块、集装箱板块、滚装汽车板块；南疆干散货板块、液体散货板块；东疆邮轮母港客、滚板块。堆场资源按照与码头功能衔接的原则进行调整，以便于实施统一、高效的业务管理，以提高堆场的使用效率。重点发展集装箱物流、大宗散货物流、其他专业化物流等分支业务板块，最终形成以集装箱物流为主，以大宗散货物流、其他专业化物流为重要组成部分的物流产业集群。

（3）完善管理制度，健全管理体系

完善三级节能管理网络，继续健全集团、公司、队站节能领导小组和节能主管部门的能源管理体制。进一步完善节能考核制度，将节能作为约束性指标列入对各公司经营承包考核指标体系中。创新能源管理手段，进一步规范并加大能源审计工作力度；选取重点项目试点，完善节能诊断、融资、改造等关键环节，加大合同能源管理应用范围。

（4）提高能源利用效率，调整能源消费结构

不断完善电力设施、天然气供应管网、热水及蒸汽供应管网和燃油供应设施等基础设施，加快推进现有能源供应、输送设施的更新改造。制定天津港主要耗能设备能源消耗限值标准，并探索实施基于能源消耗限值的设备准入与退出机制，提高天津港能耗设备准入门槛。逐步推广以天然气为能源的建筑供暖制冷系统，继续推广地源热泵等可再生能源利用技术，进一步优化港口能源消费结构。实施节约和替代石油工程，在继续推广 LNG 集卡的基础上，在牵引车、自卸车、轮胎吊等其他港口装卸设备及港作船舶上推广 LNG 应用。

（5）加快节能技术研发与应用，推进节能改造

推广应用变频调速技术、电能回馈装置和智能节电器等新产品、新技术，对港口重点设备、设施进行节能改造。积极采用节能型电动机、变压器等用电设备，逐步淘汰非节能用电设备，开展供配电系统节能技术的研究，推广应用自动补偿装置等智能化节能装置。不断开展装卸工艺改进，提高作业效率和用能效率，降低生产能耗。应用杂货成组装卸技术，进行散货集装化技术的研究和实践，提高机具与生产的科学配套水平。积极开展照明节电工作，推广应用节能灯及节能灯具，推广货场照明光控，遥控技术及照明电路的智能化控制系统。深入开展风能、太阳能照明系统的应用研究和试验。

（6）优化运输与作业组织，提高节能管理水平

加大港口节能减排操作培训，制定并实施严格的港口生产节能减排操作标准，加大对港口生产工作人员，特别是节能减排管理人员和港口机械操作人员的培训力度。继续扩大起重机械驾驶培训模拟装置在港口的应用范围，丰富和完善斗轮机零空闲变速操作法。重点推进天津港集装箱边装边卸工艺。优化运输工具和货物的组织调度，提高货物集疏运效率，降低港口生产单位能耗和排放水平。

（7）发展智能运营系统，加强能耗信息化管理

加大天津港统筹集疏运子系统、智能交通系统与现场视频监控子系统、天津港调度指挥中心应用子系统、基于 GPS 技术的全程物流监管应用子系统的完善整合，形成涵盖口岸基础设施、贸易/交易、监管、物流、港口规划/建设、信息服务、作业指挥以及相关电子政务等领域的港口智能化运营管理系统。重点在天津港年综合能耗在 3000 吨标准煤以上的二级企业建设能耗自动采集和动态采集系统，实现对大型装卸设备、港作车船、照明系统等重点设备和公共建设的能源消耗实时监测和数据处理。构建港口流动机械远程监控系统，实时监测港口流动机械地理位置、作业状态、能耗能信息，实现对港口机械的实时监控。

（8）打造低碳作业流程，建设四大示范工程

包括建设低碳型干散货码头、建设低碳型集装箱码头、建设低碳型件杂货码头、建设低碳能源管理示范工程。

（9）强化港口环保工作，建设绿色港口

包括加强生态环境建设、实施环境专项治理、加强环境管理能力建设。

3)重点支撑项目

根据绿色低碳港口主题性试点项目选取要求,本方案初步遴选出拟纳入主题性试点的实施项目,项目分为节能减排和环境保护两大类,共29项。

2. 青岛港绿色低碳港口主题性项目

青岛港位于山东半岛南岸的胶州湾内,始建于1892年,是中国第二个外贸亿吨吞吐大港,也是国家综合运输体系的重要枢纽和沿海主要港口之一,是区域性中心港口。作为山东沿海第一大港和环渤海南部地区最大的外贸运输口岸,在全国沿海港口中的重要地位和山东沿海港口群中的核心作用十分突出。

1)总体思路

(1)指导思想

以青岛港建设世界一流强港和世界级邮轮母港为方向,2015年实现6亿吨吞吐能力、集装箱2000万标箱、2020年实现8亿吨吞吐量、集装箱3000万标箱。从优化调整港口布局和功能、提升绿色循环低碳意识和理念、应用绿色循环低碳港口装备及设施、优化生产模式及操作方法、环境保护五个方面的绿色循环低碳主要任务入手,加快推进27项重点支撑项目的实施,不断提高港口能源利用效率,提高新能源和可再生能源比重,降低二氧化碳排放强度,改善港口用能结构,构建以高效能、低能耗、低污染、低碳排放为基础的绿色循环低碳发展模式,加快港口发展转型升级。

(2)总体目标

综合考虑青岛港发展特点,能耗、排放现状和节能减排潜力,结合青岛港"十二五"节能减排规划,提出青岛港的节能减排总体发展目标是:到2015年,青岛港港口布局更加合理,港口能源消费结构更加优化,清洁能源利用率有所提高,结构性节能取得明显成效;科技创新能力进一步增强,港口信息化水平进一步提升,技术性节能取得明显进展;港口运营组织管理水平进一步提高,节能减排管理体制机制进一步完善,港口能源消耗统计、监测、考核体系基本完善,港口绿色循环低碳发展方式基本形成。港口单位吞吐量的能耗和排放强度明显下降。

2)建设绿色循环低碳港口的主要任务

(1)优化调整港口布局和功能

坚持以市场需求决定功能定位,以货物流向调整布局,面向董家口港区、老港区、前湾港区和黄岛油港区,重新洗牌、重新布局,确保四大港区功能互补、分工合理、组合发展,适应和满足市场需求,提升服务的专业化水平,不断扩大市场占有率,构筑起港口竞争发展的崭新优势。包括全面建设绿色循环低碳型董家口新港区、老港区邮轮母港建设和生产布局调整、前湾港区打造成东北亚集装箱枢纽港以及黄岛油港区建成油品、化工品的物流集散基地。

(2)提高绿色循环低碳意识和理念

青岛港"十二五"将迎来扩大规模发展建设时期,要将低碳、绿色港口规划纳入港口发展的总体战略,对能源利用效率、能源结构、用能质量等情况进行综合考虑,从战略规划、制定目标、宣传教育以及履行社会责任,树立企业形象等方面,提高绿色循环低碳意识和理念。

(3)应用绿色循环低碳港口装备及设施

包括绿色循环低碳型装备应用和绿色循环低碳型辅助生产和附属生活设施应用。

(4)优化生产模式及操作方法

包括加快物流模式转型升级、提高信息化港口建设水平、优化工艺和生产组织管理。

(5)继续推进蓝天、碧水、绿地工程

通过实施蓝天、碧水、绿地工程,努力实现《青岛港“十二五”发展战略规划》中确定的环保发展目标。

(6)完善管理服务体系

以标准化、规范化、精细化管理为目标,以不断理顺和完善“五级管理格局”(集团规划、公司领导、队为核心、班为基础、车为单元)为保障,层层明确管理责任,人人精干高效,不断追求卓越,以管理效能的大提升推动转方式、调结构的步伐不断加快。

3)重点支撑项目

2012~2015年期间,青岛港拟分别从基础设施建设、装卸运输装备应用、码头装卸工艺系统改造、港口智能化系统信息技术应用、环境保护五个方面实施重点支撑项目改造,共计有重点支撑项目27项。

3. 蛇口集装箱码头有限公司绿色低碳港口主题性项目

1)总体思路

(1)指导思想

深入贯彻落实科学发展观,坚持改革开放和自主创新,借鉴国际先进理念、方法和技术,积极应对全球气候变化,在社会主义市场经济条件下,立足特有环境资源约束条件,创新发展方式,探索经济蓬勃、社会和谐、环境友好、资源节约,“能复制、能实行、能推广”,符合绿色、生态、文明的港口发展模式。

(2)总体目标

绿色循环低碳港口指的是指坚持绿色、生态、文明、可持续发展优先的,具有资源集约型、环境友好型特点和三低三高特征的,以人为本、舒适、高效的和谐港口。其理念(口号)是:Green is not just a color。

以科学发展观为指导,遵循“技术减碳、结构减碳、制度减碳、管理减碳和消费者减碳”五大策略上,结合SCT和CCT发展实际和可能的经济技术条件,确定“五大领域、十三项重点工程”系统推进SCT和CCT绿色循环低碳港口的建立。

最终愿景:在低碳港口管理体系常态化运作下,打造以市电及绿电驱动为主,具业界领先的智能化和信息化水平,绿色、高效、生态、可持续发展的新型现代化集装箱码头。

通过绿色循环低碳港口建设主题性试点重点项目实施,SCT和CCT力争实现本方案的目标,全面超越交通节能规划和万家企业节能目标、深圳市港口预测指标值。

2)主要任务

集装箱码头的节能工作主要从理念意识、管理、宣传基础设施建设、装备、工艺优化、信息化、能源管理方面完善港口集疏运设施,提高集疏运效率,降低港口生产能耗和排放水平方面进行。招商局国际深圳西部港区(SCCT)最终愿景是将低碳绿色港口管理体系常态化运作,打造以市电及绿电驱动为主,具有业界领先的智能化和信息化水平,绿色、高效、生态、可持续发展的新型现代化集装箱码头。为促进最终愿景的实现,SCCT在"十二五"期间从基础设施、装卸运输装备、用能结构优化、智能化信息化、管理服务体系等方面入手,作为推动节能减排工作的抓手和主要任务。

针对SCCT目前在节能减排工作中存在的不足之处,特别是对标绿色循环低碳港口的要求,SCCT在"十二五"期间拟实施一系列项目以推动节能减排工作向更深层次发展。在基础设施方面推动堆场、闸口等LED照明灯具、岸电工程,以提高能源利用效率;在装卸运输装备方面,推动堆场全电E-RTG和拖车一拖双挂改造等项目,以减少柴油等不可再生能源的消耗;在用能结构优化方面,推动太阳能光伏电站、纯电动汽车替换燃油汽车、拖头LNG改造等项目,以提高电力、天然气等清洁能源比重;在智能化信息化,推动生产工艺智能优化、A-RMG远程作业、RTG远程控制系统等项目,以提高港口生产智能化信息化水平;在管理服务体系方面,推动能源动态智能管理系统,以实现港口能源消耗管理精细化。上述项目的实施加快了港口装卸机械技术升级改造,引导企业淘汰高耗能、低效率的老旧设备,推动了可替代清洁能源技术应用和推广,提高能源使用效率,积极研发推广港口节能减排新技术、新工艺、新设备和新能源,提高了港口企业节能减排管理水平。

此外,SCCT不断探索、创新港口节能减排新技术、新工艺,逐步打造成为交通运输行业绿色循环低碳发展的集装箱码头示范窗口企业,发挥示范和引导作用。如组织制定广东省港口轮胎式集装箱门式起重机(RTG)"油改电"技术标准,推广"油改电"技术,引导港口企业实施"油改电"项目技术改造;制定船舶岸电技术标准规范和配套政策,开展靠港船舶使用岸电项目示范、港口可再生能源利用及可替代能源等先进技术的推广工作,在有条件的港口实施太阳能、海水源能、潮汐能、风能等新能源利用项目。

四、能力建设项目成果

(一)低碳交通运输体系评价指标体系研究

1.评价指标体系的设计

(1)指标体系构建思路

①指导思想

建立低碳交通运输体系评价指标体系的指导思想为:科学、全面、准确反映低碳交通运输体系内涵,体现行业低碳发展特征,结合行业发展现状实际,对全行业及区域、城市等层面的交通运输体系低碳发展水平进行有效评价,支撑对建设低碳交通运输体系试点工作的绩效评估,展示低碳交通发展贡献,引导和促进行业更好地向低能耗、低碳排放的方向发展。

低碳交通运输体系评价指标体系构建的总体目标是建立一套设计合理、操作性较强的指标体系,使低碳交通运输体系这个抽象的复杂系统变得可被理解、被测量,让交通运输行业主管部门及区域、城市的管理决策部门可以定期了解，其管理范围内的交通运输体系当前处于什么发展水平，距离低碳交通运输体系还有多远，未来应该如何发展，以期为行业的规划、管理和决策提供数据支持。

②构建原则

系统性：评价指标体系应与低碳交通运输体系建设目标相对应，尽可能地全面、准确的反映低碳交通运输体系的基本内涵和关键领域，根据内涵中的各个系统选取评价指标，把一系列能够反映内涵的指标有机联系起来，构成具有一定层次、结构的指标体系。

简明性：在能够完全反映低碳交通运输体系内涵的前提下，选取的指标数量应当尽量少，并避免内涵重复的指标，指标解释能够使行业内外对于交通运输低碳发展有准确的理解。

指导性：指标体系的评价思路与目标与国家、行业的相关规划和《低碳交通运输体系建设指导意见》等纲领性文件相衔接，与行业开展的相关工作相衔接，如低碳交通运输体系建设试点工作。

前瞻性：指标体系的设计要充分考虑交通运输行业未来发展需求，体现行业特点和技术进步潜力。指标体系作为一种管理工具，在定期的反映评价对象的进展基础上，能够对未来发展作出一定预测，以便作出合理的计划安排，促进行业合理发展。

开放性：指标体系主要用于表征一种总体思路和评价框架，需要通过实践来验证是否符合行业低碳发展的现实，并不断推进整个评价体系的完善。由于评价对象和考评主体是可变的，地方各级主管部门可以本指标体系为主体，根据需要对指标进行调整，构建适应特定评价区域的指标体系。指标体系中涉及公路、水路、城市客运等各领域的指标可用于评价单个领域的低碳发展水平。

(2)指标的设计

从低碳交通运输体系的“低能耗、低碳排放”基本内涵出发，根据《建设低碳交通运输体系指导意见》等相关文件对建设低碳交通运输体系的目标设定和任务分解来进行评价指标的设计。

①指标选取原则

准确性：选取的指标应符合低碳交通运输基础理论，能较准确地反映低碳交通运输体系内涵的某一方面，与该内涵有着直接联系。不同指标之间在内涵上界限明确，没有重复交叉，指标之间具有互斥性。

可测性：选取的指标要有明确的科学定义与计算方法，有明确的定量监测或者定性评价方法。

可比性：不同的时间维度和地区空间的同一指标能使用统一口径，以便于开展同一评价对象的历史-现状对比，以及同类评价对象之间的横向对比。

可操作性：指标所需的数据已有成熟的统计渠道，数据来源稳定，数据获取成本可接受。

②指标类型

评价指标按功能分为综合性指标、过程性指标、组织性指标和专项评价指标，按指标赋值方法可分为定量指标和定性指标。

综合性指标：用于表征低碳交通运输体系建设最终成果目标的指标，是评价指标体系的核心。

状态性指标：用于衡量低碳交通运输体系建设的过程进展的指标，如在公路、水路及城市客运等领域分别采取的节能减排相关措施所达到的效果，尤其涉及行业发展一定时期内的一些重点工作。

组织性指标：用于考察评价对象在推进行业低碳发展方面已经具备的组织能力和基础条件的指

标，如相应制度与政策保障等。

专项评价指标：用于代表低碳交通领域已开展的专项评价结果的指标，如关于公路、航道、港口及城市交通的低碳评价，是对其他评价指标体系的整合。

（3）指标体系的构建

构建的指标体系采用3层式结构，自上而下分别为目标层、准则层、指标层。其中，目标层为建设低碳交通运输体系的总体目标，准则层由4方面准则构成：低碳交通运输体系建设取得实质进展、交通运输行业各领域趋于低碳发展状态、具备发展低碳交通的相应制度与政策保障、低碳交通重要专项工作取得成效。每一准则层包含多重内涵，由此划分为多个指标层，分别选取相应指标（表3-2）。

低碳交通运输体系评价指标体系构建　　表3-2

目标层	准　则　层	指　标　层		指标属性	指标类型
建设低碳交通运输体系	低碳交通运输体系建设取得实质进展	能耗强度、碳排放强度、污染物排放强度、贡献度	营运车辆单位周转量能耗；营运船舶单位周转量能耗 ……	定量指标	综合性指标
	交通运输行业各领域趋于低碳发展状态	基础设施、运输装备、运输组织、社会参与	区域综合交通基础设施网络布局优化情况；区域交通基础设施结构优化、资源整合利用情况 ……	定量、定性指标	状态性指标
	具备发展低碳交通的相应制度与政策保障	制度机制、政策措施	交通运输节能减排领导机构建立；交通运输节能减排目标责任评价考核制度建设 ……	定性指标	组织性指标
	低碳交通重要专项工作取得成效	低碳交通城市试点、区域性、主题性试点	城市建设低碳交通运输体系试点情况；低碳交通城市建设情况 ……	定性指标	专项评价指标

（4）指标体系的评价方法

本指标体系采用多指标加权综合评价法。其中，各指标的权重采用专家打分法、层次分析法等方法来确定。

对于定量指标，根据一定的数据获取方法，获取相关数据，计算出该指标的实际值。对于定性指标，则主要通过对指标内涵涉及的内容进行材料审核和专家评估等，获取该指标在评价期内的实际发展情况的相关信息。

基于各定量、定性指标的实际值（发展情况），采用一定的评价标准对各指标分别进行赋值。标准值的确定主要基于各指标的现状水平，根据对其中各评价指标的未来发展趋势及行业内的发展差异的分析，考虑在一定时期内指标发展水平的可达性及可操作性等限制条件，选取适当的参照因子，通过类比参照、情景分析等方法计算出适当的标准值。标准值的设置至少应按照以下原则：一是能够体现低碳交通运输体系建设目标；二是能够代表同行业国内外先进水平；三是在一定时期内具有可达性；四是具有管理上的可操作性。由此，单个指标的评价标准分为高、中、低3个级别。

其中,对于定量指标,通常按照以下规则来确定其评价标准:

①以该指标的现状平均水平作为评价的基准值,即最低标准。

②相关规划、政策文件中已确定该指标的“十二五”期或中长期目标,则采用目标值来测算评价标准的最高标准,按照指标达到目标的程度进行评价。

③对于没有规划目标的指标,按指标在行业内的先进性水平进行评价,可依据对于该指标未来发展水平的预测值来确定最高标准,或采用专家评估等方法,按照现状平均水平上浮一定比例作为最高标准。

对于定性指标,通过指标的多层次内涵,分别设置相应的评价内容。

按照上述方法对各指标赋值之后,通过加权加总,得出评价对象的综合得分。

2. 低碳交通运输体系评价工作体系构思

(1)评价目标

综合评价各省(区、直辖市)低碳交通运输体系,反映其建设进程、组织管理质量、低碳化水平以及低碳发展的能力。通过评价,促进评价管理办法和指标体系的完善;进行各省(区、直辖市)的低碳化水平进行纵向和横向比较,全面总结经验和教训;促进各省(区、直辖市)对照评价标准和先进地区见贤思齐找差距,扬长补短促发展,有的放矢地提升低碳化能力与水平;向各级政府、有关部门、企事业单位和公众真实反映中国低碳交通运输体系建设进展。

(2)评价对象与评价范围

①评价对象

低碳交通运输体系评价是综合性评价,所以,本课题支撑的评价工作对象主要针对省级行政区域,同时,也可根据研究、规划或管理需要,将城市群、城市带或若干相邻省、市、县整体作为评价对象。

为了体现评价工作的科学性,保证评价对象之间的公平性,建议通过开展其他前置研究,对各种对象进行科学分类。

②评价范围

评价范围原则上应该界定两点:一是省级行政区域或城市群、城市带,二是包括了该行政区域内若干甚至全部城市的公路工程、港口工程与港口生产、航道工程、水运、道路运输(城际客运与道路货运)及城市客运等子领域。

(3)评价主体及评价执行机构

①评价主体

应当包括以下几类:一是交通运输行业节能减排主管部门;二是省级人民政府(通常由省发改委或省经信委代表);三是国务院(通常由国家发改委牵头,工信部、住建部、交通运输部、环保部、监察部等若干部委参加)。

②评价执行机构

建议以具有官方认可的节能减排咨询审核资质(如国家发改委或工信部所颁资质)的第三方专业机构进行评价为主,辅之以行业内外节能减排专家组成的专家组进行评价。无论采取何种形式,均应由考评主体成立的评价工作组确定并对其负责。

(4)评价模式

模式一,交通运输部直接组织对省交通运输厅进行评价。可委托第三方专业机构参与。

模式二,省级交通运输主管部门自评。

模式三,经交通运输部同意,组织省级交通运输主管部门之间互评。

模式四,供省级人民政府对省级交通运输主管部门进行考评。

(5)评价程序

为确保评价结果的客观公正,评价工作应当遵循严格、规范的工作程序,一般分为:前期准备、实施评价、撰写报告和结果应用等四个阶段。

①前期准备

确定评价对象。评价对象由考核主体根据评价工作重点而定。

成立评价工作组。评价对象确定后,考评主体应成立评价工作组,负责确定评价机构、制订或审定评价方案、审核评价报告等。

确定评价机构。评价机构由考评主体成立的评价工作组根据项目实际情况确定,主要负责制订评价方案、实施具体评价等工作。评价机构可以是受托的中介机构,也可以是评价工作组。

制订评价方案。评价机构根据评价对象特点制订评价方案,内容包括:评价依据、评价人员、评价指标及标准、评价时间等,并报评价工作组审定。

下达评价通知。考评主体在实施具体评价工作前,应下达评价通知,内容包括评价方案和有关评价要求等。

②实施评价

资料收集与审核。评价机构要收集与被评项目有关的数据和资料,并进行审核与分析。统计部门有法定统计数据的,以统计部门提供的数据为准;统计部门没有法定统计数据的,以相关职能部门提供的数据为准。

现场与非现场评价。现场评价是指评价机构到现场采取勘察、询查、复核等方式,对有关情况进行核实,并将所掌握的有关信息资料进行分类、整理和分析,提出评价意见。非现场评价是指评价机构在听取被评价项目单位汇报或介绍后,对所提交的有关资料进行分类、整理与分析,并提出评价意见。

综合评价。评价机构在现场与非现场评价的基础上,选择合适的评价方法,对照评价方案中设置的评价指标与标准,对项目绩效情况进行综合性评判。

③撰写报告

撰写报告。评价机构按照规范的文本格式撰写绩效评价报告,经征求被评价单位意见后,提交评价工作组审核。绩效评价报告必须依据充分、内容完整、数据准确、客观公正。

提交报告。评价机构应在规定时间内将评价报告提交评价工作组。

④结果应用

评价工作组对评价报告反映的情况要进行认真分析,并将评价对象的实际绩效、存在问题和相关建议，按规定要求报给考评主体，考评主体及时反馈给考评对象及有关部门（单位），并对考评对象限期落实整改。

将评价结果与节能减排资金申报与审批等挂钩。

必要时部政法司可建立考评与整改信息通报制度并予以通报。

（6）评价管理

低碳交通运输体系评价工作由部政策法规司（交通运输部节能减排领导小组办公室）归口管理与指导。部政策法规司负责组织制定年度或更长期限的低碳交通运输体系评价工作计划；负责组织编制、解释及修订《低碳交通运输体系评价指标体系及其标准规范》、《低碳交通运输体系评价操作手册》；指导、监督全行业低碳交通运输体系评价工作，促使考评工作合法、科学、客观、公正，导向鲜明、富有建设性和连续性。

省级交通运输主管部门应配合做好“被评”，也可不定期自评。评价主体要成立评价工作组，为评价执行机构进行评价提供必要的工作条件，评价对象应落实专人，协助评价工作。并明确责任主体，负责落实限期整改。

评价执行机构及其代表在评价工作全过程中，应廉洁自律，实事求是，排除干扰，确保评价工作客观公正。

（二）低碳港口、航道建设评价指标体系研究

1. 低碳港口、航道建设理论分析

（1）低碳港口、航道建设的定义

低碳港口、航道建设是一种以高能效、低能耗、低排放为根本特征的港口、航道建设模式，其核心在于提高港口、航道建设过程中及建成后运营阶段的能源利用效率，改善港口、航道建设和运营过程中的用能结构、减缓港口、航道建设和运营过程中的碳排放；打造一个高能效、低能耗，低排放的基础设施和装备的港口、航道，使港口、航道建设过程逐渐摆脱对化石能源的过度依赖，实现低碳转型发展，支撑低碳经济的成长。从侧重“港口、航道建设”需求满足的角度，我们可将低碳港口、航道建设定义为：低碳港口、航道建设是既能满足港口和航道运营的正常需要，又能降低港口、航道建设和运营过程中的能耗。换言之，低碳港口、航道建设是以尽可能低的碳排放实现港口航道运营最大化能源利用效率的作业模式，为港口航道可持续发展奠定低碳基础设施、装备。

（2）低碳港口、航道建设的内涵

低碳港口航道是以低碳理念为指导，建设低能耗、低污染的新型港口和航道。低碳港口建设是一个系统化的发展理念，主要体现在港口建设过程中具备“低能耗、低污染、低排放和高效能、高效率和高效益”的新型绿色低碳港口。其基本内涵包括两个方面：

一是低碳排放相对于高碳排放。港口和航道低碳建设的关键在于通过建设单位、设计单位和施工单位的共同努力，打造低碳港口航道工程，降低运营过程中的碳排放量（即碳强度），提高能源利用效率，减少能源消耗，控制碳排放量。

二是改变以化石能源为主的能源结构。降低港口航道建设的能耗和碳排放的重要抓手在于调

整能源消费结构，逐渐摆脱施工和运营过程中对化石能源的依赖，通过可再生能源等新能源对化石能源替代，逐步实现“低碳化”转型。

(3)低碳港口、航道建设的手段

港口和航道的低碳建设需从以下五个方面着手：

①将“低碳理念”融入港口航道规划设计之初。在港口航道的规划之初贯彻低碳理念，优化运输组织，提高运输系统整体效率，积极发展集约高效的物流运输组织模式。在建设前期招投标阶段及港口航道设计中，切实提升低碳港口航道建设理念，选择低碳建设方案，高效节能型设备，实施低碳优化设计。

②推广应用节能型港口建设施工设备。改进施工工艺、优化施工作业流程。加强施工作业区域能源使用的监控。不断研究改进施工工艺和工法，减少和控制高耗油、高污染的施工机械进入作业流程。合理利用施工场地，提高设备的有效利用率，降低作业过程中的生产成本和能源单耗。

③强化低碳施工工艺和施工组织。重点开展施工工艺的研究工作，充分发掘设备和场地的潜力，优化施工组织，加快施工作业工厂化，节约工期。贯彻低碳理念，优化施工工艺和施工组织，使用低碳建设的管理技术、设施、设备、材料、工艺等。

④加大施工作业中的信息化。加快信息化与施工作业过程的融合，推进低碳模式下的智能施工管理，增强建设过程中信息服务功能，努力建设和完善公众出行信息服务系统，通过信息化管理提高建设过程中能源利用效率、减少能源消耗，从而减少碳排放。

⑤建立健全建设过程中的碳排放管理体系。根据节能减排的实际需要，支持港口、航道建设和施工单位完善节能减排相关制度建设，建立健全港口航道建设过程中能源监测、统计和考核体系，完善节能减排低碳建设的管理制度和运行机制。

(4)低碳港口、航道建设的具体措施

①高能效：通过提高用能效率达到高能效的目的。合理协调各类用能设备，使之达到整体运行的高效；通过信息化智能化管理措施提高工作效率。

②低能耗：通过使用低碳设备、装备达到低能效的目的。通过提高生产、施工设备的能效水平，应用低碳技术促进能耗降低。

③低排放：通过改善用能结构达到低排放目的。促进清洁能源的利用、加大能源资源循环利用，减少碳排放水平。

2. 低碳港口、航道建设评价指标体系构建

(1)低碳港口、航道建设评价指标选取的指导原则

①科学性

指标体系应建立在科学基础上，指标概念必须明确，指标与目标必须一致，各指标应协调一致并保持相对独立性，体现港口、航道低碳建设评价的内涵。对于低碳港口、航道建设评价指标的选定，应包括定性指标和定量指标。如“企业制度建设”就是定性指标，“二氧化碳排放强度”就是定量指标。

②引导性

评价指标体系应体现国家政策导向，引导企业实现低碳港口、航道建设，提高能源综合利用效率，建立能源节约型企业。评价体系既要立足于当前的实际情况，也要考虑到低碳港口、航道建设的前瞻性，指标设置上突出港口、航道低碳建设评价的长期系统目标，引导企业积极、自觉地与低碳建设评价指标对标。

③合理性

设置指标的目的是为了获得分析评价结果，因此所选的指标不仅要有明确的含意，而且要有一定的外在表达形式，能够直接计算、测量或观察得到，这样才能在工作中应用，具有可操作性，尽可能利用已有的或常用的统计数据和调查方法加以确定，以保证指标的适用性和有效性。

④可操作性

一个好的评价体系必须具备很强的可操作性。评价指标体系的指标应当能够易于测量与计算，应充分考虑指标数据可得性、指标范围可界定、操作成本不高、指标体系符合企业实际、在评价的过程中不给被评价企业增加负担等方面，尽量选取含义明确、计算方法简单的评价指标，这样构建的指标体系对于综合评价来说是最实用和有效的指标体系，具有良好的可操作性。

(2)低碳港口、航道建设评价指标设计思路

评价指标是评价体系的重要元素，评价指标的选定是建立低碳港口、航道建设评价体系非常重要的一个环节。本报告依据《国务院批转节能减排统计监测及考核实施方案和办法的通知》(国发[2007]36号)、交通部《建设低碳交通运输体系指导意见》和《建设低碳交通运输体系试点工作方案》(2011年53号)等文件进行指标设计，按照港口、航道建设分别给出相应的指标体系。

针对港口建设低碳的影响因素，结合港口建设现状，本次评价采用综合得分的评价方法，评价中既包括了过程性指标分值，也包括了结果性指标分值。围绕低碳的内涵，对管理、规划、设计、施工阶段进行要求。过程指标从管理指标、建设方案相关指标进行设计，结果指标从反映港口建成后能耗水平的各项指标进行设计。

①管理：重点从制度机构和招标验收两方面强调低碳理念并加强低碳建设的约束力，达到降低单位能耗的目的。

②规划：充分利用自然条件、自然资源，建设协调畅通的工程，减少使用过程的能源消耗量和维护工作量，从而达到系统低碳。

③设计：重点从协调匹配、低碳装备、一体化、信息化、循环利用、减少维护六方面着手，达到降低单位能耗、减少碳排放的目的。

④施工：重点从施工组织、施工设备、施工材料三方面入手达到施工过程低碳。

(3)低碳港口、航道建设评价指标说明

①目标层

反映港口航道建设与低碳港口航道的协调匹配程度，用一个综合得分表示。

②指标类型

根据指标的属性，将目标层进一步表示为过程指标和结果指标。

③准则层

准则层中进一步明确过程指标和结果指标，其中，过程指标中细分为管理指标和建设方案指标。

④基本层

分别给出管理指标、建设方案指标、综合低碳水平指标设定考虑的因素。

⑤评价指标

进一步将基本层指标进行细化、明确，给出具体评价的尺度。

⑥评价内容及评价标准

给出评价指标的具体含义和内容，给出评价综合分值，并针对评价指标、内容给出具有可操作性的评价打分标准。各项指标依据重要性给出不同权重，按照最低 0.5 分档计分（给出得分说明的按照得分说明给分；未给出得分说明的按照有无情况得分，即达到评价标准得全分，未达到评价标准得 0 分）。

为便于使用，对各类型港口、航道的过程指标给出统一的评价内容和评价标准，但为体现不同类型港口、航道的特性，在低碳达标标准中赋予不同的达标分值。总分 100 分，集装箱、干散货、通用码头建设低碳达标分数分别为 82 分、79 分、77 分；沿海、内河航道建设低碳达标分数分别为 82 分、78 分。

为突出低碳港口、航道建设的前瞻性、引导性，指标设置上突出港口、航道低碳建设评价的长期系统目标。根据调研和试评价结果目前大多数建设单位最多能获得全部 100 分中的 82 分，18 分为低碳建设潜力指标。

在管理指标中，5 分潜力指标为 C1 职能部门（重点用能单位设立节能减排职能部门、配备专职能源管理人员），C2 制定能源消耗定额管理制度、对施工期和分包方能源消耗进行统计，C4 施工招标文件有要求施工企业有完善能源管理制度并在中标文件中落实、开展节能验收内容。

港口建设方案指标中，7 分潜力指标为 C8 集疏运比例合理、一体化物流配送模式、C12 用能结构、C15 施工定额管理内容；港口综合低碳水平指标中 6 分潜力指标为 C20 清洁能源使用率、C24 集疏运效率、C25 维护疏浚强度、C18 能耗强度、C19 二氧化碳强度指标、C23 岸线通过能力，其中，C18、C19、C23 难于获得满分，给出 3 分潜力空间。据此确定港口建设低碳水平达标分数为 82 分。考虑到一些通用标准，干散货、通用码头难于达到其通用标准，干散货码头在 C9 工艺布置、C12 燃油替代有 3 分低碳潜力；通用码头在此基础上 C20 清洁能源使用率仍有 2 分低碳潜力。因此，干散货码头和通用码头的低碳达标分数为 79、77 分。

航道建设方案指标中，8 分潜力指标为 C7 开挖航道比例、C8 采用电子导航表和生态护岸、C9 炸礁石方全部上岸、C10 航道管理使用物联网技术、C11 采用先进技术、C12 采用工法；航道综合低碳水平指标5 中分潜力指标为 C17 航道通过能力、C19 疏浚土利用率、C20 生态护岸采用率。考虑到内河在 C9 疏浚土再利用、C17 航道通过能力、C20 生态护岸采用率仍有 4 分的潜力空间，因此，内河航道低碳达标分数为 78 分。

⑦评价方法

为明确评价各指标时建议采用的评价方式，便于评价工作的开展和实施。采用的评价方法为材料审核和实地考察。

材料审核是参考建设单位提供相关文件资料进行评价；实地考察是依据建设项目现场实际情况进行评价。

⑧评价对象

评价对象均为港口、航道项目的建设单位。

⑨评价时点

因涉及综合低碳水平指标，需要至少需要半年的生产运行数据，因此评价时点为建设项目试生产/试通航1年，生产运行数据取试生产6个月至1年期间半年的数据。

⑩评价期

建设项目工程可行性研究至试生产/试通航1年。

（4）低碳港口建设评价指标体系

低碳港口建设评价基本框架见表3-3。表中列出“管理”“建设方案”“综合低碳水平”等3个准则层的评价指标。

低碳港口建设评价指标体系表

表3-3

目标层	指标类型	准则层及分值	基本层及分值	评 价 指 标	指标分值（分）
低碳港口建设评价A1	过程指标	管理B1（25分）	组织机构建设C1（4分）	领导小组	2
				职能部门	2
			制度建设C2（9分）	用能制度	4
				统计计量管理制度	3
				激励约束机制	1
				专项资金	1
			节能法律法规执行情况C3（2分）	政策贯彻落实	1
				节能评估	1
			招投标及验收C4（7分）	招标中标要求	4
				验收要求	3
			培训及宣传C5（3分）	技术培训	1
				宣传活动	1
				总结研讨	1
		建设方案B2（55分）	港址选择C6（8分）	区域经济社会发展	3
				综合运输	3
				资源利用	2
			港内航道选线和平面布置C7（3分）	选线	1
				航道尺度	1
				导助航及减淤设施	1
			运输组织C8（8分）	集疏港方式	4
				港内交通组织	4
			装卸工艺与通用设备C9（10分）	工艺布置	5
				装卸设备与通用设备	5
			建筑C10（2分）	建筑节能	2

续上表

<table>
<tr><th>目标层</th><th>指标类型</th><th>准则层及分值</th><th>基本层及分值</th><th>评 价 指 标</th><th>指标分值(分)</th></tr>
<tr><td rowspan="27">低碳港口建设评价A1</td><td rowspan="14">过程指标</td><td rowspan="14">建设方案 B2
(55 分)</td><td>控制和管理 C11
(4 分)</td><td>信息化应用</td><td>4</td></tr>
<tr><td rowspan="2">用能结构 C12
(6 分)</td><td>燃油替代</td><td>4</td></tr>
<tr><td>可再生能源</td><td>2</td></tr>
<tr><td rowspan="3">循环利用 C13
(4 分)</td><td>余热利用</td><td>2</td></tr>
<tr><td>材料循环利用</td><td>1</td></tr>
<tr><td>疏浚土循环利用</td><td>1</td></tr>
<tr><td rowspan="2">环境保护 C14
(2 分)</td><td>污染控制</td><td>1.5</td></tr>
<tr><td>生态保护</td><td>0.5</td></tr>
<tr><td rowspan="2">施工方案 C15
(4 分)</td><td>施工组织</td><td>2</td></tr>
<tr><td>施工设备</td><td>2</td></tr>
<tr><td>水域维护 C16
(2 分)</td><td>疏浚量</td><td>2</td></tr>
<tr><td>示范项目应用 C17
(2 分)</td><td>低碳技术应用</td><td>2</td></tr>
<tr><td rowspan="2">能耗强度 C18
(4 分)</td><td>单位吞吐量生产综合能耗</td><td>2</td></tr>
<tr><td>单位吞吐量装卸生产能耗</td><td>2</td></tr>
<tr><td rowspan="9">结果指标</td><td rowspan="9">综合低碳水平 B3
(20 分)</td><td>二氧化碳排放强度 C19
(4 分)</td><td>单位吞吐量碳排放量</td><td>4</td></tr>
<tr><td>清洁能源使用 C20
(2 分)</td><td>清洁能源使用率</td><td>2</td></tr>
<tr><td>环保水平 C21
(2 分)</td><td>污染物排放浓度</td><td>2</td></tr>
<tr><td>吞吐量设计 C22
(2 分)</td><td>吞吐量设计达标率</td><td>2</td></tr>
<tr><td>岸线通过能力 C23
(2 分)</td><td>单位长度码头岸线通过能力</td><td>2</td></tr>
<tr><td>集疏运效率 C24
(2 分)</td><td>集疏运能力适应性及畅通便捷程度</td><td>2</td></tr>
<tr><td>疏浚强度 C25
(2 分)</td><td>单位吞吐量年疏浚量</td><td>2</td></tr>
</table>

按照评价指标设计的思路重点对“管理”指标的“组织机构建设、制度建设”和“招投标及验收”基本层指标赋予较重分值,同时考虑培训宣传促进低碳理念、节能法规落实情况促进节能工作来整体构建“管理”指标。

在“建设方案”指标中强调设计、规划、施工过程的节能低碳控制,按照评价指标设计的思路重点对选址选线、运输组织、工艺装备、用能结构赋予较重分值。充分体现系统低碳的要求,通过系统的协调匹配、个体装备低碳水平提高、改善用能结构来强化低碳建设方案。同时也考虑到过程控制与管理、环境保护、水域维护、港区建筑、施工方案、节能技术应用等来全方面构建低碳建设方案。

“综合低碳水平”指标，是“管理”和“建设方案”过程指标的最终体现，集中表现在降低单位能耗强度、减少碳排放和能源消耗总量两方面。

指标体系的构建重点体现低碳三大特征——高能效、低能耗、低排放，重点突出源头控制。低碳港口建设低碳特征评价指标分布见表3-4。

低碳港口建设低碳特征评价指标分布

表3-4

低碳特征	建设方案B2		综合低碳水平B3		合计分数(分)
	涉及指标	分数(分)	涉及指标	分数(分)	
高能效	C6、C7、C8、C9、C10、C11、C15、C16	34	C22、C23、C24、C25	8	42
低能耗	C9、C15、C17	9	C18	4	13
低排放	C12、C13、C14	12	C19、C20、C21	8	20

(5)低碳航道建设评价指标体系

低碳航道建设指标体系见表3-5，“管理”“建设方案”“综合低碳水平”等3个准则层的评价指标见评价指标体系见表3-3。

低碳航道建设指标体系表

表3-5

目标层	指标类型	准则层及分值	基本层及分值	评价指标	指标分值(分)
低碳航道建设评价A1	过程指标	管理B1(25分)	组织机构建设C1(4分)	领导小组	2
				职能部门	2
			制度建设C2(9分)	用能制度	3
				统计计量管理制度	3
				施工船舶维护保养制度	1
				激励约束机制	1
				专项资金	1
			节能法律法规执行情况C3(2分)	政策贯彻落实	1
				节能评估	1
			招投标及验收C4(7分)	招标中标要求	4
				验收要求	3
			培训及宣传C5(3分)	技术培训	1
				宣传活动	1
				总结研讨	1
		建设方案B2(55分)	规模与通过能力C6(8分)	船型适应性	4
				泊位适应性	4
			选线和平面布置C7(8分)	选线	6
				航道尺度	2
			航道设施C8(12分)	导助航设施	4
				减淤构筑物及设备设施	2
				船闸	2
				护岸	2
				服务区	2
			资源利用C9(7分)	疏浚土利用	5
				材料利用	2

续上表

目标层	指标类型	准则层及分值	基本层及分值	评价指标	指标分值(分)
低碳航道建设评价A1	过程指标	建设方案 B2（55 分）	信息服务 C10（4 分）	信息化应用	4
			示范项目应用 C11（4 分）	节能减排技术应用	4
			施工设备与工艺 C12（12 分）	施工方案	5
				施工船舶选择与配套	5
				污染控制与生态保护	2
	结果指标	综合低碳水平 B3（20 分）	疏浚强度 C13（2 分）	单位长度航道年维护疏浚量	2
			单位通过量疏浚量 C14（2 分）	单位通过量年疏浚量	4
			能耗强度 C15（2 分）	单位长度航道年维护能耗量	2
			排放强度 C16（4 分）	单位长度航道年维护二氧化碳排放量	4
			航道通过能力 C17（4 分）	航道最大通过能力保证率	4
			航道与船型匹配度 C18（2 分）	设计船型通过率	2
			疏浚土有益利用 C19（2 分）	疏浚土利用率	2
			生态护岸比例 C20（2 分）	生态护岸采用率	2

“管理”和“综合低碳水平”指标设计思路与低碳港口建设指标相同。

在“建设方案”指标中强调设计、规划、施工过程的节能低碳控制，按照评价指标设计的思路对选址、施工设备与工艺、航道减淤措施及资源循环利用赋予较高权重。航道建设与港口建设不同之处在于施工及运营过程的疏浚维护量体现了航道的整体低碳水平，充分利用自然条件的航道具有天然的低碳属性。

指标体系的构建重点体现低碳三大特征——高能效、低能耗、低排放，重点突出源头控制。低碳航道建设低碳特征评价指标分布见表 3-6。

低碳航道建设低碳特征评价指标分布　表 3-6

低碳特征	建设方案 B2		综合低碳水平 B3		合计分数（分）
	涉及指标	分数(分)	涉及指标	分数(分)	
高能效	C6、C7、C8、C10、C12	38	C13、C14、C17、C18	10	48
低能耗	C11	4	C15	2	6
低排放	C8、C9、C12	13	C16、C19、C20	8	21

(三)交通运输能耗统计监测体系建设(一期)研究

1. 交通运输能耗统计监测需求分析

(1)全面反映交通运输行业能耗总体水平

根据部能耗管理工作的要求,需把握交通运输行业能源消耗总体水平和单耗水平,满足交通运输节能规划、监督、考核等宏观需要,根据《公路水路交通节能中长期规划纲要》等政策性文件,从道路运输、水路运输、港口生产三个层面分别确定主要工作目标,见表3-7。

反映行业能源消耗总体水平的工作目标　　表3-7

需求频度	行业分类	类别	具体指标
年度	道路运输	总量	城市公交能源消耗总量
			出租客运能源消耗总量
			公路客运能源消耗总量
			公路货运能源消耗总量
		单耗	单位旅客周转量能源消耗
			单位货物周转量能源消耗
	水路运输	总量	水路运输能耗总量
			内河运输能耗总量
			海洋运输能耗总量
		单耗	单位换算周转量能源消耗
			内河运输单位换算周转量能源消耗
			海洋运输单位换算周转量能源消耗
	港口生产	总量	港口生产综合能耗
		单耗	单位吞吐量综合能耗

(2)动态反映交通运输行业节能降耗情况

①道路运输行业

掌握城市公交、出租汽车、分客位(吨位)分燃料类型班线客车单耗的波动情况,反映道路运输各子行业节能降耗的进展情况;掌握运输效率的波动变化情况,满足行业管理部门宏观调控和运力投放的需要;掌握燃料消耗限值标准、ETC、岸电改造等政策实施效果,反映政府节能降耗政策的执行进展情况;掌握企业节能措施的实施效果。

②水路运输行业

掌握分船型、分吨位、分船龄的船舶单耗水平及波动特征,动态反映水运各领域节能降耗的进展情况和实际效果;掌握影响水运能耗水平的关键因素数据,反映引起能耗变动的原因,为节能降耗政策措施的实施提供依据;实时掌握全行业的船舶技术结构数据,反映船舶能耗限值标准、老旧船舶淘汰、船舶标准化等政策措施的实施效果;掌握水运企业节能降耗项目的实施情况和发挥的效益,满足节能降耗新技术在行业内推广的需要。

③港口

掌握分燃料类型、分生产类型、分码头类型的港口单耗水平及波动特征,动态反映港口领域节能降耗的进展情况和实际效果；掌握影响港口能耗水平的关键因素数据，反映引起能耗变动的原因，为节能降耗政策措施的实施提供依据；掌握港口企业节能降耗项目的实施情况和发挥的效益，满足节能降耗新技术在行业内推广的需要。

2. 交通运输能耗统计监测体系框架设计

1）总体定位

一是，交通运输行业能耗总量数据协调国家统计局获取，为评价公路、水路、港口节能目标的实现程度提供数据支撑；二是，行业自身建立和完善基于重点企业的交通运输能耗统计监测体系，获取典型城市公交、出租、营运车辆、营运船舶和港口的能耗及相关影响因素的数据，做到心中有数，为行业出台节能降耗政策提供支持，同时，也为国家统计局开展公路、水路、港口能源消费统计调查提供参考；三是，配合国家发展改革委和环境保护部，做好合理分解行业节能减排目标任务的工作；四是，配合国家统计局，做好交通运输能耗统计制度的建立和完善工作。

2）设计原则

（1）合规

能源消耗总量统计继续维持国家统计局负责组织实施的工作模式，我部采用“统计、在线监测”的方法，建立部级交通运输行业能源消耗监测体系，定期反映道路运输、水上运输和港口能源消耗的动态变化情况。

（2）真实

数据直接来源于运输生产经营和运输行业管理的第一手资料，即源自企业和行业有管理基础的数据，能真实反映运输行业的动态发展特征，或数据直接由设备自动监测获取。

（3）及时

数据有良好的时效性，部分数据探索利用信息化的手段实现实时的采集、传输和汇总。

（4）可行

监测工作的施行充分围绕企业和行业现有的管理现状，不给监测对象增加过多的工作压力，数据的获取具备长期可行的条件。

3）道路运输监测方案

（1）城市公交

城市公交能耗总量和运输量数据取自部综合规划司“城市客运统计报表制度”（年报）。同时，在此基础上，建立基于典型企业的监测制度（月度）。

监测对象：典型城市公交企业。

监测方法：典型城市公交企业填写相关报表，并将统计表格直接上报交通运输部。

（2）出租客运

出租客运车辆能耗总量和运输量数据取自部综合规划司“城市客运统计报表制度”（年报）。同时，在此基础上，建立基于典型企业的监测制度（月度）。

监测对象：典型中心城市出租汽车企业。

填报范围：企业所有出租汽车车辆。

监测方法:典型出租汽车企业从出租汽车计价器管理信息系统中导出格式数据填写上报相关报表和数据库说明文件。

(3)班线客运

目前,交通运输部除公路水路运输量和经济核算专项调查外,暂无全国班线客运车辆的能耗总量统计数据。为此,建立基于典型企业的能耗统计监测制度。具体如下:

一是针对班线客运分客位、分燃料类型的单耗。

监测对象:典型班线客运企业。

填报范围:企业内部实施了油耗考核、并能准确掌握油耗情况的所有运输车辆。

监测方法:典型班线客运企业收集、审核、汇总本企业典型车辆运输生产、能耗等相关数据,填写相关报表,并将统计表格直接上报交通运输部。

二是针对班线客运行业的运输效率。

监测对象:典型班线客运站。

监测方法:典型班线客运站从客运站管理信息系统中导出格式数据填写上报相关报表和数据库说明文件。

(4)公路货运

目前,交通运输部除公路水路运输量和经济核算专项调查外,暂无全国营运货车的能耗总量统计数据。为此,采取两种方法,方案一是,建立基于典型企业的能耗统计监测制度,定期获取相关能耗数据;方案二是,开展营运货车能耗在线监测工作,通过在营运车辆上安装监测设备自动获取能耗、载荷等信息。

①方案一

一是针对普通公路货运分吨位、分燃料类型的单耗。

监测对象:典型普通公路货运企业。

填报范围:2 吨及以下、2 ~4(含)吨,4 ~8 吨,8(含) ~20 吨、20 吨及以上分别调查。

监测方法:指定企业通过选取部分管理较好的普通载货汽车,月度开展调查填写,要求 2 吨及以下、2 ~4(含)吨,4 ~8 吨,8(含) ~20 吨、20 吨及以上分别调查,并填写相关报表并上报。

二是针对专业公路货运的单耗。

监测对象:典型专业公路货运企业。

填报范围:企业内部实施了油耗考核、并能准确掌握油耗情况的所有运输车辆。

监测方法:指定的专业货物运输企业收集、审核、汇总本企业运输生产、能耗等相关数据,填写相关报表并上报。

三是针对公路货运行业的运输效率。

监测对象:交通运输管理部门。

监测方法:从行业管理部门的载货汽车计重收费数据库中导出格式数据填写上报相关报表和数据库说明文件。

②方案二

监测对象：能耗在线监测对象是"车、船、路、港"千家企业等重点用能单位。

监测方法：选取重点用能单位的样本车辆，安装能耗在线监测设备，通过无线传输实时获取能耗等数据。

监测指标：单车采集基础指标见表3-8，推算成果见表3-9。

单车采集基础指标　　表3-8

类　别	采集指标
车辆基本信息	燃料类型、出厂年份、核定载质量
行驶信息	车辆位置、车辆轨迹、车速
运输生产情况	货运量、货物周转量、总行程、载运行程、月停驶天数
油耗情况	油耗

推算成果　　表3-9

类　别	推算数据
油耗情况	营运货车油耗总量、节能量、单位周转量能耗、百车公里单耗、实载率、吨位利用率、里程利用率等

工作思路：能耗在线监测体系建设既是一项技术创新工作，也是一项组织管理创新工作。鉴于该项工作的复杂性，及能力建设项目专项资金预算管理的要求，总体按照"顶层设计，试点先行，以省为主，分步实施"的思路分三个阶段实施。各阶段具体工作内容如下：

项目一期，重点开展顶层设计。工作内容包括四个方面：一是提出了交通运输能耗在线监测体系框架；二是完成了车辆和船舶能耗在线监测设备研制、试验及选型工作；三是提出了千家企业能耗信息报送方案并开展培训；四是推算了2012年能耗统计数据。

项目二期，重点通过省级试点形成实施方案。主要工作包括五个方面：一是编制在线监测工作技术指南，包括监测设备功能和性能要求、接口协议；二是编制组织方案，包括实施主体、工作步骤和运作模式等；三是开发部级能耗在线监测平台；四是开展2013年"车、船、路、港"千家企业能耗信息报送工作；五是推算2013年能耗数据。

项目三期，各省行业主管部门根据部提出的技术指南和组织方案，开展省级在线监测系统建设，并定期将相关数据按规定上传至交通运输部。行业主管部门各司其职，做好系统运行维护工作，实现系统数据实时更新，确保监测系统持续运行。

数据发布：该系统建成后，行业主管部门可以监测数据名义使用和对外发布数据，可发布的指标包括：推算交通运输行业节能总量（分公路、水路、港口）、减排量（分公路、水路、港口）、营运车辆、船舶、港口单耗下降百分比。

（5）针对燃料消耗限值标准的执行情况

监测对象：交通运输管理部门。

监测范围：运管部门车辆数据库中所有营业性车辆。

监测方法：从行业管理部门的营业性车辆信息数据库中导出格式数据填写上报相关报表和数据库说明文件。

（6）针对ETC的实施效果

基于部公路局收费公路统计报表制度，采集高速公路不停车收费数据，并进行相关分析。

(7)针对企业节能措施的实施效果

监测对象:典型城市公交企业、出租汽车企业、班线客运企业、公路货运企业和客运站。

监测方法:结合部综合规划司交通运输能耗统计监测报表制度和政策法规司千家企业统计制度,定期采集相关数据和文字材料。

4)水运监测方案

(1)船舶单耗及运输效率影响因素监测

①监测范围与对象

为了定期获取船舶单耗数据及运营效率影响因素数据,建立基于典型企业的监测体系。

内河货运,近期重点对船型、吨位、船龄有一定代表性、统计基础较好的长江干线企业进行监测,覆盖长江上游、中游和下游;考虑到行业代表性的问题,远期增加对普通内河、水网地区的小型企业或船舶进行监测,从而全面体现内河货运行业的能耗特征。

海洋货运,对船型、吨位、船龄有一定代表性的沿海、远洋货运企业进行监测,主要包括中远集团的部分下属企业、中海集团及其他海洋货运企业。

②监测内容与方法

监测内容:针对内河货运和海洋货运监测企业自有自营货运船舶的单船数据,包括船舶基本情况、运输量、能耗、运输效率指标。同时,监测企业的节能项目实施情况,包括项目应用对象与范围、项目总投入、节能效益与效果等,并要求企业上报节能工作文字总结材料。

监测方法:有两种监测方法,一是建立典型企业的调查制度,由被监测企业填写表格或撰写文字材料直接上报交通运输部或上报集团总公司,由集团总公司进行审核后上报交通运输部。

二是,选取样本船舶,通过在线监测手段,获取内河船舶能耗数据,通过推算获得内河船舶单耗。围绕上述思路,项目组前期依托浙江省交通运输厅和杭州市港航管理局,开展了内河船舶能耗及载荷在线监测设备选型、试验及试运行工作,在油耗在线监测设备上做好了技术和产品储备,但受内河船舶海事签证信息化建设和省间数据联网的制约,该项工作要大面积推广还需要一定的时间。

(2)船舶技术结构、港口作业效率监测

为获取影响船舶单耗水平的船舶技术结构数据,定期共享部海事局的船检库数据,分析船舶装备水平的变动情况。主要获取指标包括:船型、主机功率、总吨、净吨、完工日期、总长、型宽、型深、吃水等。

为获取影响船舶单耗水平的港口作业效率数据,定期共享部水运局的水运快速统计系统数据,分析港口作业效率的变动情况。主要内容包括:船舶的锚地时间、靠泊时间、开工时间、完工时间、离港时间、进口计划运量、出口计划运量等。

5)港口监测方案

(1)范围及对象

结合目前交通运输部开展的港口综合统计中针对重点港口企业的报表制度,并借鉴2007年中交水运规划设计院开展的相关研究工作,确定港口监测对象为重点港口企业。在企业的选取中,确定为生产规模较大、代表性强、管理较为健全、统计基础较好的重点沿海港口企业和内河港口企业。

基于以上原则,重点港口企业主要在规模以上的港口中进行选取,从监测港口企业的生产规模来看,选取的重点企业在规模以上港口吞吐量中已经占据相当的比例,具有较强的代表性。

(2)内容及方法

由于内河、沿海港口企业管理基础、统计工作基础不同,针对内河、沿海港口企业分别监测不同的内容:

针对内河港口企业重点监测完成的吞吐量、能源消耗以及节能降耗工作实施情况;

针对沿海港口企业重点监测完成的吞吐量、能源消耗、装卸设备的使用情况以及节能工作实施情况。并针对部分沿海港口企业的典型货类码头单位重点监测生产量、能源消耗情况。

监测方法:选定为重点监测的港口企业负责收集、审核、汇总与本企业有关的港口企业能耗相关表格,并采用统计报送的方式直接上报交通运输部。

附录　政 策 文 件

附录1　关于召开低碳交通运输体系建设试点示范推进会的预备通知

（厅政法便〔2013〕5 号）

各省、自治区、直辖市、新疆生产建设兵团交通运输厅（局、委），天津市市政公路管理局，天津市、上海市交通运输和港口管理局，部属各单位，部内各单位：

根据交通运输部节能减排工作领导小组会议决定，部定于2013 年6 月召开“低碳交通运输体系建设试点示范推进会”，现将有关事项通知如下：

一、组织实地调研

为全面掌握近年来行业节能减排基本情况，起草好会议主报告，部将组织工作组于近期在行业集中开展实地调研，组织部分省厅、交通运输企（事）业单位有关人员召开座谈会，听取各地区、各单位新时期推进绿色低碳交通运输体系建设的主要做法和经验，研究存在的问题和差距，探讨今后一个时期行业推进绿色低碳交通运输体系建设和节能减排工作思路。

二、开展经验交流

会议将进行工作经验交流，包括会议交流和书面交流两个部分，交流主题主要包括：一是本地区推进绿色低碳交通运输体系建设和节能减排工作；二是开展的低碳交通运输体系建设城市试点、港口试点情况，区域性试点和主题性试点等情况；三是开展“车、船、路、港”千企专项行动的实施情况；四是开展科技专项行动情况；五是开展了“清洁能源在运输工具中的推广应用”等行业推广领域、试点示范项目和技术，取得明显成效的情况等。

请围绕上述1 ~2 个专题开展得有显著成效、有特色、有亮点的单位（也可是下属具体实施单位），认真组织，着手准备相关交流材料，并于4 月30 日前将电子版报交通运输节能减排项目管理中心，部政策法规司将择优确定并编印成册提供会议。

三、组织展览及制作专题片

会议期间将组织交通运输节能减排成果展览，播放交通运输节能减排工作成就专题片。部将统一设计制作展板和专题片，请各单位给予支持，积极提供相关图片和音像资料，协助拍摄专题片。

交通运输部政策法规司(节能减排处)联系人:

张婧媛,(010)65293750

交通运输部科学研究院交通运输节能减排项目管理中心联系人:

王　艳,(010)58278667,程　悦,(010)58278689

传　真:010-58278668,电子邮箱:jtjnjp@ moccats. com. cn

附录2　2013年交通运输行业节能减排工作要点

（交政法发〔2013〕37号）

各省、自治区、直辖市、新疆生产建设兵团交通运输厅（局、委），天津市市政公路管理局，天津市、上海市交通运输和港口管理局，部属各单位，部内各单位，部管各社团，有关交通运输企业：

现将《2013年交通运输行业节能减排工作要点》印发给你们，请结合本地区、本单位实际，认真组织贯彻落实行。

交通运输部

2013年1月10日

2013年交通运输行业节能减排工作要点

2013年交通运输行业节能减排工作的指导思想是：全面贯彻落实党的十八大精神，以科学发展观为指导，大力推进交通运输领域生态文明建设，将交通运输节能减排融入交通运输发展各方面和全过程，积极谋划，攻坚克难，努力破解影响交通运输低碳发展的各种障碍，着力打造具有绿色低碳特征的现代交通运输体系，不断推进资源节约型、环境友好型交通运输行业建设。

2013年交通运输行业节能减排工作的总体要求是：全面实施交通运输节能减排"十百千"工程，强化理念意识，健全体制机制，深化试点示范。坚持推进"两个"专项行动，着力结构、技术、管理三大领域节能，用好专项激励政策，巩固基础能力建设，加大宣传推广交流。为实现《公路水路交通运输节能减排"十二五"规划》确定的目标奠定基础。

具体抓好九个方面的重点工作：

一、全面贯彻落实党中央、国务院节能减排与应对气候变化工作的部署和要求

全面系统准确把握党中央、国务院对交通运输节能减排与应对气候变化工作的总体部署，将对交通运输行业的具体要求落到实处。一是按照建设中国特色社会主义五位一体总布局的要求，研究制定加快推进绿色低碳交通运输发展的指导意见，全面贯彻落实生态文明建设对交通运输行业工作要求。二是结合国务院《节能减排"十二五"规划》，针对部《公路水路交通运输节能减排"十二五"规划》、《关于公路水路交通运输行业落实国务院"十二五"节能减排综合性工作方案的实施意见》及部门分工方案、《交通运输行业"十二五"控制温室气体排放工作方案》等，组织开展规划实施的中期评估与调整，切实保证规划目标和主要内容如期推进。三是加大节能减排体制机制和政策创新，研究

与财政部共同推进低碳交通运输体系建设的新举措，建立两部一省共同推进交通运输低碳发展的新机制，开展主题性和区域性低碳交通运输体系建设，创造规模性聚集性示范效应。

二、深入推进低碳交通运输体系建设

按照《建设低碳交通运输体系指导意见》既定目标任务，继续组织做好低碳交通运输体系建设试点，深化试点内容，加大推进力度，健全评价考核，完善保障措施，确保取得实效。一是在2013年全国节能宣传周期间，组织召开低碳交通运输体系建设试点示范工作推进会，总结经验，部署下一阶段低碳交通运输体系建设重点工作。二是稳步推进低碳交通运输体系建设试点示范活动。继续组织做好26个低碳城市试点工作，进一步扩大区域性“低碳交通城市”试点、主题性“低碳港口”试点和“低碳公路”的试点范围；完善和发布相应的评价考核指标体系和办法。三是加强对试点示范工作的督促指导和宣传推广。建立相应的专家咨询小组，有针对性地开展试点示范指导工作。

三、不断深化“车、船、路、港”千企专项行动

着力构建“车、船、路、港”千家企业低碳交通运输专项行动长效机制，丰富专项行动工作内容，明确参与企业目标责任，增强节能减排基础能力，加大政策资金支持力度，努力将专项行动参与企业打造成交通运输行业节能减排标杆单位。一是优化调整专项行动参与企业，抓大放小，突出重点，将交通运输重点用能单位纳入参与企业名单，提高专项行动节能减排成效。二是促进专项行动参与企业建立健全能源管理制度，加强对参与企业能耗的统计监测，组织开展参与企业能耗信息报送工作。三是建立健全专项行动参与企业节能减排目标责任制，指导参与企业编制节能减排规划和年度计划，组织开展参与企业节能减排目标考核。四是对专项行动中的先进经验进行总结提炼、宣传报道并组织开展经验交流，对先进企业及所在地区组织开展交通运输节能减排工作给予政策支持。

2013年，专项行动的重点是：

（1）在营运车辆方面：严格实行营运车辆燃料消耗量准入制度，继续组织实施甩挂运输试点工作，继续推进LNG（液化天然气）、LPG（液化石油气）汽车在道路运输、城市公交和出租汽车中应用，鼓励使用节能和新能源汽车，深入开展绿色汽车检测维修工程。

（2）在营运船舶方面：继续推进内河船型标准化，引导内河船舶运力结构调整，加快推进以LNG、LPG为动力燃料的船舶应用试点工作。

（3）在公路方面：开展“低碳公路”试点示范，继续推进ETC（电子不停车收费）联网工程，推进道路运输站场节能技术改造，开展高速公路标准化施工。

（4）在港口方面：开展“低碳港口”创建活动，继续推进港口智能化运营管理，优化港口装卸工艺，加快推进水铁联运等高效节能运输组织方式。

四、组织开展交通运输节能减排科技专项行动

广泛开展交通运输节能减排技术推广示范活动，继续组织实施“黄金水道通过能力提升技术”、“公路甩挂运输关键技术与示范”等部重大科技专项、“京珠复线长沙至湘潭高速公路资源节约型和

环境友好型”等科技示范工程、城市智能交通和内河航道网及京杭运河水系智能航运服务国家物联网应用示范工程，组织开展《营运车辆油耗检测设备技术要求》和《天然气汽车代替燃料量评价方法》等标准规范的制修订。利用宣传报道、现场观摩、巡回展演、节能竞赛、论坛交流等形式，大力推广具有节能减排效果和推广应用价值的新材料、新技术、新产品、新工艺，不断增强科技对交通运输节能减排的支撑力度。

2013 年，重点推广的节能减排技术是：

(1)在营运车辆方面：机动车节能驾驶技术，发动机智能恒温节能冷却技术，先进的轮胎管理技术，车用润滑油按质换油技术，车辆燃料消耗量动态监测技术，机动车驾驶培训模拟装置应用技术。

(2)在营运船舶方面：船舶能效管理体系应用技术，滑阀式喷油器在船舶减速航行中的应用技术，船舶无刷双馈轴带发电技术，船用柴油机改造 LNG 与柴油混合动力技术。

(3)在公路方面：路面再生技术，太阳能、风能等可再生能源利用技术，隧道节能照明技术，收费亭红外辐射加热节能技术，车辆超载不停车预检系统应用技术。

(4)在港口方面：靠港船舶使用岸电技术，集装箱码头 RTG(轮胎式集装箱门式起重机)“油改电”技术，带式输送机系统及其他港口机械节能运行控制技术，港口装卸机械驾驶培训模拟装置应用技术，内河船舶免停靠报港信息服务系统，原油码头和成品油码头油气回收技术。

五、大力推进交通运输结构性节能减排

一是研究修订《营运客车燃料消耗量限值及测量方法》国家标准。严格营运车辆燃料消耗量准入核查，组织开展道路运输车辆轮胎合理使用技术和政策研究。二是继续执行对客车实载率低于 70% 的线路不投放新运力的政策，完善具体许可管理方式，健全动态监测制度。三是继续推进公路甩挂运输，做好首批试点项目的总结推广，启动第三批甩挂运输试点，引导创新经营模式。四是继续推进内河船型标准化，全面提高船舶安全、环保、节能和技术经济水平，实现船舶与航道、港口相互适应的协调发展。五是推进新增船舶运力执行营运船舶燃料消耗量准入制度。六是继续推进天然气动力船舶的试点工作。七是落实公交优先发展战略，推进公共交通与其他交通方式之间的无缝衔接。八是继续推进出租汽车行业服务管理信息化建设，推动“电召”模式发展，提高电话预约效率。九是支持公路不停车状态监控，信息监测、预检预判、实时传输等智能化数字化系统建设和公众出行信息服务系统建设。

六、进一步加强交通运输节能减排能力建设

一是组织开展交通运输节能减排监管能力现状调查与评估，研究编制 2013 ~ 2020 年交通运输节能减排监管能力建设的方向和主要内容。二是组织开展交通运输节能减排“十三五”规划前期调研，探索建立“十三五”期分层级、分领域、分类别的交通运输节能减排规划体系。三是组织开展交通运输领域碳交易机制政策研究，研究探索利用市场机制推进交通运输节能减排。四是进一步完善交通运输重点用能单位能耗监测制度。配合国家发展改革委做好重点用能单位能源利用在线监测系统建设。五是推进交通运输节能减排考核制度建设，在部分省区市组织开展考核试点工作。六是

进一步完善交通运输节能减排第三方审核制度，加强对审核机构和审核人员的培训与监督管理。七是继续重点支持低碳交通运输体系建设评价体系研究、应对气候变化战略研究、能耗在线监测系统建设、减排市场机制研究等能力建设。八是组织做好2013年度交通运输节能减排专项资金项目申请与审核工作，继续开展第三方审核试点。

七、继续加强交通运输节能减排宣传教育与交流培训

继续大力宣传交通运输低碳发展理念，鼓励城市居民低碳出行，努力营造促进交通运输低碳发展的良好外部环境。一是组织做好2013年全国节能宣传周和首个全国低碳日活动，集中宣传交通运输节能减排先进典型。二是与中央媒体合作，策划并实施“低碳交通伴我行”主题宣传活动，宣传节能减排成效，促进生态文明建设。三是组织开展交通运输节能减排工作培训，采取专家讲座、集体讨论、现场观摩、实地调研等多种形式，确保培训取得实效。四是继续深入开展机动车驾驶员素质教育工程，大力宣传机动车节能驾驶操作规范，加大对营运车辆驾驶员的节能驾驶培训力度。五是发布《2012年中国交通运输节能减排与低碳发展年度报告》。

八、继续做好气候变化谈判和对外交流合作工作

一是继续组织做好国家发展改革委“中国低碳发展宏观战略研究”中的“中国交通低碳发展战略研究”分课题，加强对课题研究过程的督促检查指导。二是继续参与IPCC（政府间气候变化专门委员会）第五次评估报告后续的政府评审工作，组织开展行业专家评审。三是结合国际谈判进展，继续深入开展船舶温室气体减排研究，为我国对外谈判和对内决策提供技术支持。四是继续积极参与UNFCCC（联合国气候变化框架公约）和IMO（国际海事组织）框架下的谈判，维护国家整体利益和行业发展利益。五是继续利用多双边渠道，学习借鉴国外先进理念、技术和管理方法，推动行业具有比较优势的技术和企业走出去。

九、继续做好公共机构节能工作

继续完善落实部公共机构节能减排工作制度，采取切实可行的节能措施，加强用水设备的日常维护管理，健全公务用车使用管理制度，努力完成国管局制定的2013年节电、节水和节油目标。

附录3　关于组织开展交通运输行业2013年节能宣传周和全国低碳日的通知

（厅政法字〔2013〕118号）

国家发展改革委、交通运输部等14个部委联合发出《关于2013年全国节能宣传周和全国低碳日活动安排的通知》（发改环资〔2013〕827号，以下简称《通知》），今年全国节能宣传周是6月15日至21日，6月17日（周一）为首个全国低碳日。今年全国节能宣传周和全国低碳日主题是“践行节能低碳，建设美丽家园”，《通知》明确了交通运输部门的宣传重点，强调要开展“绿色低碳交通伴我行”主题宣传活动，大力宣传绿色低碳交通运输体系建设成效，积极推广宣传节能驾驶操作经验和车船路港节能减排产品技术，倡导公众绿色出行。现将组织开展交通运输行业节能宣传周和全国低碳日活动有关事项通知如下：

一、围绕主题，科学策划

各级交通运输主管部门和企事业单位要充分认识节能宣传周和低碳日活动的重要性和必要性，围绕国家主题和交通主题，高度重视，周密策划、认真组织，厉行节约。政府部门要带头，动员广大交通运输职工、企事业单位共同参与，确保活动取得良好宣传效果。

二、突出主题，扎实推进

围绕今年交通运输行业节能宣传周和全国低碳日“绿色低碳交通伴我行”的主题，节能宣传周期间，各地区、各单位要认真贯彻落实《通知》要求和行业部署，突出主题，提出多种切实可行的活动载体，扎实全面推进，开展好今年的节能宣传周和全国低碳日活动。

（一）大力传播绿色低碳交通运输发展理念，组织开展“绿色低碳交通伴我行”主题宣传活动。广泛宣传绿色低碳交通运输体系建设试点示范和节能减排工作成果，认真组织26个低碳交通城市、10个“绿色低碳交通城市”区域性、4个“绿色低碳港口”和7个“绿色低碳公路”主题性等试点单位宣传建设试点的理念、成效和经验。组织宣传“车、船、路、港”千家企业低碳交通专项行动成果，在机场、车站、服务区、公交地铁站、港口码头等公共场所及车辆、船舶上利用多种方式展开宣传。通过《中国交通报》、《中国水运报》等行业媒体及中央、地方媒体，宣传报道交通运输行业开展节能宣传周活动动态，营造良好舆论氛围。

（二）开展节能驾驶、绿色维修等职业技能竞赛活动，提高营运车船、港口机械、施工机械驾驶人员节能操作技术水平；引导公众选择公共交通、自行车、步行等绿色低碳出行方式，培育绿色低碳交通文化。通过群众喜闻乐见的各种形式大力宣传节能驾驶理念，推广绿色维修知识，促使公众养成节能驾驶习惯，掌握节能驾驶技术。倡导公众公交、自行车、步行等绿色低碳出行方式。

（三）积极推广和广泛宣传先进、已成功应用的节能减排技术、产品和工艺。各单位要利用宣传报道、现场观摩、巡回展演、节能竞赛、论坛交流等形式，加大力度引导交通运输企业选择使用节能低耗的技术、产品和工艺，部将公布“十二五”第二批全国重点推广公路水路交通运输节能产品（技术）目录，不断增强科技对交通运输节能减排的支撑力度。因地制宜，结合本地区本单位实际推广公路、水路、桥梁、隧道及沿线设施节能技术、新能源和清洁能源应用技术、机动车节能驾驶技术、车辆超载不停车预检系统应用技术、船舶能效管理体系应用技术、港口机械节能技术、原油码头和成品油码头油气回收等技术。

（四）组织开展“绿色低碳交通伴我行”征文活动。引导交通运输职工围绕“发展绿色交通、建设美丽中国”的主题，谈认识，讲体会，献计策，作贡献。优秀文章将在中国交通报上开辟专栏刊登，进一步扩大交通运输行业节能低碳行动的影响力。

（五）各级交通运输主管部门、企事业单位要带头开展绿色低碳体验和宣传活动。要组织干部职工开展生态文明建设和绿色办公、低碳出行专题讲座，培养干部、职工科学健康的生活习惯，树立低碳办公和节俭文明消费理念。发挥机关单位、政府部门在节能减排中的表率示范作用。

三、彰显主题，展开宣传

要立足发挥电视、广播和报纸等传统媒体，积极运用微博、网络、手机报等新兴媒体，加大宣传力度。

（一）为部召开的低碳交通运输体系建设试点示范推进会做好宣传。部新闻办牵头组织中央和行业媒体采访报道会议，选择有代表性的项目组织参会媒体提前实地采访或现场采访。各地交通运输部门做好支持配合工作。

中国交通报编辑组织会议特刊，予以宣传呼应。各地区做好近年来节能减排工作的整体宣传总结，对外介绍行业节能减排工作亮点和经验。还要从2013年部支持项目中选择几类效果好、收效高、开展成功有特色的项目展开聚集性、规模式、有影响力的成就宣传。比如公共自行车系统、清洁燃料应用、绿色维修、信息化出行服务、公路不停车检测、港口岸电、隧道照明等。

（二）节能宣传周前后，中国交通报要开设“绿色低碳交通伴我行”栏目，约请江西、山东、江苏、浙江、湖南、河北、云南等记者站采写当地交通节能减排工作亮点报道，同时要组织“绿色低碳交通伴我行”征文活动，评选、奖励并刊登优秀征文。

（三）积极开展在中央媒体宣传反映交通运输行业节能减排成就的报道，鼓励宣传周期间，各部门要积极在中央媒体新闻节目中广泛开展宣传，部拟在《光明日报》、《科技日报》、中新社、《财经》杂志社等媒体推出交通运输节能减排专项宣传，重点突出国家有关部门支持交通运输行业节能减排工作。

（四）在部网站推出在线访谈，解读《加快推进绿色低碳交通运输发展指导意见》，介绍行业节能减排工作成就等。

活动结束后，各单位要对本年度节能宣传周和全国低碳日活动情况进行认真总结，并于7月15

日前将书面总结材料及电子版报部政策法规司(节能减排处)。

联系人:张婧嫄　高建刚

电话:010-65293750

传真:010-65292660

邮箱:jtbnyb@ mot. gov. cn

交通运输部办公厅印

2013 年 5 月 2 日

附录4　关于印发《加快推进绿色循环低碳交通运输发展指导意见》的通知

（交政法发〔2013〕323号）

各省、自治区、直辖市、新疆生产建设兵团交通运输厅（局、委），天津市市政公路管理局，天津市、上海市交通运输和港口管理局，部属各单位，部内各单位，部管各社团，有关交通运输企业：

为贯彻落实党的十八大关于加强生态文明建设和“五位一体”总布局的要求，以科学发展为主题、以转变发展方式为主线，大力推进低碳交通运输体系建设，努力建设资源节约型、环境友好型交通运输行业，促进交通运输绿色发展、循环发展、低碳发展，经部务会议讨论通过，现将《加快推进绿色循环低碳交通运输发展指导意见》印发给你们，请各地区、各部门结合实际制定具体实施方案，贯彻落实。

交通运输部

2013年5月22日

加快推进绿色循环低碳交通运输发展指导意见

交通运输是国民经济和社会发展的基础性、先导性和服务性行业，也是国家节能减排和应对气候变化的重点领域之一。为全面落实党的十八大提出全面建成小康社会的宏伟目标和“五位一体”的总体布局，加快推进绿色循环低碳交通运输发展，特提出以下指导意见：

一、总体要求

1. 指导思想

深入贯彻落实党的十八大精神，按照建设“五位一体”总体布局的要求，以科学发展观为指导，以节约资源、提高能效、控制排放、保护环境为目标，以加快推进绿色循环低碳交通基础设施建设、节能环保运输装备应用、集约高效运输组织体系建设、科技创新与信息化建设、行业监管能力提升为主要任务，以试点示范和专项行动为主要推进方式，将生态文明建设融入交通运输发展的各方面和全过程，加快建成资源节约型、环境友好型交通运输行业，实现交通运输绿色发展、循环发展、低碳发展。

2. 基本原则

（1）政府主导，合力推动。积极争取各级政府支持，主动加强与相关政府部门的协调，发挥政策叠加优势，突出政府主导作用。同时，充分发挥市场调节作用、企业主体作用和行业协会作用，引导社会公众广泛参与，形成政府、企业和公众共同参与的协同推进机制。

（2）优化结构，创新管理。在继续加强绿色循环低碳循环技术研发和推广应用的基础上，更加注重优化交通基础设施结构、运输装备结构、运输组织结构和能源消费结构，更加注重提升行业监管能力和企业组织管理水平，充分挖掘结构性和管理性绿色循环低碳发展潜力。

（3）法规约束，强化责任。积极推进绿色循环低碳交通运输法律法规和标准体系建设，着力改善法制环境，建立健全目标责任制和考核评价制度，加强监督检查，加大奖惩力度，增强绿色循环低碳发展的目标责任与制度约束。

（4）试点示范，典型引路。建立部省共同推进绿色循环低碳交通运输发展新机制，推进区域性和主题性试点，深化绿色循环低碳交通运输专项行动，树立行业典型，以点带面，推动全行业绿色循环低碳发展。

3. 发展目标

到2020年，在保障实现国务院确定的单位GDP碳排放目标的前提下，全行业绿色循环低碳发展意识明显增强，节能减排体制机制更加完善，科技创新驱动能力明显提高，监管水平明显提升，行业能源和资源利用效率明显提高，控制温室气体排放取得明显成效，适应气候变化能力明显增强，生态保护得到全面落实，环境污染得到有效控制，基本建成绿色循环低碳交通运输体系。

（1）基本完善交通运输行业绿色循环低碳发展的法规政策和标准。

（2）基本建成行业能源消耗监测考核体系。

（3）基本达到战略规划中确定的各种运输方式能源单耗和碳排放强度指标。

（4）基本实现各种运输方式的生态环境保护和污染治理的主要指标。

二、主要任务

（一）强化交通基础设施建设的绿色循环低碳要求

1. 实现交通基础设施畅通成网、无缝衔接

继续按照综合交通运输体系发展战略规划要求，补齐发展短板，发挥比较优势，实现相互衔接、畅通成网，推进各种运输方式协调发展，凸显整体优势和集约效能。加强综合交通枢纽及其集疏运配套设施建设，实现客运“零距离换乘”和货运“无缝衔接”。推动以公共交通为导向的城市发展模式，加快城市轨道交通、公交专用道、快速公交系统（BRT）等大容量公共交通基础设施建设，加强自行车专用道和行人步道等城市慢行系统建设，增强绿色出行吸引力。

2. 加强能源节约利用

树立全寿命周期成本理念，将节约能源资源要求贯彻到交通基础设施规划、设计、施工、运营、养护和管理全过程。在项目立项、初步设计、施工及验收各阶段，认真贯彻国家关于固定资产投资项目的节能要求。在交通基础设施建设和养护中，大力推广应用节能型建筑养护装备、材料及施工工艺工法。积极扩大绿色照明技术、用能设备能效提升技术及新能源、可再生能源在交通基础设施运营中的应用。

3. 加强土地和岸线资源集约利用

严格建设项目用地审查，合理确定建设规模。优化设计，因地制宜采取有效措施，减少耕地占用，避让基本农田保护区。加强综合交通枢纽用地的综合立体开发。按照“统筹规划、合理布局、集约高效”的要求，节约集约利用交通通道线位资源，提高港口岸线资源利用效率。

4. 加强资源循环利用

遵循“减量化、再利用、资源化”原则，积极探索资源回收和废弃物综合利用的有效途径。大力推广应用节水节材建设和运营工艺，实现资源的减量化。大力开展废旧材料的再生和综合利用，提高资源再利用水平。加强钢材、水泥、木材、砂石料等主要建材的循环利用，积极推进粉煤灰、煤矸石、建筑垃圾、生产生活污水等在交通基础设施建设运营中的无害化处理和综合利用。

5. 加强生态环境保护

严格执行交通建设规划和建设项目环境影响评价、环境保护“三同时”和建设项目水土保持方案编制制度。提倡生态环保设计，严格落实环境保护、水土保持措施，加强植被保护和恢复、表土收集和利用、取弃土场和便道等临时用地生态恢复。推进绿化美化工程建设。加强施工期间环境保护工作，确保施工期间污染物排放达标。加强交通基础设施建设、养护和运营过程中的污染物处理和噪声防治。

（二）加快节能环保交通运输装备应用

1. 优化交通运输装备结构

提高交通运输装备、机械设备能效和碳排放标准，严格实施运输装备、机械设备能源消耗量准入制度。积极推广应用高能效、低排放的交通运输装备、机械设备，加快淘汰高能耗、高排放的老旧交通运输装备、机械设备，提高交通运输装备生产效率和整体能效水平。推动建立交通运输装备能效标识制度，鼓励购置能效等级高的交通运输装备。

2. 加快推广节能与清洁能源装备

推进以天然气等清洁能源为燃料的运输装备和机械设备的应用，加强加气、供电等配套设施建设。积极探索生物质能在交通运输装备中的应用。推广应用混合动力交通运输装备，推进合同能源管理在用能装备和系统中的应用，采用租赁代购模式推进电池动力的交通运输装备应用。推进模拟驾驶和施工、装卸机械设备模拟操作装置应用，积极推广应用绿色维修设备及工艺。

3. 加强交通运输装备排放控制

严格落实交通运输装备废气净化、噪声消减、污水处理、垃圾回收等装置的安装要求，有效控制排放和污染。严格执行交通运输装备排放标准和检测维护制度，加快淘汰超标排放交通运输装备。鼓励选用高品质燃料。加强交通运输污染防治和应急处置装备的统筹配置与管理使用。

（三）加快集约高效交通运输组织体系建设

1. 优化运输结构

按照“宜水则水、宜陆则陆、宜空则空”的原则，提高铁路、水路在综合运输中的承运比重，降低运输能耗强度。积极促进铁路、公路、水路、民航和城市交通等不同交通方式之间的高效组织和顺畅衔接，加快形成便捷、安全、经济、高效的综合运输体系。大力推进多式联运，积极发展集装箱运输。

优先发展公共交通，大幅提高公共交通出行分担比例。

2. 优化客运组织

推进客运企业之间运输组织平台建设，引导客运企业实施规模化、集约化经营，加强运输线路、班次、舱位等资源共享，推进接驳运输、滚动发班等先进客运组织方式。推广联程售票、网络订票、电话预订等方便快捷的售票方式及信息服务，提高客运实载率。

3. 加快发展绿色货运和现代物流

充分发挥各种运输方式的比较优势，大力发展滚装运输、驮背运输等多式联运。加快发展专业化运输和第三方物流，积极引导货物运输向网络化、规模化、集约化和高效化发展，优化货运组织，提高货运实载率。加强城市物流配送体系建设，建立零担货物调配、大宗货物集散等中心，提高城市物流配送效率。依托综合交通运输体系，完善邮政和快递服务网络，提高资源整合利用效率。

4. 优化城市交通组织

优化城市公共交通线路和站点设置，科学组织调度，逐步提高站点覆盖率、车辆准点率和乘客换乘效率，改善公共交通通达性和便捷性，提升公交服务质量和满意度，增强公交吸引力。

5. 引导公众绿色出行

积极倡导公众采用公共交通、自行车和步行等绿色出行方式。合理布局公共自行车配置站点，方便公众使用，减少公众机动化出行。加强静态交通管理，推动实施差别化停车收费。综合运用法律、经济、行政等交通需求管理措施，加大城市交通拥堵治理力度。

（四）加快交通运输科技创新与信息化发展

1. 加强绿色循环低碳交通运输科研基础能力建设

加强交通运输绿色循环低碳实验室、技术研发中心、技术服务中心等技术创新和服务体系建设。强化绿色循环低碳交通人才队伍建设，打造一支数量充足、结构合理、素质优良的绿色循环低碳交通运输专业人才队伍。

2. 加强绿色循环低碳交通运输技术研发

加快推进基于物联网的智能交通关键技术研发及应用、交通运输污染事故应急反应与污染控制的关键技术研究及示范等重大科技专项攻关，实现重大技术突破。大力推进交通运输能源资源节约、生态环境保护、新能源利用等领域关键技术、先进适用技术与产品研发。

3. 加强绿色循环低碳交通运输技术和产品推广

加紧研究制定绿色循环低碳交通运输技术政策。及时发布绿色循环低碳交通运输技术、产品、工艺科技成果推广目录，积极推进科技成果市场化、产业化。大力推进循环绿色循环低碳交通运输技术、产品、工艺的标准、计量检测、认证体系建设。

4. 推进交通运输信息化和智能化建设

推动建立各种运输方式之间的信息采集、交换和共享机制，探索建立综合运输公共信息平台。积极推进客货运输票务、单证等的联程联网系统建设，推进条码、射频、全球定位系统、行包和邮件自动分拣系统等先进技术的研发及应用。逐步建立智能交通运输网络的联网联控和自动化检测系统，提高运行效率。

（五）加快绿色循环低碳交通运输管理能力建设

1. 完善绿色循环低碳交通运输战略规划

研究完善绿色循环低碳交通运输发展战略。研究出台行业和企业节能减排和应对气候变化规划编制指南，建立分层级、分类别、分方式的规划体系。建立健全规划审批、报备、评估和修订制度。

2. 完善绿色循环低碳交通运输法规标准

积极研究制定《交通运输节约能源条例》等法规及配套规定。在交通基础设施设计、施工、监理等技术规范中贯彻绿色循环低碳的要求，研究制定交通运输规划环境影响评价规范。建立健全交通运输行业重点用能装备和机械设备燃料消耗和排放限值标准及市场准入与退出机制。

3. 完善绿色循环低碳交通运输统计监测考核体系

完善交通运输能耗统计监测报表制度，稳步推进能耗在线监测机制及数据库平台建设，加强交通环境统计平台和监测网络建设。研究开展交通运输重点用能单位的能源管理体系建设和能源审计工作，逐步建立交通运输行业能源管理师职业制度。研究建立交通运输绿色循环低碳发展指标体系、考核办法和激励约束机制。

4. 推进绿色循环低碳交通运输市场机制运用

积极推广合同能源管理，加强培养节能环保第三方服务机构，加快培育节能环保技术服务市场。鼓励交通运输企业参与自愿减排、自愿循环。研究建立交通运输装备和产品能效及碳排放认证制度。积极推进交通运输企业参与实施清洁发展机制（CDM）项目。

5. 积极探索参与碳排放交易机制

引导交通运输企业参与国内碳排放交易，研究编制交通运输碳排放清单和核算细则。抓紧研究应对国际碳排放交易的对策，提出交通运输排放统计、估测、报告与核查的方法学和体系。加快研究交通基础设施生态建设的碳汇能力和潜力，探索将其纳入碳排放交易的方法和模式。

三、保障措施

1. 加强组织领导

积极推动各级政府层面设立绿色循环低碳交通运输发展领导小组，各部门、各单位应当明确相应的绿色循环低碳管理机构和专职人员。认真贯彻落实《公共机构节能条例》，做好公共机构节能。交通运输重点用能企业应有相关的责任部门和人员，负责本企业能源利用的日常管理工作。

2. 加大政策激励

推动完善加快绿色循环低碳交通运输发展的财税、金融、土地、贸易、保险、投资、价格、科技创新等激励政策，加强政策引领。积极推动争取地方财政设立交通运输节能减排专项资金，逐步扩大专项资金规模。研究实施在工程预算或概算中，加大对生态保护、生态恢复、污染防治与节能减排的投入。加大科技资金对能源资源节约、生态保护、污染防治等领域的支持力度。

3. 开展试点示范

开展部省协同推进绿色循环低碳交通运输发展行动。深入推进重点用能企业绿色循环低碳交通运输专项行动。扎实开展绿色循环低碳交通运输科技专项行动，积极打造一批绿色循环低碳交通科技示范工程。积极开展区域性和主题性试点、生态建设和修复试点、环境监测网络试点等工作，推动全行业加快绿色循环低碳发展步伐。

4. 强化考核评价

研究制订并严格落实绿色循环低碳交通运输发展考核评价办法，对工作成效突出的地区和单位给予表彰和奖励，对工作推进缓慢的地区和单位及时进行督导。研究出台将监督检查、考核评价结果与补助资金、评优评先挂钩的办法。

5. 培育绿色文化

加大宣传教育与培训力度，将绿色循环低碳发展纳入重大主题宣传内容，结合“节能宣传周”、“低碳日”等活动，开展形式多样的绿色循环低碳交通运输宣传，提升绿色循环低碳交通运输理念，培育绿色循环低碳交通运输文化，使绿色循环低碳发展成为全行业和社会公众的自觉行动。

6. 深化交流合作

积极参与应对气候变化国际谈判，维护国家整体利益和行业发展利益。结合国际谈判进展和欧盟等各国的相关政策，研究提出我国参与国际交通运输温室气体谈判和国际多边合作的对策建议。加强与国际组织、国外政府机构、企业、研究咨询机构等的交流合作，广泛利用国际资源，积极吸收借鉴国际先进经验。搭建行业绿色循环低碳发展交流平台，促进先进技术推广和经验交流。

附录5　关于公布“十二五”期第二批全国重点推广公路水路交通运输节能减排产品(技术)目录的通知

(厅政法字〔2013〕149号)

各省、自治区、直辖市、新疆生产建设兵团交通运输厅(局、委),天津市市政公路管理局,天津市、上海市交通运输和港口管理局,部属各单位,部内各单位,部管各社团,有关交通运输企事业单位:

根据交通运输部办公厅《关于组织开展“十二五”期第二批全国重点推广公路水运交通运输节能产品(技术)推选工作的通知》(厅政法字〔2012〕153号),经节能产品(技术)拥有单位申请,省级交通运输主管部门、中国交通企业管理协会交通能源管理委员会、中国节能协会交通运输节能专业委员会推荐,并经交通运输节能产品(技术)检测承担机构检验,组织专家评审、公示,共有26品(技术)符合《“十二五”第二批全国重点推广公路水路交通节能产品(技术)推选办法》的规定(附表1),现予公布。

交通运输部办公厅

2013年6月5日

附表 1

“十二五”第二批全国重点推广公路水路交通节能产品(技术)推广目录

序号	产品名称 (型号/商标)	应用范围	生产或销售单位	法人代表	联系人及电话	地址及邮编	节能标准符合性检验/试验结果
1	节油净化器 (G 型/神空)	车用汽油机	宁波保清节能高科技有限公司	应成钊	施央群 13906620607 0574-63407787	315326 浙江省慈溪市长河镇沧田工业开发区余庵西路66号	整车道路对比检测: 市区运行模式节油率 4.94% 城间运行模式节油率 4.58% 快速运行模式节油率 4.14%
2	节油净化器 (D 型/神空)	车用柴油机					整车道路对比检测: 市区运行模式节油率 5.99% 城间运行模式节油率 4.68% 快速运行模式节油率 5.02%
3	复合多级机油滤清器 (JXQ0810/欢乐海)	车用汽油机	欢乐海(北京)科技有限公司	王家信	王卫星 13601212318 010-58706898 010-57191650	100005 北京市东城区建国门北大街金成建国五号 703	整车道路对比检测: 1. 市区运行模式节油率 3.66% 城间运行模式节油率 3.02% 2. 延长试验车辆汽油机油换油里程至 30000 公里
4	晶球牌通用机油 (15W-40/晶球)	车用汽油机	广东工程节能减排技术研究所	巫远程	黄文凯 020-38379797 13802798608 020-38379613	510520 广州市天河区凤凰街渔兴路 18 号	整车道路对比检测: 城间运行模式节油率 3.32%
5	GSDZ-LED 隧道照明智能控制系统 (GSDZ-LED/-)	公路隧道照明	陕西高速电子工程有限公司	魏养继	张青 029-87832694 029-87832604	710061 西安市高新三路九号	与高压钠灯回路控制系统相比: LED 柔性调光节电率 55% (测试条件:年晴天≤15%;重阴天≥30%) 车辆感应调光节电率 69% (测试条件:日交通量≤300 辆/洞) 智能调光节电率 78% (测试条件:年晴天≤15%;重阴天≥30%,日交通量≤300 辆/洞)

续上表

序号	产品名称（型号/商标）	应用范围	生产或销售单位	法人代表	联系人及电话	地址及邮编	节能标准符合性检验/试验结果
6	新型内燃机高效等离子点火系统（SparkAmpX-40/SparkAmpX）	车用汽油机	蓝冠动力技术（苏州）有限公司	ZHIMIN HUANG	武哲 0512-81879878 13862011843 0512-81879879	215006 苏州工业园区科智路1号中新科技工业坊二期D1单元	发动机台架对比检测： 负荷特性平均节油率2.28%
7	雄狮牌汽油品质提升剂（增效剂）（XSQT/雄狮）	车用汽油机	山东吉利达能源科技有限公司	许国进	王海春 0535-6652777 0535-6687337	264000 山东省烟台市芝罘区环山路付199-16号E座	整车道路对比检测： 市区运行模式节油率3.50% 城间运行模式节油率3.46% 快速运行模式节油率4.27%
8	雄狮牌柴油品质提升剂（增效剂）（XSCT-1/雄狮）	车用柴油机					整车道路对比检测： 市区运行模式节油率3.36%
9	维保牌醇醚类双燃料汽化器（YCRLQH-S/维保）	车用汽油机	云南维康环保科技有限公司	张浩东	陈兴艳 13888777003 0871-63570870	650000 云南省昆明市经济技术开发区信息产业基地	发动机台架对比检测： 市区运行模式节油率2.3% 城间运行模式节油率2.5% 快速运行模式节油率3.1% 三种试验工况下，醇平均消耗量为0.27kg/100km
10	士帕能节油装置（汽车节油环/士帕能）	车用汽油机	珠海亚门节能产品有限公司	韩依克	申春青 0756-8188337 13543004664 0756-8188947	519015 广东省珠海市吉大海滨南路47号光大国际贸易中心808-809	整车道路对比检测： 市区运行模式节油率3.36%
11	士帕能节油装置（汽车专用型/士帕能）	车用柴油机					整车道路对比检测： 城间运行模式节油率3.36%
12	士帕能节油装置（船用型/士帕能）	船用柴油机					发动机台架对比检测： 负荷特性平均节油率1.7%
13	陶瓷合金润滑油（CF-4 15W-40/舜能）	车用柴油机	天津舜能润滑科技股份有限公司	朱胜	张冠军 022-58626118 022-58626122	300384 天津市南开区榕苑路15号鑫茂科技园1-B-3	整车道路对比检测： 市区运行模式节油率3.93% 城间运行模式节油率3.57 % 快速运行模式节油率3.34%

续上表

序号	产品名称（型号/商标）	应用范围	生产或销售单位	法人代表	联系人及电话	地址及邮编	节能标准符合性检验/试验结果
14	宝利畅 X6 润滑油（API SJ 10W-40/宝利畅）	车用汽油机	南宁能旭商贸有限公司	周兰英	姚万田 0771-4784166	530022 广西壮族自治区南宁市青秀区仙葫经济开发区宏达路 4 号	整车道路对比检测： 市区运行模式节油率 3.77 % 城间运行模式节油率 3.16%
15	超济冷却油（超济 180/超济）	车用柴油机	安徽超际环保科技有限公司	罗大刚	王志德 13805513903 0551-65675422	223041 安徽省合肥市瑶海区淝滨路 16 号	整车道路对比检测： 市区运行模式节油率 7.50% 城间运行模式节油率 7.27% 快速运行模式节油率 8.17%
16	合能 7 系汽油机油（SM 5W-30/统一）	车用汽油机	壳牌统一（北京）石油化工有限公司	吴瑞真（GOH SWEE CHEN）	宋恩涛 010-61238695	102612 北京市大兴区芦城开发区	发动机台架对比检测： 市区运行模式节油率 1.8% 城间运行模式节油率 2.4% 快速运行模式节油率 3.0%
17	绿油宝（多功能复合柴油添加剂）（GREENWORLD 7659/GREENWORLD 绿色世界）	车用柴油机	济南恒致达新能源科技有限公司	韩慧敏	王华军 400 697 6877 13954179001 0531-68656996 0531-68656995	250101 山东省济南市高新区舜泰广场 2 号楼 28 层	整车道路对比检测： 市区运行模式节油率 3.11% 城间运行模式节油率 3.61%
18	公路隧道照明节能环保型控制系统（HW-ZJG-100/－）	公路隧道照明	丽水市海威光控科技有限公司	叶建平	王长华 0578-2537175 0578-2529665	323000 浙江省丽水水阁工业区文宝一路 6 号	节能测试结果： 省道 S229 下堡岭隧道（LED）节电率 56.97% 平黄线红安隧道（LED）节电率 60.13% 国道 G330 塔下隧道（高压钠灯）节电率 26.26%
19	JM-1 燃油增效剂（JM-1 型/－）	船用柴油机	上海集能化工有限公司	于旭涛	于旭涛 021-57952392 021-57950255-602	200540 上海市金山区金一东路 1 号南楼 308 室	发动机台架对比检测： 负荷特性平均节油率 1.5% 推进特性平均节油率 1.6%

续上表

序号	产品名称 （型号/商标）	应用范围	生产或销售单位	法人 代表	联系人及电话	地址及邮编	节能标准符合性检验/试验结果
20	辛纳克 908 通用柴油机油 （15W40 CI-4/辛纳克 SYNIC）	车用柴油机	上海新斯纳润滑科技有限公司	李永前	鲍华 13701666166 021-65442379	200437 上海市中山北一路 1250 号 1 号楼 1311 室	发动机台架对比检测： 市区运行模式节油率 1.6%
21	柴油性能提升剂 （BESTBURN BB-1/力量素 BESTBURN）	车用柴油机	英杰惠能（北京）能源新技术有限公司	牛志刚	罗桂平 010-64100800 010-64106766	100027 北京市朝阳区东三环北路 2 号南银大厦 2809 室	整车道路对比检测： 市区运行模式节油率 3.08%
22	内燃机微氢喷射节能降排技术及装置 （WQ 系列/微驰乐）	船用柴油机	武汉微氢科技有限公司	马麟源	刘志丹 027-87196199 18627899646 027-87196365	430223 湖北省武汉市东湖新技术开发区大学园路武大科技园创业楼 2 楼	发动机台架对比检测： 负荷特性平均节油率 1.6%
23	汽油用“神力”燃料环保节能剂 （SL-QYY60/神力 MAGIC POWER）	车用汽油机	延边神力节能环保科技有限公司	尹熙哲	池莲花 0433-2816669 13294335005 0433-2817597	133001 吉林省延吉市长白山东路 1388 号	整车道路对比检测： 市区运行模式节油率 4.29% 城间运行模式节油率 3.80%
24	HHO 车载氢氧机 （MCW20-3000/MCW）	车用柴油机	东莞市鑫亚低碳设备科技有限公司	张晓青	陈秋亭 13829130090 0769-85331810	523878 广东省东莞市长安镇上角红棉路 6 号	发动机台架对比检测： 市区运行模式节油率 1.6%
25	车用电子燃油优化处理器 （D/SPF/军丰）	车用柴油机	广州市军丰节能科技有限公司	王伟林	王伟林 020-87248950 13902203346	510510 广东省广州市白云区京溪中路 17 号南 33 号	发动机台架对比检测： 市区运行模式节油率 1.7%
26	MD 环保节油剂 （MD-D/MD）	车用柴油机	海南明德能源投资有限公司	徐德锋	康明 13647548918 0898-68583627	海口市世贸东路 2 号世贸中心 F 栋 903 房	发动机台架对比检测： 市区运行模式节油率 1.5%

附录6 关于表彰2011至2012年度交通运输行业节能减排先进集体、先进企业和先进个人的决定

(交政法发〔2013〕363号)

各省、自治区、直辖市、新疆生产建设兵团交通运输厅(局、委),天津市市政公路管理局,天津市、上海市交通运输和港口管理局,部内各单位,部属各单位,中央所属交通运输企业:

2011年至2012年,交通运输行业深入贯彻落实科学发展观,全面贯彻落实党中央、国务院节能减排工作战略部属,大力推进绿色低碳交通运输体系建设,持续开展交通运输节能减排试点示范活动,充分发挥各方面,各层次节能减排政策叠加优势,行业绿色低碳发展意识明显增强,能源利用效率明显提高,节能减排监管力度和服务水平明显提升,为转变交通运输发展方式,推进交通运输现代化发挥了重要作用,涌现出了一大批工作扎实、业绩突出、影响广泛的先进集体和先进个人。

为表彰先进,树立榜样,鼓励和激励全行业积极参与节能减排工作,推动交通运输绿色循环低碳发展,部决定,授予北京市交通行业节能减排中心等51各单位"2011至2012年度全国交通运输行业节能减排先进集体"荣誉称号;授予北京市政路桥集团有限公司等100家企业"2011至2012年度全国交通运输行业节能减排先进企业"荣誉称号;授予温立强等150位同志"2011至2012年度全国交通运输行业节能减排先进个人"荣誉称号。

希望全国交通运输行业广大干部职工以受到表彰的先进集体、先进企业和先进个人为榜样,努力提高节能减排监管与服务能力,加快节能减排技术研发与应用步伐,将交通运输节能减排融入交通运输发展各方面和全过程,为实现交通运输"十二五"节能减排目标,推进现代化交通运输业发展做出新的更大的贡献。

交通运输部

2013年6月8日

2011至2012年度全国交通运输行业节能减排先进集体名单

北京市交通行业节能减排中心
天津市交通运输和港口管理局运输组织处
保定市交通运输局
河北省高速公路管理局
山西省交通运输厅科技处
内蒙古自治区交通运输厅政策法规处
辽宁省交通厅运输管理局
辽宁省高速公路管理局国有资产管理处
吉林省交通运输厅运输管理处
黑龙江省道路运输管理局
上海市路政局道路技术中心
江苏省交通运输厅科技处
无锡市交通运输局
浙江省交通运输厅科技教育处
杭州市交通运输局
安徽省交通运输厅综合运输处
福建省交通运输厅科技教育处
江西省交通运输厅科技教育处
山东省交通运输厅科技处
山东省交通科学研究所
河南省交通运输厅科技处
济源市交通运输局
湖北省运管物流局
武汉市交通运输委员会科技处
株洲市交通运输局
广东省交通运输厅科技处
广州市交通委员会
广西壮族自治区交通运输厅科教处
海口市交通运输和港航管理局
重庆市交通委员会科学技术处
四川省交通运输厅道路运输管理局

成都市交通运输委员会
贵州省交通运输厅节能减排办公室
云南省交通运输厅政策法规处
云南省道路运输管理局
陕西省交通运输厅政策法规处
甘肃省道路运输管理局
青海省公路运输管理局
宁夏回族自治区道路运输管理局
新疆维吾尔自治区道路运输管理局
新疆生产建设兵团交通局运输处
长江武汉航道局
交通运输部财务司预算管理处
交通运输部海事局船检处
国交(北京)物业管理有限公司
中国船级社认证管理处
交通运输部科学研究院交通发展研究中心
交通运输部规划研究院战略与政策研究所
交通运输部公路科学研究院汽车运输技术研究中心
交通运输部水运科学研究院环境保护与节能技术研究中心
交通运输部天津水运工程科学研究院节能技术研究中心

2011 至 2012 年度全国交通运输行业节能减排先进企业名单

北京市政路桥集团有限公司
北京市地铁运营有限公司
北京公共交通控股(集团)有限公司
天津港(集团)有限公司
中交天津航道局有限公司
天津高速公路集团有限公司
河北冀星高速公路有限公司
石家庄市公共交通总公司
万合集团股份有限公司
山西汽车运输集团有限公司
山西省忻州高速公路有限责任公司
太原公共交通控股(集团)有限公司

呼和浩特市公共交通总公司
鄂尔多斯市汽车运输集团有限公司
内蒙古巴运汽车运输有限责任公司
大连经济技术开发区中山公共汽车有限公司
抚顺市公共汽车总公司
营口港务集团有限公司
长春公路客运集团有限公司
吉林市九天储运有限公司
吉林市城市公共交通集团有限公司
黑龙江省龙运现代交通运输有限公司
黑龙江省齐齐哈尔市中通公共交通有限责任公司
黑龙江佳运集团
上海申通地铁集团有限公司
上海国际港务(集团)股份有限公司
上海市锦江航运有限公司
连云港港口集团有限公司
苏州汽车客运集团有限公司
苏盟物流股份有限公司
江苏省运河航运有限公司
杭州长运运输集团有限公司
宁波港股份有限公司
浙江五洲乍浦港口有限公司
丽水市汽车运输集团股份有限公司
蚌埠市康达路业养护有限公司
阜阳市汽车运输集团有限公司
芜湖市红日航运有限公司
福建省高速公路有限责任公司
福建省汽车运输有限公司
福州港务集团有限公司
江西高速公路投资集团有限责任公司
江西长运集团有限公司
宜春市公共交通公司
日照港集团有限公司
青岛港(集团)有限公司
烟台交运集团有限责任公司

山东高速路桥集团有限公司
许昌万里运输(集团)有限公司
河南省交通科学技术研究院有限公司
河南高速公路发展有限责任公司
华中航运集团有限公司
十堰市城市公交集团有限公司
湖北宜昌交运集团股份有限公司
湖南巴士公共交通有限公司
株洲市公共交通有限责任公司
湖南湘潭汽车运输总公司
广东省交通集团有限公司
深圳巴士集团股份有限公司
广州港南沙港务有限公司
广东省江门市汽运集团有限公司
南宁市公共交通总公司
柳州恒达巴士股份有限公司
桂林骏达运输有限公司
海南港航控股有限公司
海口市公共交通集团有限公司
重庆城市交通开发投资(集团)有限公司
重庆交通运输控股(集团)有限公司
重庆港务物流集团有限公司
成都市公共交通集团公司
四川南充汽车运输(集团)有限公司
成都建国汽车贸易有限公司
贵州高速公路开发总公司
贵阳市公共交通(集团)有限公司
遵义市公共交通有限责任公司
云南省公路开发投资有限公司
云南省交通科学研究院
云南金孔雀交通运输集团有限公司
拉萨市公共交通总公司
陕西省交通建设集团公司
陕西交运运输集团有限公司
西安市公共交通总公司

瓜州县长鑫汽车运输有限责任公司
甘肃省交通服务公司
海运集团乐都汽车运输有限责任公司
青海瑞驰汽车运输有限责任公司
宁夏天豹汽车运输有限责任公司
宁夏回族自治区交通科学研究所
乌鲁木齐市公共交通集团有限公司
中国石油天然气运输公司
新疆新建旅客运输(集团)有限公司
广州远洋运输有限公司
大连远洋运输公司
东方国际集装箱(锦州)有限公司
中海集装箱运输股份有限公司
中国长江航运集团南京油运股份有限公司
中国外运山东有限公司
中国交通建设股份有限公司
中交上海航道局有限公司
蛇口集装箱码头有限公司

2011 至 2012 年度全国交通运输行业节能减排先进个人名单

温立强　　北京凯捷风公交客运有限责任公司驾驶员
德　尚　　北京市公联公路联络线有限责任公司规划设计部部长
王　旭　　北京市交通委员会财务处处长
崔燕伶(女)　北京祥龙公交客运有限公司驾驶员
朱连义　　天津港(集团)有限公司科技设备部副部长
王　刚　　天津市交通运输和港口管理局
刘淑艳(女)　天津市市政工程研究院科研部部长
赵亚琴(女)　天津海滨大道建设发展有限公司前期部部长
高晓璐(女)　廊坊市交通运输局科员
张献云　　邯郸市交通运输局政策法规处科员
宋　飞　　邢台市交通运输局科员
杨广玉　　河北省交通运输厅政策法规处科员
周文全　　山西省公路局总工程师
孙　杰　　山西省交通运输管理局科员

武移风　　山西省高速公路管理局总工程师
昝生晋　　山西省运城高速公路有限责任公司总经理
奇　慧(女)　内蒙古自治区交通运输厅政策法规处主任科员
叶劲超　　乌海市交通运输局副调研员
武振华　　鄂尔多斯市交通运输局
李雪松　　通辽市交通运输管理处安全技术科副科长
赵锦鹏　　辽宁省交通厅运输管理局科员
王　帝　　大连港集团有限公司技术部副部长
杨　光(女)　丹东市公共交通总公司工程师
曹继伟　　辽宁省高等级公路建设局副局长、总工程师
徐　岩　　吉林省交通运输厅运输管理处副主任科员
李宏刚　　吉林省运输管理局总工程师
张　伟　　吉林市交通运输局副处长
董海洋　　长春市交通运输局科员
姜　琳(女)　黑龙江省航务管理局法规处科员
王世春　　黑龙江省高速公路管理局科技教育处处长
方恒军　　哈尔滨市交通运输局交通基础设施投资建设管理有限公司董事长
李红林(女)　农垦总局交通运输局副局长
龚贝特　　上海交运沪北物流发展有限公司综合管理部经理
杨　峻　　上海巴士五汽公共交通有限公司公交线路车驾驶员
王　煜　　上海市交通运输和港口管理局科技信息处副处长
彭志坚　　上海长江隧桥建设发展有限公司运管中心主任
张　璟　　江苏省交通运输厅科技处主任科员
李云飞　　江苏省交通运输厅运输管理局车辆管理科科长
卞劲松　　南京市交通运输局运管处技术安全科科长
余海涛　　江苏省扬州市公路管理处副总工程师
邹　庆(女)　江苏省交通科学研究院股份有限公司项目经理
徐　汇(女)　浙江省交通运输厅处级调研员
陈　苏(女)　浙江省宁波市交通运输委员会副调研员
吴建中　　湖州市交通运输局处长
陈如春　　绍兴市交通运输局处长
叶海雄　　舟山海峡轮渡集团有限公司总轮机长
方观富　　杭州市港航管理局副局长
刘　勇　　安徽省交通运输厅综合运输处科员
胡文友　　安徽省公路管理局副局长

范守敏　　安徽省道路运输管理局车辆管理处处长
夏金波　　芜湖市红日航运有限公司董事长
林　昭　　福建省交通运输厅科技教育处副主任科员
徐建波　　福建省高速公路有限责任公司高级工程师
李希川　　福建省交通科学技术研究所高级工程师
郑腾齐　　福建省运输管理局科教信息处处长
王　秦(女)　江西省交通运输厅科技处科员
王任东　　南昌市交通运输局处长
江兴智　　江西长运股份有限公司副总工程师
郭　辉　　江西萍乡市交通运输局节能办主任
鲁　杰　　山东省交通运输厅科技处副处长
范西广　　山东省交通运输厅公路局办公室主任科员
付　军　　山东省淄博市交通运输管理处科长
吴宇震　　烟台港集团有限公司技术处处长
王夫成　　日照市公路管理局党委委员、总工程师
王麦娥(女)　河南省交通运输厅科技处副处长
王仁平　　河南省济源市交通运输局党组成员
杨　静(女)　河南省交通运输厅道路运输局副处长
徐黔予(女)　河南省新乡市公共交通总公司处长
陶维号　　湖北省交通运输厅运输处处长
周运华　　湖北省襄阳市交通运输局科长
沈　波　　湖北省恩施自治州公路管理局副局长
程晓芬(女)　武汉港务集团有限公司工程技术部部长
邓尚文　　株洲市交通运输局党组书记、局长
谭宏伟　　湖南省张家界市地方海事局航务科长
钟放平　　湖南省长湘高速公路建设开发有限公司经理
彭建涛　　湖南省交通运输厅综合交通运输管理处副处长
林陆荣(女)　广东省交通运输厅科技处副调研员
赵延妮(女)　深圳市交通运输委员会安全管理处副处长
严永辉　　佛山市交通运输局主任科员
吴献民　　惠州市交通运输局党组书记、局长
刘　兵　　广州市航讯船务有限公司技术总监
莫庆球　　南宁市交通运输局安教科副科长
王昌刚　　柳州市交通运输局高级工程师
周强霞　　桂林市交通运输局综合运输管理科副科长

陈继伟　　玉林市交通运输局副局长
史健苗（女）　海口市交通运输和港航管理局运输管理处处长
陈　磊　　海南港航控股有限公司工信部部长
王金荣　　海口市公共交通集团有限公司总经理兼党总支书记
郭良久　　重庆市交通委员会副处长
杨大伦　　重庆市港航管理局副局长
王安强　　重庆市道路运输管理局副处长
黄伟宏　　重庆市交通规划勘察设计院节能环保技术中心副主任
余级升　　四川省交通运输厅科教处主任科员
林　彩（女）　四川省交通运输厅航务管理局运输管理处处长
许冬兰（女）　四川省交通运输厅道路运输管理局副处长
曾　科　　成都市交通运输委员会工程师
董　翔　　贵州省交通运输厅主任科员
叶文彬　　贵阳市公共交通（集团）有限公司副经理、技术总监
吴　鑫　　安顺市城市公共客运交通管理局局长
马德芳　　云南省交通运输厅人事劳动处处长
孙永祚　　云南省航务管理局局长
巴福生　　云南省公路局设备物资处处长
甘　甜（女）　昆明市交通运输局科技教育处处长
何黎峰　　西藏交通运输厅交通运输处处长
王巧玲（女）　西藏自治区交通工程质量安全监督局办公室主任
武振刚　　陕西省交通厅运输管理局副处长
胡长水　　西安市交通运输局科技信息处处长
金　虎　　陕西省交通运输厅政策法规处科员
张建华　　陕西省高速公路建设集团公司科技质量部部长
郭必珊　　甘肃省武威市海石公共交通有限责任公司董事长兼总经理
张富奎　　甘肃省武威公路总段养护计划监理科科长
陈　斌　　甘肃省交通运输厅科技处副主任科员
久美才让　青海省交通厅科技处副处长
张　建　　青海省交通厅机关后勤服务中心主任
刘青山　　青海省平安汽车运输有限公司经理
马晓军　　宁夏回族自治区交通运输厅科技教育处主任科员
抗美仓　　宁夏回族自治区交通科学研究所所长
倪兴国　　宁夏天豹汽车运输有限责任公司安全技术部副部长
朴宗凯　　新疆维吾尔自治区道路运输管理局驾培维修管理处高级工程师

郑景涛　　乌鲁木齐市公交珍宝巴士有限公司总经理
矫阿强　　新疆巴州交通运输局运管科科员
刘良民　　吐鲁番车师汽车运输有限责任公司总经理
武海鹏　　新疆生产建设兵团交通局副主任科员
胡俊杰　　新疆生产建设兵团通信科技中心有限公司部门经理
董　杰　　中国远洋运输集团总公司安全技术监督部高级主管
张　燃　　中远集装箱运输有限公司安全技术管理部运营管理部经理
李　成　　中海发展股份有限公司油轮公司船管部船管二处副经理
贺立敏　　中海集装箱运输股份有限公司安技部副总
于大万　　中国外运长航集团有限公司节能减排主管
肖代东　　中国外运长航集团重庆长江轮船公司总工程师
曹信红(女)　中国交通建设股份有限公司安质部副部长
薛　成　　中交二公局华盟公司总工程师
张亚敏(女)　中交水运规划设计院有限公司环保节能所监测站总工
李绍千　　蛇口集装箱码头有限公司技术支持工程师
钱伟烈　　赤湾集装箱码头有限公司操作服务支援经理
古昭青　　交通运输部长江航务管理局政策法规处处长
李　颖(女)　交通运输部综合规划司处级调研员
杨国峰　　交通运输部公路局养护保通处处长
饶京川　　交通运输部水运局技术管理处
孟　秋　　交通运输部道路运输司车辆管理处副处长
林　强　　交通运输部科技司科技项目管理处处长
王宏伟　　交通运输部国际合作司国际组织处处长
鄂海亮　　交通运输部海事局船舶监督处处长
柳　立　　交通运输部机关服务局行政事务处处长
李碧英(女)　中国船级社高级工程师
方　海　　交通运输部科学研究院交通运输节能减排项目管理中心常务副主任
黄丽雅(女)　交通运输部规划研究院高级工程师
余艳春(女)　交通运输部公路科学研究院高级工程师
李庆祥　　交通运输部水运科学研究院环境保护与节能技术研究中心副主任
李国一(女)　交通运输部天津水运工程科学研究院节能技术研究中心主任

附录 7 关于开展交通运输行业绿色循环低碳示范项目评选活动的通知

（厅政法字〔2013〕209 号）

各省、自治区、直辖市、新疆生产建设兵团交通运输厅（局、委），天津市、上海市交通运输和港口管理局，天津市市政公路管理局，部属各单位，有关行业协会、学会，有关交通运输企业：

为进一步推动交通运输行业节能减排工作，贯彻落实部《加快推进绿色循环低碳交通运输发展指导意见》（交政法发〔2013〕323 号），切实抓好建设绿色循环低碳交通运输体系的重点工作，着力打造绿色示范工程，经研究决定开展“十二五”后期及“十三五”期在交通运输行业持续开展绿色循环低碳示范项目评选活动。现将有关事项通知如下：

一、指导思想

以科学发展观为指导，按照“立足现状、突出重点、政府引导、企业主体”的思路，以促进节能减排、绿色循环技术及方法在交通运输行业推广应用为主线，以项目的成效性、示范性和可推广性为重点，以点带面，推动交通运输行业绿色低碳和可持续发展。

二、示范项目的评选原则

注重节能效果，突出减排责任；社会效益显著，经济效益明显；做法科学成熟，推广简便可行。

三、示范项目的评选范围

符合评选原则的道路运输、水路运输、港口生产、城市公共交通、城市慢行系统、交通基础设施建设与运营等领域的绿色循环低碳项目。

四、项目申报条件

（一）符合交通运输部《公路水运交通运输节能减排“十二五”规划》和《加快推进绿色循环低碳交通运输发展指导意见》确定的重点工作。

（二）申报单位应具有较完善的财务管理和能源管理制度，能耗统计、监测与考核机制健全，能耗统计及材料消耗台账准确、翔实。

（三）新材料、新技术、新产品、新工艺、新方法应用，以及技术改造项目，应符合国家相关政策法规，且在行业或区域内具有先进性和推广价值，技术成熟，节能减排、绿色循环利用效果明显。

（四）项目的推广应用不应该涉及知识产权的问题。

五、项目评选方法

交通运输行业绿色循环低碳示范项目的评选及推广应用工作由部、省两级分别开展。省级交通运输主管部门和中央所属交通运输企业(集团)负责组织实施本辖区、本系统的示范项目的申报、评选、公布、上报和推广等工作。部级示范项目委托中国节能协会交通节能专业委员会负责组织从各省交通运输主管部门和中央所属交通运输企业(集团)报送推荐的示范项目中进行评选。

(一)省级示范项目评选程序

1. 项目申报。项目实施单位填写《绿色循环低碳交通示范项目申请表》(附件1),报送省级交通运输主管部门或中央所属交通运输企业(集团)。

2. 专家评选。由省级交通运输主管部门或中央所属交通运输企业(集团)负责组织专家,按评选原则及交通运输绿色循环低碳示范项目评分标准(见附件2)对申报项目进行综合评价,填写《交通运输绿色循环低碳示范项目项目打分表》,形成交通运输绿色循环低碳示范项目经验材料。

3. 项目公布。根据项目得分情况,遴选省级示范项目,由省级交通运输主管部门或中央所属交通运输企业(集团)发文公布。

4. 材料报送。省级交通运输主管部门、中央所属交通运输企业(集团)将公布的《绿色循环低碳交通示范项目申请表》、《交通运输绿色低碳循环低碳示范项目项目打分表》、《交通运输绿色循环低碳示范项目专家评审意见》、《交通运输绿色循环低碳示范项目经验材料》、《省级交通运输绿色循环低碳示范项目经验材料》以及省级交通运输绿色循环低碳示范项目公布文件等材料及其电子版(光盘)各一份,报送中国节能协会交通运输专业委员会。

5. 推广应用。省级交通运输主管部门、中央所属交通运输企业(集团)负责将示范项目先进技术和经验在本辖区、本系统推广应用。

(二)部级示范项目评选程序

中国节能协会交通运输节能专业委员会负责组织对各省级交通运输主管部门和中央所属交通运输企业(集团)每年报送的省级示范项目,按照专家初评、实地核查、专家评审会等程序,评选出技术先进。效果显著、典型性强、具有推广价值的项目,报部审批,经公示后,作为年度部级示范项目公布,并在全行业范围内组织开展推广应用。

六、其他事项

省级示范项目评选工作可自本文件发布之日起启动。省级示范项目汇总材料的上报截止时间为当年12月31日,上报材料受理机构为中国节能协会交通运输节能专业委员会,联络信息:

地址:北京市海淀区西土城路8号院　公路院817室。

邮编:100088

联系人:刘　莉　李　枭

电话:010-62079568 010—62079571

传真:010-62079568

E-mail:x. li@ rioh. cn

交通运输部办公厅

2013 年 8 月 1 日

附录8　关于深入推进“车、船、路、港”千家企业低碳交通运输专项行动的通知

（厅函政法〔2013〕135号）

各省、自治区、直辖市、新疆生产建设兵团、计划单列市交通运输厅（局、委）、财政厅（局），天津市、上海市交通运输和港口管理局，天津市市政公路管理局，部属各单位，部内各单位，部管各社团，有关交通运输企业：

为巩固深化“车、船、路、港”千家企业低碳交通运输专项行动（以下简称“千企行动”）阶段性成果，推动千家企业强化节能管理，提高能源利用效率，全面推进千企行动向纵深发展，加快建设绿色循环低碳交通运输体系，部在企业自愿申请、省厅审查推荐的基础上，调整和确定了千企行动参与企业名单，现予公布，并就深入推进千企行动提出要求如下：

一、加强组织领导，强化目标责任

千家企业要成立由企业主要负责人挂帅的节能减排工作领导小组，明确节能减排工作归口部门，设立专门的能源管理岗位，明确工作职责和任务，加强对能源管理负责人和工作人员的培训。要强化节能减排目标责任制，编制企业中长期节能减排规划和年度计划，明确节能减排总体目标、年度目标和主要指标，提出重点任务，保障措施，开展节能减排目标考核。各级交通运输主管部门和中央所属交通运输企业集团要通过与企业签订自愿减排协议的形式推动千企行动的开展。部制定了《千家企业能源消耗与碳排放控制考核评分标准（暂行）》，各级交通运输主管部门和中央所属交通运输企业集团可根据企业性质，使用相应的考核评分标准开展千家企业节能减排工作考核，企业也可据此开展自我考核。

二、加强能源管理，按时报送信息

千家企业要按照《能源管理体系要求》（GB/T 23331），自觉贯彻节能减排法律法规与政策标准，主动采用先进节能管理方法与技术，实施能源消费全过程管理。要开展能源审计，按照《企业能源审计技术通则》（GB/T 17166）的要求，分析现状，查找问题，挖掘节能潜力，提出切实可行的节能措施。要开展能效达标对标工作，客货运输企业要严格执行营运车辆燃料消耗量限值标准，学习同行业能效水平先进单位的节能管理经验和做法，制订详细的能效对标方案并认真组织实施，充分挖掘企业节能潜力，促进企业节能工作上水平、上台阶。要加强能源计量和统计工作，按照《用能单位能源计量器具配备和管理通则》（GB 17167）的要求，配备合理的能源计量器具，培训相关人员，建立及健全能源消费原始记录和统计台账，定期开展能耗数据分析。有条件的普通道路货运和内河水运企业，

要探索推进能耗在线统计监测工作，建设在线监测信息管理平台。要加强能耗统计信息报送工作，严格按照部《"车、船、路、港"千家企业低碳交通运输专项行动参与企业节能信息报送表》的填报要求，安排专人全面、优质、高效完成信息定期报送工作。各级交通运输主管部门和中央所属交通运输企业集团要督促千家企业建立健全能源管理体系，夯实能源管理基础工作，组织同类企业开展能效达标对标及能效竞赛，及时报送统计信息。每年1月底之前，完成本地区（本集团）千家企业节能减排检查考核，将千家企业专项行动上年度工作总结（包括将千家企业节能减排具体工作、节能减排目标完成及考核情况等）报部节能减排与应对气候变化工作办公室。

三、推广应用新技术和探索市场手段，强化节能减排工作

千家企业要加强节能减排新技术的研发和推广应用，积极采用部节能减排示范项目和全国重点推广公路水路交通运输节能产品（技术）中推荐的技术、产品和工艺，促进节能技术创新与成果转化。营运车辆继续推进包括天然气汽车在内的清洁能源在道路运输、城市公交中的应用，深入开展绿色汽车检测维修工程，加强出租汽车行业服务管理信息化建设，开展甩挂运输；营运船舶继续推广内河船舶应用试点工作；交通施工推进路面材料再生利用技术和可再生能源的应用，继续推进电子不停车收费（ETC）联网工程，推进道路运输站场技能技术改造；港口继续推进港口智能化运营管理、靠港船舶使用岸电技术应用、港口机械节能运行控制技术应用，优化港口装卸工艺。要探索运用市场手段，强化节能减排工作。开展合同能源管理，加强与专业化节能减排服务公司的合作，采用合同能源管理模式实施节能减排改造。重点在靠港船舶使用岸电、营运车船先进成熟节能产品（技术）应用、公路隧道节能改造、城市轨道交通节能改造、港口照明、营运船舶先进成熟产品（技术）应用等领域率先开展。探索开展碳排放交易，将城市快速公交系统（BRT）、清洁能源利用、节能照明、碳汇林等领域实施的项目，尝试参与国内碳交易试点工作。

四、组织宣传培训，营造舆论氛围

千家企业要组织开展节能减排宣传与培训，提高资源忧患意识和节约意识，积极参与节能减排全民行动，加强节约型文化建设，增强员工节能减排的社会责任感。要定期对能源计量、统计、管理和主要能耗设备操作等人员进行专业技能培训，并将节能减排专业知识作为培训的主要内容，主要耗能设备操作人员未经培训不得上岗。各级交通运输主管部门和交通运输企事业单位要利用"全国技能宣传周""全国低碳日"等契机，积极开展内容丰富、形式多样化的节能教育和宣传交流活动，宣传绿色循环低碳交通发展的重要性和紧迫性，搭建行业绿色循环低碳发展交流平台，促进企业内部和同行业间的先进技术推广和经验交流。

交通运输部办公厅

2013年8月19日

附录9　关于进一步深化城际道路运输推广应用天然气汽车试点工作的意见

（交能办函〔2013〕34号）

辽宁、宁夏、江苏、山东省（区）交通运输厅，山西省、广东省汽车运输集团有限公司：

我国城际客货运输车辆多、能耗高，是道路运输节能减排的重点领域。为贯彻落实《公路水运节能减排"十二五"规划》的要求，部先后批准辽宁省、江苏省、宁夏回族自治区和山东省交通运输厅，以及广东省汽车运输集团、山西省汽车运输集团开展"城际道路运输推广应用天然气汽车试点"（以下简称试点）工作。通过试点工作的开展，试点地区和企业及时发现了问题，探索解决途径，积累了经验，在调整用能结构、减少污染排放、提高企业竞争力方面初显成效。根据部印发的《加快推进绿色循环低碳交通运输发展指导意见》（以下简称《指导意见》）有关推广使用天然气等清洁能源的要求及前期试点的经验，为进一步深化试点工作，提出以下意见：

一、深化试点工作的要求

试点工作应以党的十八大精神为指导，根据《指导意见》的要求，进一步探索城际道路运输推广应用天然气汽车的新途径和新经验，促进道路运输转变发展方式，优化能源结构，提升行业竞争力，为实现到2020年基本建成绿色循环低碳交通运输体系做出应有贡献。

二、深化试点工作的内容

试点工作要在总结前两年试点经验的基础上，结合本省区、本企业的特点，围绕以下重点内容深入开展工作：

（一）继续努力，探索试点工作新途径

20世纪90年代起，受压缩天然气气源限制，天然气汽车主要是在城市公交车和出租中推广应用，城际客货运输中天然气汽车数量相对较少。"十二五"以来，天然气汽车得到了迅速发展，试点省区的液化天然气汽车更是增速显著。今后，交通运输部将继续支持道路运输企业合法使用天然气汽车。各试点单位应根据当地天然气资源条件、节能减排规划和客货运输特点，进一步加强对试点项目分类指导与重点扶持。根据相关要求和实际情况制定和完善具体的深化试点工作推进计划，积极探索新途径，充分体现试点工作的创新性和积极性，稳步推进试点工作。

（二）积极协调，促进加气站规划与建设

目前服务城际道路运输的天然气加注设施建设滞后。有关试点地区和试点企业应充分借鉴山东省交通运输厅等单位推进加气站建设的经验，结合城际道路运输特点和本省区、本企业的实际，充分利用高速公路和干线公路沿线服务区以及道路运输客货运站场等行业资源，积极协调相关部门，努力推进加气站建设规划的制定和实施。同时，鼓励道路运输企业对自有加气站实施技术改造，使其逐步达到国家相关标准法规的要求。

（三）重点打造液化天然气汽车跨省区运输专线

试点期间，应积极协调相关省份，联合规划加气站网店布局，共同努力，着力打造可供液化天然气汽车跨省区运输的专用线路，为液化天然气汽车在城际道路运输中的推广应用开辟新的途径。

（四）完善天然气汽车的运用与技术管理

针对目前城际客货运输企业缺乏天然气汽车运营与技术管理经验的情况，要通过试点重点推进以下工作：(1)制定天然气汽车购、管、用、养、修和能耗统计等各项规章制度；(2)加快健全、完善天然气汽车维修技术标准和操作规范；(3)开展天然气汽车驾驶技能和维修技术培训，确保天然气汽车的安全运行与科学使用。

（五）科技创新，攻克天然气汽车应用的技术难关

通过试点，积极探索天然气汽车的节能技术与先进经验；组织力量，集中攻克液化天然气储罐的闪蒸气体排放控制技术，切实降低甲烷的排放量，研究提出车用气价与燃油价格的合理比价关系；探索研究合理天然气定价机制，为道路运输行业发展天然气汽车提高参考依据。

三、保障措施

（一）加强领导，统筹规划

试点地区交通运输主管部门要将试点工作作为建设绿色循环低碳交通运输体系的一项重要工作，统筹规划，积极推进。认真做好试点的管理和经验的总结推广等工作，确保试点取得成效。

（二）主动作为，多方参与

试点省区交通运输主管部门应主动作为，加强与各有关部门的沟通协调，努力争取各方对试点项目的技术改造、设备更新以及其他建设和管理工作的政策支持，并积极争取相关资金支持。

（三）完善监管，加强服务

在城际道路运输中开展推广天然气汽车的试点，是建设绿色循环低碳交通运输体系的一项重要工作。各试点省份交通运输主管部门应随时了解掌握试点过程中出现的新情况、新问题，及时研究解决。同时，完善监管手段和措施，为道路运输企业推广使用天然气汽车提供必要的政策支持和技术服务，确保试点工作的顺利实施。

交通运输部节能减排与应对气候变化工作办公室

2013年8月21日

附录10　交通运输部　财政部　国家发展改革委　工业和信息化部关于印发老旧运输船舶和单壳油轮提前报废更新实施方案的通知

（交水发〔2013〕729号）

各省、自治区、直辖市交通运输厅（委）、财政厅（局）、发展改革委、船舶工业主管部门，交通运输部各直属海事局、中国船级社：

根据《国务院关于印发船舶工业加快结构调整促进转型升级实施方案（2013～2015年）的通知》（国发〔2013〕29号）要求，特制订《老旧运输船舶和单壳油轮提前报废更新实施方案》，现印发给你们，请认真贯彻实施。

2013年12月5日

老旧运输船舶和单壳油轮提前报废更新实施方案

交通运输部　财政部

国家发展改革委　工业和信息化部

为贯彻落实《国务院关于印发船舶工业加快结构调整促进转型升级实施方案（2013～2015年）的通知》（国发〔2013〕29号）要求，特制订本实施方案。

一、重要意义

1.加快船舶工业结构调整，促进转型升级。通过经济政策鼓励老旧运输船舶和单壳油轮报废更新，有助于改善需求结构，稳定船舶生产，推动船舶产品结构升级，促进船舶工业发展。

2.提高航运企业船舶技术水平，优化船队结构。通过淘汰老旧船舶，鼓励建造符合国际新规范、新公约、新标准要求的新型船舶，提高我国运输船舶技术水平，改善运力结构，提升航运业运输保障能力和国际竞争力。

3.促进节能减排，加强环境保护。通过提前淘汰能耗高、安全和污染风险大的老旧运输船舶和单壳油轮，有助于降低船舶能耗和排放，减少安全事故和水域污染，保护环境。

二、政策措施

鼓励具有远洋和沿海经营资格的中国籍老旧运输船舶和单壳油轮提前报废更新。根据不同船舶类型、提前报废年限，中央财政安排专项资金按 1500 元/总吨的基准对报废更新的船舶给予补助，补助资金按各 50% 的比例分别在完成拆船和造船后分两次发放。

拆解船舶后更新船舶的，新建造船舶的总吨应不小于拆解船舶的总吨。根据自愿原则，航运企业可将全部拆解和新建造船舶的总吨分别合并后对应计算，也可将拆解和新建造船舶的总吨分别一一对应计算。

三、实施对象

自 2013 年 1 月 1 日至 2015 年 12 月 31 日期间拆解完毕的老旧运输船舶和单壳油轮，以及拆解后更新的船舶。

1. 拆解的老旧运输船舶和单壳油轮应满足下列条件：

（1）于 2012 年 12 月 31 日前已取得船舶所有权并持有有效的船舶登记证书和检验证书；

（2）具备有效的国内沿海、国际远洋运输经营资格；

（3）单壳油轮不小于 600 载重吨，其他运输船舶不小于 1000 总吨；

（4）按规定的强制报废船龄或单壳油轮限期淘汰时间提前 1 ~ 10 年（含 1 年、10 年）拆解。符合《关于发布提前淘汰国内航行单壳油轮实施方案的公告》（2009 年第 52 号）和《经 1978 年议定书修订的 1973 年国际防止船舶造成污染公约》要求的单壳油轮，按规定的限期淘汰时间执行；其他船舶按《老旧运输船舶管理规定》（交通运输部令 2009 年第 14 号）执行；

（5）在交通运输部认可的国内船舶拆解企业拆解完毕。

2. 更新的船舶应满足中国船级社公布的国际新规范、新公约和新标准的要求，取得海事机构核发的国籍证书和中国船级社颁发的入级证书。新建船舶类型由企业自主选择。

四、组织实施

财政部会同交通运输部、国家发展改革委、工业和信息化部等部门制定《老旧运输船舶和单壳油轮报废更新中央财政补助专项资金管理办法》，明确财政具体补助标准、工作流程及监管措施。

各有关部门要依据各自职责，认真组织实施，加强监督管理，保障财政资金安全和老旧运输船舶、单壳油轮报废更新工作取得实效。

抄送：国务院办公厅，各省、自治区、直辖市人民政府，各计划单列市交通运输局（委）、财政局、发展改革委、船舶工业主管部门，各中央航运企业集团、船舶企业集团。

交通运输部办公厅

2013 年 12 月 5 日印发

附录11　交通运输部关于推进水运行业应用液化天然气的指导意见

（交水发〔2013〕625号）

各省、自治区、直辖市交通运输厅（委），天津市、上海市交通运输和港口管理局，长江、珠江航务管理局，长江口航道管理局，各有关港口、航运企业，部属有关单位：

液化天然气（LNG）是国家优先推广的清洁能源，水运行业推广应用LNG是发展绿色交通、建设生态文明的需要，是实现水运行业节能减排、转型升级和优化用能结构的有效措施。为深入贯彻《加快推进绿色循环低碳交通运输发展指导意见》，认真落实《公路水路交通运输节能减排“十二五”规划》，安全有序地推进水运行业应用LNG，现提出以下指导意见：

一、总体要求

（一）指导思想

深入贯彻落实党的十八大精神，以科学发展观为指导，坚持节约资源和保护环境基本国策，以优化水运行业用能结构和减少排放为核心，把推广应用LNG作为水运行业节能减排和生态文明建设的重要抓手，加快绿色水运建设步伐，促进水运的全面、协调、可持续发展。

（二）基本原则

（1）安全有序，示范引领。把安全作为推广应用LNG的基本前提，确保应用安全、供给稳定；采用“先示范引领、后推广应用，先内河、再沿海、后远洋，先普通货船、再客船、危险品船”的路径，有序推进LNG在水运行业的应用。

（2）市场主导，协同推进。以绿色发展为导向，充分发挥市场机制作用，形成企业主体、市场主导、政府引导和社会参与的协同推进格局。

（3）创新驱动，技术支撑。以机制创新为保障，以技术创新为支撑，加强关键技术研发，提高水运行业应用LNG的节能减排效果，推进水运用能结构调整。

（三）推进目标

到2015年，水运行业应用LNG的标准体系基本形成，重点水域、港区的加注站点建设启动，长江干线、西江航运干线、京杭运河、淮河和部分封闭水域的普通货船试点示范和客船试点工作有序开展，有条件的地区率先推动港作船和工程船应用LNG，试点示范船舶的节能减排效果明显，内河运输船舶能源消耗中LNG的比例达到2%以上。

到2020年，水运行业应用LNG的标准体系基本完善，加注设施基本适应水运发展需要，全国主要内河水域的普通货船和客船、港作船和工程船等船舶应用LNG得到推广，危险品船、沿海客船和普通货船试点示范项目稳步开展，远洋运输船舶的试点工作启动，内河运输船舶能源消耗中 LNG 的比例达到 10% 以上，用能结构得到改善。

二、主要任务

（一）完善标准规范体系

在已开展的研究工作基础上，制定出台 LNG 动力船舶、LNG 加注船及其关键设备的检验法规、技术标准和相关安全管理规定。研究出台 LNG 加注码头的有关标准规范。研究制定 LNG 动力船舶的排放监测检测规程。促进 LNG 应用的标准化和产业化发展。

（二）开展试点示范

扩大试点范围，选择有代表性的区域，统筹有序推进 LNG 动力船舶试点示范工作。跟踪试点示范开展情况，适时进行水运行业应用 LNG 的经济社会效益评估。

开展内河 LNG 动力船舶试点示范。在已开展的内河船舶 LNG 动力改造试点工作的基础上，实施集现有船舶 LNG 动力改造、新建 LNG 动力船舶、加注设施建设、运营监管等一体化的示范项目。推进内河 LNG 动力船舶扩大应用范围。推广 LNG 动力示范船型。

开展海上 LNG 动力船舶应用的研究和试点示范。适时开展沿海 LNG 动力船舶和加注船试点示范。启动海峡两岸 LNG 动力舶舶应用的相关工作。在远洋 LNG 动力船舶应用研究的基础上，启动试点工作。

开展港口应用 LNG 试点示范。开展港作船、流动机械设备、工程船舶、码头加注设施建设的试点示范。

（三）统筹加注站点布局规划与建设

统筹考虑气源保障、加注需求和安全监管要求等，开展岸基式、移动式等加注方式的研究，合理规划设置加注站点，通过市场机制，有序推进加注设施建设，形成较为完善的加注服务体系。

（四）加强应用研究

在开展船用 LNG 加注、储存、运营安全风险等研究基础上，进行技术总结集成提升，使应用范围从内河逐步扩大到沿海及远洋，促进标准化生产体系和产品质量控制体系建设，提升水运 LNG 应用关键设备的生产能力及可靠性。开展 LNG 动力远洋船舶的燃料存储、监测等方面应用研究。

（五）强化科技支撑

充分发挥 LNG 供应商、港航企业、船用发动机和储气罐等关键设备供应商、科研机构、高等院校等单位的优势，联合开展科技攻关活动，重点推进现有船舶更新改造、LNG 气体发动机和双燃料发动机技术、LNG 转换电力推进技术、LNG 储气罐标准化等方面应用的技术进步，开展 LNG 加注船安全保障技术研究。研究建立 LNG 动力船舶标准化船型库。密切跟踪国内外技术发展动态，注重消化吸收集成应用。

（六）加强监督管理

针对当前 LNG 动力船舶改造现状，制定合理实用标准，加强市场监管，规范市场秩序，维护市场公平，提高安全监管水平和服务质量。研究制定 LNG 供应服务标准，规范供应商的服务行为，保障高效便捷服务，促进 LNG 动力船舶应用的安全可持续发展。

（七）坚持制度创新

根据行业发展不同阶段的实际情况，以提高效率、改善服务为目标，在准入机制、规章制度、管理方式上不断创新，促进 LNG 在水运行业应用的健康、有序和可持续发展。

三、保障措施

（一）组织领导

按照交通运输部节能减排工作领导小组的统一部署，开展相关工作，各部门统筹协调、分工合作，积极稳妥地组织开展相关政策研究、标准规范制定、试点示范活动和重大科技攻关等工作，定期督促检查工作进展情况，解决实施过程中的有关重大问题。

各省（区、市）交通运输主管部门要高度重视，提高认识，加强领导，加大支持力度；根据本地区的特点和需要，制订相应水运行业应用 LNG 的实施方案，有序推进本地区水运行业应用 LNG 工作。试点示范项目的承担单位要制定具体工作方案。

（二）政策措施

各级交通运输主管部门要积极争取财政资金支持，充分发挥交通运输节能减排专项资金和船型标准化资金的作用。出台相关经济鼓励政策，推进水运行业应用 LNG。试点示范项目承担单位要积极筹措资金，保障试点示范工作的顺利实施。

积极与有关机构就水运行业应用 LNG 的价格和供给，建立沟通协调机制，保障长期稳定供给。

（三）宣传推广

广泛、深入开展 LNG 在水运行业应用的宣传，加强国内外技术交流与培训，及时宣传试点示范中取得的成功经验、技术成果、节能减排成效、经济社会效益等，营造良好氛围，引导行业自觉应用清洁能源。

交通运输部
2013 年 10 月 23 日

附录12 交通运输部关于发布《道路运输行业节能评价方法》等35项交通运输行业标准的公告

（〔2013〕62号）

《道路运输行业节能评价方法》等35项交通运输行业标准业经审查通过，现予发布，自2014年1月1日起实施。

交通运输行业标准的编号和名称是：

1. JT/T 856—2013　道路运输行业节能评价方法
2. JT/T 857—2013　道路运输企业节能评价方法
3. JT/T 868—2013　汽车客运站节能评价方法
4. JT/T 869—2013　汽车货运站（场）节能评价方法
5. JT/T 870—2013　桥梁风障
6. JT/T 871—2013　混凝土灌柱桩用高强钢塑声测管
7. JT/T 872—2013　公路桥梁多级水平力盆式支座
8. JT/T 873—2013　公路桥梁多级水平力球型支座
9. JT/T 874—2013　公路桥梁钢铰板式橡胶支座
10. JT/T 875—2013　基桩自平衡法静载试验用荷载箱
11. JT/T 876—2013　填充型环氧涂层钢绞线体外预应力束
12. JT/T 877—2013　船舶溢油应急能力评估导则
13. JT/T 878—2013　码头、装卸站安全装卸污染危害性货物能力要求
14. JT/T 879—2013　港口、码头、装卸站和船舶修造、拆解单位船舶污染物接收能力要求
15. JT/T 880—2013　港口牵引车
16. JT/T 881.1—2013　内河船用电梯　第1部分：乘客电梯与载货电梯
17. JT/T 881.2—2013　内河船用电梯　第2部分：杂物电梯
18. JT/T 881.3—2013　内河船用电梯　第3部分：试验方法和检验规则
19. JT/T 229—2013　手动液压舵机（代替JT/T 229—1995）
20. JT/T 252—2013　舷墙门（代替JT/T 252—1995）
21. JT/T 254—2013　拖桩（代替JT/T 254—1995）
22. JT/T 256—2013　脱缆器（代替JT/T 256—1995）
23. JT/T 257—2013　玻璃钢宜昌舢舨（代替JT/T 257—1995）

24. JT/T 262—2013　内河船舶起锚机和起锚绞盘(代替 JT/T 262—1995)

25. JT/T 263—2013　船舶中间轴隔舱填料函(代替 JT/T 263—1995)

26. JT/T 264—2013　内河船舶柴油机主推进装置气动遥控一般技术要求(代替 JT/T 264—1995)

27. JT/T 266—2013　螺旋式紧缆器(代替 JT/T 266—1995)

28. JT/T 362—2013　内河船舶下舱门盖(代替 JT/T 362—1995)

29. JT/T 365—2013　内河船尾轴润滑油箱(代替 JT/T 365—1995)

30. JT/T 392—2013　港口装卸工属具术语(代替 JT/T 392—1999)

31. JT/T 398—2013　港口输油臂(代替 JT/T 398—1999)

32. JT/T 697.1—2013　交通信息基础数据元　第1部分:总则(代替 JT/T 697.1—2007)

33. JT/T 697.3—2013　交通信息基础数据元　第3部分:港口信息基础数据元(代替 JT/T 697.3—2007)

34. JT/T 697.4—2013　交通信息基础数据元　第4部分:航道信息基础数据元(代替 JT/T 697.4—2007)

35. JT/T 697.5—2013　交通信息基础数据元　第5部分:船舶信息基础数据元(代替 JT/T 697.5—2007)

以上发布的标准均为推荐性标准,由人民交通出版社出版,并在中华人民共和国交通运输部网站及《交通标准化》刊物上公告。

交通运输部

2013年10月9日